Formación.
Capacitación.
Desarrollo

Coordinación
de la serie Martha Alles
Gabriela Scalamandré

Diseño de tapa
Juan Pablo Olivieri

MARTHA ALICIA ALLES

Formación. Capacitación. Desarrollo

Diseñar, planificar e implementar
actividades formativas efectivas
y eficaces mirando al 2030/2040

GRANICA

ARGENTINA - ESPAÑA - MÉXICO - CHILE - URUGUAY

ARGENTINA

Ediciones Granica S.A.
Lavalle 1634 - 3º G / C1048AAN Buenos Aires, Argentina
Tel.: +54(11) 4374-1456 Fax: +54(11) 4373-0669
granica.ar@granicaeditor.com
atencionaempresas@granicaeditor.com

MÉXICO

Ediciones Granica México S.A. de C.V.
Valle de Bravo Nº 21 El Mirador Naucalpan Edo. de Méx.
53050 Estado de México - México
Tel.: +5255-5360-1010 Fax: +5255-5360-1100
granica.mx@granicaeditor.com

URUGUAY

Ediciones Granica S.A.
Scoseria 2639 Bis
11300 Montevideo, Uruguay
Tel: +59 (82) 712 4857 / +59 (82) 712 4858
granica.uy@granicaeditor.com

CHILE

granica.cl@granicaeditor.com
Tel.: +56 2 8107455

ESPAÑA

granica.es@granicaeditor.com
Tel.: +34 (93) 635 4120

www.granicaeditor.com

ISBN 978-987-8358-02-4

Hecho el depósito que marca la ley 11.723

Impreso en Argentina. *Printed in Argentina*

Alles, Martha Alicia
    Formación, capacitación, desarrollo / Martha Alicia Alles. - 1a ed. - Ciudad Autónoma de Buenos Aires : Granica, 2019.
    352 p. ; 23 x 17 cm.

    ISBN 978-987-8358-02-4

    1. Administración de Recursos Humanos. I. Título.
    CDD 658

Índice

Presentación

Formación. Capacitación. Desarrollo
Diseñar, planificar e implementar actividades formativas efectivas y eficaces mirando al 2030/2040

Por qué una obra destinada a formación

Hasta ahora he publicado varias obras en torno a temas de formación. Sin embargo, siempre pensé que faltaba una, especial, donde se brindara un enfoque completo, que reflejara las nuevas tendencias y, al mismo tiempo, abarcara las distintas miradas desde la función "formación" en sí misma, ya sea a cargo de un responsable específico o bien formando parte de un rol más generalista.

En algún momento, tanto el especialista de Recursos Humanos, como el número 1 de Recursos Humanos y, muy especialmente, el número 1 de la organización, pondrán foco en la formación, destinarán tiempo (mucho o poco, según el caso o situación) a pensar, diseñar, diagramar, planificar y, luego, implementar, acciones de formación efectivas y eficaces.

La formación de adultos, en especial en el ámbito de las organizaciones, presenta sus propias particularidades, ciertas características que la diferencian de otros tipos de formación. El término adulto, en este caso, lo estoy utilizando en un sentido amplio, incluyendo en dicho colectivo a todas las personas que integran una organización, desde aquellas muy jóvenes hasta otras que, por su edad, se encuentran cercanas a su retiro. En resumen, la formación –en el ámbito organizacional– siempre está dirigida a adultos, de diferentes edades, pertenecientes a distintas generaciones.

Al aplicarse a personas adultas dentro del ámbito organizacional, consideramos que para alcanzar resultados eficaces la formación debe poner énfasis en que las actividades propuestas sean de tipo práctico, relacionadas con la actividad específica de cada colaborador.

Los receptores de las distintas actividades formativas esperan visualizar, de manera concreta, cómo el aprendizaje les permitirá mejorar en sus respectivos puestos de trabajo. Nuestra experiencia profesional nos ha permitido observar que los participantes se desmotivan fácilmente cuando sienten que las actividades no les aportan ni conocimientos ni competencias que puedan poner en uso en su práctica diaria.

Si bien el sujeto del aprendizaje espera ver resultados en forma concreta, el aprendizaje exige compromiso de quien desea lograrlo o bien *deba* alcanzarlo, no como deseo propio sino como una obligación devenida de las exigencias de un puesto de trabajo, actual o futuro.

Aunque será parte del rol de los jefes, del área de Recursos Humanos, del instructor, generar un cierto entusiasmo, debemos recordar que siempre se requiere algún aporte activo por parte del participante. No hay transmisión efectiva si no hay curiosidad, búsqueda, interrogantes, involucramiento. Educar y aprender, capacitar y capacitarse, transformar y transformarse. Quienes se involucran en este devenir de la actividad educativa, crecen, mejoran su capacidad, crean un futuro distinto.

Transmitir conocimientos, desarrollar competencias, comportamientos, habilidades, facilitar ciertas actitudes, es habilitar a las personas para promover cambios, en sí mismas y en su entorno.

En la obra *La Marca Recursos Humanos* se presentan una serie de indicadores para medir la gestión del área de RRHH tendientes a alcanzar ese valor deseado "de marca", concepto que implica alta valoración y prestigio en la mirada de las otras áreas organizacionales. Entre los indicadores para medir la percepción de los integrantes de la organización sobre los distintos subsistemas de Recursos Humanos, dos de ellos se refieren específicamente a formación:[1]

- *Un indicador rojo o negativo:* 1. Inasistencia a actividades de formación superior al 10 por ciento. 2. Los altos directivos no participan de las actividades de formación.

- *Un indicador verde o positivo:* 1. Las actividades de formación son eventos imperdibles desde la percepción de los participantes. 2. Los altos directivos se interesan y asisten a actividades a las cuales son convocados.

- *Entre los negativos y los positivos, un nivel intermedio (amarillo):* 1. Inasistencia a actividades de formación menor al 10 por ciento. 2. Los altos directivos piensan que las actividades son para sus colaboradores, no para ellos.

Si en una organización la percepción sobre el área de Formación se ubica en los ejemplos señalados como rojo o negativo y/o amarillo o intermedio, evidentemente algo no se está haciendo bien o, al menos, no se está actuando de la mejor manera posible.

---

1 *La Marca Recursos Humanos.* Ediciones Granica, Buenos Aires, 2014. Ver en la página 90 los indicadores mencionados.

En los últimos años y debido, fundamentalmente, al cambio de los comportamientos de las personas, por diversas razones –entre ellas la irrupción de la tecnología en nuestra vida cotidiana–, me he visto en la necesidad de reescribir varios de mis libros. En este caso, y como decía al inicio de esta Presentación, me he planteado realizar una obra sobre formación con un enfoque diferente. En algunos temas, he tomado como base una obra anterior, reformulando sus contenidos con otra mirada. La obra predecesora, *Codesarrollo: una nueva forma de aprendizaje,* hacía foco en el método que dio nombre al libro: Codesarrollo. En este, me he propuesto tratar la formación de personas, dentro del ámbito organizacional, en toda su amplitud de posibilidades. El método Codesarrollo es nuestra propuesta para el diseño de actividades formativas efectivas y eficaces, y ha sido incluido en el Capítulo 3.

En el diseño de las actividades formativas, a través del método Codesarrollo, se han contemplado ciertas características atribuidas a las nuevas generaciones, en especial, al incorporar –en el planteo del método– comportamientos relacionados con los más jóvenes y que, en algunos casos, se han transformado en habituales también entre generaciones anteriores, tales como la fuerte preocupación por obtener resultados rápidos, la tendencia hacia la experimentación práctica, un mayor interés en hacer las cosas (experimentar) antes que aprender conocimientos y/o analizar primero y luego hacer. La formación debe incluir este enfoque en su diseño e implementación.

Las nuevas generaciones –*millennials*[2] y *centennials*/generación 2020[3]– han sido especialmente consideradas a lo largo de los ocho capítulos que conforman la obra. Si nos planteamos la formación de cara al futuro, debemos tener en cuenta que habrá una mezcla de generaciones, incluyendo a los más jóvenes. A medida que la mirada al futuro se aleje del presente, veremos que quienes hoy son los más jóvenes serán las generaciones predominantes, y se irán incorporando nuevas generaciones con sus propias –novedosas– características.

En el análisis de todos los temas debemos considerar que las personas pertenecientes, por su fecha de nacimiento, a una generación en particular, no necesariamente presentan los comportamientos asociados a su generación. Con frecuencia, las personas evidencian una mezcla de comportamientos. Desde nuestra mirada

---

2 *Millennials* (Generación de). Nacidos entre 1977 y 1997. Esta generación se caracteriza por basar su accionar en valores tales como inmediatez en las comunicaciones, enfoque comunitario, lectura en medios digitales, tolerancia, diversidad, confianza en los otros. Se utilizan otros nombres para denominar a esta categoría, tales como: nativos digitales, Generación Y, entre otros.

3 Generación 2020. Nacidos después de 1997. Esta generación se caracteriza por basar su accionar en valores tales como la hiperconectividad permanente, por haber accedido a dicha conectividad antes de comenzar la escolaridad formal (escuela primaria), y por ser intensivos usuarios de medios digitales (libros electrónicos o *e-books,* entre ellos). Se estima que ingresarán al mercado laboral una vez graduados, en el 2020, de allí el nombre dado a esta categoría generacional. Fuente: *Diccionario de términos de Recursos Humanos.* Ediciones Granica, Buenos Aires, 2011.

experta, observamos que si bien puede existir una tendencia general, al analizar a una persona de manera aislada, no puede definirse una delimitación nítida de sus características.

No obstante, para delinear cursos de acción, en muchos casos, se deberán asumir algunas generalizaciones. Si una organización está diagramando sus políticas y acciones en materia de desarrollo del talento interno, seguramente deberá considerar los aspectos mencionados.

Como se verá en el Capítulo 3, las nuevas generaciones, *millennials* y *centennials* coinciden en algunas características interesantes de señalar en relación con la formación y el desarrollo: la inmediatez y el pragmatismo. Para combinar estos aspectos, la formación deberá estar relacionada con sus puestos de trabajo –actual o futuro, según corresponda– y, al mismo tiempo, permitir la experimentación, posibilitar poner en práctica aquello en lo cual se busca formarlos. Por lo tanto, en los primeros capítulos se analizará cómo relacionar la formación con la estrategia y con los puestos de trabajo. Luego analizaremos el Codesarrollo como método de aprendizaje, incorporando las necesidades de las nuevas generaciones a las buenas prácticas en formación.

El método de aprendizaje Codesarrollo contempla –también– la inmediatez, al proponer caminos de rápida puesta en práctica para el desarrollo de conocimientos y competencias.

En la formación, el rol de los jefes (tema que se verá en el Capítulo 7) será un complemento fundamental.

Presente y futuro

Las organizaciones definen sus planes de mediano y largo plazo considerando el contexto actual y venidero en el cual desenvolverán sus actividades. Dentro de este contexto, una de las variables a considerar será los colaboradores con los que cuenta y, eventualmente, podrá contar en el futuro. Por lo tanto, la formación y los distintos aspectos de la disciplina Recursos Humanos se analizan y se diseñan en función de lo que vendrá, considerando qué será necesario, tanto en materia de conocimientos como competencias, para alcanzar los planes estratégicos, los objetivos. La formación siempre debería planearse de cara al futuro.

A todos los habitantes de la Tierra nos preocupa el futuro, a unos por su propio porvenir, a otros por el de sus hijos. También se considera la transformación del medio ambiente, el cambio climático, etc. Por otra parte, hay inquietud por el futuro del trabajo, sus cambios; miedo a lo desconocido… y hay una frase que se repite: "hoy no conocemos cómo serán los trabajos del futuro".

Analizada la formación desde esta óptica, podemos ver que es un tema que preocupa a las familias en su conjunto. No solo a los trabajadores que forman parte de la organización.

Por otra parte, en todas las épocas "los jóvenes" (de su momento) fueron incomprendidos por sus mayores (de aquel entonces). Desde esta perspectiva, no hay nada nuevo. En el presente, es decir hoy, tenemos un concepto acerca de las nuevas generaciones que se irá modificando cuando nuevas generaciones surjan. Y así sucesivamente.

¿Por qué esta reflexión? Deseo desmitificar el tema. Ponerlo en blanco y negro. Analizando el todo y sus partes. En las organizaciones se deben tomar decisiones, en temas diversos. También en lo atinente a la formación y el papel de los jefes.

Las buenas prácticas producen un efecto ganar-ganar

En el diseño de métodos de trabajo, en relación con Recursos Humanos en general y, particularmente, en materia de formación, se debe tener en cuenta un concepto de alta relevancia: implementar buenas prácticas siempre trae aparejado un beneficio del tipo *ganar-ganar*[4]. Esta expresión, ampliamente difundida en relación con las buenas prácticas en negociación, hace referencia a que el resultado obtenido es bueno para ambas partes. Se utiliza, también, la expresión en inglés *win-win*.

El concepto *ganar-ganar* va mucho más allá del resultado concreto de una negociación. En la disciplina que nos ocupa –Recursos Humanos– se considera que se alcanza un nivel *ganar-ganar* cuando, por ejemplo, un procedimiento se ha implementado de acuerdo con las buenas prácticas, siendo el resultado, en consecuencia, bueno tanto para la organización como para el colaborador, los jefes y, también, los pares del colaborador (compañeros de trabajo), así como para otras áreas internas relacionadas y, en adición a lo anterior, externos vinculados, como clientes y proveedores, según corresponda en cada caso.

En el caso de la formación, el beneficio de las buenas prácticas incluirá a todos los mencionados (colaborador, jefes, pares del colaborador –compañeros de trabajo–, otras áreas internas relacionadas, externos vinculados, como clientes y proveedores) y también –y no menos importante– será fundamental en la carrera futura de la persona que ha sido formada, lo cual repercute indirectamente en su familia y amigos cercanos. Por último, la formación impartida tendrá sus efectos en la sociedad en su conjunto.

---

4 Ver *Diccionario de términos de Recursos Humanos*. Ediciones Granica, Buenos Aires, 2011.

Subsistemas de Recursos Humanos. Formación

En una de mis obras, *Dirección Estratégica de Recursos Humanos,* volúmenes 1 y 2, que podría calificar como central en relación con la disciplina Recursos Humanos, se han definido los distintos *subsistemas de Recursos Humanos.*

El término (subsistemas de RRHH) significa: segmentos del sistema de Recursos Humanos, compuestos por normas, políticas y procedimientos, racionalmente enlazados entre sí, que en conjunto contribuyen a alcanzar una meta, en este caso, los objetivos organizacionales, y que rigen el accionar de todos los colaboradores que integran la organización, desde el número 1 hasta el último nivel de la estructura.

Los subsistemas de Recursos Humanos son:

- *Análisis y descripción de puestos.*

- *Atracción, selección e incorporación de personas.*

- *Evaluación del desempeño.*

- *Remuneraciones y beneficios.*

- *Desarrollo y planes de sucesión.*

- *Formación.*

En todos los casos, los subsistemas de Recursos Humanos se diseñan a medida de cada organización.

En resumen, para una mejor gestión organizacional es necesario que todos los integrantes de la organización conozcan acerca de sus responsabilidades, sean evaluados en función de ellas y reciban la formación adecuada. Juntamente con la posibilidad de hacer una carrera y lograr un trato equitativo en su remuneración.

Como decíamos, uno de los mencionados subsistemas es el de *Formación.*

En el subsistema *Formación* se concentran las actividades (de formación) de una organización. Implica desde el planeamiento de cada actividad formativa hasta su realización efectiva y el control que se ejerce sobre ellas.

La formación puede llevarse a cabo en diversas maneras: presencial, a distancia, mediante *e-learning,* etcétera. Asimismo, implica tanto la adquisición de conocimientos como el desarrollo de competencias.

El subsistema de Formación resume un sinnúmero de actividades formativas, las cuales podrían agruparse en dos grandes tópicos:

- Conocimientos.

- Competencias.

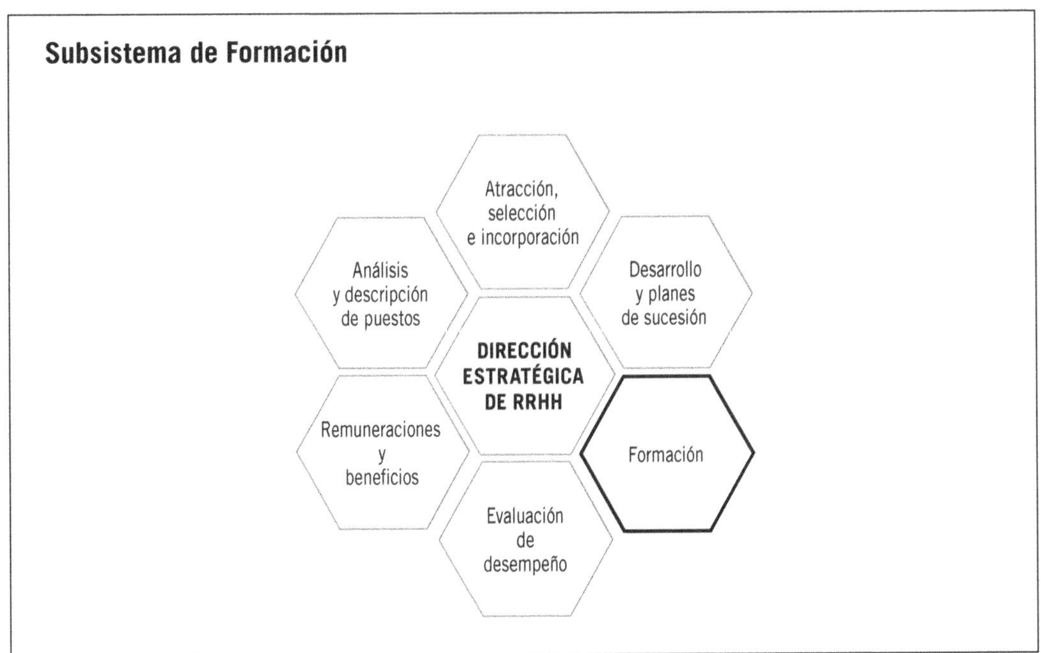

En el Capítulo 1 se hará una breve reseña acerca de la importancia de la definición estratégica de los distintos subsistemas de Recursos Humanos, en especial el de Formación, actividad fundamental que permitirá tanto alcanzar la estrategia como accionar sobre la cultura organizacional, cuando esto sea necesario.

En las organizaciones. Múltiples interesados en Formación

Los temas de Recursos Humanos en general, y muy especialmente las cuestiones relacionadas con la formación, preocupan e interesan a los integrantes de la organización y, en un marco más extendido, también a sus familias, dado que la formación implica, en muchos casos, crecimiento, desarrollo y un futuro mejor.

Adicionalmente, las personas y su formación son temas de agenda del número 1 y, desde ya, es un aspecto que ocupa a los responsables de Recursos Humanos. En el día a día, el tema también podrá ser considerado desde dos miradas: la del jefe y la del colaborador.

En el gráfico siguiente se desea enfatizar diferentes miradas, frente a la capacitación en su conjunto e, incluso, al analizar un programa de formación en particular.

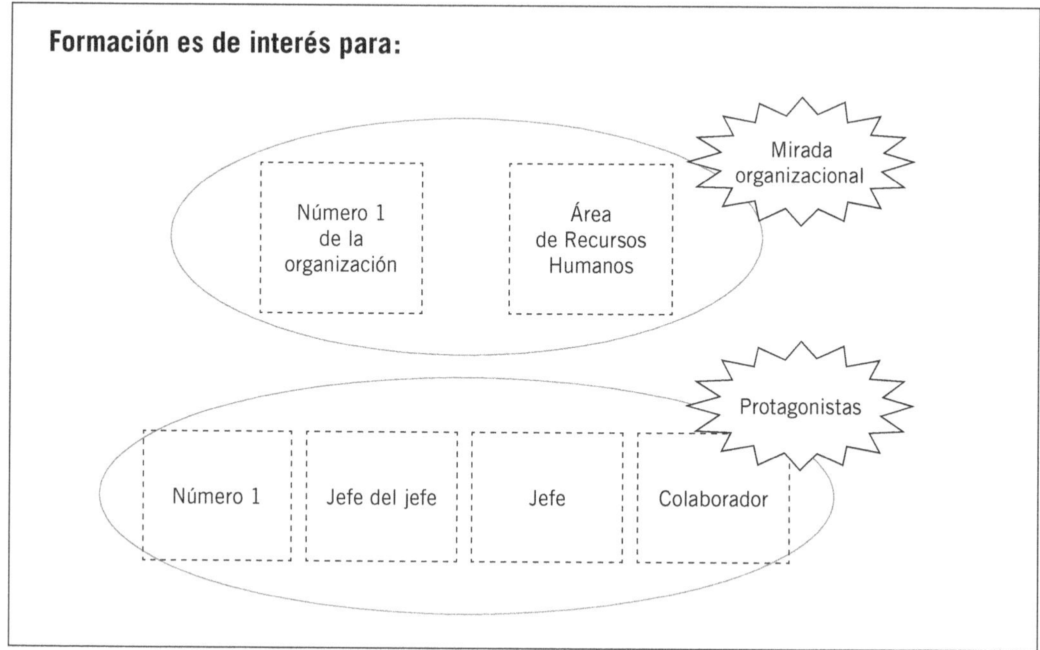

En la parte superior de la figura, el número 1 de la organización y los distintos integrantes del área de Recursos Humanos deberán considerar la cuestión desde la mirada organizacional, la relación con la estrategia, las necesidades y su priorización, y otros aspectos que se verán más adelante, en el desarrollo de esta obra.

En la parte inferior de la figura vemos un conjunto de involucrados en las actividades, desde el número 1, que podrá ser sujeto de aprendizaje en diversas circunstancias, hasta los demás integrantes de la organización, que hemos categorizado como *jefe del jefe, jefe* y *colaborador*, es decir, todos los que integran la estructura organizacional, en su rol de participantes.

A quién va dirigida esta obra

Diversos integrantes de la comunidad manifiestan interés en la temática de formación. A partir de una mirada organizacional, interesa a todas las personas, desde la máxima conducción, e incluye a todos los colaboradores y también a los especialistas en Recursos Humanos que se desempeñan como consultores externos (firmas de consultoría y consultores independientes; y también estudiosos de diferentes ámbitos académicos, tanto profesores como alumnos).

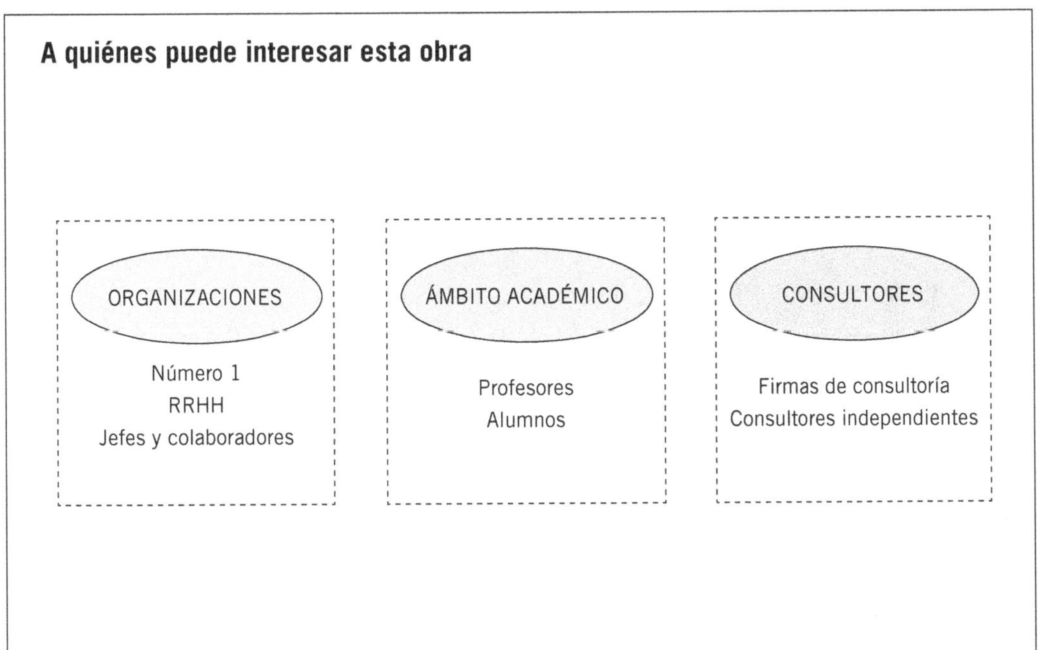

En resumen, la temática es de interés en diversos ámbitos, como se expresa en la figura anterior.

A los profesores, deseo hacerles un comentario especial. Esta obra incluye varios anexos de interés particular para el trabajo con los alumnos, por ejemplo, el estado del arte en la materia, en dos apartados *Anexo I: Aprendizaje de adultos. Principales referentes* y *Anexo II: Cómo tratan la temática de formación otros autores.*

También incluí una investigación realizada en Argentina. Entiendo que su análisis permitirá extraer conclusiones aplicables más allá del ámbito de mi país. Ver *Anexo III: Resultados de una investigación realizada en Argentina.*

Por último, deseo destacar la importancia del *Glosario de términos*, Anexo IV. Es importante tener en cuenta el uso de los conceptos utilizados, porque en la materia que nos ocupa, existe desde confusión hasta un mal uso deliberado. Será de gran ayuda para clarificar los distintos temas contar con esta guía referida a los términos específicos utilizados.

A todo lo anterior se suma un apartado que deseo destacar, por ser un componente habitual en mis libros –especialmente en aquellos que puedan ser utilizados como texto en cursos universitarios–: una síntesis al final de cada capítulo. Por último, se incluye material complementario gratuito para profesores que utilicen la obra para la impartición de clases.

Contenido de la obra

Los temas tratados se han dividido en 8 capítulos, como se muestra en la figura al pie, los cuales se complementan con cuatro anexos, que se detallan a continuación.

Capítulo 1. Formación y estrategia. Nuevos roles para el área de Formación

- La formación en las organizaciones mirando al 2030, 2040...
- Estrategia y formación.
- Formación y buenas prácticas.
- Formación en el ámbito de las organizaciones.
- Los distintos métodos para el desarrollo de personas.
- Distintos caminos para desarrollar las capacidades de las personas.
- Aprendizaje inteligente. No aprendizaje.
- Desafíos para enfrentar por el área de Formación.

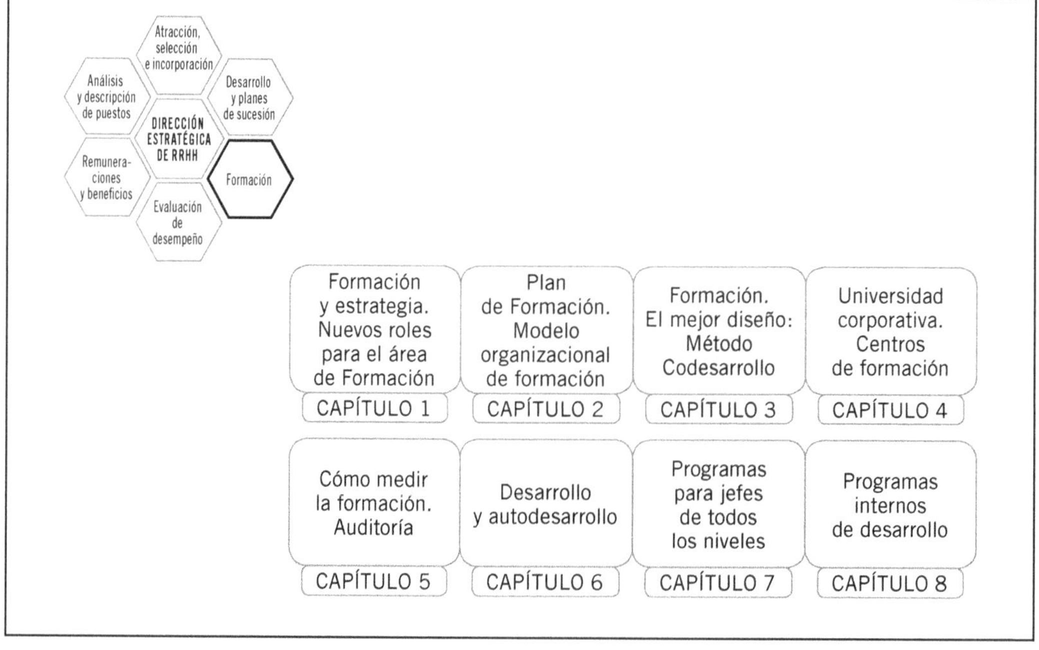

Capítulo 2. Plan de Formación. Modelo organizacional de formación

- Modelo de competencias y formación.
- Aspectos a tener en cuenta para la preparación de un plan de formación.
- Necesidades. Su detección contemplando la estrategia y a las personas.
- Formación al ingreso de nuevos colaboradores. Inducción a la organización.
- Preparación del plan de formación.
- Diseño. Su importancia.
- Modelo organizacional de formación.
- Implementación. Evaluación de resultados. Auditoría.

Capítulo 3. Formación. El mejor diseño: Método Codesarrollo

- Un diseño efectivo y eficaz.
- Inmediatez y experimentación: características necesarias para la formación de las nuevas generaciones, *millennials* y *centennials* (generación 2020).
- Espiral creciente y proceso de aprendizaje.
- Método Codesarrollo.
- Codesarrollo y modelo de competencias.
- Preparación de talleres y materiales.
- Cómo hacer un buen diseño.
- Quién puede ser un buen instructor.
- El rol de los jefes y el desarrollo como un modelo sistémico.
- El rol del facilitador en las actividades organizacionales.

Capítulo 4. Universidad corporativa. Centros de formación

- Buenas prácticas en formación y desarrollo.
- Centros de formación. Universidad corporativa. Modelos de competencias.
- Centros de formación.
- Universidad corporativa.
- Universidad corporativa y programas internos para el desarrollo.
- Centros de formación. Universidad corporativa y cultura organizacional.
- Centros de formación. Universidad corporativa: medición de resultados. Auditoría.

Capítulo 5. Cómo medir la formación. Auditoría

- Medir las capacidades de los participantes como un paso previo a la formación.
- Formación. Distintas instancias de medición.
- Mediciones de las actividades.
- Medir resultados por persona/colectivo de personas a través del desempeño/desarrollo.
- Indicadores de gestión en Formación.
- Procedimientos. Herramientas. Auditoría
- Auditoría del modelo organizacional de formación.

Capítulo 6. Desarrollo y autodesarrollo

- El rol del área de Formación en otras buenas prácticas para el desarrollo.
- Desarrollo y autodesarrollo. Enfoques diferentes para alcanzar el resultado esperado: mejorar.
- Autodesarrollo. Varias opciones.
- Autodesarrollo y modelo de competencias.
- Autodesarrollo. El rol de la organización.
- Desarrollo de personas desde diferentes miradas. Formación y evaluación del desempeño.

Capítulo 7. Programas para jefes de todos los niveles

- Cuestiones sobre jefes. Su rol en el desarrollo de los colaboradores.
- Formación y jefes de todos los niveles.
- Aspectos transversales en la formación de jefes.
- Comenzando por el principio: los jefes y sus roles.
- Programas organizacionales para jefes.
- Planificación y seguimiento por parte del área de Recursos Humanos / Formación.

Capítulo 8. Programas internos de desarrollo

- Programas internos para el desarrollo del talento organizacional.
- Programas internos imprescindibles y su relación con la formación y el desarrollo.

- Formación y programas internos para el desarrollo.
- Cómo transferir cultura a través de los programas para jefes.
- Planes individuales de desarrollo para alcanzar un nivel superior.
- Planes individuales de desarrollo para crear talento.

Anexos

- Aprendizaje de adultos. Principales referentes.
- Cómo tratan la temática de formación otros autores.
- Resultados de una investigación realizada en Argentina.
- Glosario de términos.

Juntamente con esta obra, con Ediciones Granica estaremos publicando *Formación en la práctica*, donde a través de treinta apartados se tratarán una serie de cuestiones relacionadas con los ocho capítulos de este libro. El propósito de esta publicación es aportar una mirada adicional sobre diversos temas que preocupan a todos los involucrados en formación, ya sean especialistas y formadores, ejecutivos, directivos y jefes y/o receptores de las distintas actividades formativas.

Para los interesados, en cada capítulo, hemos realizado una suerte de *check-list* con diversos temas a analizar. Esta misma selección de apartados podrá ser utilizada por profesores en la impartición de sus clases, como casos prácticos y/o material de análisis y discusión.

Como es usual, invito al lector a que nos escriba, comentando sus dudas y sugerencias, y muy especialmente si desea aportar nuevas cuestiones a tratar. Podremos estar comunicados, como siempre, a través de cualquiera de nuestras vías de participación en las redes sociales, así como escribiendo a la siguiente dirección de correo electrónico: **libros@marthaalles.com**

Continuando con la tradición, para los profesores que utilicen nuestros libros les ofrecemos material adicional de apoyo, para el dictado de clases, en formato digital.

PARA PROFESORES

CASOS

Para la preparación de "Casos Prácticos" a ser utilizados en la impartición de clases relacionadas con esta obra, sugerimos emplear los apartados del libro *Formación en la práctica*. El material allí disponible podrá servir de base para actividades complementarias, casos de discusión, disparadores para la preparación de otros casos, etc.

CLASES

Para cada uno de los capítulos de esta obra hemos preparado: Material de apoyo para el dictado de clases.

Los profesores que hayan adoptado esta obra para sus cursos tanto de grado como de posgrado pueden solicitar de manera gratuita:

– *Formación. CLASES*

Únicamente disponibles en formato digital, en nuestro sitio: **www.marthaalles.com**, en la exclusiva *Sala de profesores,* o bien escribiendo a: **profesores@marthaalles.com**

Capítulo 1

Formación y estrategia. Nuevos roles para el área de formación

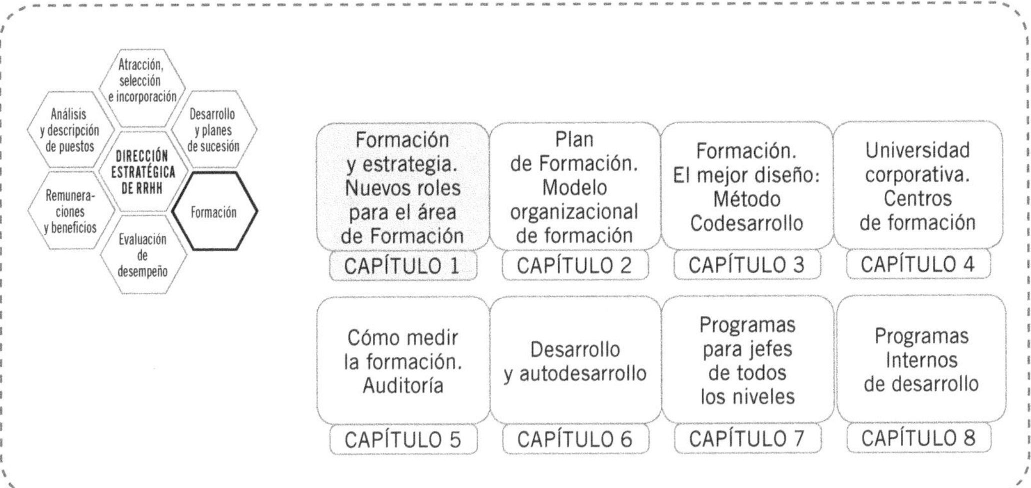

Temas del capítulo:

- La formación en las organizaciones mirando al 2030, 2040…
- Estrategia y formación
- Formación y buenas prácticas
- Formación en el ámbito de las organizaciones
- Los distintos métodos para el desarrollo de personas
- Distintos caminos para desarrollar las capacidades de las personas
- Aprendizaje inteligente. No aprendizaje
- Desafíos para enfrentar por el área de Formación

La formación en las organizaciones mirando al 2030, 2040...

La formación puede encararse para resolver cuestiones pasadas o mirando al futuro. Si bien es cierto que no se podrá trabajar exitosamente cuando existan problemas sin resolver, es igualmente cierto que, solo mirando el pasado, no se podrá avanzar.

Por otro lado, el porvenir genera un cierto desconcierto, y desde diversos ámbitos se plantean escenarios futuros sin mayor asidero.

Los distintos elementos que conforman la realidad actual nos hacen presuponer que ciertas características actuales llegaron para quedarse y, desde allí, podemos inferir otras.

Las nuevas generaciones siempre fueron muy diferentes de las anteriores. Quizá, en la actualidad, los cambios se produzcan más rápido ocasionando una sensación de mayor distancia entre una generación y la que la precede. No obstante, las diferencias generacionales no son nuevas, y una cierta incomprensión de unos respecto de los otros es, también, un denominador común.

En cualquier caso, una nueva realidad nos interpela. Los expertos en formación, tanto organizacionales como pertenecientes a instituciones educativas, deberán adaptar sus métodos de trabajo a los nuevos contextos. Los comportamientos individuales han cambiado, no solo en las nuevas generaciones. Dicha circunstancia afecta a los distintos subsistemas de Recursos Humanos, entre ellos el de Formación.

Complementariamente con lo expuesto, las organizaciones también enmarcan sus planes estratégicos en el contexto futuro, según la propia evaluación que se realice de dicho contexto.

En resumen, la formación podrá constituirse en un factor relevante dentro de los planes estratégicos organizacionales en la medida en que tenga en cuenta tanto la estrategia como el contexto en el cual se desenvuelve. Las realidades son cambiantes y diversas, no es posible realizar una definición única de las características y comportamientos de las nuevas generaciones, más allá de que se pueda delinear una idea general.

Si bien una persona podrá ser considerada *millennial* por su fecha de nacimiento, sus valores y comportamientos podrán diferir de otros también millennials por haber nacido en determinados años, pero en circunstancias diferentes, por ejemplo, en un distinto ámbito sociocultural. No es posible generalizar. Habrá que tener esto en mente al analizar una cuestión en particular.

No siempre la inversión en formación está bien direccionada, y a veces los abundantes o escasos recursos que se disponen se utilizan de manera inadecuada. Ciertos conceptos básicos, como que la capacitación debe estar relacionada con el puesto que cada persona ocupa en el presente o se prevé que ocupará más adelante, son factores para considerar en cada caso.

Muchas empresas ponen en práctica programas de formación para todo el personal sobre temas que, *a priori*, resultan atractivos, interesantes, pero no constituyen una prioridad. Desde cursos de inglés y/o sobre el programa Excel hasta jornadas sobre *trabajo en equipo*, solo por mencionar ejemplos frecuentes. No estoy en contra de ninguna temática. Sin embargo, se deberá tener en cuenta que quizá esa organización necesita otro tipo de formación, ya sea por razones de urgencia o relevancia, en relación con sus objetivos futuros.

La formación debe ir, en todos los casos, de la mano de la estrategia organizacional, tanto en aquellos aspectos de muy corto plazo, que deben alcanzarse lo antes posible, como en otros a corto y mediano plazo, mirando al futuro (visión). Los planes de formación permitirán que las personas logren de una mejor manera sus objetivos y/o cumplan ciertos pasos según los programas de desarrollo en los cuales participen (temas de los capítulos 7 y 8).

Cada vez que en las empresas se plantea el tema de la formación, lo que está en juego –o debería estarlo– es la forma de difundir conocimientos, promover su aplicación práctica en pos de la obtención de resultados concretos, y generar los cambios necesarios para enfrentar los retos futuros.

Para alcanzar resultados eficaces, dado que la formación en el ámbito organizacional siempre está dirigida a adultos, el énfasis deberá ponerse en que esta sea de tipo práctico, relacionada con la actividad específica de cada colaborador. Los receptores de las distintas actividades formativas esperan comprender, para verificar luego, de manera concreta, cómo mejorarán en sus respectivos puestos de trabajo. La experiencia profesional indica que los participantes se desmotivan fácilmente cuando perciben que las actividades no les aportan ni conocimientos ni competencias que puedan poner en uso en su práctica diaria, en su labor cotidiana.

Por tanto, la capacitación se desarrolla usualmente en un contexto con intereses de algún modo divergentes: por un lado, el asistente está preocupado por la obtención de resultados inmediatos y, por otro, el instructor se encuentra orientado a actualizar conocimientos y/o desarrollar competencias, para mejorar esos resultados e impulsar cambios.

Decíamos en la presentación de la obra que el aprendizaje exige compromiso de quien desee (o deba) alcanzarlo. Será parte del rol de los jefes, del área de Recursos Humanos, del instructor, generar un cierto entusiasmo. No obstante, en todos los casos, se requiere el aporte del participante. No hay transmisión efectiva si no hay curiosidad, búsqueda, interrogantes, involucramiento. Educar y aprender, capacitar y capacitarse, transformar y transformarse. Quienes se involucran en este devenir de la actividad educativa crecen, mejoran su capacidad, crean un futuro distinto.

Transmitir conocimientos, desarrollar habilidades, facilitar ciertas actitudes, es habilitar a las personas para promover cambios, en sí mismas y en su entorno. Este será el principio *ganar-ganar* que tendremos presente a lo largo de los 8 capítulos en que se ha dividido este trabajo.

Las organizaciones capacitan para optimizar sus resultados, mejorar su posición en el mercado y/o su imagen en la sociedad, solo por mencionar algunos objetivos. Las personas buscan capacitarse para hacer bien o mejor sus tareas, para crecer personal y profesionalmente, a fin de mejorar su posición relativa en la estructura, para, en síntesis, tener un mejor nivel de vida.

A fin de que las acciones de capacitación produzcan efectos transformadores, estas deben cumplir con ciertos requisitos, respetar determinados principios. Por ello, tanto desde la perspectiva organizacional y personal como desde la mirada organizacional, los resultados de la capacitación deben ser evaluados. Cada uno podrá preguntarse: *Las actividades de las que participamos ¿generaron lo que esperábamos? Si fue así, ¿hemos podido aplicarlo?, ¿nos ayudó a mejorar?*

Cultura organizacional

Las organizaciones operan en un determinado medio, en el cual sus integrantes viven y trabajan. Ese medio se compone de un complejo sistema de leyes, valores y costumbres que podríamos denominar *cultura social.* Esta podrá ser regional o nacional, según corresponda. Es decir, los individuos actúan en relación con sus propias características personales, las cuales se ven de un modo u otro influenciadas por el entorno en el cual viven y se han desarrollado. Al entorno así descrito se debe sumar uno más alejado, que también ejerce cierta influencia: el entorno global.

La cultura organizacional es el conjunto de supuestos, convicciones, valores y normas que comparten los miembros de una misma organización. Esta cultura podrá haber sido creada en forma consciente por los directivos y/o fundadores o, a partir de una concepción inicial, haber evolucionado con el curso del tiempo. La cultura organizacional es un bien intangible, está presente, y usualmente es muy fuerte.

La cultura organizacional es un factor importante para el éxito de una organización, cualquiera sea su objeto social y tamaño.

Con frecuencia, la cultura organizacional ofrece a sus integrantes una identidad, una visión de la organización. Estos y otros conceptos son tratados en la obra *Comportamiento organizacional.*[1]

---

1 *Comportamiento organizacional.* Ediciones Granica, Buenos Aires, 2017.

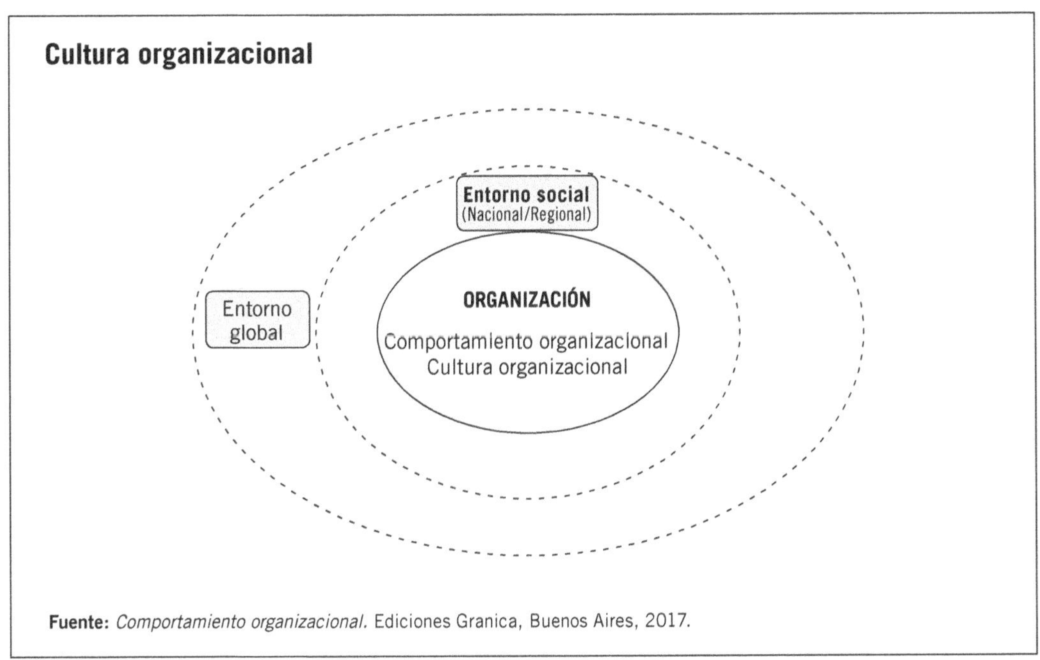

Fuente: *Comportamiento organizacional.* Ediciones Granica, Buenos Aires, 2017.

En resumen, al analizar una organización podrá observarse su comportamiento (organizacional) así como su cultura. En un análisis más parcializado, podrán medirse los comportamientos de las personas que la integran.

Continuando con el análisis de la figura precedente, la organización en su conjunto (con su comportamiento y cultura organizacional) se ve influenciada en mayor o menor medida por el entorno social y el entorno global.

Cultura organizacional y entorno social y global

La evolución de la tecnología ha producido una amplia gama de cambios y se prevé que continúe haciéndolo mucho más, tanto a nivel individual como en el plano organizacional y social.

La cultura organizacional, como decíamos, se ve influenciada por el entorno, tanto social como global. Dentro del entorno y en relación con las temáticas de formación y Recursos Humanos, es preciso resaltar el avance de la tecnología, en todos los ámbitos. Dichos avances tecnológicos devienen en nuevas formas de hacer las cosas y, además, en un cambio de los comportamientos de las personas (de todas, no solo de las nuevas generaciones). La idea se expresa en el gráfico siguiente.

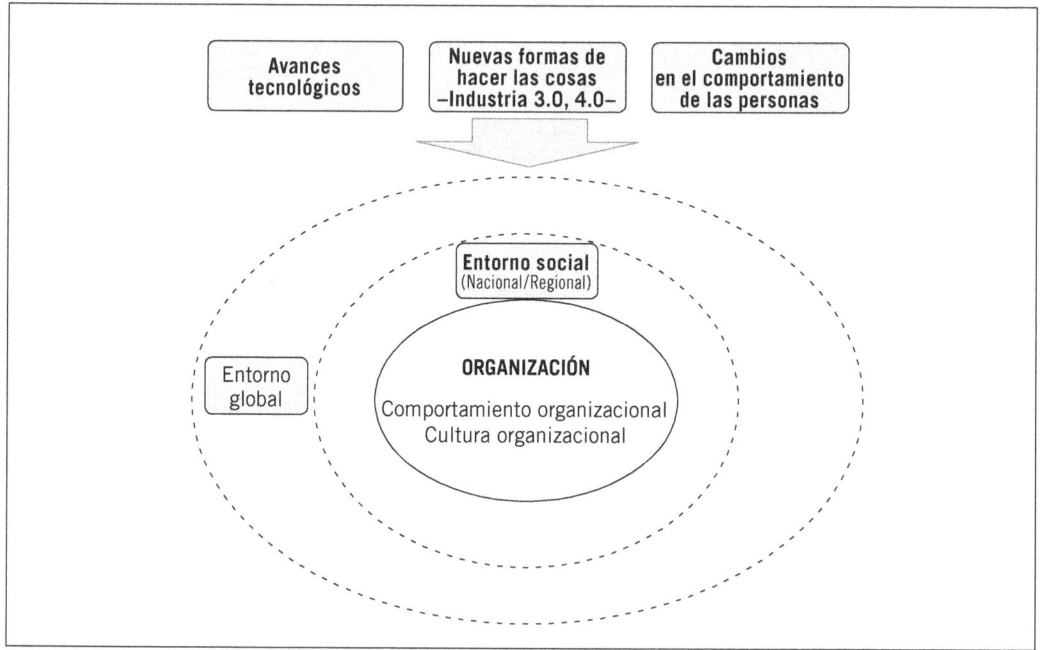

En la figura precedente se puede apreciar la misma representación gráfica utilizada para lo que entendemos como "cultura organizacional". La organización se encuentra rodeada por dos anillos: el entorno social, tanto nacional como regional, en el cual se incluyen leyes, valores y costumbres, y un entorno más alejado y amplio, como es el global. Este conjunto de elementos, a su vez, se ve influenciado por los avances tecnológicos en todas sus manifestaciones, desde nuevas formas de hacer las cosas –Industria 3.0, 4.0, etc.–, hasta los cambios en el comportamiento de las personas.

Estrategia y formación

Las organizaciones, de todo tipo, proyectan su visión de futuro, de manera estructurada o no, y a partir de ella definen estrategias para alcanzarla, planifican sus actividades, diseñan un camino a recorrer.

Las organizaciones cuentan con una *misión* y una *visión*, aunque no hayan puesto estos conceptos por escrito. Siempre hay una idea clara acerca de qué se quiere alcanzar, en qué dirección deben marchar los negocios o las actividades que se realicen.

Algunas definiciones necesarias:

- *Misión.* El porqué de lo que la empresa hace, la razón de ser de la organización, su propósito. Expresa aquello por lo cual, en última instancia, la organización quiere ser recordada.

- *Visión.* La imagen del futuro deseado por la organización.

- *Estrategia.* Conjunto de acciones coordinadas y planeadas para conseguir un fin (en el ámbito de las organizaciones, alcanzar los objetivos organizacionales).

- *Valores. Valores organizacionales.* Aquellos principios que representan el sentir de la organización, sus objetivos y prioridades estratégicas.

Las circunstancias cambian, muchas empresas se ven más afectadas por el contexto, otras por la tecnología, y también, en general, por los cambios políticos del país, la región y... el mundo.

Se mencionó en párrafos previos la influencia de los avances tecnológicos en la cultura. Aquí se hará mención sobre cómo ciertos elementos del entorno ejercen influencia en los planes organizacionales.

Este efecto dependerá de cada empresa, de su actividad, del marco en el cual se desenvuelve la organización junto con otros factores propios y de terceros. Además, habrá que considerar de qué modo la tecnología modificará el corazón mismo de la actividad. Quizá se requieran nuevas maquinarias y procesos. Quizá será necesario modificar los equipos que gestionan la organización.

La *visión* de un modo u otro se ve afectada por cambios culturales de diferente tipo, desde la diversidad, la conciencia ambiental, hasta los cambios producidos por las migraciones y otros relacionados con los cambios culturales en su conjunto. ¿De qué modo? Hacer un listado de los cambios es muy difícil y siempre resultará incompleto. Desde los cambios producidos por la robótica hasta los devenidos por la incorporación de nuevos consumidores y/o por el cambio en su perfil. Desde el cambio de comportamientos (en las personas) hasta la forma de comunicarnos y un diferente soporte de la información.

Todo lo anterior redunda en modificaciones en el diseño de los productos que se ofrecen al mercado, en diferentes formas de comunicación de la organización con sus consumidores, en los canales de comercialización, en los caminos a seguir para ganar nuevos mercados, para llevar a cabo la logística, y muchos otros aspectos de importancia.

En la figura siguiente hemos resumido algunos de los conceptos expuestos.

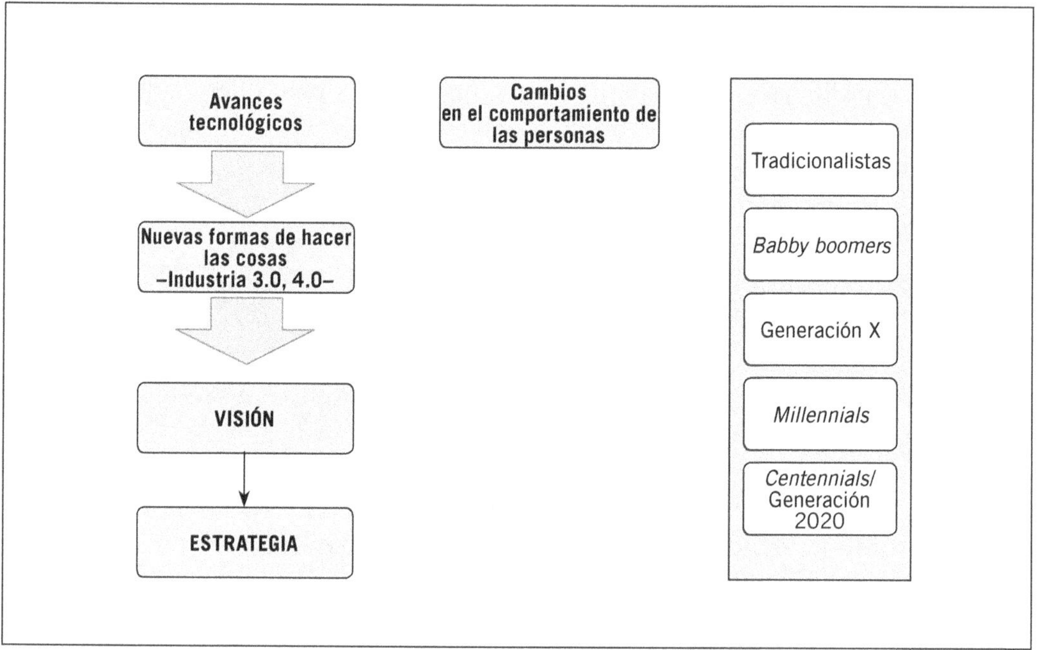

Los avances tecnológicos producen nuevas formas de hacer las cosas. Entre "las nuevas formas de hacer las cosas" podríamos señalar Industria 4.0 como la más relevante. Desde ya, otros cambios podrían incluirse.

Industria 4.0. El concepto, también referenciado como *industria inteligente* (*smart factories*) o *ciberindustria*, representa una nueva manera de organizar los medios de producción. Aún no es una realidad consolidada y experimentada, sino un nuevo hito en el desarrollo industrial que podría marcar importantes cambios sociales en los próximos años, haciendo un uso intensivo de Internet y de las tecnologías de punta, con el fin primordial de desarrollar plantas industriales y generadores de energía más inteligentes y más respetuosos con el medio ambiente, y con cadenas de producción mucho mejor comunicadas entre sí y con los mercados de oferta y demanda.

Estos conceptos –Industria 3.0[2], Industria 4.0– no aplican a muchas empresas, que aún no han llegado a operar de acuerdo con los últimos avances tecnológicos;

---

2 Industria 3.0 o Tercera Revolución Industrial, también llamada Revolución científico-técnica o Revolución de la Inteligencia, es un concepto y una visión esbozada por Jeremy Rifkin. Se basa en la conjunción de la tecnología de comunicación de Internet y las energías renovables en el siglo XXI, lo cual ha dado lugar a la Tercera Revolución Industrial.

sin embargo, podrían llegar a hacerlo en algún momento. Para otras organizaciones, estos podrían ser factores que no les conciernan ni aún en el mediano plazo. No obstante, debemos conocerlos y considerarlos, al menos como hipótesis de trabajo.

En resumen, desde el rol de expertos en formación, son conceptos a tener en cuenta, ya que inciden en otros aspectos también mencionados en el gráfico precedente, como ser el cambio en el comportamiento de las personas, producto de las tecnologías, en especial la incorporación de las redes sociales, así como la existencia de las distintas generaciones, y cómo esta realidad se conecta con la organización y sus recursos humanos.

En resumen, las organizaciones, al definir su visión y estrategia consideran un conjunto de factores que inciden en su determinación, entre ellos, los aquí mencionados.

Definido el contexto de actuación, la organización en su conjunto y particularmente el área de Recursos Humanos –en lo atinente a la gestión de las personas– deberán considerar e incluir la estrategia fijada en todos los planos del accionar del sector, desde políticas hasta métodos y procedimientos de trabajo. Por lo tanto, los distintos subsistemas de Recursos Humanos deberán reflejar la estrategia para que todos los integrantes de la organización encaminen su accionar en esa dirección.

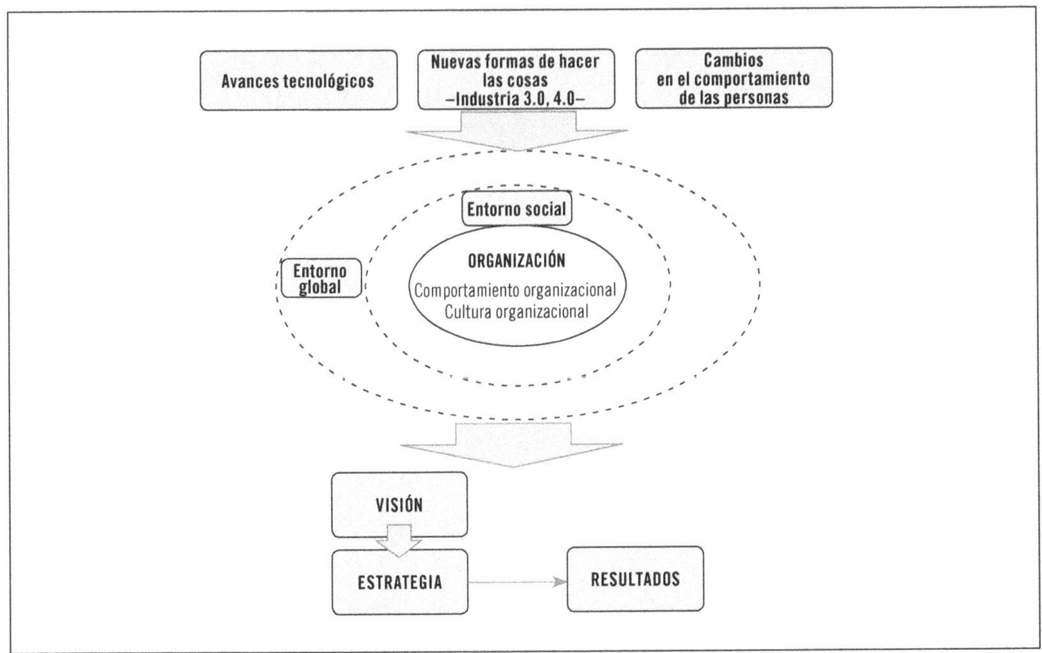

A modo de resumen de todo lo expuesto hasta aquí, se incluye la figura de la página anterior donde se muestra la interacción de todos los aspectos mencionados: Avances tecnológicos, Cultura organizacional y Visión y Estrategia.

La cultura organizacional y social se ve influenciada por un entorno más global, y todo lo anterior, en conjunto, repercute en la estrategia organizacional y en los resultados obtenidos. No es posible analizar aspectos de manera aislada. Están correlacionados y se retroalimentan entre sí.

Visión. Estrategia. Resultados. Formación

Las organizaciones definen su visión y estrategia; luego, sobre esa base, diseñan con mayor detalle los planes estratégicos organizacionales para alcanzar un determinado resultado. En cada uno de estos momentos será necesario contar con personas, de todos los niveles, formadas en conocimientos y competencias, y con la experiencia adecuada. La idea se expresa en el gráfico siguiente.

Analizando la figura podemos observar que una vez fijada la visión y estrategia se obtendrán ciertos *resultados* (organizacionales), que podrán ser los esperados, o no. A su vez, hemos simbolizado a la organización utilizando un esquema de orga-

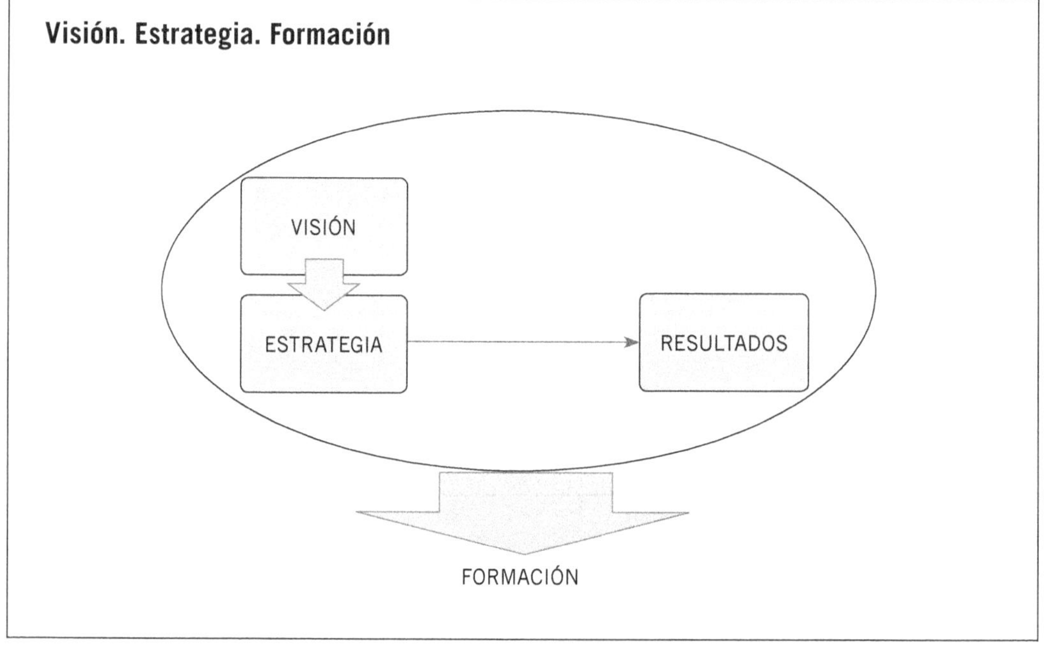

nigrama. Este representa tanto la estructura (organigrama) como otros elementos que conforman la organización, tales como edificios, maquinarias, métodos y procedimientos de trabajo, etc.

La organización cuenta, también, con personas que la integran, de todos los niveles, quienes poseen un conjunto de características. Hemos citado las más relevantes: competencias, conocimientos, experiencia. Si las competencias, conocimientos y experiencia de los distintos integrantes son los adecuados para alcanzar la estrategia, la organización estará más cerca de lograr los resultados esperados.

Esta última definición es clave, y nos referiremos a esta cuestión en el desarrollo de los distintos temas que se verán en esta obra.

Lo expresado conceptualmente hasta aquí es sencillo, y responde al sentido común: si deseo alcanzar un cierto resultado, en cualquier ámbito, debo poseer aquello necesario para alcanzarlo.

Sin embargo, en materia de formación, pareciera no ser tan claro y su aplicación no siempre se verifica, por razones diversas.

Retomemos una frase expuesta en párrafos anteriores: "Si las competencias, conocimientos y experiencia de los distintos integrantes (de la organización) son los adecuados para alcanzar la estrategia, la organización estará más cerca de lograr los resultados esperados".

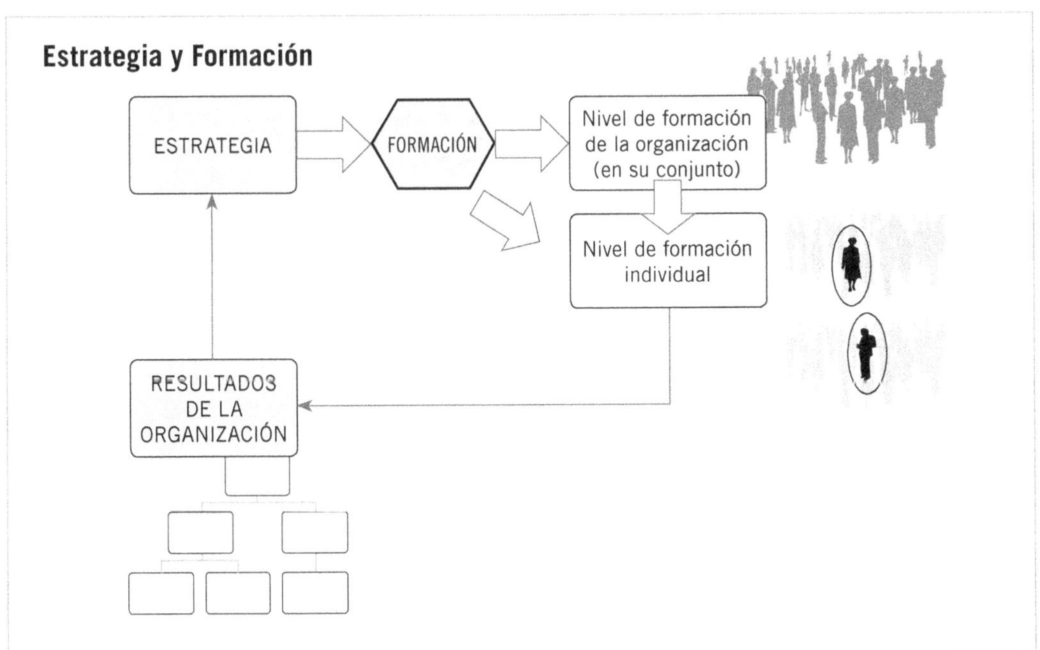

Para alcanzar la estrategia será necesaria una serie de "competencias, conocimientos y experiencia"; estos elementos deberán ser considerados en la formación. En consecuencia, tanto la formación de la organización en su conjunto como la de las personas que la integran (a nivel individual) permitirán lograr ciertos resultados, los cuales deben ser cotejados con la estrategia que se ha definido alcanzar.

Este esquema será el que se tendrá en mente a lo largo de los ocho capítulos que conforman esta obra.

La relación entre cultura y estrategia organizacional

La cultura organizacional forma parte de los elementos que usualmente se consideran para la definición de la misión, la visión y los planes estratégicos resultantes. En ocasiones se realizan mediciones para conocerla más en profundidad. Al definir modelos de competencias, con frecuencia se consideran competencias que, además de permitir alcanzar la estrategia, también permitan accionar a fin de lograr la cultura deseada.

En párrafos previos se analizaron los distintos factores que inciden en la cultura organizacional, entre ellos el entorno social más cercano al ámbito donde se de-

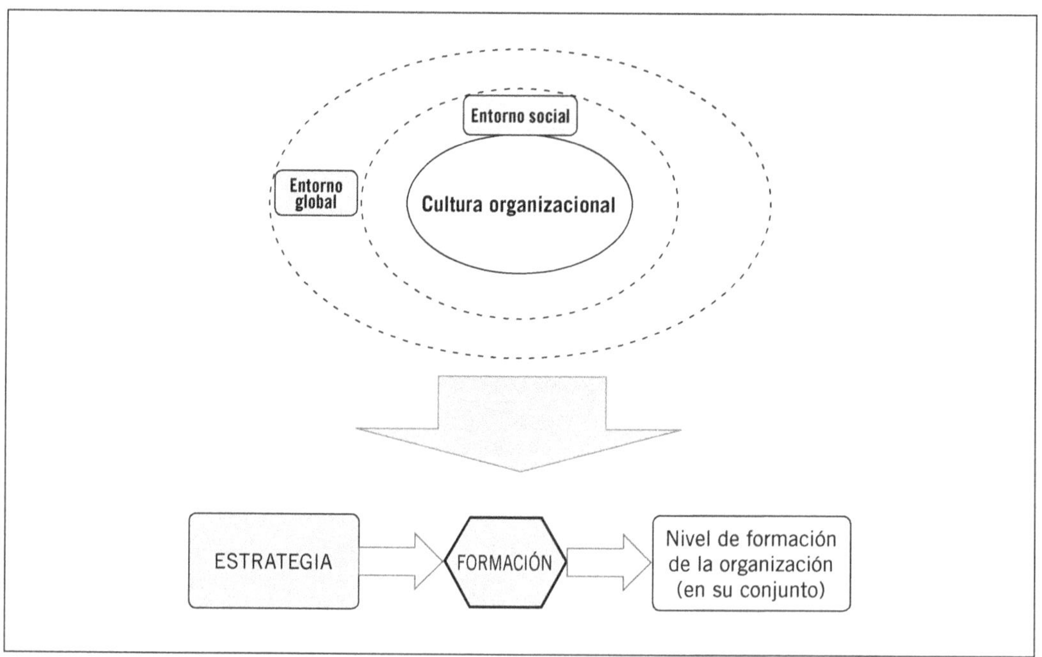

senvuelve la organización y que, con frecuencia, coincide con aquel donde viven sus integrantes, y el entorno global, más alejado, pero con algún grado de incidencia.

En la definición de la estrategia, la organización también contempla ambos entornos, el social y el global. De un modo u otro, realizará una evaluación de ambos para determinar el grado de incidencia que, eventualmente, tendrán sobre la actividad. La idea se expresa en la figura de la página anterior.

En dicha figura se muestra que la cultura organizacional incide en la ecuación conformada por "Estrategia – Formación – Nivel de formación de la organización".

Si la formación incluye actividades para accionar sobre la cultura, por ejemplo, para responder mejor tanto al entorno social como al entorno global, podríamos establecer una conexión entre ambas (cultura y formación).

Por último, a todo lo anterior deseo sumar un tema planteado en la Presentación de esta obra: las características inherentes a las distintas generaciones.

Las personas que integran la organización –con las cuales se debe llevar a cabo la estrategia– pertenecen a generaciones diferentes, y esta mezcla de generaciones también varía de una organización a otra. Cuando se deba recurrir al mercado para incorporar nuevos colaboradores, este aspecto también formará parte de los ítems a considerar.

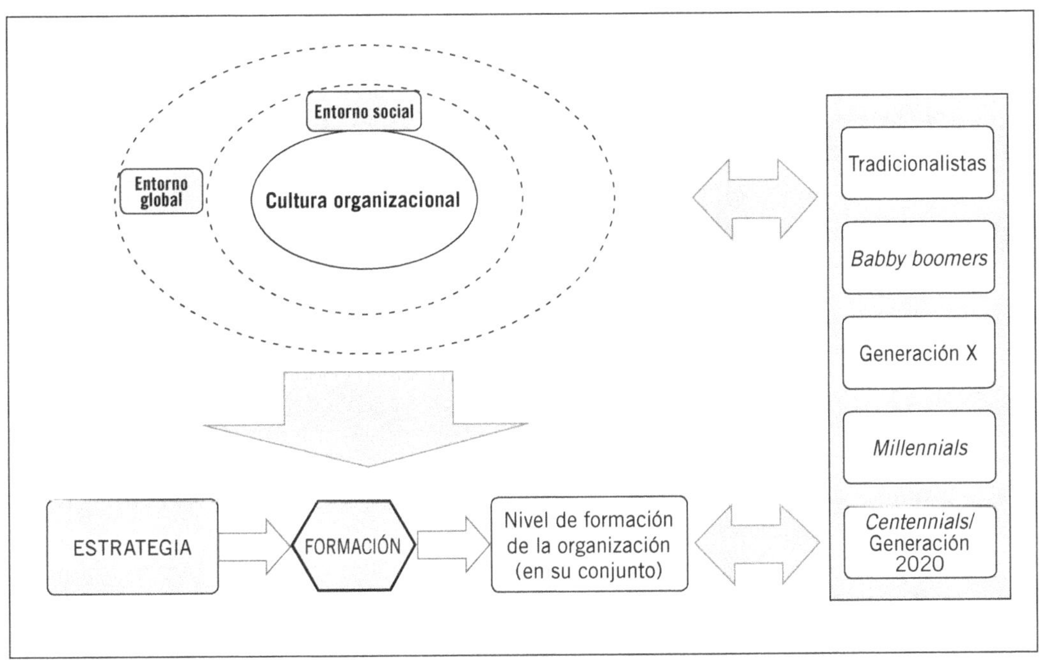

En la figura precedente se desea mostrar que las distintas generaciones serán un factor que determine la cultura organizacional y, también, la estrategia junto con la formación. El impacto en la definición de la estrategia afectará la actividad (productos y/o servicios que se ofrezcan), así como las capacidades de las personas que integran la organización. Es un tema complejo con diferentes aristas a considerar.

¿Por qué mirar al 2030, 2040 o más? ¿Qué aspectos se deberían considerar?

Como decíamos, en general las organizaciones están integradas por personas de distintas generaciones, por ejemplo, *Baby Boomers, Generación X y Millennials*. Si nos planteamos un plazo más largo, se irán incorporando los *Centennials* o *Generación 2020*.

Los integrantes de cada generación no evidencian comportamientos totalmente uniformes. Con frecuencia adquieren comportamientos de otras. Por ejemplo. un *Baby Boomer* asimilándose –en algún aspecto– a la generación *Millennial*. Del mismo modo, una persona categorizada como *Millennial* podría evidenciar comportamientos pertenecientes a generaciones anteriores.

Desde la conducción de un grupo de personas y/o para el diseño de actividades formativas, deberán considerarse estas características heterogéneas.

No obstante, al tomar decisiones sobre formación –desde una mirada organizacional y, en especial, mirando los años por venir–, se deberán tener en cuenta las características más generales de las nuevas generaciones.

Metodologías y fórmulas más o menos exitosas hasta no hace mucho tiempo deberán ser revisadas. Los planes de formación y, en especial, el diseño de actividades formativas deberán ser adecuados a los comportamientos esperados. Como se verá en el Capítulo 3, el diseño de las actividades formativas, aún para el aprendizaje de conceptos más tradicionales, deberá contemplar nuevas formas, incluir actividades y pasos (en las actividades) acordes a las demandas actuales y futuras.

Formación y buenas prácticas

En diferentes ámbitos existe una fuerte preocupación sobre la calidad de la formación que se imparte y acerca de la escasez del talento. Una de las razones por las cuales esto es así son las deficiencias en la educación de las personas en todo nivel, incluso en la escolaridad infantil.

Por otro lado, a todo lo anterior, debe sumarse las características atribuidas a las nuevas generaciones, la coexistencia –en los ambientes laborales– de generaciones diversas, junto con la preocupación sobre el futuro del trabajo.

No es nuestro propósito hacer un análisis global de la situación, por lo tanto, esta obra no hará referencia a la educación formal sino a la formación en el ámbito de las organizaciones. No obstante, en las organizaciones, el educando, la persona que se deberá *formar,* será el producto de los diferentes niveles educativos.

A la *deficiencia en la educación,* más o menos grave según el caso, y que no es una problemática exclusiva de América Latina, dado que también es un motivo de preocupación en otros países, incluso con mayor nivel de desarrollo, deben agregarse los cambios de contexto, que han incorporado conceptos o elementos no fácilmente asimilables en ambos ámbitos, la educación formal y las organizaciones. Sin embargo, estos nuevos conceptos –solo por mencionar dos de ellos: la generalización de la tecnología y la conectividad en la vida cotidiana, junto con la globalización– deben ser considerados en los puestos de trabajo. En el ámbito de las organizaciones, algunas personas han incorporado comportamientos adecuados a estos cambios de contexto, otras no. Por lo cual, en este último caso, se vería afectada su empleabilidad.

Con relación al título de la obra, me parece importante comentar que tanto en mi país, Argentina, como en otros de la región, es utilizado generalmente el término *capacitación.* Sin embargo, desde hace ya unos años hemos decidido optar por el término *formación,* más utilizado en España, con la convicción de que es un concepto más abarcativo. Según el diccionario de Seco[3], en su primera acepción es la acción de formar(se), y si buscamos el significado de "formado", tenemos la siguiente definición: *que tiene madurez moral o intelectual.*

Además, deseo destacar la tercera acepción del término formar: *dar (a alguien) preparación intelectual, moral o profesional;* y la cuarta: *dar desarrollo (a algo).*

Por lo tanto, si el lector tiene en sus manos alguna obra mía de hace unos años, podrá ver que hemos utilizado el término *capacitación* y, en las últimas, lo hemos reemplazado por *formación.* No obstante, las ideas generales sobre la temática no se han modificado. Nuestra metodología se mejora día a día, se adicionan nuevos desarrollos, siempre dentro de los lineamientos generales, que persisten, dado que conforman la base de la propuesta.

Cómo llevar la estrategia a los planes de formación

La primera cuestión a resolver será si los subsistemas de Recursos Humanos reflejan la estrategia. Si bien así lo indican las buenas prácticas, es posible que esto no se verifique. Por lo tanto, este será el primer nivel de análisis.

---

3 Seco Reymundo, Manuel; Andrés Puente, Olimpia; Ramos González, Gabino. *Diccionario del Español Actual.* Aguilar - Grupo Santillana de Ediciones, Madrid, 1999.

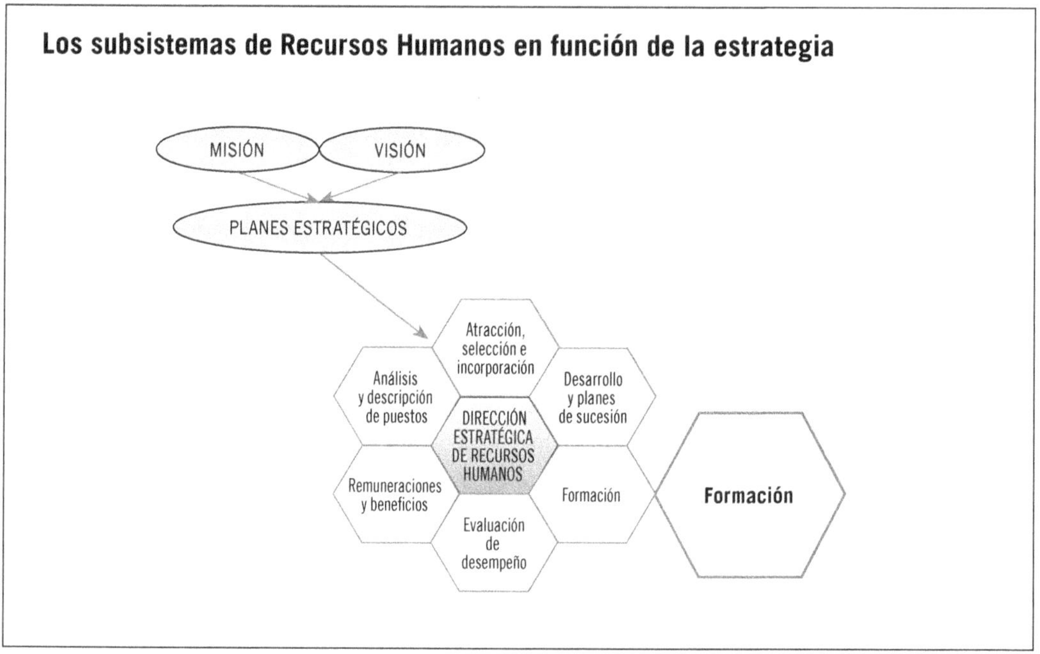

Si la estrategia fue considerada, esta se verá reflejada en los descriptivos de todos los puestos de la organización; es decir, aquello que cada ocupante de un puesto debería realizar para que, en conjunto, sea factible alcanzar la estrategia organizacional.

A partir del documento "descriptivo de puestos" reflejando –en todos los niveles de la organización– aquello necesario para alcanzar la estrategia, será posible determinar "la adecuación persona-puesto", es decir, medir si las capacidades de los ocupantes de los distintos puestos de trabajo son las adecuadas para llevar a cabo las tareas, de acuerdo con un estándar superior que permita alcanzar la estrategia.

Continuando con lo expuesto en el párrafo anterior, una vez que se midieron las capacidades (conocimientos, experiencia, competencias) y se determinaron las eventuales brechas, se estaría en condiciones de realizar un plan de formación para alcanzar las capacidades necesarias para llevar a cabo la estrategia. En resumen, el plan de formación se habrá confeccionado en función de dicha estrategia.

Como surge del gráfico siguiente, cuando los subsistemas de Recursos Humanos han sido diseñados sobre la base de la estrategia, a partir de las mediciones habituales –como, por ejemplo, la evaluación del desempeño– surgirán las brechas entre lo requerido y las capacidades de las personas (brechas en conocimientos y competencias) y, a partir de esta información, será posible diseñar los planes de formación.

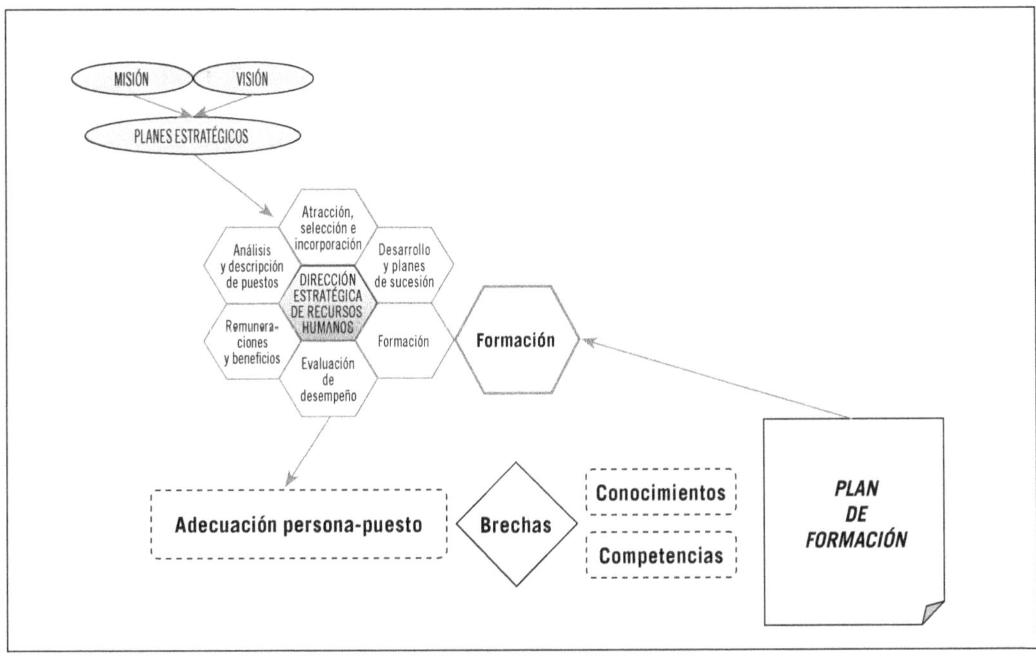

Las organizaciones realizan –también– mediciones sobre la adecuación persona-puesto. Es importante señalar que existen métodos específicos para medir conocimientos, competencias y valores. De esta instancia también surgen necesidades para incluir en los planes de formación.

Sin embargo, este esquema de trabajo podría no ser viable, en especial si las descripciones de puestos no están actualizadas y/o no reflejan la estrategia. De ser así, no sería posible llevar a cabo una adecuada determinación de brechas.

¿Cómo lograr que, frente a esta situación, se puedan realizar planes de formación en función de la estrategia?

Las guías y formularios utilizados para la detección de necesidades de formación pueden ser de gran utilidad. En ocasiones, esta información deberá ser complementada con algunos aspectos relacionados con la estrategia organizacional.

En síntesis, el director de Recursos Humanos y el número 1 de la organización, CEO, director general o gerente general, en conjunto, deberán someter los planes de formación a un profundo análisis, dado que –con frecuencia– no reflejan las necesidades estratégicas (al menos, no todas). En resumen, se deberá analizar cada uno de los ítems que conforman el plan de formación, para establecer cómo se vinculan con la estrategia organizacional.

Otra forma para relacionar la estrategia con los planes de formación

Si una organización no posee los descriptivos de puestos actualizados o, por algún otro motivo, estos no reflejan la estrategia, una forma de relacionar la estrategia con los planes de formación sería a través de la fijación de estándares a alcanzar.

De acuerdo con la estrategia organizacional, habrá que definir ciertos estándares o parámetros que se desea alcanzar. Por ejemplo, un conocimiento específico que todos los colaboradores o un grupo de ellos debería poseer. O algo similar en materia de competencias, un aspecto no considerado hasta el momento, necesario para alcanzar los planes futuros. Una vez definidos estos estándares, será posible medir brechas y confeccionar un plan de acción.

Los presupuestos para formación son usualmente escasos, aun en organizaciones que invierten en la materia. Por lo tanto, la inversión a realizar deberá ser cuidadosa, focalizada en los planes estratégicos, en la visión que se desea alcanzar.

Se retomarán estos temas con mayor detalle en el Capítulo 2.

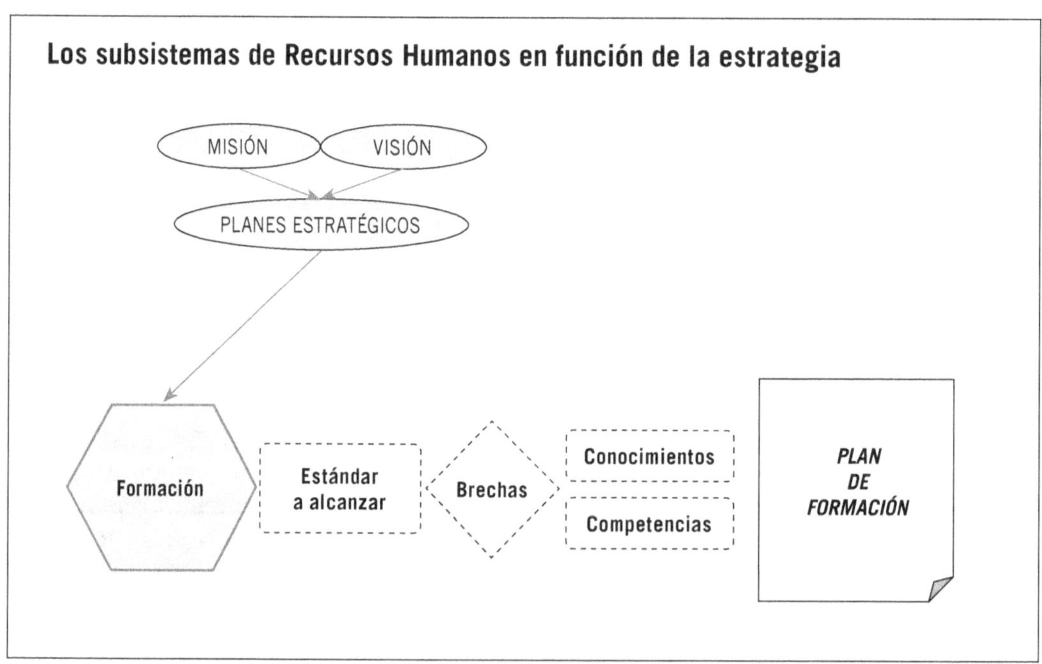

Formación en el ámbito de las organizaciones

Las inversiones en capacitación y desarrollo podrán dejar de ser "un gasto" cuando los planes de formación se diseñen en relación con la estrategia de la organización. Para ello, deberían realizarse actividades (de formación) con el propósito de mejorar la actuación de las personas con respecto al puesto de trabajo que ocupan en el presente o, eventualmente, ocuparán en el futuro.

La función de Formación, entre otros objetivos, debería contribuir a que los colaboradores realicen mejor sus tareas y logren el cumplimiento de los objetivos fijados. Todas las organizaciones necesitan que sus colaboradores mejoren permanentemente la forma en que trabajan.

En muchos casos, las personas deberán estar capacitadas para realizar tareas relacionadas con otros puestos de trabajo además del propio. En ciertas organizaciones, se aplican criterios de polifuncionalidad no solo a niveles operativos, sino también en los ejecutivos.

Como se verá en el Capítulo 8, de la aplicación de los distintos programas organizacionales para el desarrollo de personas también surgirán necesidades de formación.

Por lo tanto, buscar la mejora permanente –formación de las personas– cobra un valor estratégico. En este sentido, el aporte que puede realizar quien tenga a su cargo la función Formación, al igual que los jefes y directivos, consiste en mejorar el presente y tratar de ayudar a construir un futuro en el que los recursos humanos estén formados y preparados para superarse continuamente.

Para confeccionar *planes de formación*, un primer aspecto a tener en cuenta es que los conocimientos y las competencias requieren un tratamiento diferente a la hora de diseñar las actividades formativas.

Los diseños de las actividades de formación se modifican en relación con distintas circunstancias, entre ellas, los cambios sociales y tecnológicos. La formación "tradicional" habilita para la transmisión de conocimientos, sin embargo, el desarrollo de competencias requiere modificación de comportamientos, llevar a cabo acciones diversas que, a su vez, implican un diseño a medida, ya que los modelos de competencias presentan diferencias entre una organización y otra.

En materia de formación de adultos y desde una perspectiva organizacional, se deberá diferenciar entre conocimientos y competencias para elegir en cada caso el método de desarrollo más idóneo. La formación o capacitación estructurada no es el único método para el aprendizaje (Capítulo 6). La mayoría de las veces una mezcla de actividades brinda un nivel de efectividad mayor. Será posible combinar una actividad con formato específico, como un taller, que transcurre en el ámbito del aula, con actividades posteriores, para inducir a la persona al autodesarrollo.

Por lo tanto, la función de Formación debe ser analizada con un enfoque sistémico. Por un lado, corresponde desarrollar el plan de formación y, conjuntamente, establecer una mirada sobre los programas internos de desarrollo (Capítulo 8). No será efectivo contar con solo uno de estos elementos. La organización, para alcanzar sus planes estratégicos, necesitará personas formadas y el camino para alcanzar este objetivo será la implementación combinada de varios programas, según corresponda en cada caso en particular.

Formación en función del puesto actual o futuro

Como decíamos en el inicio del capítulo, la formación en las organizaciones se realiza mirando el presente y, además, con la vista puesta en el 2030, 2040… Es decir, considerando eventuales brechas en relación con el puesto actual y eventuales brechas en relación con un puesto futuro. Dicho análisis se realizará de manera individual y por colectivos de personas o grupos.

Para resolver esta cuestión la herramienta a utilizar será la denominada *Diagnóstico de adecuación persona-puesto*[4], a través de la aplicación de un conjunto de evaluaciones necesarias para determinar la relación entre los conocimientos, experiencia y competencias que un puesto requiere y los del ocupante de esa posición. Es posible realizar un diagnóstico similar para eventuales ocupantes de puestos futuros, por promociones internas o dentro de los distintos programas internos para el desarrollo (Capítulo 8).

La identificación de brechas implica que el ocupante del puesto o el aspirante a un puesto futuro, según corresponda, deberá encarar acciones para reducirlas.

Esta forma de analizar la cuestión –comparar las capacidades actuales de una persona con un puesto, ya sea actual o futuro– será la misma a utilizar frente a cualquier decisión: promociones internas, diagramas de reemplazo, etc. Temas que serán tratados en el Capítulo 8.

El término "formación" define la acción de educar y/o instruir a una persona con el propósito de perfeccionar sus facultades intelectuales a través de la explicación de contenidos, ejercicios, ejemplos, etc. Incluye conceptos tales como codesarrollo y capacitación.

Continuando con la formación dentro del ámbito organizacional, interesa definir otro término, "formación en cascada", el cual hace referencia a la acción y efecto de educar y/o instruir a un grupo de personas de una misma organización y de di-

---

4 Adecuación persona-puesto. Diagnóstico es la Herramienta N° 1 de la obra *Las 50 herramientas de Recursos Humanos que todo profesional debe conocer*. Ediciones Granica, Buenos Aires, 2017.

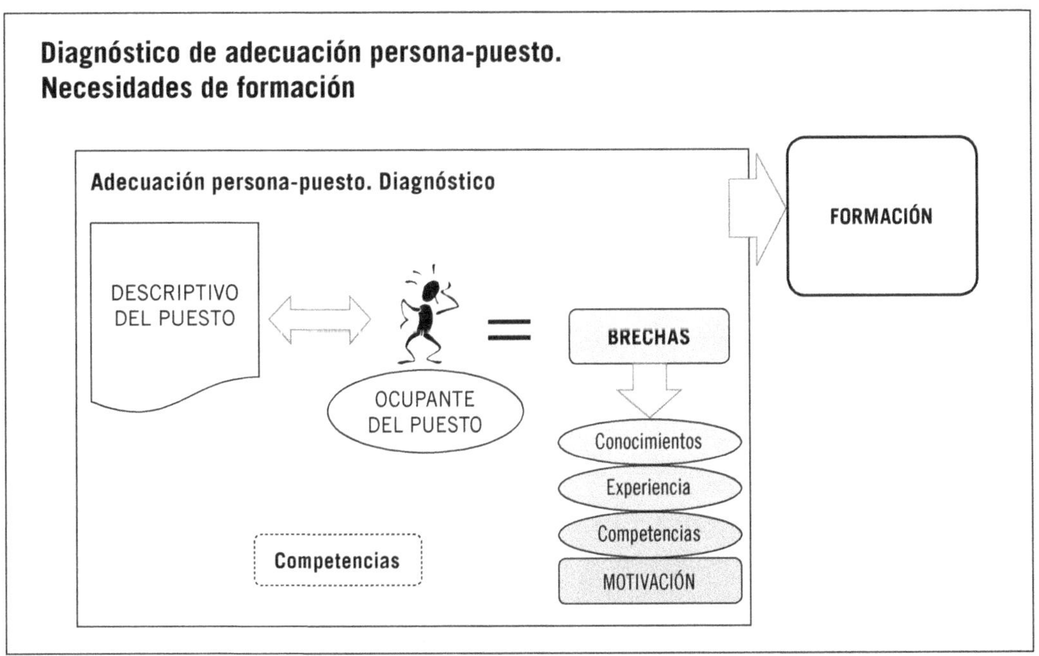

ferentes niveles dentro de ella, idealmente a partir del número 1 de la organización y/o número 1 de un área, el aprendizaje de conocimientos como para el desarrollo de competencias. Se retoma este concepto en capítulos posteriores, especialmente en el Capítulo 7.

Los distintos métodos para el desarrollo de personas

En las buenas prácticas se identifican distintos métodos para el desarrollo de personas, tanto para incrementar conocimientos como para desplegar competencias a través de varias vías, desde la realización de acciones formativas específicas hasta la experiencia práctica. Estos son:

- Métodos para el desarrollo de personas dentro del trabajo.

- Métodos para el desarrollo de personas fuera del trabajo.

- Métodos basados en el autodesarrollo. Dentro y fuera del trabajo.

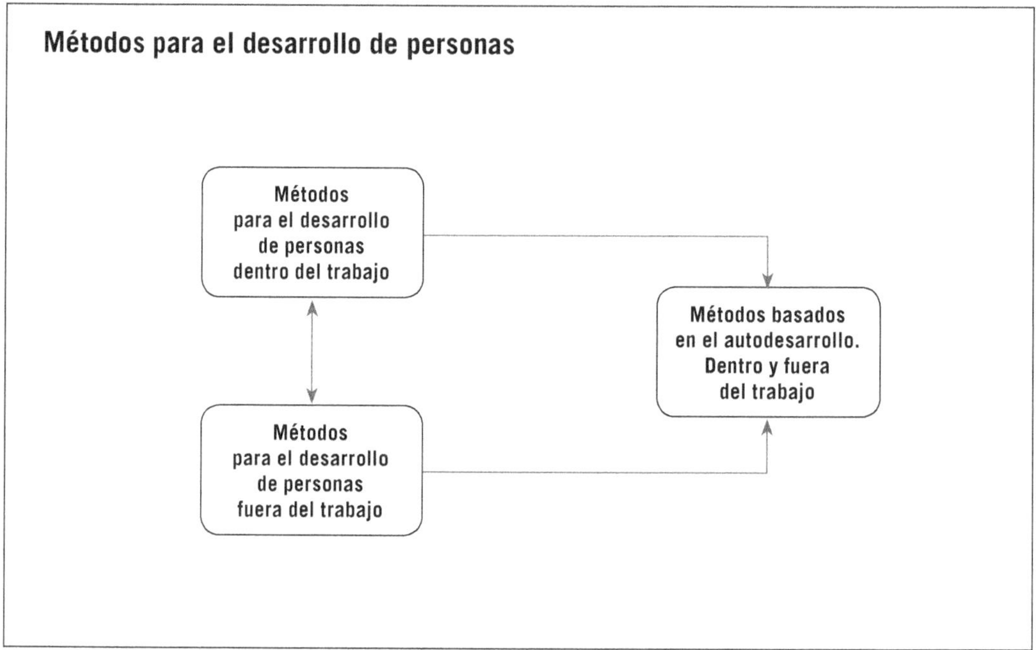

Los mencionados en último término son los más eficaces, sin embargo, se podrá comenzar por cualquiera de los otros, como una forma de inducir a las personas al autodesarrollo. Cada organización y circunstancia podrá indicar que un camino es mejor que el otro.

El aprendizaje puede llevarse a cabo por vías diversas y, a su vez, combinar las distintas alternativas. Una persona aprende mientras realiza sus funciones de acuerdo con su puesto de trabajo y, además, puede recibir formación específica, según las necesidades detectadas.

Formación. Capacitación. Desarrollo

Los *métodos para el desarrollo de personas fuera del trabajo* hacen referencia a las actividades orientadas tanto a la transmisión de conocimientos como al desarrollo de competencias, y que son planeadas por la organización. La aclaración "fuera del trabajo" se incluye para enfatizar que mientras una persona asiste a una actividad de este tipo no está en su puesto de trabajo, cumpliendo sus tareas habituales. Dicha actividad formativa podrá realizarse en una sala de capacitación, un centro de formación u otra opción, dentro de las instalaciones de la misma empresa o, eventualmente, en otro lugar. Del mismo modo, podrán llevarse a cabo en el horario laboral o en otro diferente. El ejemplo más frecuente de este tipo de actividades lo constituyen los cursos de capacitación o formación.

La formación se utiliza como un método integral de desarrollo de personas. Si se desea aplicar un concepto amplio, la formación en todas sus facetas coadyuva al desarrollo tanto de conocimientos como de competencias; es decir, si una persona recibe capacitación en un tema en particular podrá al mismo tiempo desarrollar, por ejemplo, competencias.

La oferta disponible sobre formación es muy variada; entre las opciones más difundidas podemos citar:

- *Cursos formales de capacitación.* Se pueden mencionar desde cursos de capacitación empresarial, tanto internos como brindados por instituciones especializadas, hasta carreras de grado, licenciaturas y posgrados, especializaciones, maestrías, etc. A su vez pueden ser los que dicta una alta casa de estudios, o bien diseñadas a medida de una organización en particular.

- *Seminarios.* Al igual que sucede con los cursos, pueden ser internos o externos y se diferencian de estos, usualmente, por tratar temas de mayor nivel o especificidad.

- *Talleres.* Actividades de formación estructuradas durante las cuales se intercalan exposiciones teóricas con ejercitación práctica, siendo esta última la predominante.

- *Programas con universidades.* Estos programas tienen un diseño orientado a la adquisición de conocimientos y, adicionalmente, son muy útiles para la formación integral del individuo.

También podemos citar otras actividades formativas que, con frecuencia, se presentan integradas a algunas de las anteriores, por ejemplo:

- *Método de casos.* Bajo esta modalidad se asignan casos para resolver fuera del entorno laboral. Lo más frecuente es que no tengan una única *solución,* por lo cual son muy adecuados para su análisis grupal, en una instancia que deberá ser conducida por un moderador experto.

- *Juegos gerenciales.* Los participantes deben resolver situaciones diversas para su formación, por ejemplo, analizar una determinada situación y luego decidir el mejor curso de acción basados en la información disponible. Muchos juegos de simulación no tienen una única solución y solo se proponen poner en acción las relaciones interpersonales.

Existen muchas variantes de actividades de simulación por ordenador e interactivos donde las personas pueden jugar solas o en grupos. Para que estas propuestas sean fructíferas las actividades deben ser conducidas por un instructor experimentado, en el caso de ser presenciales, o tener un diseño muy cuidado, en el caso de las que se administran a través de un ordenador.

- *Role-playing.* Es un tipo de formación que se realiza a través de la simulación de diferentes situaciones de tipo laboral. Requiere una persona entrenada en esta práctica para asumir el rol específico deseado. Se utiliza especialmente para el desarrollo de competencias.

Algunas actividades se combinan con el autodesarrollo, como las siguientes:

- *Lecturas guiadas.* Se relaciona con el autodesarrollo. Las lecturas sugeridas por mentores, jefes u otras personas que puedan influir favorablemente suelen ser de mucha utilidad para el desarrollo tanto de conocimientos como de competencias.

- *E-learning. Capacitación on line o instrucción guiada a través del ordenador.* Se trata de actividades formativas que utilizan el soporte tecnológico (el ordenador), y tienen una ventaja sobre los métodos tradicionales, al permitir la formación de personas sin requerir su desplazamiento físico y que los participantes puedan elegir el horario en que se capacitarán, ya que se realizan en cualquier momento.

- *Licencias sabáticas.* En general, vinculadas a ámbitos académicos; son, sin embargo, profusamente mencionadas en la literatura sajona de Recursos Humanos.
  Esta práctica propone un período durante el cual el empleado dispone de tiempo libre sin dejar de percibir su salario habitual, generalmente durante un año, de allí la denominación muy conocida de "año sabático". Sin embargo, suele ser un período de entre seis meses y un año. El involucrado puede destinar su tiempo, por ejemplo, a programas sociales, entrenamiento en lugares remotos, vivir en otros países sin contacto con sus tareas habituales, realizar programas de voluntariado u otras actividades formativas. Una de las desventajas de las licencias sabáticas es su alto costo. Se puede contar entre sus principales beneficios prevenir las enfermedades relacionadas con el estrés y ser un fuerte aliado en la retención de personas.

Por último, podemos mencionar:

- *Actividades outdoor.* Estas actividades han tenido su origen en programas para altos ejecutivos, por medio de los cuales estos pasaban varios días o fines de semana alejados de sus lugares de trabajo para realizar determinadas actividades, generalmente focalizadas en el trabajo en equipo y en situaciones de esfuerzo individual o grupal, tales como actividades en un desierto o en la montaña. Muchas llegaban a ser verdaderas pruebas de supervivencia.

En cuanto a "Codesarrollo", es el método de aprendizaje fuera del trabajo que se utiliza en nuestra metodología y que cuenta con muchos años de implementación práctica. Ha sido un método que, en sus inicios, surgió bajo la modalidad de taller, al que luego se le adicionaron pasos, evolucionando hasta el formato actual. Se verá con mayor detalle en el Capítulo 3.

El Codesarrollo, tanto de conocimientos como de competencias, se imparte con formato de taller, y puede incluir actividades tales como la resolución de casos, juegos gerenciales y *role playing.*

Por último, entre las actividades mencionadas podríamos decir que las denominadas *outdoor* y las licencias sabáticas son, de alguna manera, no convencionales.

Capacitación

El término "capacitación" usualmente se utiliza para hacer referencia a las actividades estructuradas, generalmente bajo la forma de un curso, con fechas y horarios conocidos y objetivos predeterminados.

La capacitación es la actividad más utilizada para la formación de personas, en especial adultas. Su formato más frecuente es lo que cotidianamente se conoce como "curso", una actividad donde un profesor o instructor transmite una serie de conocimientos a los participantes.

En resumen, las principales características de la capacitación son:

- Un profesor está a cargo de la actividad y hay un grupo de participantes que son formados o instruidos por él.

- Usualmente, es una actividad estructurada que dirige el mencionado profesor.

- Se basa en objetivos concretos y conocidos de antemano por los participantes a través de un programa determinado previamente al inicio de la actividad.

- Cuenta con fechas y horarios de realización preestablecidos.

Podría utilizarse el término "capacitación" con un alcance más amplio. Sin embargo, hemos elegido esta definición porque representa la idea más frecuente que todas las personas tienen respecto del punto.

Con frecuencia se utiliza la palabra capacitación para denominar un sinnúmero de actividades que, por el mero hecho de realizarlas, generan un aprendizaje. Por ejemplo, se podría sostener que "una persona se capacita" cuando realiza una tarea, y eso es cierto.

Sin embargo, la definición que adoptamos en esta obra hace referencia a una actividad de formación estructurada, impartida por un profesor o instructor, con formato de clase, con fechas y horarios establecidos y objetivos concretos. Por ejemplo, "manejo de costos estándar para los integrantes del área de Costos" de una empresa en particular. En un caso como este, la empresa en cuestión contratará a un profesor o instructor, se fijará un lugar de realización, así como las fechas y horarios y el alcance de la actividad.

La capacitación tiene puntos en común y diferencias con el método de Codesarrollo, ya mencionado. Se verán más adelante.

Por último, con relación a la capacitación, se sugiere analizar la figura siguiente, en la cual se pueden observar los distintos grados de eficacia de las diferentes formas de aprendizaje. De la figura se desprende que "escuchar una conferencia" da como resultado un aprendizaje relativamente bajo, el cual crece a medida que la persona incrementa su nivel de participación.

El aprendizaje alcanza su nivel máximo cuando la persona pone en acción aquello que ha aprendido.

En resumen, como se desprende de la figura de la página siguiente, el grado de eficacia en el aprendizaje va creciendo cuando la persona que lo lleva a cabo va sumando actividades relativas al tema sobre el que se propone aprender.

Si la capacitación se reduce a leer un texto o escuchar a un orador, aun siendo este muy bueno, el grado de aprendizaje será menor que si, luego de dicha lectura o conferencia, se adiciona un debate o discusión. Si a todo lo antedicho se le agrega la puesta en práctica de lo que fue tratado, el grado de aprendizaje aumenta aún más, y logra su nivel máximo cuando el conocimiento se pone en acción tras una autoevaluación.

La capacitación estructurada con un profesor o instructor, participantes y fechas y horarios predeterminados, como se definiera en párrafos previos, podrá realizarse de modo no presencial, a través de la tecnología, como videoconferencias, hoy accesibles de manera amplia y con bajo costo.

Otra opción, también a distancia y con la utilización de ordenadores, es la denominada *capacitación on line* (una combinación de términos en español e inglés) que también se conoce por su expresión inglesa: *e-learning*. En este caso, también se

Capacitación. Eficacia en el aprendizaje

Lectura o escuchar una conferencia	Debate y discusión	Puesta en práctica	Autoevaluación	Acción	Acción (adicional al punto anterior)
Lectura o escuchar una conferencia	Debate y discusión	Puesta en práctica	Autoevaluación		Autoevaluación (adicional al punto anterior)
Lectura o escuchar una conferencia	Debate y discusión	Puesta en práctica			Puesta en práctica (adicional al punto anterior)
Lectura o escuchar una conferencia	Debate y discusión				Debate y discusión (adicional al punto anterior)
Lectura o escuchar una conferencia					Lectura o escuchar una conferencia

0 → 100

trata de actividades estructuradas para la transmisión de conocimientos, utilizando la tecnología informática, con plazos y objetivos predeterminados.

En síntesis, las diferentes actividades mencionadas pueden aplicarse en su conjunto o solo algunas de ellas, según el foco que desea darse a la formación. El diseño de las actividades será un factor determinante para alcanzar el grado de eficacia deseado. Se retomará el tema en el Capítulo 3.

Distintos caminos para desarrollar las capacidades de las personas

El desarrollo de las capacidades, tanto las de una persona como las del equipo a cargo, o las de los pares o compañeros de trabajo, puede encararse de maneras diferentes; los posibles caminos a seguir son diversos. Cada situación debe ser analizada en particular y, en general, no hay una única alternativa.

Usualmente, surge como primera opción realizar alguna actividad formativa (*capacitación*), no siendo siempre el mejor camino a seguir.

En la figura siguiente he consignado algunas alternativas posibles de formación y desarrollo.

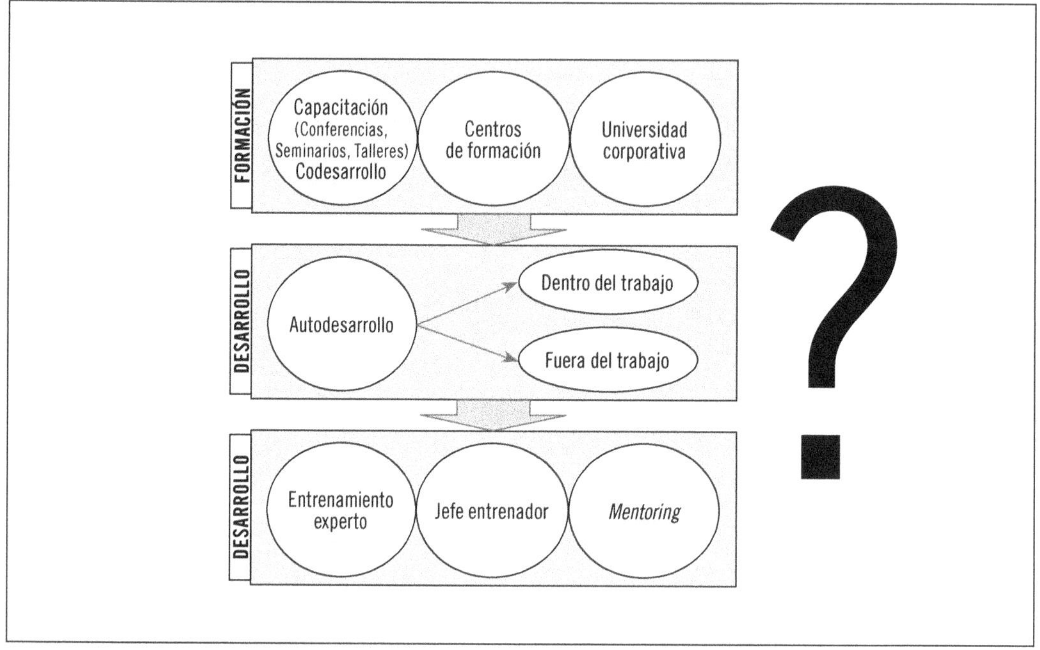

En el gráfico se muestran grupos de actividades identificadas con las palabras Formación y Desarrollo. Dentro de las actividades formativas –parte superior de la figura–, en primer término mencionamos las conferencias magistrales, seminarios y talleres prácticos. También podrían incluirse actividades formativas de mayor alcance, impartidas por universidades, incluyendo diplomaturas y posgrados. Se trata de opciones posibles y de carácter externo a la organización, cuyos contenidos son definidos por los responsables de dichos eventos y actividades. La aplicación, al ámbito de la organización, será variable, dependiendo de cada caso en particular. Por último, se menciona el Codesarrollo, cuyo diseño se realiza a medida (se verá en el Capítulo 3). Continuando con el grupo "formación", en organizaciones de mayor tamaño es posible contar con centros de formación y/o universidad corporativa (Capítulo 4).

Dentro de las buenas prácticas de Desarrollo, parte central del gráfico, haremos una especial mención al *autodesarrollo,* el cual podrá ser una consecuencia de alguna de las actividades formativas mencionadas, en especial, Codesarrollo. Para promover el autodesarrollo, las empresas orientan a sus colaboradores para mejorar en determinados aspectos (Capítulo 6); de ese modo el autodesarrollo será dirigido, con el propósito de alcanzar entre todos la estrategia organizacional.

Continuando con el gráfico precedente, en la parte inferior, dentro de Desarrollo, se mencionan los programas *Entrenamiento experto, Jefe entrenador* y *Mentoring* (que se verán en los capítulos 7 y 8), los cuales podrán ser llevados a la práctica con la participación de integrantes formados de la propia organización.

Aprendizaje inteligente. No aprendizaje

Como ya hemos expresado, mis obras exponen las buenas prácticas; en este caso, las referidas a la formación organizacional. La mayoría de los aspectos que se tratan en esta obra podrán ser de aplicación también en otros ámbitos, como los académicos, aunque no nos referiremos a ellos específicamente.

En esta sección del capítulo queremos compartir dos situaciones que pueden presentarse durante un proceso de aprendizaje. Por un lado, el caso de un colaborador que realiza un proceso de aprendizaje inteligente; y, en las antípodas, aquel otro que realiza un proceso que podríamos denominar de "no aprendizaje". Este último caso no es producto de una menor inteligencia ni de una dificultad devenida de alguna limitación personal, situaciones que, si bien podrían llegar a existir, no serán analizadas aquí. Nos referimos a personas que, con la misma capacidad que las que pueden hacer un aprendizaje inteligente, no lo realizan.

Aprendizaje: el proceso inteligente

¿Por qué utilizar la expresión "inteligente"? No es nuestro propósito brindar una nueva definición de inteligencia, sino que se desea enfatizar, a través del uso de esta palabra, el concepto que se expresa en el gráfico siguiente. Es decir, frente a una oportunidad de aprendizaje se puede elegir aprovecharla (comportamiento inteligente) o rechazarla. A esta última variante nos referiremos más adelante como proceso de *no aprendizaje*. Veremos en capítulos siguientes otro concepto muy interesante, que denominamos "espiral creciente" (Capítulo 3), el cual describe un proceso de aprendizaje que, en este punto, podríamos relacionar con el *proceso inteligente de aprendizaje*.

El aprendizaje inteligente comienza al tomar contacto con un conocimiento nuevo. Esta situación puede ser consecuencia de la lectura de un libro o de una actividad formativa, solo por mencionar dos ejemplos. Como se desprende del gráfico siguiente, la acción que hemos denominado *Compara con conocimientos/experiencias pasadas* la hemos identificado con una línea discontinua o de puntos, dado que debería estar fuera del momento en el cual se toma contacto con un nuevo conocimiento.

Veámoslo a través de un ejemplo: si mientras se lee un libro o se participa en un curso, al mismo tiempo se compara esa información con algo ya sabido o conocido, el resultado más frecuente es que la persona "se distraiga" y no tome un cabal conocimiento del tema nuevo. Por lo tanto, la comparación –de realizarse– deberá hacerse siempre en un momento diferente al de escuchar / leer / tomar contacto con el nuevo concepto (conocimiento o comportamientos correspondientes a una competencia, según corresponda).

A continuación, se expone "paso a paso" el proceso del aprendizaje inteligente. Desde ya, el aprendizaje inteligente es el más frecuente, en especial, en Formación dentro del ámbito de las organizaciones.

De acuerdo con el gráfico, imaginemos que una persona transita los pasos mencionados.

A   En una actividad de formación o en un libro, se enfrenta a un concepto nuevo. También puede ser a través de *e-learning* u otra actividad formativa.

B   Lo más frecuente es que el sujeto de aprendizaje compare ese nuevo concepto con conocimientos que ya posee, con experiencias pasadas, etc. Esta acción debería realizarse una vez que se tomó contacto con los nuevos conceptos. En un curso, sería luego de que este finalice.

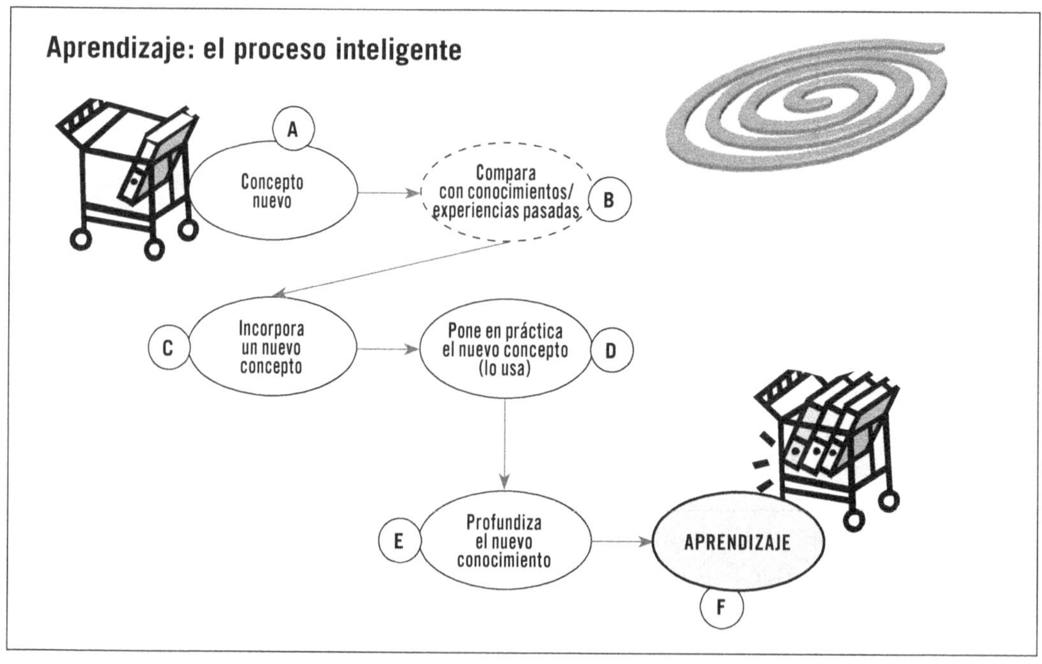

En algunas ocasiones sería ideal que esto no sucediese, dado que frente a ciertos conocimientos se debe "desaprender" para aprender, y de aquel modo se dificulta el resultado esperado.

Este "desaprender" se obstaculiza aún más cuando el objetivo de la actividad es el cambio de comportamientos.

C   Si a continuación, una vez que ha realizado el paso B, la persona incorpora ese nuevo conocimiento o, en el caso de competencias, un nuevo comportamiento, entonces comienza el aprendizaje.

D   Luego pone en práctica el conocimiento o el nuevo comportamiento, es decir, lo usa.

E   Y continúa profundizando en el tema y, además, continúa utilizando lo adquirido…

F   ¡Se verifica el aprendizaje!

La idea se refuerza con dos figuras. El "changuito de compras de conocimientos/comportamientos", que en el gráfico está representado por un libro, al inicio, se ve *ampliado* al final del proceso inteligente por un "changuito de compras de conocimientos/comportamientos" más lleno, con dos libros más que al inicio, donde la persona solo contaba con uno.

A este proceso positivo de aprendizaje lo hemos denominado "inteligente", como se dijo más arriba, solo para enfatizar la siguiente idea: es "inteligente" incorporar nuevos conocimientos y no lo es rechazar el aprendizaje.

Proceso de *no aprendizaje*

Así como el proceso de aprendizaje inteligente es el más frecuente en el ámbito de las organizaciones, al mismo tiempo es dable observar su opuesto. A la situación de rechazo de nuevos conceptos la hemos denominado *situación de no aprendizaje*.

Usualmente, en actividades de formación sobre conocimientos y en especial cuando se ofrecen nuevos enfoques de temas conocidos, les decimos a los participantes: *dejen de lado por un momento los conocimientos que ya poseen, para permitirse comprender las nuevas teorías; una vez que las comprendieron, recién entonces realicen la comparación con los conocimientos preexistentes.* Muchas personas, en ese proceso de cotejo entre lo que ya saben y los nuevos conceptos, "pierden el hilo", se distraen, y la comprensión no se produce; en consecuencia, tampoco el aprendizaje se produce. Por lo tanto, la comparación debe realizarse en otro momento.

Es importante destacar que no estamos incluyendo en el concepto de "no aprendizaje" aquella situación en la cual una persona, habiendo realmente aprendido un nuevo tema, al compararlo con el conocimiento preexistente llega a la conclusión de que el previo es mejor, más adecuado a sus circunstancias, etc. No estamos proponiendo la idea de que todo concepto nuevo es mejor. Solo se está explicando por qué los adultos no aprenden, en especial, en el ámbito de las organizaciones, donde normalmente las personas no encaran el aprendizaje por propia voluntad, sino a partir de una sugerencia de la organización a la cual pertenecen (del jefe, del área de Recursos Humanos, etc.).

Proponemos al lector analizar detalladamente el proceso de no aprendizaje, que, como se dijo, también es frecuente dentro del ámbito organizacional.

A partir de lo que puede observarse en el gráfico, imaginemos que una persona transita los pasos mencionados.

A   En una actividad de formación o en un libro se enfrenta a un concepto nuevo.

B   A continuación, y como es frecuente, la persona que recibe la formación (lee un libro, etc.) compara ese nuevo concepto con conocimientos que ya posee, con experiencias pasadas, etc.

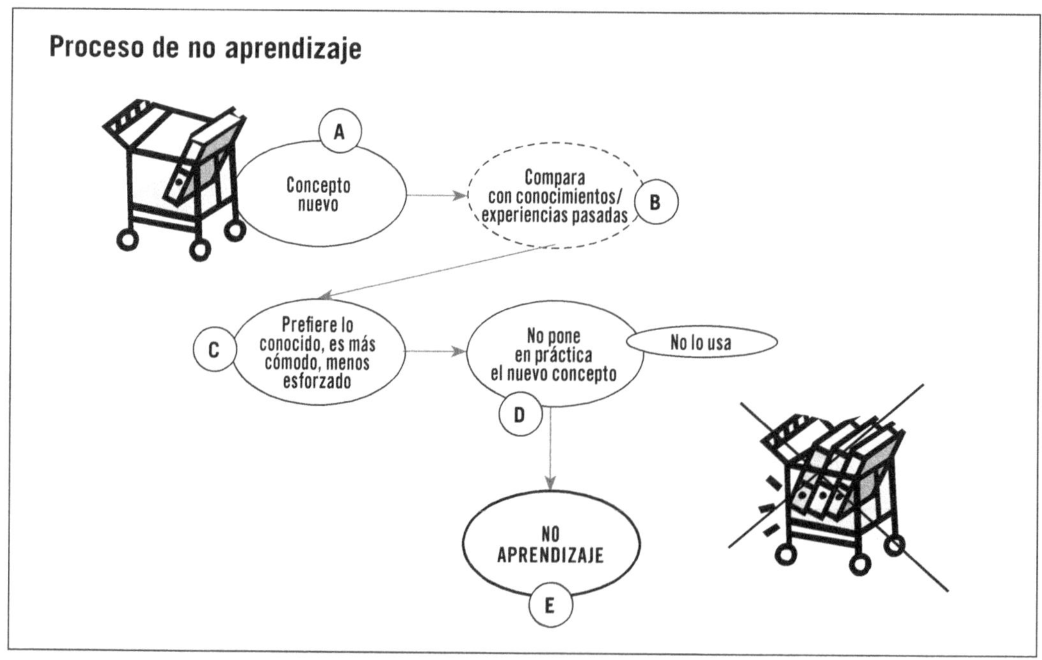

C   En este paso la persona toma una decisión: prefiere lo conocido (con anterioridad a tomar contacto con el nuevo concepto), por la razón que fuere: es más cómodo, requiere menor esfuerzo, la persona tiene resistencia natural al cambio, etc.

Muchas personas prefieren no cambiar porque aplicar lo ya conocido es más cómodo, optan por la rutina ya incorporada, tienen temor a equivocarse si cambian, etc.

En otros casos, el proceso de aprendizaje no se verifica porque se contrapone con determinadas *creencias*. La persona "cree" que algo es mejor sin fundamento profesional o técnico alguno. Lamentablemente las creencias no permiten el aprendizaje, operan como una barrera invisible que no se puede traspasar con una explicación, por más detallada que esta sea, sobre el nuevo conocimiento.

D   La consecuencia del paso C es que la persona no utiliza el nuevo concepto, por lo que este no se pone en práctica.

E   No se produce el aprendizaje.

Si bien la mayoría de las personas llevan a cabo un aprendizaje inteligente, también el esquema descrito como "no aprendizaje" se presenta con alguna frecuencia. En la mayoría de los casos, cuando esto sucede, se debe a que los participantes se manejan sobre la base de creencias, tal como indicamos en el punto C. Por ejemplo, creen que algo es bueno *porque es el método de trabajo que utiliza la empresa XX, que es una multinacional reconocida,* o creen que algo es bueno *porque su mejor amigo está muy contento con el método YY,* o por cualquier otra razón, sin analizar si esto es efectivamente cierto o no, si es aplicable en la organización donde ahora se desempeñan o no, etcétera.

Desafíos para enfrentar por el área de Formación

Diseños y propuestas para enfrentar el futuro contemplando –además– los cambios del contexto

Viejas recetas frente a nuevos problemas. Nuevas formas de encarar los problemas para los no resueltos. Todo es posible. No hay una única manera de resolver las cosas. Esta expresión aplica a numerosas disciplinas, también a Recursos Humanos.

Nos hemos referido en párrafos previos a las generaciones –nuevas y anteriores a estas– y su análisis será contemplado en otros capítulos de esta obra. Desde ya, es un tema para tener presente. Sin embargo, en variadas circunstancias, estaremos hablando de comportamientos y, desde esta mirada, no es un tema nuevo.

Por otra parte, los avances tecnológicos y su repercusión en determinadas esferas, en especial en relación con el trabajo, proponen nuevas formas de hacer las cosas.

Cualquier acción de capacitación que se lleve a cabo, en el corto, mediano y largo plazo, tendrá implicancias en un tiempo por venir.

Los conocimientos, aún los adquiridos en el pasado, podrán ser correlacionados con otros nuevos, la interrelación entre los saberes se realiza de manera consciente o no, en cada uno de nosotros.

Los profesionales de Recursos Humanos, desde el número 1 del área hasta el responsable de formación y/o especialista dedicado a la planificación y diseño de actividades formativas diversas –y en las cuales deberá incluir a públicos también diversos, ya sea por niveles jerárquicos o especialidades profesionales–, deberán enfrentar grandes desafíos.

En los capítulos siguientes se irán recorriendo distintos aspectos relacionados con la formación de personas, en el ámbito de las organizaciones. Las buenas prácticas serán aplicables a organizaciones de todo tipo y tamaño. Todas y cada una formarán personas mirando el 2030, 2040… un futuro incierto, cambiante, donde irá variando el contexto en el cual dichas organizaciones llevarán a cabo su accionar y, al mismo tiempo, asimismo, irán cambiando las personas, las que eventualmente formen parte de las organizaciones en sí –sus colaboradores– y, también, las personas destinatarias de los servicios y/o productos objeto de los planes estratégicos. Recordando que tanto las empresas como las ONGs y entidades gubernamentales diversas, así como los propios órganos de gobierno nacional o estadual, cuentan con una visión y planes estratégicos.

Problemas frecuentes, y cómo enfrentarlos
a través de acciones de formación

Cuando un directivo, preocupado por temas de Recursos Humanos, consulta a un experto, usualmente lo hace frente a problemas concretos, los cuales serán expresados en forma compleja: por ejemplo, el problema emergente puede ser de una índole muy diferente de la causa que lo origina. Para comprender esta complejidad es que se recurre, justamente, a expertos.

Vemos algunas situaciones más frecuentes, focalizando nuestro análisis en el ámbito hispanoparlante, quizá replicable también en otros. El concepto organización, como decíamos más arriba, es amplio.

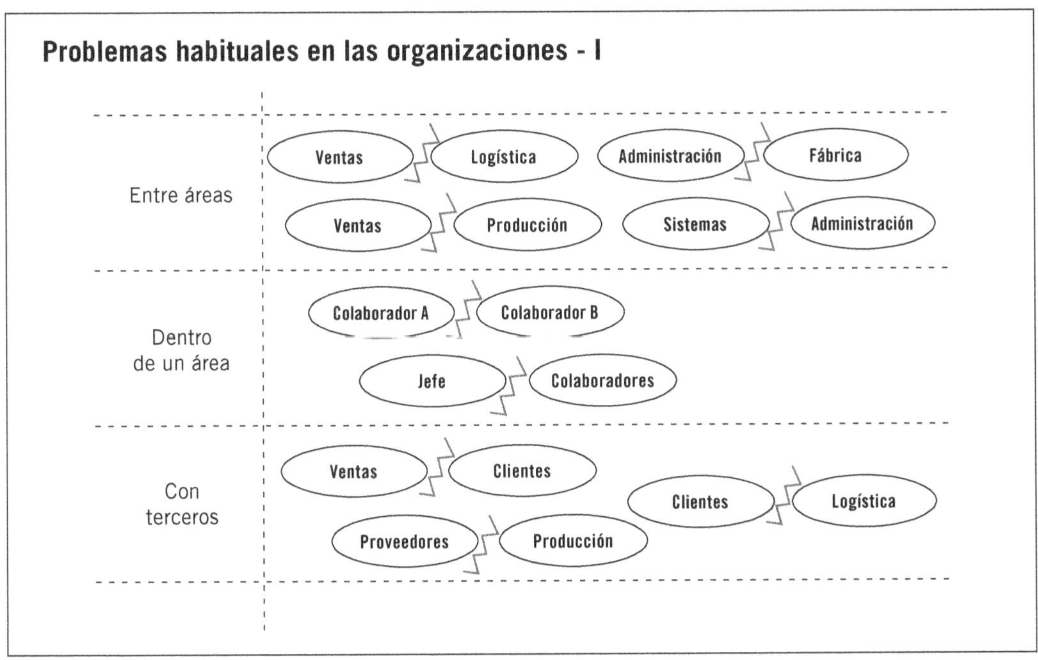

Analicemos el gráfico precedente.

a) Los problemas pueden ser entre áreas; por ejemplo, entre Ventas y Logística, o entre Ventas y Producción, o entre Administración y Fábrica, o entre Sistemas y Administración, o cualquier otra combinación posible.

b) Los problemas pueden ser entre colaboradores de una misma área o entre un jefe y sus colaboradores. Estos podrán devenir de causas diversas, incluyendo las generaciones diferentes entre unos y otros.

c) Por último, los problemas pueden ser de determinadas áreas –de la organización– en su relación con otras externas –a la organización–, por ejemplo: integrantes del área de Ventas con sus clientes, integrantes del área de Producción con proveedores externos, del área de Logística con los clientes, solo por citar algunas interrelaciones posibles.

d) En ocasiones pueden observarse algunas de las variantes mencionadas (a, b, c) combinadas entre sí.
Ejemplos: 1) En la figura precedente, señaladas con las letras a y c: áreas que internamente rivalizan entre sí, ocasionan mala atención a los clientes. 2) Otra situación también frecuente, las expuestas en b y c: los problemas

internos dentro de un área entre jefes y colaboradores repercuten en mala atención a clientes.

¿Por qué en una empresa se presentan problemas como los mencionados? Consideremos algunas razones posibles.

* En relación con competencias: no adecuado desarrollo de la competencia *Colaboración* en algunos casos; en otros, bajo desarrollo de la competencia *Conducción de personas*. Además, podría suponerse un insuficiente desarrollo de la competencia *Orientación al cliente externo e interno*.

* En relación con conocimientos: cambio de métodos de trabajo o de tecnología; por ejemplo, un nuevo software, que los involucrados no manejan adecuadamente.

* Otras hipótesis: escasa o nula comunicación de la dirección, cambios en las políticas internas, cuestiones salariales, etc.

Analizaremos los dos primeros grupos de problemas. En ambos casos, en aspectos relacionados tanto con competencias como con conocimientos, desde el área de Recursos Humanos se podrán encarar acciones formativas.

Veamos el gráfico de la página siguiente, donde se exponen problemas de conducción y cómo estos repercuten en otros involucrados, desde internos hasta externos a la propia organización (*stakeholders*[5]).

Cuando se verifican problemas de conducción tales como falta de delegación, lentitud en la toma de decisiones, o falta de comunicación –solo por citar los más frecuentes–, las consecuencias las sufren los clientes, los proveedores externos, el personal de la propia organización y, como una consecuencia final, los accionistas, tanto por la relación con la conducción como por los resultados económicos.

Por consiguiente, cuando se le sugiere a una organización, por ejemplo, que mejore la delegación en sus jefes y/o la comunicación, no solo se desea alcanzar la excelencia, sino que las consecuencias directas repercuten en los negocios, o bien sobre los clientes, o bien sobre los proveedores, o quizá se vea reflejado en el mal clima laboral. Por lo tanto, los programas para jefes –Capítulo 7– se tornan estratégicos y afectan directamente los resultados.

---

5 *Stakeholders.* El término hace referencia a los distintos sectores de interés en torno a una organización: accionistas, ejecutivos, colaboradores, clientes, proveedores, gobierno, bancos, organismos de control, etc. Se utiliza la denominación en inglés dado que es de uso frecuente y se la menciona en muchas obras sobre, por ejemplo, Recursos Humanos y management, en diferentes lenguas. Fuente: *Diccionario de términos de Recursos Humanos.* Ediciones Granica, Buenos Aires, 2011.

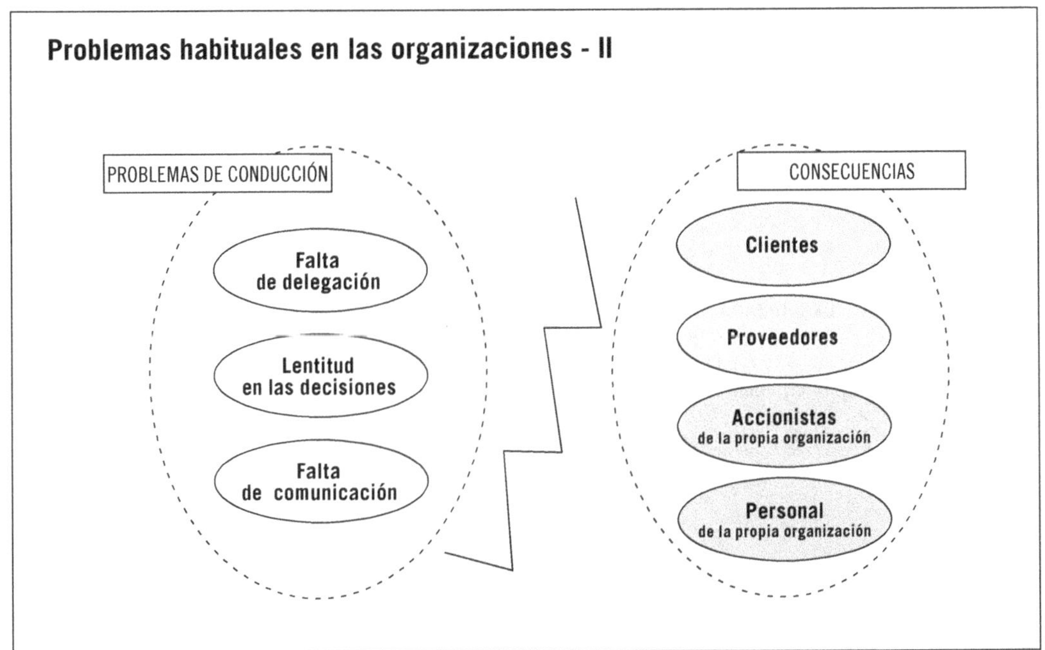

Por último, otra fuente frecuente de problemas en las organizaciones deriva de temas que, en principio, estas "no pueden manejar", como el contexto externo. Sin embargo, cada organización siempre podrá hacer "algo", estar preparada de un modo u otro; quizá deberá adaptar estrategias o cambiar su cultura, para tal vez primero subsistir y luego prosperar, crecer, en un contexto diferente al cual, en un principio, había iniciado sus actividades.

Como se puede apreciar en el gráfico de la página siguiente, el contexto en el cual una organización se desenvuelve es complejo, lo cual se ha analizado en páginas previas. Usualmente, accionar sobre dicho contexto no es posible, al menos en forma directa.

No obstante, si la organización desea continuar operando en ese contexto, deberá adaptarse, cambiar, buscar caminos alternativos.

Este cambio frente al contexto podría implicar actividades formativas, comenzando por analizar la estrategia y, eventualmente, adaptarla a las nuevas circunstancias, para sobre esa base definir necesidades y confeccionar el plan de formación.

Quizá, si los temas son urgentes, no haya tiempo para una revisión integral y se deba actuar en emergencia. Dependerá de cada caso.

Para resolver los desafíos mencionados y otros, lo invito a leer los capítulos siguientes.

Síntesis del capítulo

✓ La formación debería encararse mirando al futuro. Si bien es cierto que no se podrá realizar cosa alguna cuando existan problemas sin resolver (del pasado), es igualmente cierto que solo mirando el pasado no se podrá avanzar.

✓ Para alcanzar resultados eficaces, dado que la formación en el ámbito organizacional siempre está dirigida a adultos, el énfasis deberá ponerse en que sea de tipo práctico, relacionada con la actividad específica de cada colaborador, y los receptores de dicha actividad formativa deben percibir de manera concreta cómo mejorarán en sus respectivos puestos de trabajo. La experiencia profesional indica que los participantes se desmotivan fuertemente cuando sienten que las actividades no les aportan ni conocimientos ni competencias que puedan poner en uso en su práctica diaria.

✓ La cultura organizacional y social se ve influenciada por un entorno más global, y todo lo anterior, en conjunto, repercute en la estrategia organizacional y en los resultados obtenidos. No es posible analizar cada aspecto de manera aislada. Todos están correlacionados y se retroalimentan entre sí.

✓ Las organizaciones definen su visión y estrategia; luego, sobre esa base, diseñan con mayor detalle los planes estratégicos organizacionales para alcanzar un determinado resultado. En cada uno de estos momentos será necesario contar con personas, de todos los niveles, formadas en conocimientos y competencias, y con la experiencia adecuada.

✓ La organización está conformada por su estructura (organigrama) y por otros elementos tales como edificios, maquinarias, métodos y procedimientos de trabajo, etc. La organización cuenta, también, con personas que la integran, de todos los niveles, quienes poseen un conjunto de características; hemos citado las más relevantes: competencias, conocimientos, experiencia.

✓ Para alcanzar la estrategia será necesario un conjunto de competencias, conocimientos y experiencia; estos elementos deberán ser considerados en la formación. En consecuencia, tanto la formación de la organización en su conjunto como la de las personas (a nivel individual) permitirán alcanzar ciertos resultados los cuales serán cotejados con la estrategia que se ha definido.

✓ Si la formación incluyera actividades para accionar sobre la cultura, por ejemplo, para responder mejor tanto al entorno social como al entorno global, podríamos establecer una conexión entre cultura y formación. Las personas que integran la organización –con las cuales se alcanzará la estrategia– son de generaciones diferentes, y además esa mezcla de generaciones varía de una organización a otra.

✓ Cuando los subsistemas de Recursos Humanos han sido diseñados sobre la base de la estrategia, al aplicar las mediciones habituales –como, por ejemplo, la evaluación del desempeño– surgirán las brechas existentes entre lo requerido y las capacidades de las personas (brechas en conocimientos y competencias) y, a partir de esta información, será posible diseñar los planes de formación.

✓ Si una organización, por alguna razón, no posee los descriptivos de puestos actualizados, o estos no reflejan la estrategia, una forma de relacionar la estrategia con los planes de formación sería a través de la fijación de estándares a alcanzar.

✓ En materia de formación de adultos y desde una perspectiva organizacional, se deberá diferenciar entre conocimientos y competencias para elegir en cada caso el método más idóneo de desarrollo. La formación o capacitación estructurada no es el único método para el aprendizaje (capítulos 6, 7 y 8). Por lo tanto, la función de Formación debe ser analizada con un enfoque sistémico.

✓ Respecto de la formación en función del puesto actual o futuro, considerando eventuales brechas en relación con el puesto actual y/o eventuales brechas en relación con un puesto futuro, dicho análisis se realizará de manera individual y por colectivos de personas o grupos.

✓ Para resolver esta cuestión la herramienta a utilizar será la denominada *Diagnóstico de adecuación persona-puesto,* a través de la aplicación de un conjunto de evaluaciones necesarias para determinar la relación entre los conocimientos, experiencia y competencias que un puesto requiere y los del ocupante de esa posición. Es posible realizar un diagnóstico similar para eventuales ocupantes de puestos futuros, por promociones internas o dentro de los distintos programas internos para el desarrollo (Capítulo 8).

✓ La formación se utiliza como un método integral de desarrollo de personas. Si se desea aplicar un concepto amplio, la formación en todas sus facetas coadyuva al desarrollo tanto de conocimientos como de competencias; es decir, si una persona recibe capacitación en un tema en particular, podrá al mismo tiempo desarrollar, por ejemplo, competencias.

✓ El grado de eficacia en el aprendizaje se acrecienta cuando la persona que lo lleva a cabo va sumando actividades relativas al tema sobre el que se propone aprender. Si la capacitación se reduce a leer un texto o escuchar a un orador, aun siendo este muy bueno, el grado de aprendizaje será menor que si, luego de dicha lectura o conferencia, se adiciona un debate o discusión. Si a todo lo antedicho se le agrega la puesta en práctica de lo que fue tratado, el grado de aprendizaje aumenta aún más, y logra su nivel máximo cuando el conocimiento se pone en acción tras una autoevaluación.

✓ El desarrollo de las capacidades de una persona, tanto las propias como las del equipo a cargo o las de los pares o compañeros de trabajo, puede encararse de maneras diferentes, los caminos a seguir son diversos. Cada situación debe ser analizada en particular y, en general, no hay una única opción.

✓ En el aprendizaje es posible observar dos situaciones opuestas. Por un lado, el caso de un participante que realiza un proceso de aprendizaje inteligente, y aquel otro que realiza un proceso de "no aprendizaje". Es decir, frente a una oportunidad de aprendizaje se puede elegir aprovecharla –comportamiento inteligente– o rechazarla.

✓ Desafíos a enfrentar por el área de Formación - 1. Diseños y propuestas para enfrentar el futuro contemplando –además– los cambios del contexto. Estos cambios podrán implicar actividades formativas, comenzando por analizar la estrategia y, eventualmente, adaptarla a las nuevas circunstancias, para sobre esa base definir necesidades y confeccionar el plan de formación.

✓ Desafíos a enfrentar por el área de Formación - 2. Cuando un directivo, preocupado por temas de Recursos Humanos, consulta a un experto, usualmente lo hace frente a problemas concretos, los cuales serán expresados en forma compleja. Incluso el problema emergente puede ser de distinta índole que la causa que lo origina. En ambos casos, en aspectos relacionados tanto con competencias como con conocimientos, desde el área de Recursos Humanos se podrán encarar acciones formativas.

Para continuar leyendo sobre los temas del Capítulo 1

Sugerimos leer, en la obra *Formación en la práctica*, los siguientes apartados:

- Apartado 1. De ayer a mañana. Difícil y posible a la vez.

- Apartado 2. Estrellas fugaces ¿sí o no? *After office, outdoors,* convivios y demás.

- Apartado 3. Felicidad en el trabajo. ¿Es posible? ¿O es un mito?

- Apartado 4. Diversidad, discriminación y otras cuestiones.

- Apartado 5. Nuevas generaciones, inmediatez, lenguaje y otras cuestiones en relación con formación.

- Apartado 6. ¿Somos útiles proponiendo la formación adecuada o llamamos al propalador de creencias?

- Apartado 20. Formación para alcanzar la estrategia.

- Apartado 21. Formación y cambio cultural. Lograr la cultura deseada.

- Apartado 29. Indicadores de gestión sobre formación.

PARA PROFESORES

CASOS

Para la preparación de "casos prácticos" a ser utilizados en la impartición de clases relacionadas con este capítulo, sugerimos emplear los apartados mencionados más arriba bajo el título "Para continuar leyendo". El material allí disponible podrá servir de base para actividades complementarias, casos de discusión, disparadores para la preparación de otros casos, etc.

CLASES

Para cada uno de los capítulos de esta obra hemos preparado: Material de apoyo para el dictado de clases.

Los profesores que hayan adoptado esta obra para sus cursos tanto de grado como de posgrado pueden solicitar de manera gratuita:

– *Formación. CLASES*

Únicamente disponibles en formato digital, en nuestro sitio: **www.marthaalles.com**, en la exclusiva *Sala de profesores,* o bien escribiendo a: **profesores@marthaalles.com**

Capítulo 2

Plan de formación.
Modelo organizacional de formación

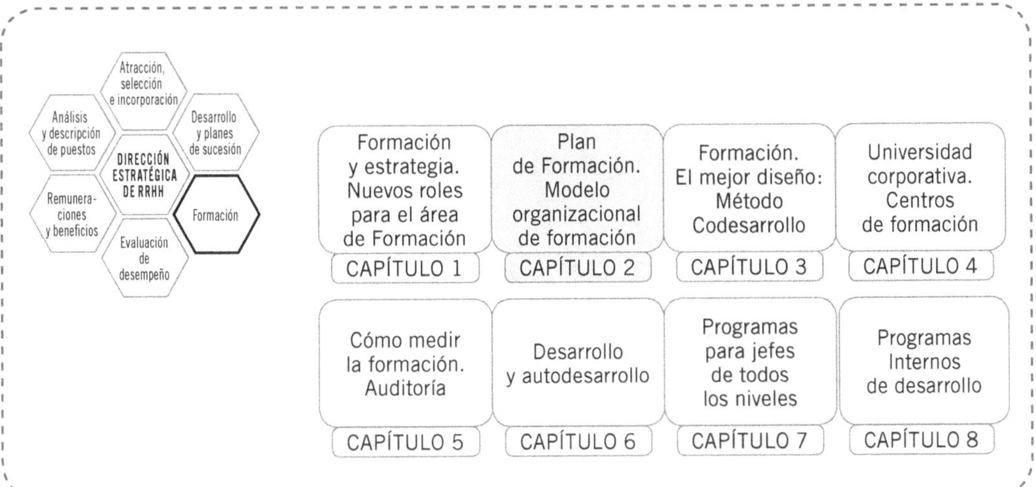

Temas del capítulo:

- Modelo de competencias y formación
- Aspectos a tener en cuenta para la preparación de un plan de formación
- Necesidades. Su detección contemplando la estrategia y a las personas
- Formación al ingreso de nuevos colaboradores. Inducción a la organización
- Preparación del plan de formación
- Diseño. Su importancia
- Modelo organizacional de formación
- Implementación. Evaluación de resultados. Auditoría

Modelo de competencias y formación

Los diferentes planes organizacionales se basan, de un modo u otro, en el nivel de formación de sus colaboradores.

La implantación de un modelo de competencias, así como su actualización y/o modificación, implican –en todos los casos– acciones de formación, específicamente tendientes al desarrollo de competencias. Por lo general, uno de los primeros pasos que se sugiere dar –luego de la definición del modelo– es la medición de las competencias de las personas que integran la organización, con el propósito de determinar la existencia (o no) de brechas, para así iniciar acciones para el desarrollo de cada colaborador. En resumen, a partir de este diagnóstico se determinan las necesidades de formación.

Los cambios estratégicos implican, también, necesidades formativas en conocimientos. Los caminos para su diagnóstico son similares, es decir, se deben determinar las brechas antes de decidir cuáles son las acciones formativas necesarias.

Programas organizacionales relacionados con la estrategia y el cambio cultural

Las organizaciones, para una mejor gestión, definen diversos modelos, programas, normas y procedimientos, que de un modo u otro se relacionan con las personas y su desempeño. Todos ellos deberán estar alineados con la estrategia.

Implementar un modelo de competencias desempeña un rol fundamental para alcanzar la estrategia y/o el cambio cultural, cuando este sea necesario por algún motivo. Del mismo modo, en el caso de que se hayan definido otros modelos, como de conocimientos y valores, también deberán ser revisados, cuando se modifica la estrategia o se desea obtener un cambio cultural.

Entre los programas organizacionales de mayor difusión podemos mencionar: *Gestión por competencias, Calidad* –que incluye la implementación de diversas normas, entre las más difundidas las ISO, no siendo las únicas posibles–, *Cuadro de mando integral* y *Gestión del conocimiento*.

Con frecuencia, la puesta en marcha de los diferentes programas o modelos no se realiza de manera coordinada/sistémica, se encaran implementaciones en momentos diferentes de la organización, bajo la responsabilidad, a su vez, de más de un funcionario/área. Por lo cual es posible que a un mismo puesto de trabajo se le asignen diferentes competencias según los distintos modelos y otras divergencias similares.

La implementación debería realizarse de manera combinada, y se sugiere que la coordinación esté a cargo del director de Recursos Humanos. Toda organización posee una sola estrategia a alcanzar, así como una única cultura organizacional deseada; aunque ambos conceptos puedan dividirse en subestrategias y subculturas, en su conjunto conforman una unidad.

Formación y planes estratégicos

Cada organización confecciona un plan de formación, anual y para toda la organización. Su preparación y presentación están relacionadas con el presupuesto económico-financiero y abarcan el mismo período que este, usualmente acorde con el año fiscal. Como todo presupuesto, podrá ser revisado a mitad del período o cuando algo extraordinario eventualmente suceda.

La formación constante no implica que se modifica el plan de formación de manera constante. La formación constante se logra a través de las actividades propuestas a lo largo de toda esta obra, que integran el plan de formación, codesarrollo, autodesarrollo, planes de desarrollo. La formación será permanente y constante como producto de la acción de los jefes y de cada uno de los colaboradores, creando una cultura de aprendizaje.

Los subsistemas de Recursos Humanos deben ser diseñados a fin de que la organización, en su conjunto, trabaje para alcanzar los objetivos estratégicos. *Formación* es uno de dichos subsistemas. Como ya se ha expresado, la formación debe, necesariamente, estar en relación con la estrategia y orientada a alcanzar el cambio cultural y/o la cultura deseada.

Para cumplir con la estrategia y/o para lograr un cambio cultural, uno de los caminos es la formación de nuevas capacidades en las personas que integran la organización. Si bien este concepto es generalmente aceptado, no siempre se visualiza claramente cuál es la formación necesaria para lograr este propósito.

Una mirada rápida podría sugerir formación en *estrategia* en el primer caso, y en *cambio* en el segundo. Pero, si bien podría ser conveniente dicha formación, en cualquier caso será insuficiente, por lo cual el razonamiento en su conjunto es erróneo.

En ambos casos –estrategia y cambio– se deberá identificar los diferentes componentes de la estrategia y/o del cambio deseado, para accionar sobre ellos en particular.

El enfoque que le daremos a la obra en su conjunto, en los distintos temas tratados, será trabajar en formación de personas orientándonos a la estrategia y al cambio cultural.

Por lo tanto, el análisis de la formación necesaria comienza por considerar la misión, visión y planes estratégicos de la organización, y tener en cuenta que estos conceptos no siempre están disponibles. En ocasiones, se consideran definiciones imprecisas y muy generales de estos conceptos, que no permiten la realización de acciones concretas.

En todos los casos, se deberá analizar si la información disponible se encuentra actualizada y representa los verdaderos planes organizacionales. Una vez que se ha clarificado este punto será necesario desglosar la estrategia en los elementos que la componen y relacionar dichos elementos con las capacidades que las personas deberían poseer para alcanzar los objetivos deseados. Usualmente esta información fluye con mayor facilidad si la organización cuenta con un modelo de competencias (diseñado, desde ya, en función de la estrategia). Veamos el gráfico al pie (se retomará esta imagen más adelante, en este mismo capítulo, al tratar el *Modelo organizacional de formación*).

Una organización posee una misión y una visión. En este punto, cabe recordar la necesidad de contar con información validada por los directivos que conducen la organización dado que ellos, de un modo u otro, las han definido, aun cuando no hayan utilizado la misma denominación (misión y visión). Los directivos siempre saben hacia dónde se dirige la organización (visión) y cuáles son sus planes estratégicos, aunque esta información no esté descrita en un documento. En cualquiera de los supuestos, se deberán realizar acciones concretas para confirmar los planes estratégicos y su alcance (confirmar o informarse, según el caso).

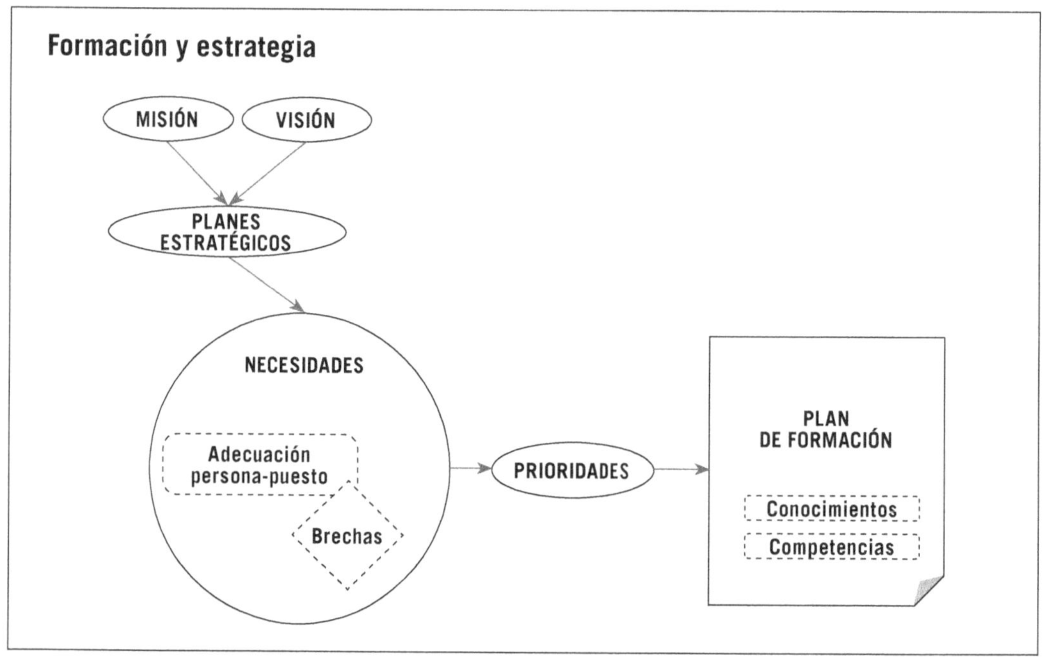

Sin esta información no será posible diseñar un plan de formación estratégico. Algún directivo podrá pensar que sus planes estratégicos son confidenciales y, por esta razón, no deben ser informados al responsable de formación. Si esto fuese así (no comparto, desde ya, el criterio), el directivo deberá saber que la inversión en formación no le será de utilidad para lograr sus propósitos, es decir, desarrollar la estrategia.

Continuando con la explicación del gráfico precedente, para la determinación de las necesidades de formación –aquellas que permitirán llevar a cabo los planes estratégicos–, la situación ideal será que los descriptivos de puestos de la organización reflejen las tareas y responsabilidades necesarias para alcanzar los objetivos estratégicos. Si esto no fuera así, otra opción sería definir estándares concretos a alcanzar, en materia de conocimientos y competencias, para lograr los objetivos estratégicos mencionados.

El paso siguiente será comparar la información consignada en los diferentes descriptivos de puestos con las capacidades de las distintas personas que trabajan en la organización (ocupantes de dichos puestos). En el caso de no contar con dicha información, se realizará la comparación con los estándares definidos para cada posición. De esta comparación surgirá la determinación de brechas. Las brechas de todos los colaboradores, tanto en conocimientos como en competencias, representan las necesidades de formación.

Dado que las organizaciones, aun aquellas que invierten en formación, no asignarán presupuestos para cubrir "todas" las necesidades en la materia, se deberá determinar prioridades. Con esta información se preparará, luego, el *plan de formación*, diferenciando claramente conocimientos y competencias.

En resumen, para desarrollar la estrategia se requieren personas con los conocimientos y competencias necesarios. Esto implica la necesidad de ampliar, de expandir las capacidades y competencias requeridas a todos los integrantes de la entidad, para alcanzar los objetivos estratégicos. Y, dentro de las capacidades, brindar un tratamiento especial a las competencias. Sin el nivel adecuado de competencias los colaboradores no alcanzarán ese desempeño superior necesario para alcanzar las metas deseadas. Cuando se cuenta con modelos de competencias y otros programas organizacionales adecuados (por ejemplo, los que se exponen en el Capítulo 8), es más sencillo contar con información adecuada.

Aspectos a tener en cuenta para la preparación de un plan de formación

Un plan de formación puede llevarse a cabo con distinto grado de detalle y sofisticación e integrar las buenas prácticas de organizaciones de todo tipo y tamaño. Importa más el contenido que el formato. Puede tratarse desde un cuaderno sencillo, de muy bajo costo, en el cual se registren las actividades a realizar mes a mes e ir llevándolas a cabo, hasta utilizar un software específico, entre otras variantes.

La cuestión no radica en el soporte utilizado sino en la validez de las necesidades y la definición de cuáles actividades realizar.

En este capítulo, primero se verá cómo llevar a cabo el armado del plan de formación. Una vez definido este esquema, se incorporarán aspectos adicionales, de acuerdo con la complejidad de la organización y los objetivos que se deseen alcanzar. Luego, en el Capítulo 4, *Universidad corporativa y centros de formación*, completaremos el análisis con otros enfoques y posibilidades.

Planes de formación efectivos

El éxito de un plan de formación se basa en algunos pilares sencillos. Por un lado, la formación debe responder a necesidades actuales y futuras, y la oferta de formación, para resolver las cuestiones detectadas, deberá ser oportuna y de calidad.

Una de las fallas más comunes es la inadecuada definición de las necesidades. Si estas no están bien definidas, la construcción posterior no será satisfactoria en ningún caso.

El término *plan de formación* hace referencia a las actividades formativas que integran un plan orgánico con fines y propósitos específicos.

Para su confección se deberán definir las temáticas, su alcance, para luego distribuir las actividades en un período de tiempo determinado (usualmente, doce meses). La planificación se complementará con los recursos necesarios para llevar adelante las actividades definidas.

Las necesidades que surjan de las brechas detectadas en la adecuación persona-puesto serán contempladas en la confección del plan de formación. Del mismo modo, se tendrán en cuenta las necesidades que surjan de los distintos programas organizacionales (Capítulo 8) al comparar la medición de las capacidades actuales de los colaboradores con las requeridas por puestos a ocupar en el futuro, que ya se sepa que estos colaboradores asumirán, como en el caso de promociones internas y diagramas de reemplazo. O quizás más eventualmente o más a largo plazo, como en el caso de planes de sucesión y otros programas para crear talento interno, como los planes de carrera.

El plan de formación reflejará la estrategia organizacional cuando esta haya impactado en los descriptivos de puestos; de este modo, estos documentos reflejarán aquello que cada persona debe realizar para que en conjunto sea factible llevar adelante la estrategia organizacional.

Los planes de formación también podrán ser diseñados *en cascada*. Dicha expresión implica que alguna temática en especial se implementa de arriba hacia abajo, por ejemplo, en los programas para jefes de todos los niveles (Capítulo 7). En muchos asuntos organizacionales, este aspecto es de suma relevancia.

En numerosas experiencias, cuando el número 1 se sienta con sus colaboradores e interviene activamente en diferentes actividades, se obtienen muchos beneficios. Además del aprendizaje del tema en cuestión, esta participación del número 1 incrementa el compromiso individual y grupal, constituyéndose en un fuerte motivador para directivos y colaboradores.

Si en una organización, por algún motivo, los descriptivos de puestos no reflejan la estrategia, no están actualizados y/o, eventualmente, no se cuenta con ellos, podrían definirse a partir de la estrategia ciertos estándares o parámetros que se desea alcanzar en cuanto a conocimientos y competencias. Una vez definidos estos parámetros –concretos y específicos– será posible medir brechas y confeccionar un plan de acción para reducirlas.

El compromiso de la máxima conducción

El número 1 de la organización será el responsable último del plan de formación. Si bien la preparación podrá estar a cargo del área de Recursos Humanos/Formación, según la estructura organizacional, la máxima conducción deberá dar la aprobación final no solo en los aspectos económicos, sino también en cuanto a los contenidos que formarán parte del plan.

Como ya se ha manifestado, los presupuestos para formación usualmente son insuficientes (no alcanzan a cubrir la totalidad de las necesidades), aun en organizaciones que invierten en estas acciones de desarrollo. Por lo tanto, esta inversión debe ser dirigida "a algo", y ese "algo" específico debe responder a los objetivos estratégicos, a la visión que se desea alcanzar.

El director de Recursos Humanos y el número 1 de la organización, en conjunto, deberán someter los planes de formación a un profundo análisis. En especial, controlar que las actividades incluidas en dicho plan están relacionadas con la Estrategia.

Los ítems que componen un plan de formación son:

1. Objetivos. Temáticas, diferenciando conocimientos y competencias.

2. Diseño de las actividades.

3. Selección de instructores (en especial si se utilizan instructores internos de las diferentes áreas de la organización).

4. Plan detallado: fechas, horarios, lugar, recursos necesarios, participantes, etc.

Necesidades. Su detección contemplando la estrategia y a las personas

Necesidades que surgen como resultado de las evaluaciones de desempeño

El desempeño de una persona, en cualquier actividad, laboral o no, es el resultado de un conjunto de factores que se pueden agrupar en tres ejes principales: los conocimientos (integrados por conocimientos aprendidos tanto a través de estudios formales como informales), la experiencia práctica, y las competencias.

Los conocimientos pueden originarse en estudios formales –escolaridad, estudios terciarios y universitarios, tanto en carreras de grado como de posgrado–, o ser fruto de estudios informales, o bien haber sido adquiridos a través de la experiencia. Por otra parte, y en relación con la figura al pie, es importante precisar que la experiencia también desarrolla competencias.

En resumen, los conocimientos son necesarios y más fáciles de adquirir, siendo las competencias –sin embargo– las que realmente generan un comportamiento exitoso. Estos aspectos deben tenerse en cuenta a la hora de tomar la decisión de

designar a una persona para que se desempeñe en un puesto distinto del que ocupa, ya sea frente a la opción de elegir entre dos o más candidatos potenciales, o al contar con un solo individuo que pueda ocupar esa posición.

Si bien no se ha consignado en el gráfico anterior, la motivación de las personas es fundamental en cualquiera de los aspectos a considerar, tanto en relación con el desempeño como en la consecución de objetivos, y, cuando esto sea necesario, en la reducción de brechas entre las características de la persona y las requeridas por el puesto que ocupa.

Necesidades. Distintas fuentes. Adecuación persona-puesto

Un *plan de formación* debe realizarse a partir de las necesidades detectadas. Varios serán los caminos posibles por seguir, para determinarlas adecuadamente.

Los usos y costumbres más frecuentes indican que las necesidades se definen a partir del análisis de la opinión de los jefes; sin embargo, esta información no será suficiente, como se verá más adelante, en este mismo capítulo. También se podría decir, de manera acertada, que la detección de necesidades surge de la adecuación persona-puesto. Ambas afirmaciones son correctas, pero esas fuentes de información pueden ser insuficientes.

La adecuada puesta en práctica de los subsistemas de Recursos Humanos implicaría un esquema de interrelación entre ellos y la estrategia similar al que se expone en el gráfico de la página siguiente.

En ciertos puestos de trabajo, las personas que los ocupan no conocen en profundidad cuál es su contribución, desde su posición, a los resultados y a la estrategia organizacional. Por esta razón señalamos la importancia de considerar estos aspectos en la preparación de los descriptivos de puestos, idea expuesta en el gráfico siguiente.

Muchas veces, en conferencias y actividades similares planteo esta cuestión, las respuestas son diversas. Por ejemplo, una opinión brindada por un especialista de Recursos Humanos: *contribuir a la estrategia seleccionando a personas de calidad.* Como objetivo aspiracional es bueno; sin embargo, no es un objetivo operativo, medible.

La estrategia debe llegar a cada puesto de trabajo de manera concreta, con aportes y objetivos concretos y cuantificables. Por ejemplo, si la organización tiene entre sus planes estratégicos un alto nivel de calidad de gestión, para el área de Selección se podrían fijar objetivos tales como disminuir en "x" cantidad los días que demanda el proceso de incorporación de personas, y/o que los clientes internos aumenten su grado de satisfacción en un porcentaje "y", o metas similares.

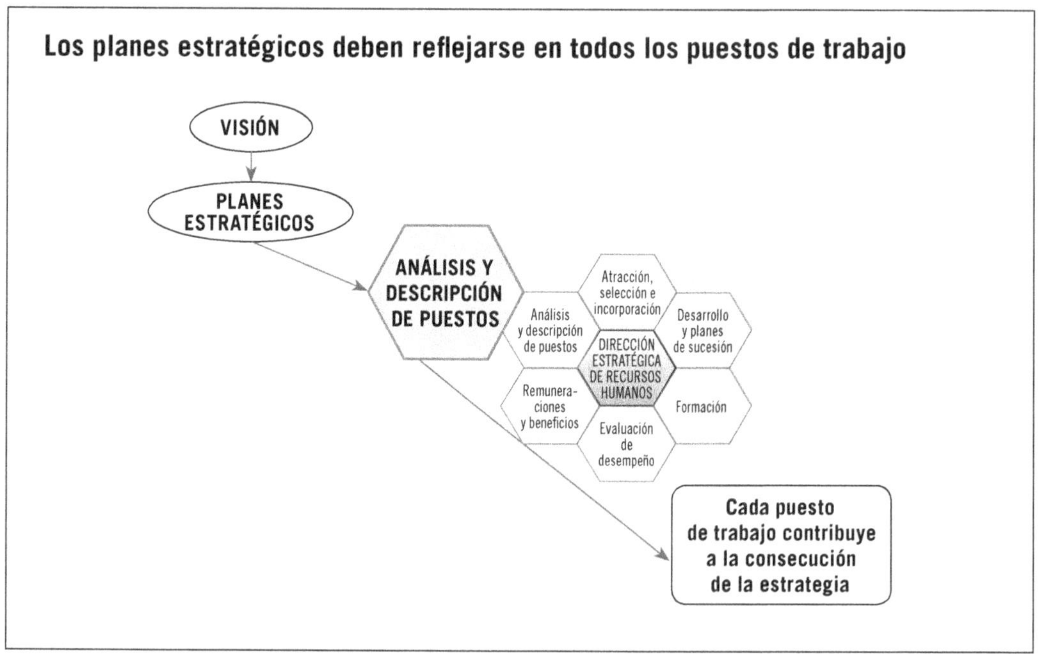

Ahora bien, estas buenas prácticas usualmente no se verifican, por varias razones; una de ellas, mencionada más arriba: los descriptivos de puestos no reflejan en su diseño la estrategia en todos los puestos de la organización, es decir, *aquello que cada persona debe realizar para que en su conjunto sea factible llevar a cabo la estrategia organizacional.*

La relación entre un puesto y la estrategia se ve de manera más fácil, por ejemplo, en posiciones de ventas o producción. En una primera instancia, pareciera más complejo identificar, a través de indicadores concretos, el aporte a la estrategia de puestos "de servicio", por ejemplo, el contador de la empresa o el responsable de Selección[1]. Sin embargo, ese aporte es medible.

Otro elemento para considerar es que –con frecuencia– los descriptivos de puestos tienen algún grado de desactualización.

Por las cuestiones referidas, la adecuación persona-puesto puede no representar (al menos en su totalidad) las brechas entre lo requerido por el puesto y la realidad de su ocupante. Si esto se verificara, confeccionar los planes de formación considerando solamente esta medición puede no ser lo adecuado.

---

1 Ver el capítulo "Objetivos" en *Desempeño por competencias. Estrategia. Desarrollo de personas. Evaluación 360°.* Ediciones Granica, Buenos Aires, 2017.

En organizaciones con aplicación sistémica de los subsistemas de Recursos Humanos, las evaluaciones de desempeño podrán proveer información válida para el plan de formación. La denominada *Evaluación vertical*[2], que combina *objetivos y competencias*, permitirá un diagnóstico de la adecuación persona-puesto en relación con la posición actual de la persona.

Necesidades. Distintas fuentes. Encuestas a los jefes

Una modalidad sumamente difundida consiste en preguntar a los jefes sobre las necesidades de formación de sus colaboradores. Si bien esta es una buena práctica, puede originar desajustes e incluir una visión poco objetiva al respecto, ya que los jefes pueden percibir requisitos y, consecuentemente, necesidades que no respondan estrictamente a la realidad y/o que no representen todo lo necesario para que ese colaborador (o conjunto de colaboradores) se desempeñe/n de manera exitosa en sus puestos de trabajo, o no sean las más apropiadas para ese momento de la organización.

Los jefes, con frecuencia, están inmersos en el día a día, en las urgencias del corto plazo, y no contemplan necesidades de más largo plazo, necesarias para alcanzar la estrategia organizacional. Este comentario no implica desestimar la opinión de los jefes sino alertar acerca de que esta recolección de información debe ser complementada, en todos los casos, con información adicional. Como observábamos en párrafos anteriores, con frecuencia los descriptivos de puestos no están actualizados. Las brechas resultantes, en este caso, serán incompletas.

En resumen, la detección de necesidades debe contemplar, en todos los casos, los planes estratégicos de la organización.

Al considerar de manera conjunta los siguientes elementos: planes estratégicos, puesto de trabajo y eventuales brechas detectadas a través de un diagnóstico sobre la adecuación persona-puesto, se estará en condiciones de determinar las necesidades de la organización.

Cuando los *descriptivos* reflejan de manera adecuada lo requerido por los distintos puestos de trabajo y, sobre esa base, se definen las brechas existentes, se estaría frente a una correcta determinación de necesidades. Frente a la situación –bastante frecuente– de que esto no suceda (descripciones de puestos confeccionadas inadecuadamente o desactualizadas), las brechas obtenidas podrían no representar lo necesario para llevar a cabo los planes estratégicos.

---

2 *Desempeño por competencias. Estrategia. Desarrollo de personas. Evaluación 360°.* Ediciones Granica, Buenos Aires, 2017.

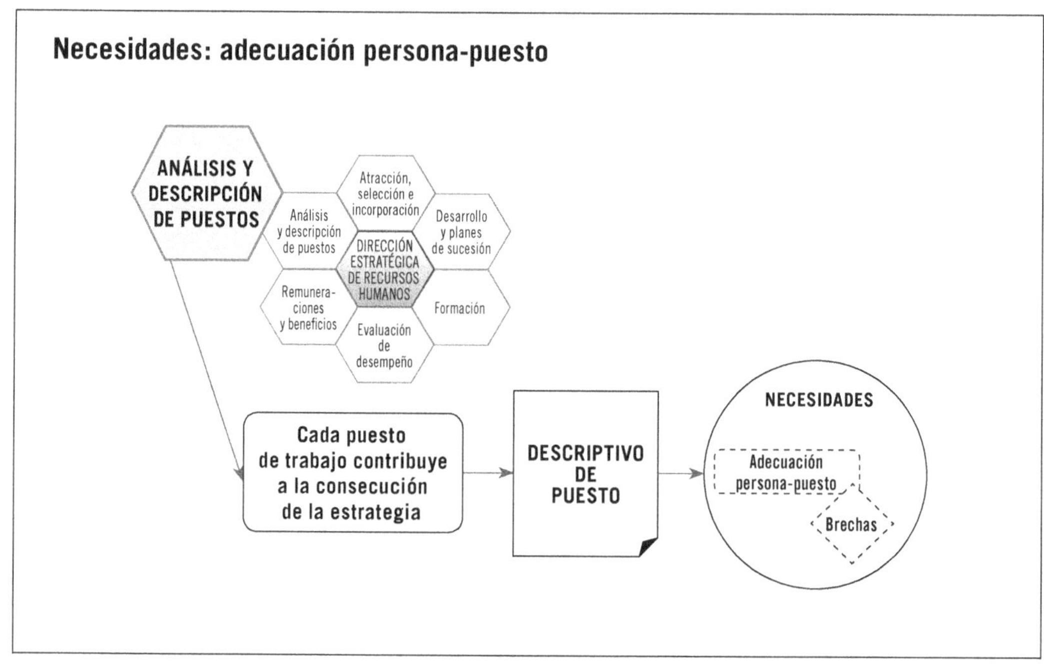

Necesidades: adecuación persona-puesto
ANÁLISIS Y DESCRIPCIÓN DE PUESTOS
Atracción, selección e incorporación
Análisis y descripción de puestos
Desarrollo y planes de sucesión
DIRECCIÓN ESTRATÉGICA DE RECURSOS HUMANOS
Remuneraciones y beneficios
Formación
Evaluación de desempeño
Cada puesto de trabajo contribuye a la consecución de la estrategia
DESCRIPTIVO DE PUESTO
NECESIDADES
Adecuación persona-puesto
Brechas

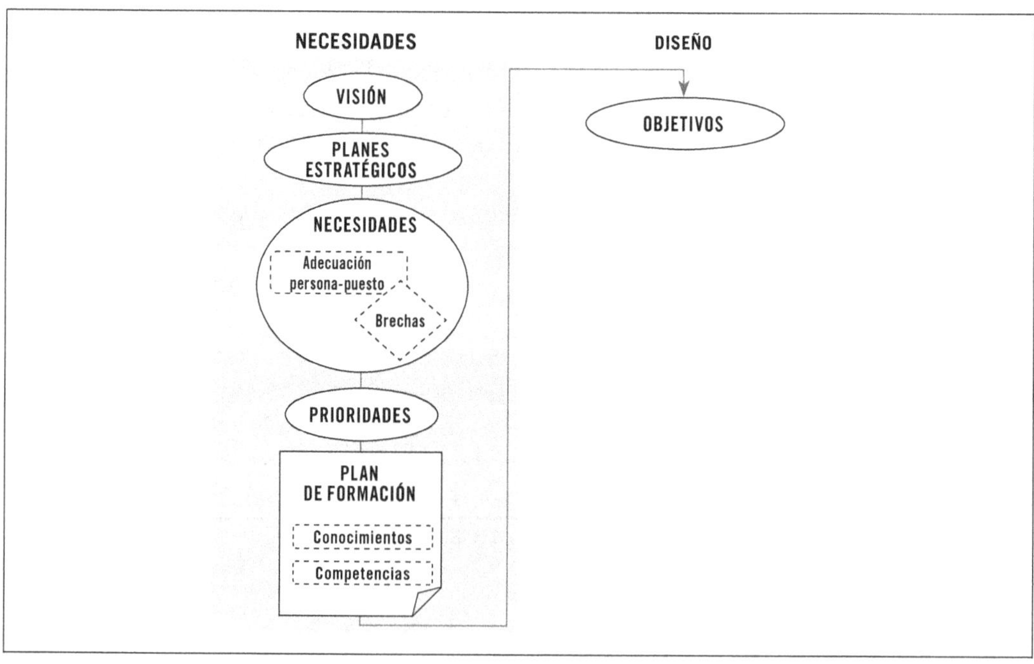

NECESIDADES
DISEÑO
VISIÓN
OBJETIVOS
PLANES ESTRATÉGICOS
NECESIDADES
Adecuación persona-puesto
Brechas
PRIORIDADES
PLAN DE FORMACIÓN
Conocimientos
Competencias

En todos los casos, la detección de necesidades debe contemplar las capacidades (y las brechas) de las diferentes personas en relación con sus puestos de trabajo, actuales o futuros.

El concepto *adecuación persona-puesto*, base de la detección de necesidades, debe incluir un enfoque amplio, considerando las diferentes situaciones posibles de los colaboradores. Como se expresa en el gráfico al pie, deberá tener en cuenta:

- La adecuación persona-puesto respecto de la posición ocupada *en el presente*.

- La adecuación persona-puesto en relación con alguna posición que el colaborador podría ocupar *en el futuro*, según las diferentes posibilidades planteadas por los diversos programas para el desarrollo de personas dentro de la organización.

Formación para reducir brechas con el puesto actual o futuro

Analizar la formación necesaria será, quizá, la primera cuestión a resolver, un camino para cerrar eventuales brechas que hayan sido definidas a partir, por ejemplo, de un diagnóstico de la *adecuación persona-puesto*.

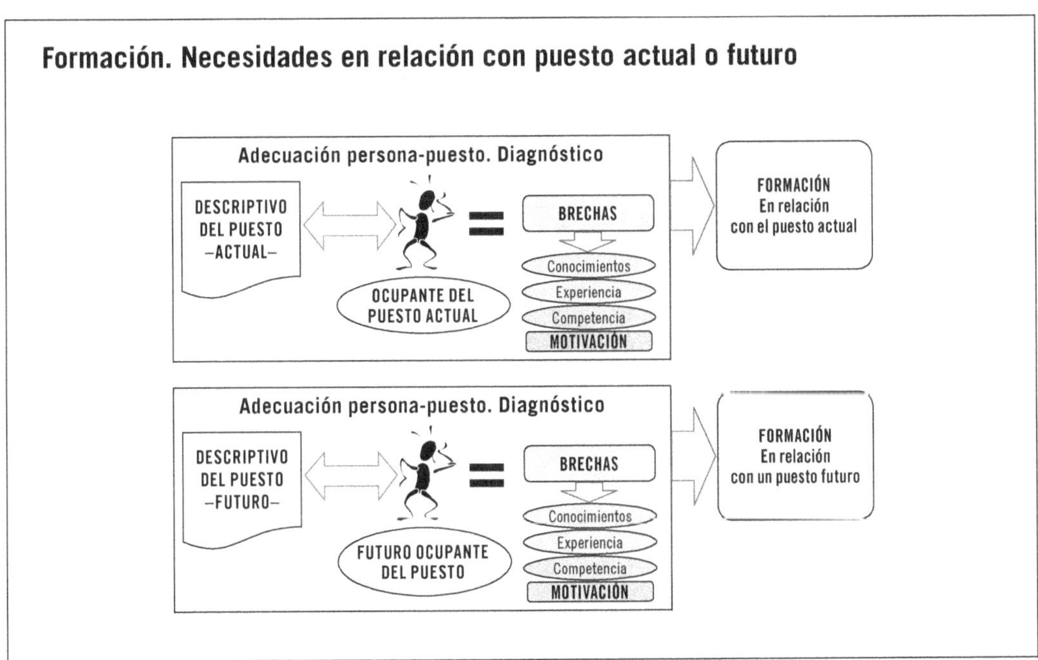

Como ya expresamos, las necesidades de formación pueden ser de dos tipos: eventuales brechas en relación con el puesto actual, y eventuales brechas en relación con un puesto futuro (o de ambos tipos).

La identificación de brechas implica que el ocupante del puesto deberá encarar acciones para reducirlas.

En el gráfico al pie, se expone a modo de ejemplo el caso de una persona que presenta algunas brechas, no significativas –de un grado– en conocimientos, por un lado, y también en competencias cardinales y específicas gerenciales. En su conjunto, la adecuación es considerada buena o aceptable, señalándose la necesidad de mejora en algunos aspectos.

En el mismo gráfico se ven las brechas que indican que el evaluado debe mejorar sus conocimientos, por ejemplo, sobre las normas y regulaciones del Banco Central u organismo de regulación de actividades financieras del país en cuestión, y que las competencias que presentan brechas son *Compromiso con la calidad* y *Liderar con el ejemplo*; la primera definida como cardinal, y la segunda, específica gerencial. Frente a estas tres brechas habrá que llevar a cabo acciones de formación.

Esta forma de analizar una evaluación –comparar las capacidades de una persona con un puesto, ya sea actual o futuro– será la misma a utilizar tanto en materia

---

Adecuación persona-puesto
Brechas entre requerido y medición

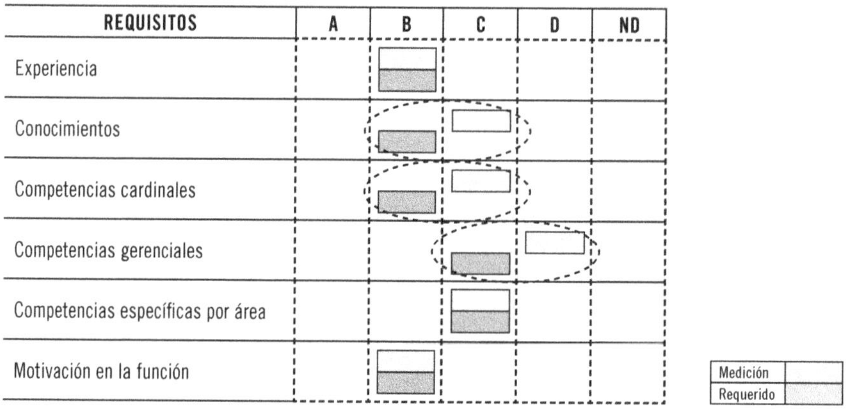

REQUISITOS	A	B	C	D	ND
Experiencia		▢			
Conocimientos		▢	▢		
Competencias cardinales		▢	▢		
Competencias gerenciales			▢	▢	
Competencias específicas por área			▢		
Motivación en la función		▢			

Medición	
Requerido	

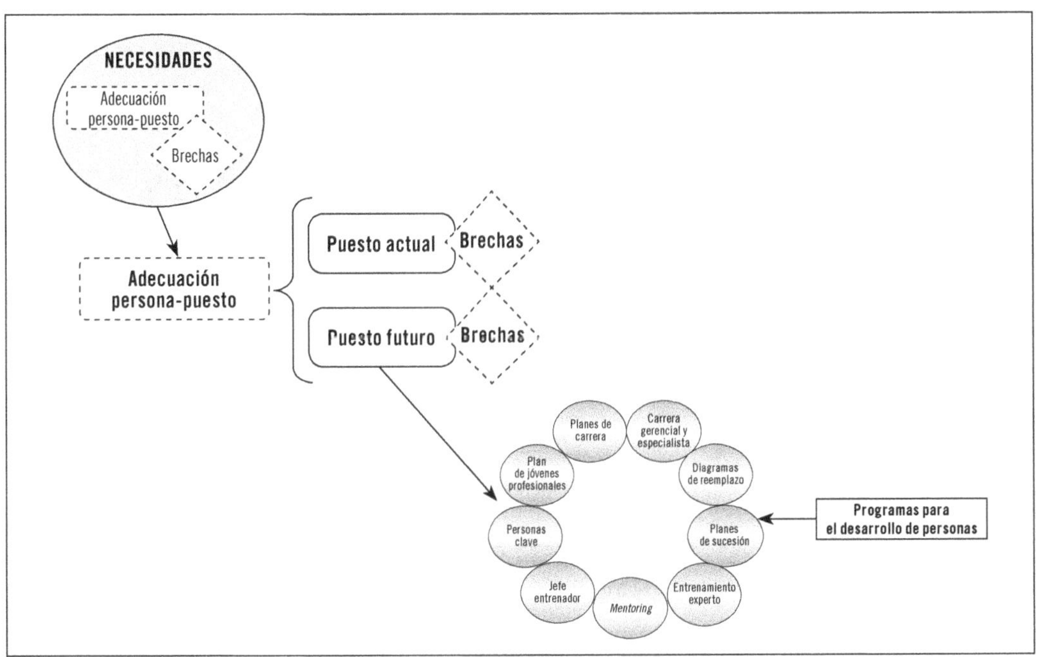

de necesidades de formación como frente a otro tipo de decisiones, –promociones internas, diagramas de reemplazo, etc.–.

Por lo tanto, las necesidades de formación de los colaboradores de una organización será la sumatoria de las distintas situaciones individuales planteadas según el gráfico precedente (brechas en relación con el puesto actual o futuro).

Distintas fuentes de necesidades. Resumen

A modo de resumen de todo lo expuesto hasta el momento en el capítulo, podemos decir que las necesidades de formación surgen o devienen de una serie de fuentes.

A partir del análisis del gráfico de la página siguiente, y de acuerdo con lo expuesto, podemos decir que la detección de necesidades podría originarse en diversas fuentes:

A   Diagnóstico de adecuación persona-puesto. Es decir, comparando las capacidades de las personas con lo requerido por sus respectivos puestos de trabajo y la posterior determinación de brechas. Esta fuente será eficaz en la medida en que los descriptivos de puestos estén actualizados y definidos de

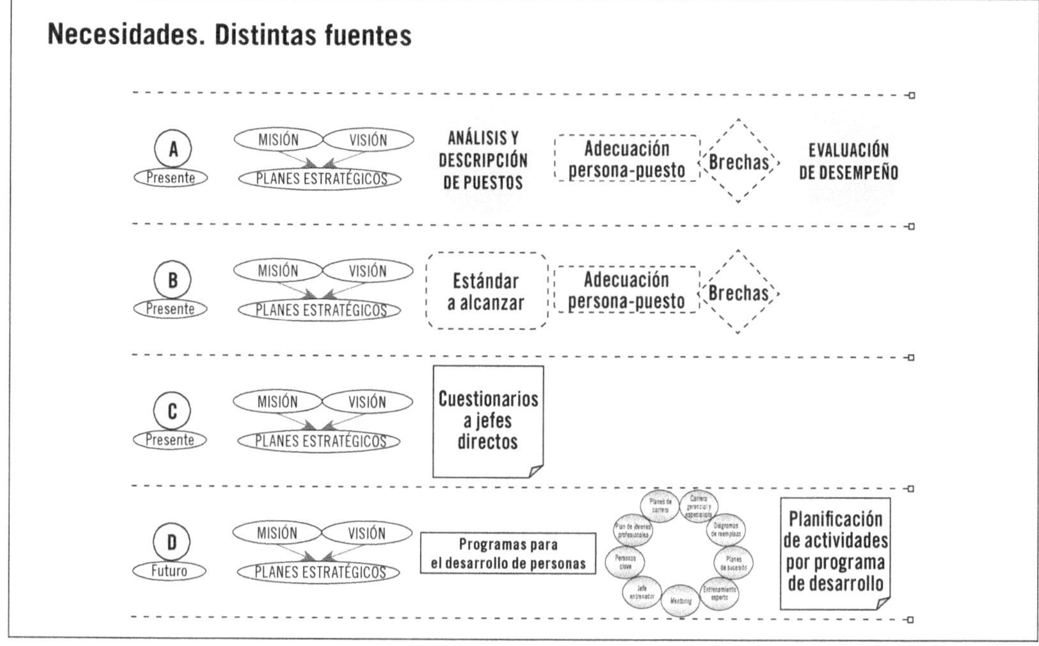

acuerdo con la estrategia organizacional (misión, visión, valores y planes estratégicos). En un enfoque sistémico de los distintos subsistemas de Recursos Humanos, también podrá ser una fuente de detección de necesidades la *evaluación del desempeño.*

B   Cuando la fuente no fuese suficiente (por resultar poco confiable o cualquier otra situación similar), esta información podrá ser complementada con la determinación de estándares a alcanzar, según la estrategia organizacional. Con base en dichos estándares, se podrá determinar la adecuación persona-puesto y las brechas resultantes, igual que en el punto anterior.

Las buenas prácticas indican que la información para la detección de necesidades debería surgir del diagnóstico Adecuación persona-puesto (A).

Los estándares, para ser un sucedáneo efectivo, deberían ser determinados seriamente. En un breve resumen, los pasos serían los siguientes: primero se deberán analizar los planes estratégicos y, a partir de estos, determinar conocimientos y competencias necesarios para que puedan ser llevados a cabo. Segundo, las competencias deberían ser incorporadas al modelo organizacional. Tercero, preparar una gradación de los conocimientos identificados. Cuarto, con este desglose realizado, competencias y conocimientos definidos por niveles, se podrán identificar brechas entre lo requerido y las capacidades de las personas.

C   Administrar cuestionarios a los jefes directos de los colaboradores, sobre las necesidades formativas de los respectivos equipos.
Para una correcta determinación de necesidades, mediante cualquiera de los tres modos de hacerlo, expuestos en los puntos A, B y C, se debe tener en cuenta la estrategia organizacional.

D   De los distintos programas organizacionales para el desarrollo de personas surgen necesidades formativas que se suman a las anteriores. Este tema se verá con mayor detalle en el Capítulo 8.

En la figura precedente, a las tres primeras categorías –A, B y C– las hemos clasificado como necesidades del "Presente", es decir, tienen relación con los puestos que las personas ocupan en la actualidad. A la última, letra D, la hemos categorizado como necesidades del "Futuro", dado que surge de los diferentes programas para el desarrollo de personas, la mayoría de los cuales prepara a los participantes de dichos programas para ocupar puestos en un futuro más o menos cercano, según el caso.

Determinación de prioridades

En materia de formación, las organizaciones deben fijarse prioridades, ya que usualmente no es posible abordar todas las necesidades al mismo tiempo y en un solo período (anual, por ejemplo).

Para la determinación de prioridades, primero habrá que considerar el conjunto de necesidades y luego realizar su ordenamiento.

Como se viera en párrafos anteriores, de los distintos programas para el desarrollo de personas (Capítulo 8) podrán, también, surgir necesidades de formación. La determinación de estas prioridades, a su vez, surgirá de la mayor urgencia/relevancia que se determine en cada caso.

El factor económico en la determinación de prioridades no ha sido mencionado expresamente, si bien es un aspecto importante. No obstante, darle preferencia a una actividad sobre otra porque una de ellas tiene un costo más accesible, no debiera ser el camino a seguir. Del mismo modo, tampoco será adecuado elegir actividades sobre la base de otros factores, por ejemplo, el conocimiento de un proveedor de actividades formativas que nos merece confianza. Este último factor es muy importante, pero la elección deberá focalizarse en cubrir las necesidades estratégicas primordiales de la organización.

La decisión, acerca de cuáles actividades serán incluidas en el plan de formación, se puede resumir en los siguientes pasos:

1. definir necesidades;

2. priorizarlas, y, por último,

3. considerar el presupuesto disponible, es decir, hasta dónde será posible llevarlas a cabo.

Como se comentara, con frecuencia no es posible abarcar en un plan de formación todas las necesidades, por lo cual estas deberán seguir un orden de prioridad. Este ordenamiento deberá realizarse en función de los planes estratégicos de manera global.

Los planes de formación, sus necesidades y posterior priorización deberían ser aprobados por la máxima conducción de la organización. Los aspectos allí incluidos representan los conocimientos y competencias necesarios para llevar a cabo los planes estratégicos de la organización. Nada menos.

Formación al ingreso de nuevos colaboradores. Inducción a la organización

La inducción de nuevos colaboradores[3] integra el proceso de selección. Es el último de los pasos mediante los cuales una persona que no es parte de la organización ingresa a la misma para integrarse a ella: se transforma en un colaborador.

En algunas organizaciones, la inducción es llevada a cabo por los responsables de la "selección e incorporación de personas"; en otras, por especialistas del área de Formación. Más allá del responsable, es una actividad formativa y, desde esa mirada, debe incluirse en el plan de formación de la organización.

La inducción se divide en dos partes que –en ocasiones– podrán realizarse de manera conjunta: inducción a la organización e inducción al puesto de trabajo.

La inducción es el primer contacto de una persona con la organización y debería realizarse al inicio, es decir, de forma inmediatamente posterior al ingreso de

---

3 *Selección por competencias*. Ediciones Granica, Buenos Aires, 2016. En esta obra se presentan, entre otros temas, los 20 pasos para seleccionar personas.

la persona. Será un aspecto clave para la relación posterior (futura) entre el nuevo colaborador y la organización.

La inducción es un puente entre el momento en que la persona inicia la relación laboral y el momento en que se hace cargo efectivamente de su puesto. Esta instancia es necesaria para que cada colaborador se interiorice tanto respecto de la nueva organización como de las funciones y responsabilidades que tendrá a su cargo.

- *Inducción a la organización.* Actividad estructurada, usualmente a cargo de Recursos Humanos, en la cual se presenta a un nuevo colaborador la historia de la organización, sus características principales, objetivos, productos y/o servicios, misión y visión, políticas y toda otra información que le permita al nuevo colaborador conocer lo más profundamente posible su nuevo lugar de trabajo.
  La inducción a la organización debería formar parte del plan de formación.

- *Inducción al puesto.* Actividad estructurada o no, usualmente a cargo del jefe directo, en la cual se le explica al nuevo colaborador sus principales responsabilidades y tareas, procedimientos específicos en relación con la función, uso de maquinarias u otros equipos o herramientas necesarias para realizar su trabajo. El colaborador debe conocer, en detalle, su descriptivo de puesto.

Asimismo, la inducción al puesto incluye desde la entrega de ropa de trabajo (si corresponde) hasta la presentación ante sus nuevos compañeros de trabajo y demás indicaciones relacionadas con la vida cotidiana en el puesto.

La inducción al puesto de trabajo, idealmente, debería estar a cargo del jefe directo. El área de Recursos Humanos debería asegurarse de que sea realizada adecuadamente.

En resumen, la inducción es un proceso formal, tendiente a familiarizar a los nuevos empleados con la organización, sus tareas y su lugar de trabajo. Como decíamos, se realiza inmediatamente después del ingreso de la persona a la organización. El tiempo invertido en la inducción de un nuevo colaborador es un factor fundamental de la relación futura y comprende dos instancias que, en la mayoría de los casos, tienen también diferente responsable: inducción a la organización e inducción al puesto.

Cada organización puede hacerlo a su manera, según su estilo y cultura. Las empresas recurren a diferentes formatos, en ocasiones combinándolos para alcanzar un mejor resultado. Por ejemplo: un folleto, un curso presencial u on line, videos en la intranet, etc.

Preparación del plan de formación

El plan anual de formación deberá abrirse, como mínimo, en dos grandes ítems: conocimientos y competencias, dado que las herramientas y cursos de acción a seguir para cada uno de ellos son radicalmente diferentes.

Retomando algunos temas ya expresados, para alcanzar la misión, visión y planes estratégicos será necesario que los distintos integrantes de la organización posean conocimientos, competencias y experiencia. La organización, por su parte, contará con una estructura y, entre otros elementos, políticas, métodos, procedimientos.

Las necesidades detectadas, a su vez, serán ordenadas por su prioridad, de acuerdo con ciertos criterios que se habrán definido previamente.

La preparación del plan de formación implicará considerar las necesidades detectadas junto con las prioridades definidas para, luego, definir temáticas, responsables, plazos, etc. La idea se expresa en la figura al pie.

Para la preparación de un plan de formación se requiere definir pasos a seguir, plazos involucrados, calidad deseada o a alcanzar, los métodos y herramientas que serán utilizados. Luego, los resultados esperados y los responsables de cada instancia. Por último, se deberá definir cómo se medirán los resultados.

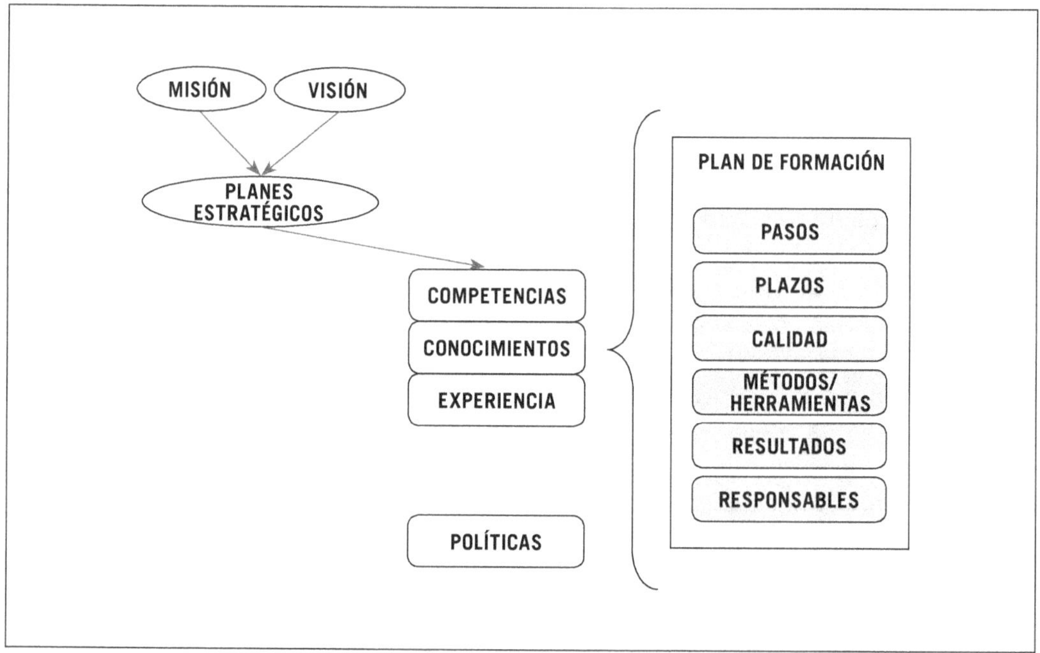

Usualmente, las necesidades se originan en diversas fuentes, como se vio en páginas previas: diagnóstico de la adecuación persona-puesto, consultas a los jefes, resultados de evaluaciones de desempeño... También deben considerarse situaciones específicas, como ser la de participantes de un programa de diagramas de reemplazo, solo por mencionar un ejemplo.

La organización debería contar con un procedimiento definido para confeccionar el plan de formación, con lineamientos generales sobre los pasos a seguir y niveles de responsabilidad y autorización. El responsable debería llevar un registro de los pasos realizados, información que, de alguna manera, le permitirá preparar un informe, explicando cómo se llegó al documento final.

Del análisis de las distintas situaciones surgirán las acciones a realizar, desde actividades internas de capacitación hasta la inscripción de colaboradores en una institución educativa. La idea se expresa en las dos figuras siguientes.

Cada organización podrá optar por diferentes formas de confeccionar el plan, con apertura semanal, mensual, bimensual, trimestral, semestral, etc. En "Plan de formación. Esquema 1" se puede observar un listado de acciones a realizar dividido, a su vez, por trimestres.

Entre las actividades podríamos mencionar: talleres para el desarrollo de competencias, aprendizaje de conocimientos requeridos por diferentes colectivos de

Plan de formación. Esquema 1

Primer trimestre	Segundo trimestre	Tercer trimestre	Cuarto trimestre
Acción a realizar	*Acción a realizar*	*Acción a realizar*	*Acción a realizar*
Acción a realizar	*Acción a realizar*	*Acción a realizar*	*Acción a realizar*
Acción a realizar	*Acción a realizar*	*Acción a realizar*	*Acción a realizar*
Acción a realizar	*Acción a realizar*	*Acción a realizar*	*Acción a realizar*
n	*n*	*n*	*n*

Plan de formación. Esquema 2

Parte 1
RESULTADO EVALUACIONES DE DESEMPEÑO

Primer trimestre	Segundo trimestre	Tercer trimestre	Cuarto trimestre
Acción a realizar	*Acción a realizar*	*Acción a realizar*	*Acción a realizar*
Acción a realizar	*Acción a realizar*	*Acción a realizar*	*Acción a realizar*

Parte 2
DESARROLLO EN TODOS LOS COLABORADORES DE UNA COMPETENCIA EN PARTICULAR

Primer trimestre	Segundo trimestre	Tercer trimestre	Cuarto trimestre
Acción a realizar	*Acción a realizar*	*Acción a realizar*	*Acción a realizar*
Acción a realizar	*Acción a realizar*	*Acción a realizar*	*Acción a realizar*

Parte 3
SITUACIONES ESPECÍFICAS Y/O COLABORADORES

Primer trimestre	Segundo trimestre	Tercer trimestre	Cuarto trimestre
Acción a realizar	*Acción a realizar*	*Acción a realizar*	*Acción a realizar*
Acción a realizar	*Acción a realizar*	*Acción a realizar*	*Acción a realizar*

personas, cursillos de inducción a la organización, experimentación en la utilización de maquinarias, uso de simuladores, etc.

En la figura "Plan de formación. Esquema 2" se puede observar, al igual que en la anterior, un listado de acciones a realizar dividido por trimestres, con la mención —a modo de ejemplo— de tres grupos de fuentes de necesidades.

En la figura precedente, la información acerca de las brechas originadas en la adecuación persona-puesto se han obtenido de las evaluaciones de desempeño (Parte 1), es decir, primero se han considerado los resultados de las evaluaciones de desempeño. Este análisis podrá ser individual, definiendo acciones a realizar persona por persona, o considerando los resultados por colectivos o grupos (ejemplo: los vendedores en su conjunto deben desarrollar la competencia "Orientación a los resultados con calidad").

En segundo término, se ha definido como objetivo que la totalidad de los colaboradores desarrollen una competencia en particular (Parte 2). Este tipo de situaciones se presenta, con frecuencia, cuando se desea realizar un cambio cultural o concretar planes estratégicos que impliquen competencias nuevas para todos los integrantes de la organización. Ejemplo: desarrollar la competencia "Anticipación a los eventos del entorno".

Por último, y siempre continuando con un ejemplo, situaciones específicas (Parte 3). En todos los casos, se considerarán aquellas necesarias para alcanzar los planes estratégicos organizacionales.

El plan de formación deberá incluir otros aspectos de detalle, tales como:

- Fechas

- Lugar

- Recursos necesarios

- Participantes

- Etc.

Diseño. Su importancia

Parte del éxito de un plan de formación radica en su diseño (ver Capítulo 3), a fin de proponer un método para la realización de actividades formativas tanto en conocimientos como en competencias: *Codesarrollo.*

Muchos especialistas adjudican un rol protagónico a las capacidades del instructor o facilitador; comparto el criterio. Sin embargo, considerar solo este factor es insuficiente. Deberá tenerse en cuenta el diseño como un factor determinante de la efectividad de las actividades formativas.

En materia de competencias, el diseño debe ser a medida, dado que los modelos de competencias deberían estar siempre confeccionados en relación con la visión y estrategia de cada organización.

En cuanto a la formación en conocimientos, con frecuencia también el diseño debe adaptarse a las distintas situaciones y a la organización. Aun en temas que –*a priori*– parecerían de fácil estandarización, con frecuencia se requiere realizar algún tipo de adaptación a la organización.

Un diseño adecuado debe:

- Contemplar las reales necesidades, de la estrategia y de las personas.

- Ser a medida de la organización. En todos los casos el diseño deberá ser realizado para la organización. Siempre, en función de la estrategia organizacional.

- Diferenciar conocimientos de competencias. Los métodos a utilizar en conocimientos y competencias son diferentes. Para ambos se requiere un diseño experto.

- Contemplar, en el diseño de las actividades de formación en competencias, el modelo de competencias de la organización. No solo tomando en cuenta la denominación de las competencias del modelo organizacional, sino también considerando las definiciones allí establecidas de cada una de ellas. Los diseños estándar son menos efectivos que los realizados "a medida".

- Utilizar un método de aprendizaje adecuado (ver Capítulo 3). El aprendizaje es más efectivo cuando un participante llega a convencerse de la necesidad de mejorar y se encamina al autodesarrollo (método Codesarrollo).

Los objetivos del diseño derivan del plan de formación y se relacionan, de manera directa, con los criterios a elegir para la evaluación de los resultados.

Sugerimos al lector ver en el glosario de términos (Anexo II) la diferencia entre los siguientes conceptos: *Experto reconocido, Experto, Instructor, Facilitador.* A su vez, cabe tener en cuenta que un experto y un instructor pueden ser, además, facilitadores.

Un experto podrá diseñar una actividad que luego será impartida por un instructor. Un instructor y/o un facilitador no deben, necesariamente, ser expertos.

Continuando con el análisis del gráfico anterior, en nuestra opinión el diseño es clave para el resultado final. No alcanza con que el instructor conozca sobre el tema a tratar; esto es importante pero insuficiente. Se debe asegurar que la actividad de formación posea los pasos necesarios para asegurar el aprendizaje. Este aspecto se verá en forma detallada en el Capítulo 3.

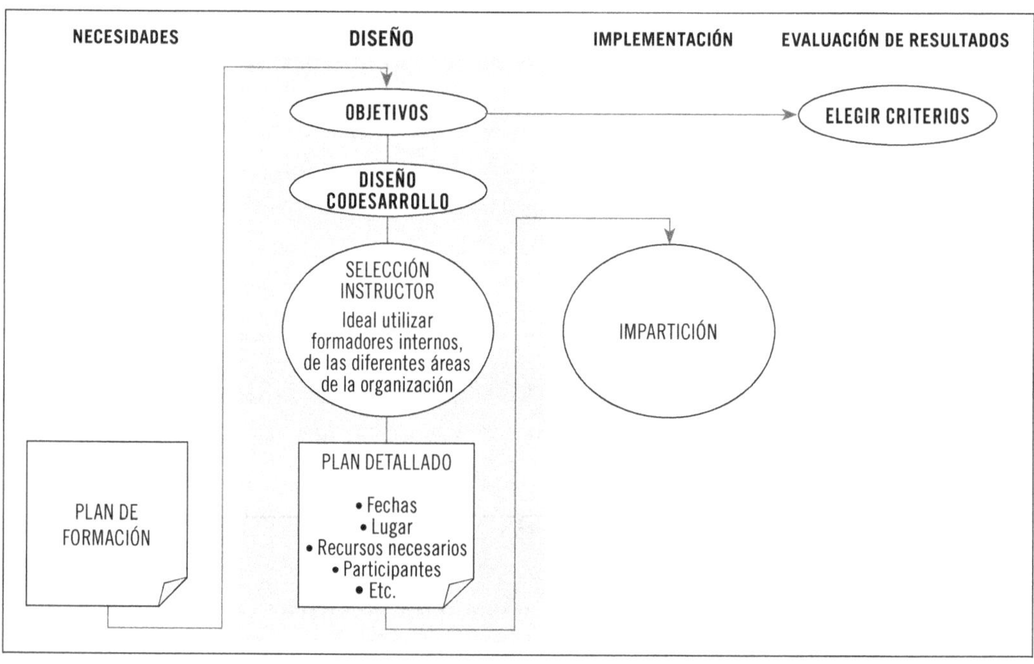

Una vez definido el diseño, habrá que elegir al instructor, quien conducirá la actividad. Es otro aspecto igualmente relevante.

Algunas situaciones posibles, muy diferentes entre sí.

- Si la actividad a impartir fuese sobre un conocimiento específico y complejo, la selección del instructor recaerá en una persona que demuestre poseer un nivel de experto y, luego, se deberá controlar que el diseño incluya los pasos necesarios para el aprendizaje sugerido: Codesarrollo.

  En este supuesto, como dijimos, el instructor debe ser un experto en la temática.

- Si la actividad a impartir se propusiera el desarrollo de competencias, será clave que el diseño lo lleve a cabo un experto, justamente, en desarrollo de competencias.

  El instructor podrá ser una persona con formación para impartir actividades, es decir, con las capacidades necesarias para ser un buen instructor.

  En ciertas organizaciones se ha recurrido a instructores de diferentes áreas de la organización preparados como formadores internos.

  El instructor (una persona diferente a quien diseñó la actividad) recibirá formación específica sobre cómo coordinar esa actividad que fue diseñada por el experto mencionado.

  El diseño por un experto y la impartición por un instructor (diferente al primero) también es una opción válida para conocimientos.

Como se desprende de las definiciones dadas previamente:

- El instructor conoce sobre el tema sin llegar al nivel de "experto".

- Cuando el responsable del diseño sea un "experto", será importante que posea formación sobre buenas prácticas para impartir las diversas actividades –en nuestra propuesta, Codesarrollo–.

- El *diseño* (de la formación) culmina con el plan detallado, y este permite la *impartición*.

Modelo organizacional de formación

Hasta aquí hemos visto cómo armar un plan de formación. A partir de estos conceptos, se ampliará el enfoque adicionando otros factores de relevancia, para conformar un modelo completo al cual hemos denominado "Modelo organizacional de formación".

La mayoría de las organizaciones, en especial las que poseen numerosos colaboradores, "algo" o "mucho" hacen en materia de formación. En cualquier caso, las acciones formativas son buenas *per se*. Sin embargo, la formación en el ámbito de una organización plantea, tanto a directivos como a especialistas, un desafío complejo.

Todas las organizaciones, aun las pequeñas y/o aquellas que por cualquier motivo no poseen recursos suficientes para llevar a cabo planes de formación de envergadura y, que, no obstante, desean invertir en formación, deberán integrar esos esfuerzos mediante un *modelo*, y este debe ser estratégico.

Un modelo de formación es el camino, muchas veces imprescindible, para alcanzar los objetivos organizacionales, que usualmente se expresan a través de la *misión, visión, valores y planes estratégicos*. Así como en nuestra vida cotidiana, cuando se realiza una inversión hogareña, en cualquier rubro, se deben priorizar las necesidades y la decisión final se toma en función de los objetivos que se desea alcanzar (por ejemplo, un viaje), del mismo modo ocurre en el ámbito organizacional.

Modelo de formación. Conjunto de pasos y actividades estructuradas que permiten asegurar que las actividades a impartirse se relacionen con los planes estratégicos de la organización. En el mismo se pueden identificar las siguientes etapas: 1) necesidades, 2) diseño, 3) implementación, 4) evaluación de resultados, 5) auditoría.

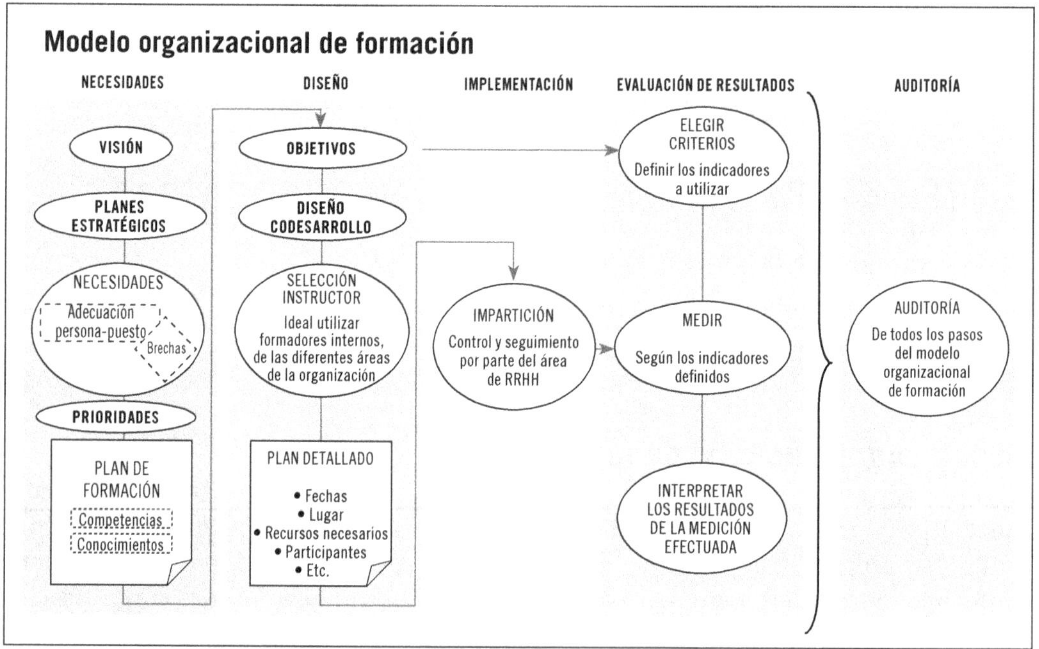

Los especialistas, e incluso diversos autores (Anexo II), manifiestan la importancia de determinar necesidades de formación, lo cual comparto. Sin embargo, en ocasiones, la mera *recolección de necesidades* puede ser insuficiente: es necesario considerar otros factores, como ya se ha visto en páginas previas, en este mismo capítulo.

El *modelo organizacional de formación* se encuentra dentro de las buenas prácticas, es decir, ya ha sido probado en numerosas empresas.

En la figura de la página anterior se expone el modelo completo y sus etapas: *Necesidades - Diseño - Implementación - Evaluación de resultados - Auditoría.*

Hemos explicado en páginas previas dos de las etapas mencionadas en el gráfico precedente, Necesidades y Diseño. Para abordar el diseño de las actividades en particular, hemos destinado el Capítulo 3 de esta obra, donde se describe el método sugerido: Codesarrollo.

Implementación. Evaluación de resultados. Auditoría

La impartición propiamente dicha de las distintas actividades de formación podrá llevarla a cabo un instructor del área de Recursos Humanos, alguien de otra área de la misma organización, o un proveedor externo. Sin embargo, el control y seguimiento estará siempre a cargo del área de Recursos Humanos/Formación.

El área de Recursos Humanos/Formación responde por la impartición de las actividades de formación, aun en el caso de que las mismas estén a cargo de personas de otras áreas o externas a la organización. La idea se expresa en la figura superior de la página siguiente. El rol del área implica planificación y control, responsabilidad por el diseño, incluyendo –también– aspectos logísticos.

En función de cómo se haya definido la impartición y los objetivos a alcanzar, se definirán los indicadores para medir los resultados (Capítulo 5).

Como se dijo en páginas anteriores, las necesidades pueden estar relacionadas con el puesto actual y/o con otro que se prevea que la persona podría ocupar en el futuro.

Una vez que estas necesidades han sido determinadas y se ha definido el orden de prioridades, formarán parte del *plan de formación*. Usualmente, se diseñan planillas de seguimiento; solo a modo de ejemplo se expone en el gráfico siguiente un programa de actividades relacionado con planes de sucesión (se verán los programas internos de desarrollo en el Capítulo 8). Sobre la base de este programa el área de Recursos Humanos podrá realizar el seguimiento de la inversión en el desarrollo de personas, y uno de los aspectos a considerar será la formación.

En el gráfico inferior de la página siguiente, las actividades programadas para todos los participantes en los planes de sucesión se han agrupado conceptualmente

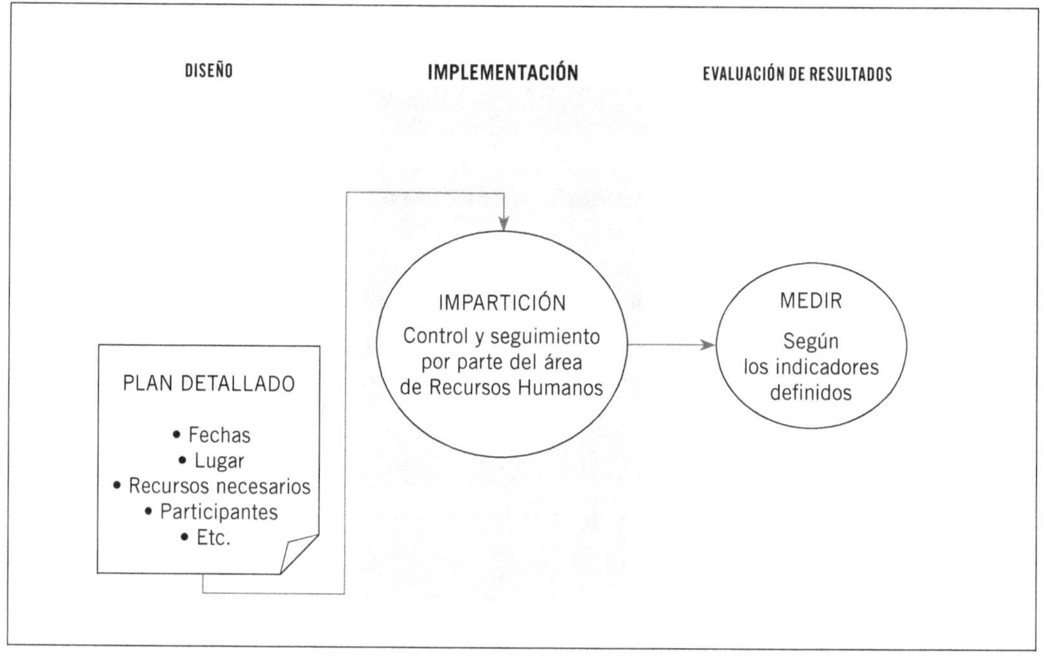

Planificación de actividades: *planes de sucesión*

Para todos los designados en el programa como posibles sucesores de otras personas

Apellido y nombre	CONOCIMIENTOS			COMPETENCIAS			EXPERIENCIA		
	Actividad	Responsable	Mes/Año	Actividad	Responsable	Mes/Año	Actividad	Responsable	Mes/Año
Participante 1									
	Actividad	Responsable	Mes/Año	Actividad	Responsable	Mes/Año	Actividad	Responsable	Mes/Año
Participante 2									
	Actividad	Responsable	Mes/Año	Actividad	Responsable	Mes/Año	Actividad	Responsable	Mes/Año
Participante 3									
	Actividad	Responsable	Mes/Año	Actividad	Responsable	Mes/Año	Actividad	Responsable	Mes/Año
Participante 4									

Fuente. *Construyendo talento.* Capítulo 13.

en tres aspectos: conocimientos, competencias y experiencia. Para las dos primeras categorías se realizan actividades formativas, que integrarán el plan de formación. Aspectos relacionados con la experiencia podrán –en algunos casos– incluirse también en este plan. Otras acciones internas, controladas desde Recursos Humanos, podrán ser llevadas a cabo por participantes de otros programas internos de desarrollo (Capítulo 8),

Como decíamos más arriba, en el Capítulo 3 se analizará cómo realizar el diseño de las actividades, a través del método Codesarrollo. En cuanto a la evaluación de resultados y la auditoría, se encontrará un mayor detalle en el Capítulo 5. La idea se expone en la figura al pie.

Los temas del capítulo se complementan con otros aspectos, tratados en el Capítulo 4, *Universidad corporativa. Centros de formación.*

A modo de cierre del capítulo

Nuestra propuesta, en relación tanto con los diferentes temas que abordamos en Gestión por competencias como con otros también relacionados con Recursos Humanos, es la aplicación de un enfoque sistémico. La presentación del *modelo*

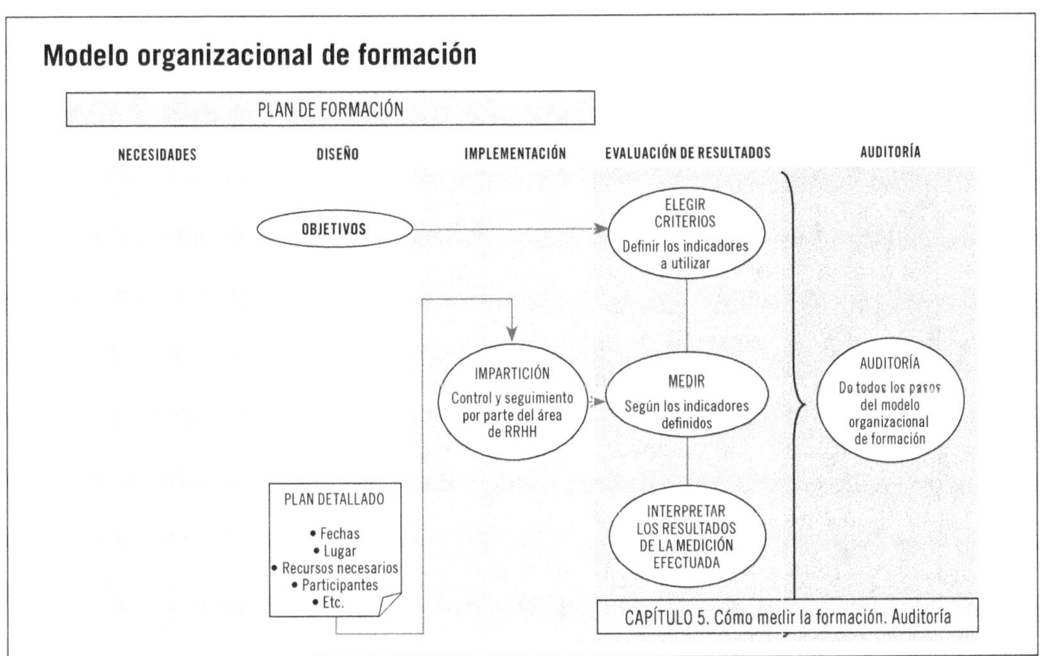

organizacional de formación responde a este criterio. Cualquier proceso organizacional, de la índole que sea, debe estar de un modo u otro ligado a los objetivos y la estrategia de la organización.

La formación, lamentablemente, es con frecuencia considerada un gasto y, más lamentablemente aún, muchas veces realmente lo es, cuando se imparten actividades sobre temáticas que nada tienen que ver con los planes de la organización y con las necesidades de las personas que trabajan en ella. El enfoque ganar-ganar, pensando en el beneficio de los colaboradores y las organizaciones al mismo tiempo, parte de un concepto que en primera instancia es muy simple y que, a menudo, no se verifica en la práctica, no al menos como debería: relacionar la formación con la estrategia organizacional. Lograrlo será bueno para todos: para los colaboradores, los directivos y la empresa en su conjunto.

Síntesis del capítulo

✓ La formación, ya sea que se confeccione un plan de formación y/o un modelo organizacional de formación, debe llevarse a cabo con el propósito de alcanzar los objetivos organizacionales, es decir, considerando la misión, visión, valores y planes estratégicos.

✓ Modelo de formación: conjunto de pasos y actividades estructuradas que permiten asegurar que la formación a impartir se relacione con los planes estratégicos de la organización. En ese modelo se pueden identificar las siguientes etapas: Necesidades, Diseño, Implementación, Evaluación de resultados, Auditoría.

✓ La detección de necesidades debe realizarse en función de la visión y planes estratégicos de la organización. Para ello se debe comparar lo requerido por el puesto y las capacidades de la persona que lo ocupa. Cuando los *descriptivos* reflejan de manera adecuada lo requerido por los distintos puestos de trabajo y sobre esa base se detectan las brechas que los colaboradores tienen para alcanzar los requerimientos indicados, se determinan correctamente las necesidades de formación. En algunos casos, para una determinación de brechas más adecuada, se podrán definir estándares fijados en función de la estrategia organizacional.

✓ La *inducción* es una etapa puente entre el momento en que la persona inicia la relación laboral y cuando se hace cargo efectivamente de su puesto. Es necesaria para que cada colaborador se interiorice tanto respecto de la nueva organización como de las funciones y responsabilidades a su cargo. La inducción se realiza, usualmente, a través de actividades formativas mediante las cuales se le presenta al nuevo colaborador la organización y el puesto de trabajo. Generalmente se divide en dos partes: inducción a la organización e inducción al puesto.

✓ Las brechas pueden determinarse en relación con el puesto actual que la persona ocupa o uno que podría ocupar en el futuro, según surja de los distintos programas organizacionales para el desarrollo de personas.

✓ De la implementación de los programas organizacionales para el desarrollo de personas pueden surgir necesidades formativas.

✓ Una vez detectadas las necesidades, estas deberán ser ordenadas considerando su prioridad.

✓ El segundo aspecto clave es el diseño. Un diseño adecuado debe contemplar las necesidades, ser a medida de la organización, que contemple la diferencia entre conocimientos y competencias, que utilice el Codesarrollo como método de aprendizaje.

✓ La impartición de la formación puede realizarse a través de instructores internos, del área de Recursos Humanos o de otros sectores de la organización. También puede ser realizada por un instructor externo o consultor.

Para continuar leyendo sobre los temas del Capítulo 2

Sugerimos leer, en la obra *Formación. En la práctica,* los siguientes apartados.

- Apartado 3. Felicidad en el trabajo. ¿Es posible? ¿O es un mito?

- Apartado 7. Comenzando por el principio. Buenas prácticas en Formación

- Apartado 8. Continuando con las buenas prácticas: Herramientas y Formación

- Apartado 9. Reconocer necesidades y priorizarlas

- Apartado 10. Factores a tener en cuenta para alcanzar alta efectividad y eficacia

- Apartado 15. Plan anual para un colectivo de profesionales de la misma especialidad

- Apartado 17. Definir necesidades a través de talleres
- Apartado 19. Formación después de mediciones específicas
- Apartado 20. Formación para alcanzar la estrategia
- Apartado 21. Formación y cambio cultural. Lograr la cultura deseada
- Apartado 29. Indicadores de gestión sobre Formación
- Apartado 30. Formador de formadores. Diseño e implementación

PARA PROFESORES

CASOS

Para la preparación de "casos prácticos" a ser utilizados en la impartición de clases relacionadas con este capítulo, sugerimos emplear los apartados mencionados más arriba bajo el título "Para continuar leyendo". El material allí disponible podrá servir de base para actividades complementarias, casos de discusión, disparadores para la preparación de otros casos, etc.

CLASES

Para cada uno de los capítulos de esta obra hemos preparado: Material de apoyo para el dictado de clases.

Los profesores que hayan adoptado esta obra para sus cursos tanto de grado como de posgrado pueden solicitar de manera gratuita:

– *Formación. CLASES*

Únicamente disponibles en formato digital, en nuestro sitio: **www.marthaalles.com**, en la exclusiva *Sala de profesores*, o bien escribiendo a: **profesores@marthaalles.com**

Capítulo 3

Formación.
El mejor diseño:
Método Codesarrollo

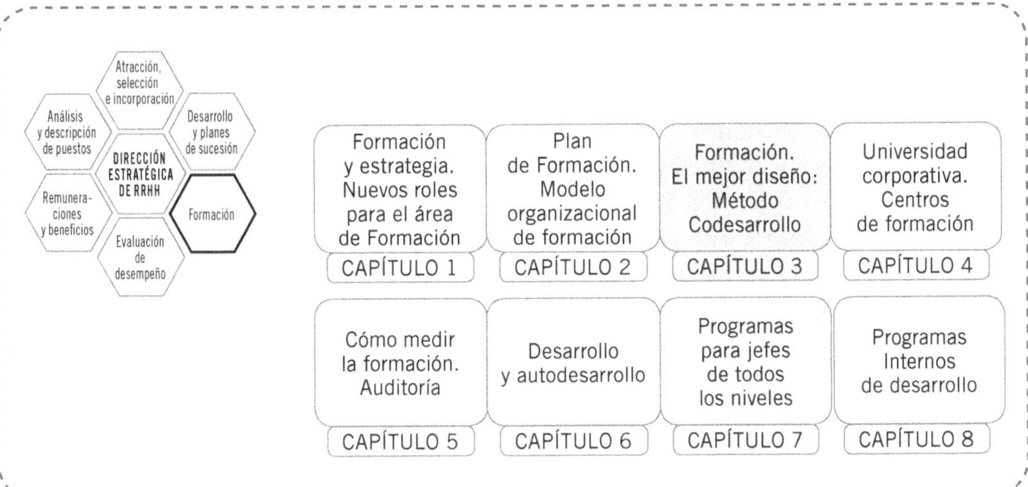

Temas del capítulo:

- Un diseño efectivo y eficaz
- Inmediatez y experimentación: características necesarias para la formación de las nuevas generaciones, *millennials* y *centennials* (generación 2020)
- Espiral creciente y proceso de aprendizaje
- Método Codesarrollo
- Codesarrollo y Modelo de competencias
- Preparación de talleres y materiales
- Cómo hacer un buen diseño
- Quién puede ser un buen instructor
- El rol de los jefes y el desarrollo como un modelo sistémico
- El rol del facilitador en las actividades organizacionales

Un diseño efectivo y eficaz

En formación, para lograr la efectividad deseada se deben combinar diferentes elementos. Vimos en capítulos previos la importancia de tener siempre presente la visión y estrategia; también la relevancia de una detección adecuada de necesidades, las cuales –luego– podrán ser cubiertas en su totalidad o parcialmente. Por último, el diseño y los instructores. Por lo tanto, deberá existir una correlación entre las necesidades, los tiempos disponibles, el diseño y demás factores mencionados.

Frente a las necesidades existen diferentes caminos a seguir. En una circunstancia podrá ayudar a resolver la cuestión planteada una determinada actividad. Y en otro momento quizá se deba optar por una solución diferente.

En la temática de formación, como también en otras relacionadas, se deberá distinguir entre conocimientos y competencias. Para el diseño del plan de formación y de las actividades allí incluidas, hay que tener en cuenta esta distinción. Igualmente se deberá considerar la mejor herramienta a utilizar en cada caso.

Las herramientas para formación, en su mayoría, son positivas. No obstante, como sucede en otros ámbitos, una buena herramienta utilizada de manera indebida y/o para resolver un tema diferente al que corresponde, podrá dar un resultado negativo o, al menos, no responder a las expectativas.

En resumen, se deben conocer las distintas opciones, tipos y características de las actividades formativas y elegir la más adecuada. En ocasiones, la solución efectiva combina varias herramientas.

Para completar la efectividad de la formación se deberá contar, además, con un instructor idóneo para impartirla.

Un dilema: ¿la formación debe realizarse con instructores internos o externos?

Las organizaciones se enfrentan de manera cotidiana a la elección de cómo y con quién realizar las actividades de acuerdo con las necesidades detectadas.

Contratar instructores externos suele ser una salida fácil y rápida pero que, en algunos casos, puede implicar mayor inversión.

Un aspecto a considerar –para resolver la cuestión planteada– es la cantidad de personas que necesitan recibir formación en una determinada temática y las características de la formación necesaria. Ejemplos: 1) si una sola persona necesita formarse en una temática puntual, la mejor solución será que asista a alguna actividad fuera de la organización; 2) si un grupo reducido de personas requiere una formación en particular, aquí la opción más adecuada podría ser la contratación de un experto externo; 3) si el grupo de personas que deben participar es numeroso y/o la actividad debe realizarse con cierta periodicidad, podrá optarse por la preparación de instructores internos.

No hay una única solución. Debe analizarse cada caso en particular.

En algunas circunstancias, el diseño a realizar podrá consistir en la organización de una *universidad corporativa* (ver Capítulo 4).

La solución más adecuada dependerá de cada organización; y dentro de ella también podrán existir diferentes caminos y modalidades apropiadas. Con frecuencia se utilizan diversas alternativas al mismo tiempo.

Imaginemos una organización con una cantidad numerosa de colaboradores y con diferentes ubicaciones geográficas, que deba impartir –por alguna circunstancia– formación sobre una temática determinada. En una primera instancia, contratar instructores locales en las distintas ciudades podría ser la elección adecuada. Sin embargo, aunque desde el área de Formación se especifique a cada uno de los instructores contratados los temas y alcances de la formación a llevar a cabo individualmente, no será suficiente, en general, para lograr una impartición uniforme. Una forma de atenuar el problema podría ser la contratación de un único proveedor que pueda realizar actividades en las distintas plazas.

Sin embargo, otra solución posible –para lograr un mayor grado de eficacia en la formación– podría ser la confección de un único diseño, que luego sea impartido por diferentes instructores. Para asegurar la eficacia deseada, podría llevarse a cabo algún tipo de control sobre la puesta en práctica del proyecto. Esta cuestión se tratará con mayor detalle en el Capítulo 5.

En resumen, como se verá más adelante, separar el diseño de la impartición puede ser una opción adecuada en numerosos casos y situaciones. Un especialista podrá realizar el diseño de una actividad, para luego ser impartida por uno o varios instructores, internos o externos. De este modo se garantiza la efectividad de la formación a realizar, como decíamos, en organizaciones que cuentan con grupos numerosos de personas.

Por último, para aquellos casos en que se haya separado el diseño de la impartición, también podrán llevarse a cabo acciones combinadas, por ejemplo, instructores especialistas en formación del área de Recursos Humanos junto con la selección de personas de otras áreas, con vocación para la tarea, que asumen la impartición de actividades formativas como complemento de otras funciones. A modo de ejemplo, un gerente de fábrica que ha recibido formación como instructor y que, de vez en cuando, como parte de sus tareas habituales, realiza actividades formativas para personas tanto de su área como de otros sectores de la compañía.

Inmediatez y experimentación: características necesarias para la formación de las nuevas generaciones, *millennials* y *centennials* (o generación 2020)

Generaciones en el ámbito laboral

En cuanto a las generaciones, no hay una única clasificación al respecto y deberían ser analizadas con un criterio amplio. Su análisis permite identificar ciertas tendencias, que pueden ser de utilidad en la formación de personas en el ámbito laboral.

El término *generación* hace referencia a un conjunto de personas que, por haber nacido en fechas próximas y recibido educación e influjos culturales y sociales semejantes, se comportan de manera afín o equiparable en algunos sentidos.

Un dueño de empresa, CEO, gerente general o jefe de cualquier nivel puede pertenecer a una generación y tener a su cargo personas de otras generaciones. Este es el verdadero desafío.

Según algunos especialistas, por primera vez en la historia, un conjunto muy diverso de generaciones coexiste en el ámbito laboral, sin respetar un orden específico (jerárquico o de otro tipo). Esta situación plantea un fenómeno verdaderamente interesante.

A continuación ofrecemos una apertura en distintas generaciones considerando, en especial, la utilización de Internet. Se relaciona la fecha de nacimiento con los distintos avances tecnológicos del momento. De acuerdo con la obra *The 2020 workplace*[1], dichas generaciones son:

- Tradicionalistas. Nacidos antes de 1946.

- *Baby boomers.* Nacidos entre 1946 y 1964.

- Generación X. Nacidos entre 1965 y 1976.

- *Millennials.* Nacidos entre 1977 y 1997.

- *Centennials* - Generación 2020. Nacidos después de 1997.

---

1 Meister, Jeanne C.; Willyerd, Karie. *The 2020 workplace.* Harper Business, HarpersCollins Publishers, Nueva York, 2010.

Las principales características de las dos últimas son las siguientes.

- *Millennials.* Esta generación se caracteriza por basar su accionar en valores tales como inmediatez en las comunicaciones (lectura e interacción en medios digitales), enfoque comunitario, tolerancia, diversidad, confianza en los otros.
Se utilizan otros nombres para denominar a esta categoría generacional, tales como: nativos digitales, Generación Y, entre otras.

- *Centennials.* Generación 2020. Esta generación se caracteriza por basar su accionar en valores y situaciones tales como hiperconectividad permanente, por haber accedido a dicha conectividad antes de comenzar la escolaridad formal (escuela primaria), y por la lectura de libros y medios electrónicos. Se estima que ingresarán al mercado laboral una vez graduados, en los años 2020, de allí el nombre dado a esta categoría.

Generaciones y comportamientos asociados

Comprender las diferencias entre generaciones será útil tanto para las distintas relaciones interpersonales –en los ámbitos laboral, personal y familiar– como para el diseño de las actividades formativas.

Un buen jefe o líder deberá considerar las características de cada colaborador sin caer en generalizaciones de ningún tipo.

En términos generales es posible asignar comportamientos comunes a distintas generaciones. No obstante, habrá que tener en cuenta que muchas personas, por su fecha de nacimiento, forman parte de una determinada generación y pueden evidenciar comportamientos de otra. Por ejemplo, un baby boomer podrá evidenciar comportamientos que corresponderían a un millennial porque, de algún modo –usualmente consciente–, ha desarrollado ciertos comportamientos que le permiten actuar, en algunas ocasiones y/o frente algunos temas, como una persona de una generación posterior.

La aclaración planteada en el ejemplo también puede observarse en un sentido inverso: personas que evidencian comportamientos usuales de las generaciones anteriores a la suya.

Si bien los ejemplos no representan a la mayoría, el entrecruzamiento generacional de comportamientos existe y debe ser considerado, en especial respecto del uso de las nuevas tecnologías y otros aspectos laborales.

La idea se expresa en el gráfico siguiente. Para su preparación solo se han considerado tres de las generaciones mencionadas.

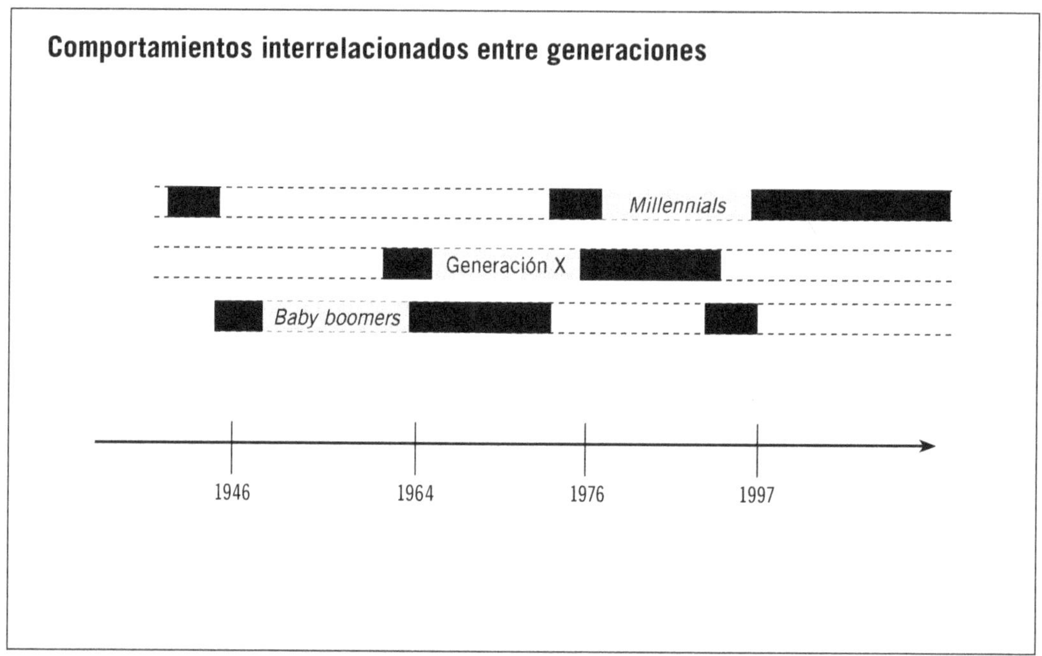

En la figura precedente se muestra el solapamiento de comportamientos entre generaciones. Esto implica que siempre habrá personas con comportamientos diferentes a los esperados según la generación a la cual pertenecen.

En el análisis de cualquier situación deberían dejarse de lado los juicios previos. Al evaluar a una persona deben considerarse sus comportamientos, y lo mismo deberá hacerse en el diseño de actividades formativas

Diversidad y nuevas generaciones

En las organizaciones, la diversidad de géneros debe ser considerada, también, en la temática que nos ocupa: las actividades formativas y su diseño. A su vez, dentro de los temas de diversidad que se consideran habitualmente, debería incluirse la diversidad de generaciones.

Con frecuencia, la diversidad de generaciones se analiza desde una sola perspectiva: cómo integrar a las nuevas generaciones con las ya consolidadas, incluso interpretando que estas son las que detentan el poder y el gerenciamiento.

Un adecuado enfoque de la diversidad generacional debería incluir acciones para lograr la inclusión de cualquiera de las generaciones, cuando alguna de ellas no sea considerada, y promover la integración y el aprendizaje cruzado, es decir, que unos aprendan los aspectos positivos de los otros, lo cual redundará en el crecimiento de todos.

La diversidad intergeneracional implica diferentes formas de entender las relaciones de jerarquía y poder, la responsabilidad, los modos de resolver problemas, el liderazgo, el desarrollo profesional, la fidelidad, la ética y/o las razones por las que se trabaja.

Cada grupo mira al otro diciendo: "yo haría las cosas de tal forma o no haría aquello otro". Gestionar la diversidad es interpretar a todas las generaciones con la vista puesta en el enriquecimiento colectivo que genera el aporte de las miradas diferentes, otorgándole a cada una de ellas el mismo valor en la cadena de relaciones de la organización.

Suponer que una generación es mejor que otra, así como sostener otras creencias sobre las generaciones, son actitudes que deberían ser desterradas. Por pertenencia a una determinada generación o, eventualmente, por su opuesto (no pertenecer), se suelen asumir ciertas características en las personas que no necesariamente se corresponden con la realidad.

Principales aspectos por considerar en el diseño de actividades formativas

Entre las principales características atribuidas a los *centennials* o generación 2020 (nacidos a partir de 1997), hemos mencionado que estos basan su accionar en valores tales como la hiperconectividad permanente, por haber accedido a dicha conectividad antes de comenzar la escolaridad formal (escuela primaria), y por ser usuarios intensivos de medios digitales (libros electrónicos o *e-books*, entre ellos).

También dijimos que se estima que los *centennials* ingresarán al mercado laboral una vez graduados, en el 2020, de allí el nombre dado a esta categoría generacional.

Recordemos ahora que, los *millenniuls*, nacidos entre 1977 y 1997, se caracterizan por basar su accionar en valores tales como inmediatez en las comunicaciones, enfoque comunitario, lectura en medios digitales, tolerancia, diversidad, confianza en los otros… Se utilizan otros nombres para denominar a esta categoría, tales como: nativos digitales, Generación Y, entre otros.

La hiperconectividad atribuida a los *centennials* podría presuponer, también, una necesidad permanente de inmediatez ("aquí y ahora") similar a la de los *millennials*. Este quizá pueda ser un denominador común entre las dos generaciones más jóvenes.

De acuerdo con lo expresado en los párrafos anteriores, se podría deducir que la formación para ambas generaciones solo debería ser digital. Si bien esto último es cierto, es también y al mismo tiempo, insuficiente. Un programa de *e-learning* que no responda a sus inquietudes podrá ser tan inapropiado como un curso al estilo tradicional.

¿Qué relación deseo establecer entre el término inmediatez –característica atribuida a los *millennials* y, de algún modo, también a los *centennials*– y el tema que nos ocupa, la formación en el ámbito de las organizaciones?

Según la RAE, "inmediatez" es la cualidad de inmediato, e inmediato en su segunda acepción significa: "que suceda enseguida, sin tardanza".

Por lo tanto, y de acuerdo con esta definición, los más jóvenes esperan que la formación pueda ser aplicada enseguida, sin tardanza. Antes de continuar deseo destacar que personas pertenecientes a generaciones anteriores pueden coincidir en este punto con los más jóvenes.

Lo expuesto hasta aquí, sobre las expectativas de las nuevas generaciones, se relaciona con un aspecto analizado en capítulos previos: la formación debe estar vinculada con el puesto actual o futuro de la persona. Por lo tanto, cuando la formación está relacionada con algo concreto, puesto actual o futuro, aquel que recibe la formación aplicará dicho conocimiento o desarrollo de la competencia de manera inmediata.

Esta característica de inmediatez se complementa con la idea de experimentación. Si un conocimiento o una competencia se puede experimentar, llevar a la práctica de manera inmediata, esa experiencia estará en línea con las características generales atribuidas a las nuevas generaciones. En resumen, ofrecer una formación concreta, que se pueda experimentar y aplicar en forma inmediata, logrará captar el interés en mayor medida que una formación que no posea estas características.

Ya hemos señalado que las características definidas para cada generación sirven solo a modo general, por lo cual se podrán encontrar comportamientos semejantes en otras generaciones. Y, al mismo tiempo, habrá personas que por su edad pertenezcan –continuando con las dos generaciones citadas más arriba– a la generación millennial o centennial pero que no evidencien los comportamientos mencionados.

En resumen, el enfoque que le hemos dado a la formación responde a las características principales definidas para los más jóvenes. Por un lado, cuando la formación se relaciona con el puesto que la persona ocupa (o se prevé que ocupará más adelante) se estará respondiendo al principio de inmediatez. Por otra parte, la experimentación que propone el método Codesarrollo será el complemento necesario para alcanzar mayor efectividad.

Codesarrollo es, sin duda, el método de formación más adecuado, observado incluso desde diferentes miradas, tanto para las nuevas generaciones como para las anteriores.

Espiral creciente y proceso de aprendizaje

En el Anexo II el lector podrá encontrar autores que han tratado este tema con anterioridad, en especial, la formación y el aprendizaje de adultos.

El aprendizaje es un proceso, resulta difícil identificarlo con un momento en particular. Quizá comience a raíz de un hecho determinado; por ejemplo, al escuchar una conferencia, al participar en un taller o comprar un libro. Sin embargo, para lograr aprender sobre un tema específico o bien modificar comportamientos para alcanzar el grado de perfección en una determinada competencia, se debe realizar un proceso, que implica llevar a cabo una serie de pasos.

El aprendizaje, tanto de un conocimiento como de una competencia, a través del cambio de comportamientos, puede asimilarse a la figura de una espiral creciente.

Espiral creciente[2] significa adquirir y/o perfeccionar de manera progresiva las competencias y conocimientos que las personas poseen para alcanzar el éxito en sus puestos de trabajo, o un desempeño superior.

Cuando los colaboradores de una organización logran "adquirir y/o perfeccionar de manera progresiva las competencias y/o los conocimientos" es cuando se alcanza una meta deseada con frecuencia: una organización orientada al aprendizaje. De manera figurada se podría decir que "la organización aprende". Es decir, la organización en su conjunto trabaja en forma permanente para mejorar; lo cual, en consecuencia, implica una mejora continua.

Los pasos para lograr la situación que hemos denominado "espiral creciente", tanto en el aprendizaje de conocimientos como en el desarrollo de competencias, se muestra en la figura de la página siguiente.

Se trata de hechos concatenados entre sí y en una secuencia.

1. Momento 1, comienza con la experimentación. Si de esa experiencia se puede reflexionar y, luego, identificar aspectos positivos y negativos, es decir, qué cosas se hicieron bien y cuáles se deben mejorar, cuando se avance al paso siguiente –quizá una nueva oportunidad de llevar a cabo una acción similar– el desempeño será en un nivel superior.

2. En el momento 2, se experimenta nuevamente y se repite el ciclo descrito en el paso anterior. Es decir, si de la nueva experiencia se reflexiona para luego identificar los aspectos positivos y negativos, aquellas cosas que se hicieron

---

2 *Espiral creciente* es un concepto que forma parte de la Metodología MAI (Martha Alles International).

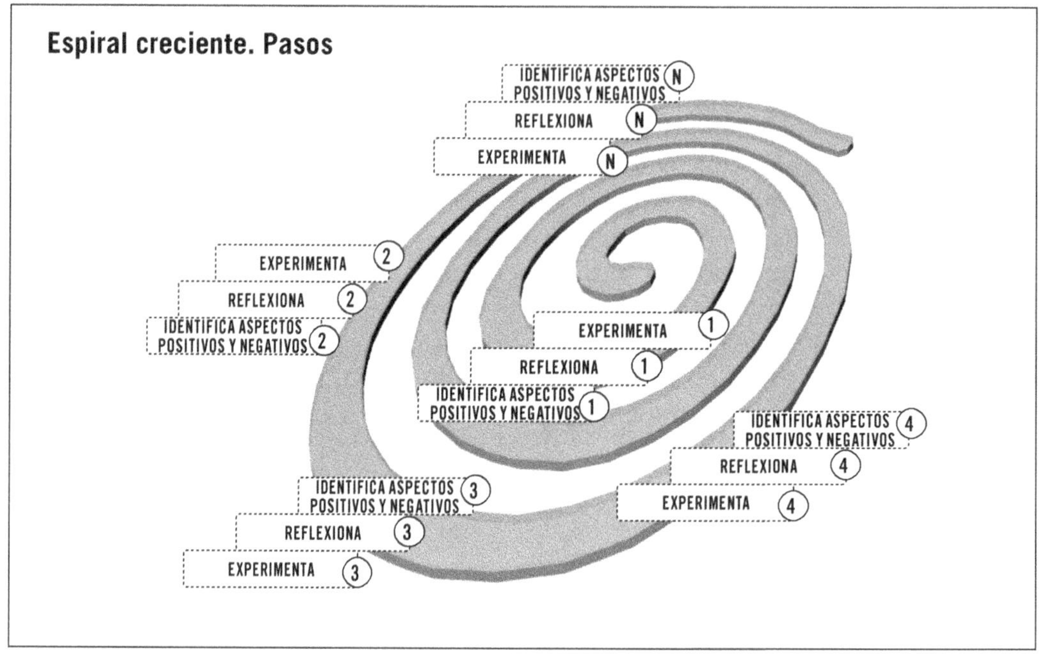

bien y aquellas otras sobre las que se debe mejorar, cuando se continúe al paso siguiente el desempeño será en un nivel superior.

3. Se experimenta nuevamente y se repite el ciclo descrito en el paso anterior.

4. Se experimenta nuevamente y se repite el ciclo descrito en el paso anterior.

5. Se repite "n" veces el proceso.

Este proceso podrá incorporarse al quehacer cotidiano y, de ese modo, el aprendizaje será constante, incluso en aquellos temas en los que ya se posea un alto nivel.

Espiral creciente en el desarrollo de una competencia

Haré una breve explicación a través de un ejemplo: una persona debe dictar una conferencia y desea desarrollar –mejorar– su capacidad como expositor, en el ámbito de un congreso profesional. Otro ejemplo similar: la persona desea mejorar su capacidad como expositor para realizar la presentación de un proyecto, frente a una audiencia numerosa dentro de su organización. En ambos casos se desea mejorar la capacidad para hablar en público, hacerlo exitosamente.

La persona en cuestión, cada vez que deba hablar en público pondrá en juego esta capacidad; si luego de cada una de estas experiencias, logra reflexionar y sacar conclusiones que le permitan mejorar, cada vez su actuación será un poco mejor, y así desarrollará su capacidad para exponer en público.

Si, por el contrario, no realiza un análisis provechoso de cada experiencia –aun en el caso de que alguna persona lo ayude a hacerlo, por ejemplo, indicándole los aspectos a mejorar– y, más allá de los eventuales comentarios/consejos recibidos, en su fuero íntimo piensa que la exposición no estuvo todo lo bien que hubiese deseado porque "falló el sonido", o porque "el público estaba desinteresado", o porque "tenía prisa"… no sacará conclusiones que le permitan mejorar. En consecuencia, su próxima actuación será en el mismo nivel. Si bien los problemas podrán haber existido, si el sonido falló deberá procurarse que esto no suceda la próxima vez, y si el público estaba desinteresado habrá que tenerlo en cuenta y motivarlo… En resumen, además del análisis de los factores externos, se deberán analizar los propios comportamientos, para así tener la posibilidad de mejorarlos.

La idea expuesta puede verse en el gráfico siguiente.

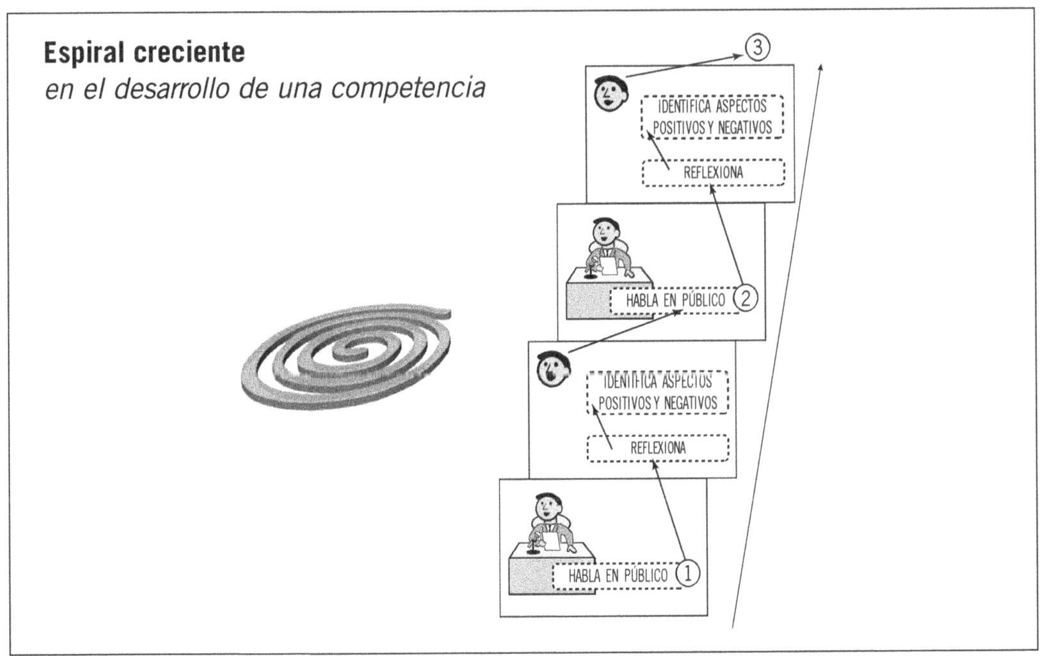

En el caso expuesto hemos graficado dos pasos; sin embargo, el proceso de aprendizaje será permanente, los pasos podrán repetirse "n" veces. La secuencia sería:

1. Hablar en público, ya sea en una conferencia o una presentación en el ámbito de la organización. Reflexionar e identificar los aspectos positivos y negativos; esto implica determinar cuáles son aquellos aspectos que se deben mantener y aquellos que se deban cambiar o mejorar. Proponerse mejorar y estudiar caminos para lograrlo.

2. En la próxima ocasión que se deba poner en juego la capacidad para hablar en público se lo hará en un nivel superior.

3. El ciclo continúa en una espiral creciente de "n" pasos.

Espiral creciente en el aprendizaje de un conocimiento

En un esquema similar al desarrollo de una competencia, tomaré como ejemplo una persona que ha realizado un curso sobre un determinado software. Conoce el uso de ordenadores, lo hace cotidianamente. El conocimiento "nuevo" a incorporar es una versión diferente, con cambios complejos, de un programa que ya está aplicando en su trabajo.

Si una vez que ha finalizado la actividad formativa, al utilizar el software aplica con esmero los nuevos conceptos, y obtiene conclusiones tanto sobre los resultados positivos como sobre los negativos, cuando lo utilice nuevamente, por ejemplo, al día siguiente, lo hará en un nivel más alto que el día anterior, y así sucesivamente.

En resumen, la espiral creciente se verifica cuando se produce un análisis consciente de lo actuado tanto respecto de los aciertos como frente a los fallos.

Método Codesarrollo

Codesarrollo es un nuevo método de aprendizaje que ha surgido del Centro de Investigaciones de Nuevas Aplicaciones de nuestra firma consultora, basado en teorías preexistentes sobre las cuales, con nuestro aporte diferenciador, se ha diseñado el método de referencia que presentamos al lector en esta obra.

Un poco de historia...

El diseño final de las actividades de Codesarrollo, tal cual se presenta en esta obra, es el resultado de una serie de pasos previos. La creación de un nuevo método de trabajo, como lo es Codesarrollo, surge de un proceso que usualmente se realiza a través de varios años y que en este caso desembocó en el conjunto de pasos que describiremos a continuación. Es decir, el método fue evolucionando hasta llegar al que aquí se expone.

En una primera instancia –ya lo he relatado en otras ocasiones– comencé de manera personal a investigar sobre el tema. Incluso en varias oportunidades asumí el rol de participante; analicé diversas actividades en mi país y en otros, en la creencia de que podría encontrar formatos adecuados. Transcurrían los años '90 y no fue así. Participé de actividades muy interesantes que, a la luz del resultado final, podría calificar de insatisfactorias.

Al mismo tiempo, fui "paso a paso" estudiando teorías en materia de aprendizaje (muchas de ellas las encontrará el lector en el Anexo I). También, avancé con diversos diseños, incorporando las nuevas tendencias, que fueron surgiendo a través de los años.

La experiencia ganada fue doble, como instructora impartiendo actividades de diferente tipo, tanto de conocimientos como competencias, para nuestra firma y especialmente para empresas clientes, en las cuales se fueron incorporando pequeños pasos adicionales para mejorar los clásicos talleres existentes hasta ese momento, junto con las pruebas que realizamos como en cualquier proceso de investigación y desarrollo de un nuevo producto.

El desarrollo y la investigación se han realizado en un "laboratorio", es decir, pruebas y diseños en el seno de la consultora, sin involucrar a terceros.

Luego, de ese trabajo de investigación y desarrollo surgió el producto que en nuestra firma denominamos Codesarrollo. La elección del nombre no fue casual, deseamos transmitir un concepto.

En una primera instancia, Codesarrollo se aplicó solo referido a competencias, para luego extenderlo a conocimientos. Al momento de escribir este nuevo libro, llevamos muchos años aplicando exitosamente Codesarrollo en todo tipo de organizaciones, contextos y niveles (jerárquicos o no), así como también aplicado a temáticas diversas y actividades diferentes, que se extienden desde pocas horas hasta ciclos formativos de varios meses de duración.

Método de Codesarrollo. Definición y pasos

El método para el aprendizaje de conocimientos y desarrollo de competencias que hemos denominado Codesarrollo implica un ciclo de talleres presenciales e instancias de seguimiento, como se expone en el gráfico siguiente.

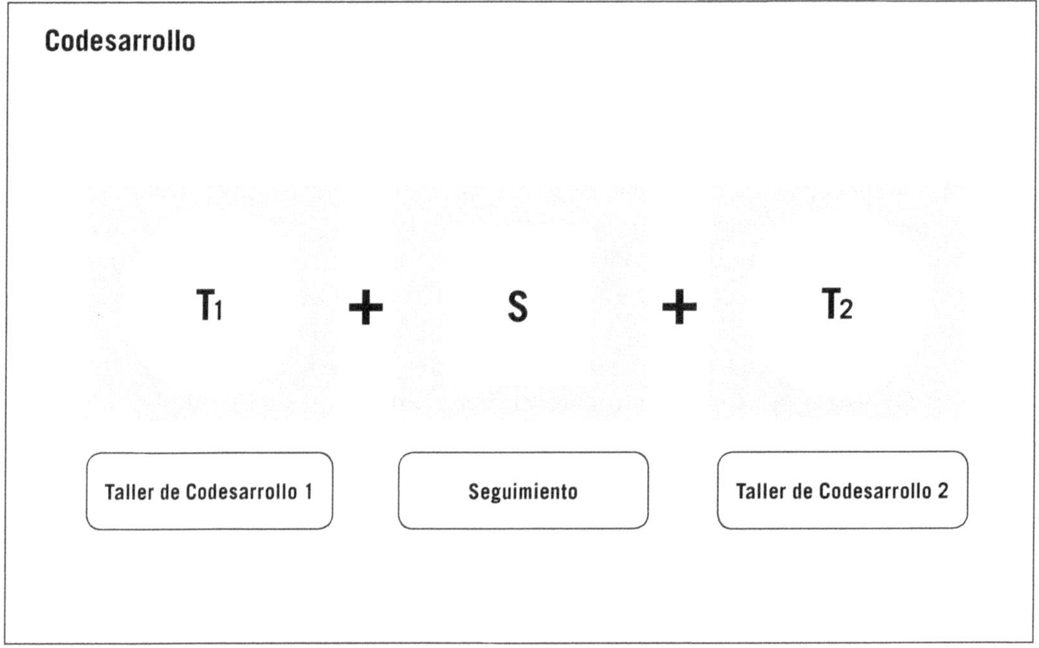

Definiciones

Codesarrollo. Acciones concretas que de manera conjunta realiza el sujeto que asiste a una actividad de formación guiado por un instructor para el desarrollo de sus competencias y/o conocimientos. El Codesarrollo implica un ciclo: 1) taller de Codesarrollo; 2) seguimiento; 3) segundo taller de Codesarrollo.

Taller. Actividad de formación estructurada durante la cual se intercalan exposiciones teóricas con ejercitación práctica, siendo esta última la predominante. Puede utilizarse para la transmisión de conocimientos y para el desarrollo de competencias.

Taller de Codesarrollo. Actividad estructurada donde el participante realiza acciones concretas de manera conjunta con su instructor para el desarrollo de sus competencias y/o conocimientos.
Un taller de Codesarrollo consta de los siguientes pasos: 1) Presentar el tema. 2) Poner en juego la competencia o en práctica un conocimiento. 3) Reflexión y autoevaluación. 4) Plan de acción.
El paso 5), Seguimiento, se realiza con posterioridad al taller de Codesarrollo.

Pasos dentro del método Codesarrollo

Como surge de la definición, Codesarrollo implica un ciclo compuesto de un taller de Codesarrollo, luego seguimiento y, después de un tiempo, un segundo taller de Codesarrollo. Este ciclo a su vez se abre en pasos, tal como puede verse en el gráfico al pie.

A continuación, una breve explicación de cada uno de los pasos del método de Codesarrollo.

Paso 1. Presentar el tema

En el caso de competencias. Si bien algunas de ellas "parecen" conocidas por todos, como es el caso de *liderazgo* y *trabajo en equipo*, no siempre es así. A veces se conoce una definición estándar o general, pero no la que ha adoptado la organización a la cual se pertenece, entre otras circunstancias similares.

Por lo tanto, es preciso dedicar una parte de la actividad a explicar cuál es la definición de la competencia para *esa organización* en particular. Un modelo de competencias siempre se diseña a medida; en consecuencia, las definiciones pueden variar de una organización a otra.

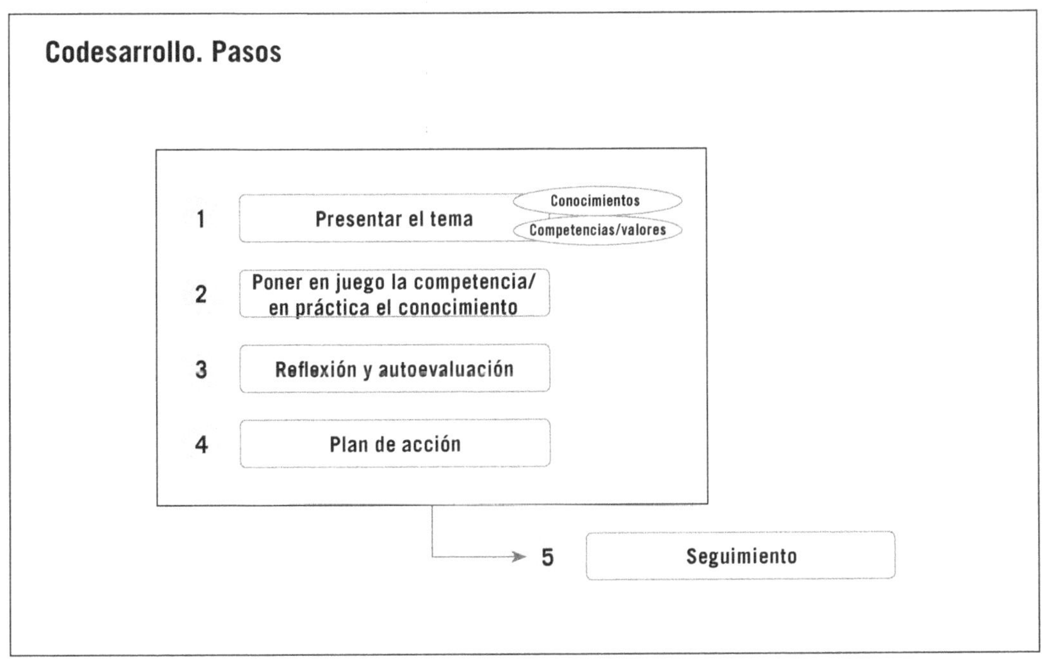

En el caso de conocimientos. Presentar la temática, contemplando las características y necesidades propias de la organización.

En algunos casos, los conocimientos son específicos de una organización.

El método Codesarrollo también podría utilizarse para la impartición de actividades de conocimiento de tipo general, es decir, no relacionado con organización alguna.

Paso 2. Poner en juego la competencia/en práctica el conocimiento

Este paso consiste en proponer a los participantes actividades que impliquen la puesta en juego de la competencia o del conocimiento, según corresponda, y que permitan reflexionar al respecto, en especial acerca de cómo se está "usando", es decir, llevando a la práctica esa competencia o ese conocimiento.

Paso 3. Reflexión y autoevaluación

Esta instancia consiste en inducir al participante a la reflexión y a su propia autoevaluación. Así el participante podrá tomar conciencia sobre la situación real en que se encuentra respecto del tema en cuestión. Para ello se administra un test durante el taller de Codesarrollo. Este paso es clave para el desarrollo de la competencia o la adquisición del conocimiento.

Paso 4. Plan de acción

Consiste en conducir al participante a la acción a través de la confección de un plan que él mismo elabora durante el taller de Codesarrollo.

Paso 5. Seguimiento

Esta etapa plantea un seguimiento posterior al taller de Codesarrollo. Este seguimiento podrá ser realizado por el jefe directo de cada uno de los participantes, o por el instructor que ha llevado a cabo la actividad, o por el jefe directo de los participantes, como se verá más adelante.

En el taller de Codesarrollo inicial se llevan a cabo cuatro pasos, y el seguimiento implica el paso número 5. En el segundo taller de Codesarrollo se realizan nuevamente los pasos 1 a 4. La idea se puede visualizar en el gráfico de la página siguiente.

El método de Codesarrollo implica algo más que un taller: es un proceso conformado por instancias presenciales (talleres) y acciones de seguimiento. Las actividades presenciales deben permitir "poner en juego la competencia o en uso el conocimiento" y, además, abrir un espacio de reflexión sobre lo actuado y generar posteriores acciones de autodesarrollo para modificar comportamientos y utilizar conocimientos en la práctica, según corresponda.

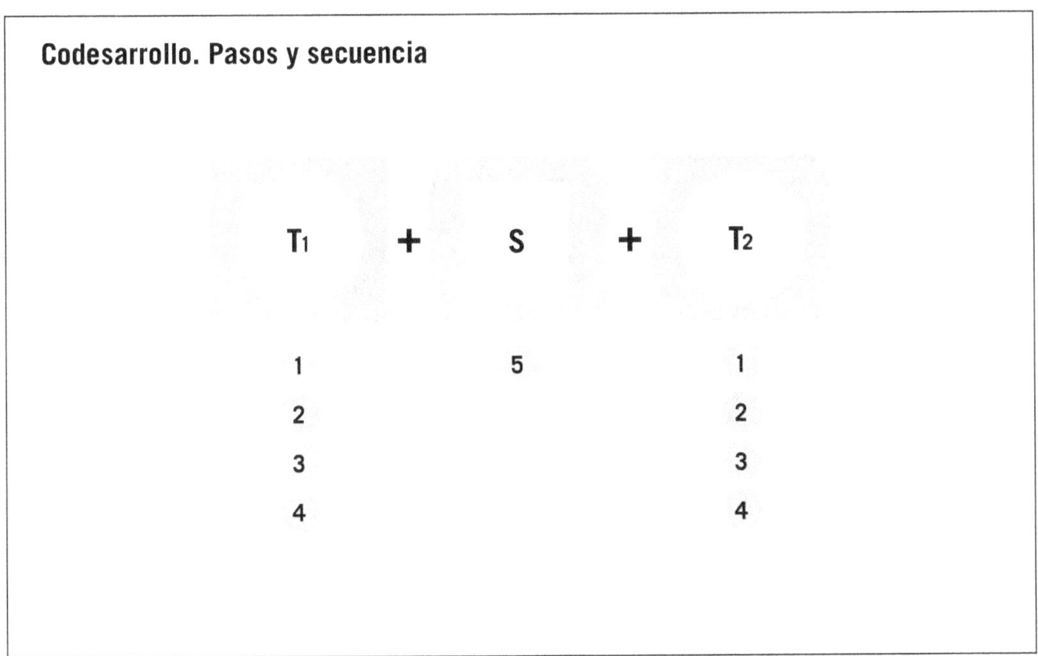

Se retomarán algunos de estos aspectos con mayor detalle en el Capítulo 6, *Desarrollo y autodesarrollo.*

¿Por qué llamar a esta práctica *Codesarrollo*?

Primero veamos el significado de la palabra "desarrollo". Según el *Diccionario de la Real Academia Española,* en su segunda acepción (figurado), *desarrollar* significa "acrecentar, dar incremento a cosas del orden físico, intelectual o moral", y *desarrollo*: "acción y efecto de desarrollar o desarrollarse".

Según el *Diccionario del Español Actual*[3], en su primera acepción *desarrollar* significa: "dar mayor magnitud o relevancia a algo", y en la séptima acepción: "crecer hasta alcanzar el grado de madurez o perfección".

Desarrollo. Acción de hacer crecer algo, por ejemplo, una competencia o un conocimiento.

---

3 Seco Raymundo, Manuel; Andrés Puente, Olimpia; Ramos González, Gabino. *Diccionario del Español Actual.* Aguilar, Grupo Santillana de Ediciones, Madrid, 1999.

Desarrollo de competencias. Acciones tendientes a alcanzar el grado de madurez o perfección deseado en función del puesto de trabajo que la persona ocupa en el presente o se prevé que ocupará en el futuro.

Desarrollo de conocimientos. Acciones tendientes a acrecentar un conocimiento, usualmente a través de su utilización (puesta en práctica).

Cuando hablamos de "autodesarrollo" nos referimos a las acciones que cada uno realiza por su propia iniciativa para alcanzar el nivel de madurez o perfección que desea lograr en una competencia o en un conocimiento. Para que esto sea factible deberá tomarse algún parámetro de comparación.

Por lo tanto, cuando se habla de *desarrollo* se hace referencia a una serie de actividades que se realizan con el propósito de mejorar el desempeño en una competencia o conocimiento en particular.

Antepuesto a un sustantivo o adjetivo, el prefijo "co-" significa, según el *Diccionario del Español Actual* ya mencionado*: que es conjuntamente con otro(s)* lo que la palabra indica.

"Co-" es un prefijo latino que significa *unión o compañía*. Ejemplos: coligarse, coadyuvar, coautor.

En los talleres de Codesarrollo el participante, a través de los casos prácticos, *pone en juego la competencia o el conocimiento*, se le ofrece un espacio de reflexión sobre lo actuado para luego confeccionar (el participante) su propio plan de acción, guiado en todos estos pasos por el instructor. El participante, de esta manera, lleva a cabo su desarrollo acompañado por el instructor, de allí el nombre dado al método: Codesarrollo.

Esta será la forma de llevar verdaderamente a la práctica las teorías expuestas sobre aprendizaje y es el único método que asegura dicho aprendizaje.

Reflexiones sobre el desarrollo de competencias

Para que se verifique el desarrollo de una competencia se deben dar las siguientes condiciones:

1. Reconocimiento de la necesidad de desarrollo; por ejemplo, después de una evaluación de desempeño o luego de una evaluación de competencias a través de un *assessment center (ACM)*, talleres de autoevaluación utilizando *Fichas de evaluación* o cualquier otro método[4].

2. Tomar conocimiento sobre el tema; puede ser a través de un curso o de una lectura específica sobre la competencia.

---

4 Para saber más sobre estas evaluaciones, ver *Las 50 herramientas de Recursos Humanos que todo profesional debe conocer*. Ediciones Granica, Buenos Aires, 2017.

3. Poner en juego la competencia a desarrollar.

4. Observar y reflexionar al respecto.

Estos cuatro momentos conforman un círculo virtuoso de crecimiento. Este esquema simple deberá verificarse durante una actividad. Si se estuviese trabajando en el desarrollo de la competencia *Negociación,* no bastará que se les dé a los participantes la más nueva y completa teoría en materia de negociación: será muy importante que la conozcan y que, al mismo tiempo, desarrollen la competencia. La incorporación de una competencia es algo muy diferente del conocimiento teórico relacionado con ella.

Si la formación en materia de competencias no logra que esta se ponga en juego y que el participante realice una reflexión sobre la situación resultante, no se verificará la modificación de comportamientos. En la formación en competencias el objetivo buscado es el cambio de comportamientos en el participante.

Conocimientos y competencias deben diferenciarse tanto para su medición como para su posterior enseñanza o desarrollo, según corresponda.

En resumen, el enfoque que debe darse al desarrollo de competencias es diferente al que se aplica a conocimientos.

Las actividades con formato de taller para la formación de adultos son ampliamente utilizadas, combinando teoría y práctica. En muchos casos, sin embargo, esta modalidad es insuficiente, en especial si se desea el desarrollo de competencias.

Cómo llevar adelante un plan intensivo de desarrollo (en conocimientos o competencias)

Las organizaciones encaran "planes intensivos de desarrollo" en diversas circunstancias; por ejemplo, cuando se definen diagramas de reemplazo, o cuando se detecta que un colectivo de personas debe mejorar en una competencia o conocimiento en particular. Si las circunstancias implican necesidades organizacionales concretas y urgentes, debe prepararse un plan de acción que combine de manera eficaz distintos métodos y opciones para el desarrollo de personas.

En caso de que por algún motivo individual o grupal una organización deba iniciar acciones concretas para el desarrollo de competencias y/o conocimientos, los cursos de acción recomendados son:

1. Cerciorarse de que los conocimientos y/o competencias identificados son los requeridos por el puesto actual o futuro de la persona (cuando un

colaborador es considerado como posible reemplazo/sucesor de otro, por ejemplo, la posición que este ocupa es considerada el *puesto futuro* de aquel).

2. Encarar un plan individual para adquirir y desarrollar los conocimientos y/o competencias que presentan brechas significativas.

3. Para desarrollar conocimientos podrían usarse distintos métodos, como asistir a un curso universitario y/o aprendizaje a través de *e-learning.* También podrá utilizarse el método Codesarrollo (ver punto siguiente).

4. Para el desarrollo de competencias –es decir, para alcanzar un cambio en los comportamientos– y para el aprendizaje de conocimientos, el plan ideal será combinar distintos métodos. Por ejemplo:

   a) Promover el autodesarrollo dirigido por la organización, a través de las *Guías de desarrollo,* dentro y fuera del trabajo.

   b) Desarrollar en los jefes el rol de entrenador para que de manera cotidiana guíen a sus colaboradores en el mejoramiento de sus capacidades.

   c) Diseñar actividades de Codesarrollo que al mismo tiempo proporcionen teoría y posibiliten la puesta en juego de la competencia y/o del conocimiento. Se busca que el involucrado, guiado por el instructor de la actividad, use el conocimiento o la competencia, para luego realizar una reflexión que conduzca, a su vez, al autodesarrollo –punto a)– a través del plan de acción.

   d) Por último, realizar un seguimiento de las acciones de codesarrollo. Será ideal que lo realice su jefe, cuando este sea un *entrenador* de sus colaboradores. Otra variante es que el instructor de los talleres de Codesarrollo lleve a cabo, a través de reuniones periódicas, un seguimiento de lo actuado. Se verá este aspecto más adelante, en este mismo capítulo.

Cuando se trate de planes individuales se deberán seguir todos los pasos mencionados. En los casos de colectivos numerosos, el punto 2 puede ser reemplazado o potenciado, fomentando en los jefes el rol de entrenador.

Codesarrollo y modelo de competencias

Un modelo de competencias, en todos los casos, se define a partir de la visión y planes estratégicos de la organización, considerando, además, su misión y valores. Las buenas prácticas así lo indican.

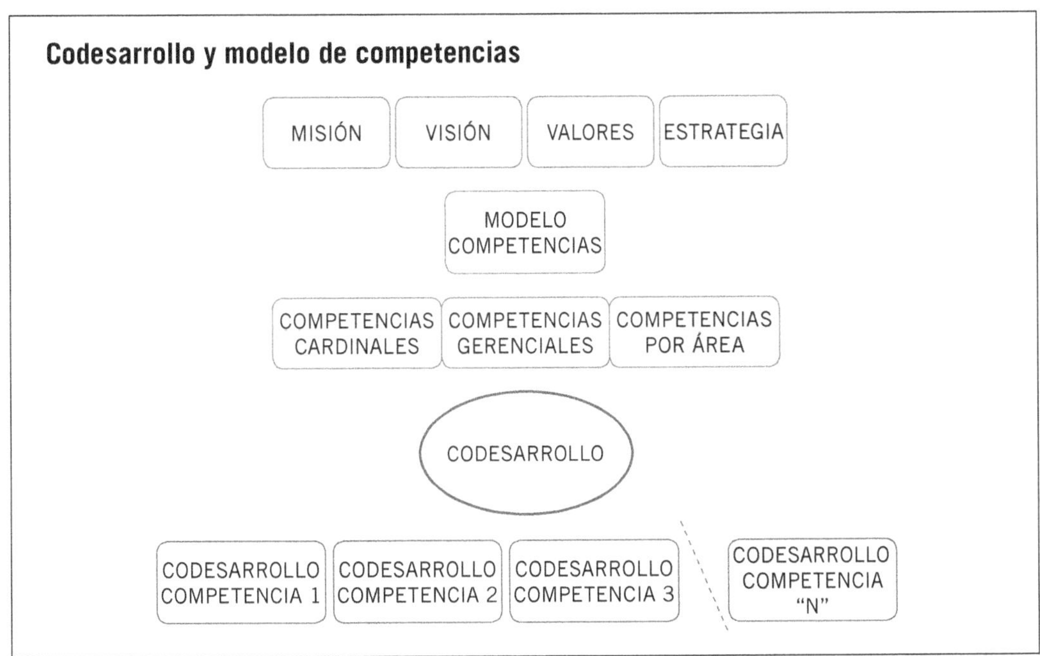

Continuando con el análisis del gráfico precedente, en un modelo de competencias estas se clasifican en *cardinales, específicas gerenciales* y *específicas por área*. Para todas ellas será factible diseñar actividades utilizando el método Codesarrollo. Como ya hemos visto, se deberán considerar las definiciones de las competencias según el modelo de cada organización. Si bien los conceptos podrán tener denominaciones similares, las definiciones seguramente diferirán entre una organización y otra. Por ello se recomienda el diseño a medida.

Si los modelos de competencias se han definido a partir de la visión y estrategia de la organización, y, luego, sobre la base de estas competencias, se diseñan las actividades de formación, todo estará alineado con la estrategia y conducirá a los objetivos clave.

Como se ha expresado, la formación debería, en todos los casos, diseñarse de cara al futuro, para preparar personas que puedan llevar adelante los planes estratégicos organizacionales.

Preparación de talleres y materiales

Para la realización de un taller se deberá tomar en cuenta un conjunto de aspectos, desde aquellos considerados más relevantes –contenidos, instructor, etc.– hasta aquellos otros que, en una primera instancia, podrían considerarse de menor importancia. Sin embargo, todos los factores coadyuvan al éxito de la actividad.

En los talleres de Codesarrollo, el instructor deberá tener una interacción "cara a cara" con el participante, para lograr el "co" desarrollo. Por lo tanto, la distribución de los asistentes en la sala será de suma relevancia.

Para lograr el aprendizaje de un conocimiento o el desarrollo de una competencia deben cuidarse algunos aspectos previos a la impartición. Veamos algunos.

La dinámica en el salón

En un taller, el instructor deberá interactuar de manera directa con los participantes, para lo cual se propone una ubicación similar a la que se expone en el gráfico al pie.

En el gráfico se han consignado los elementos básicos: pantalla de proyección para presentaciones gráficas, películas u otros elementos de apoyo, rotafolio o papelógrafo para tomar notas, mesa de apoyo para el instructor, y sillas y mesas para los participantes.

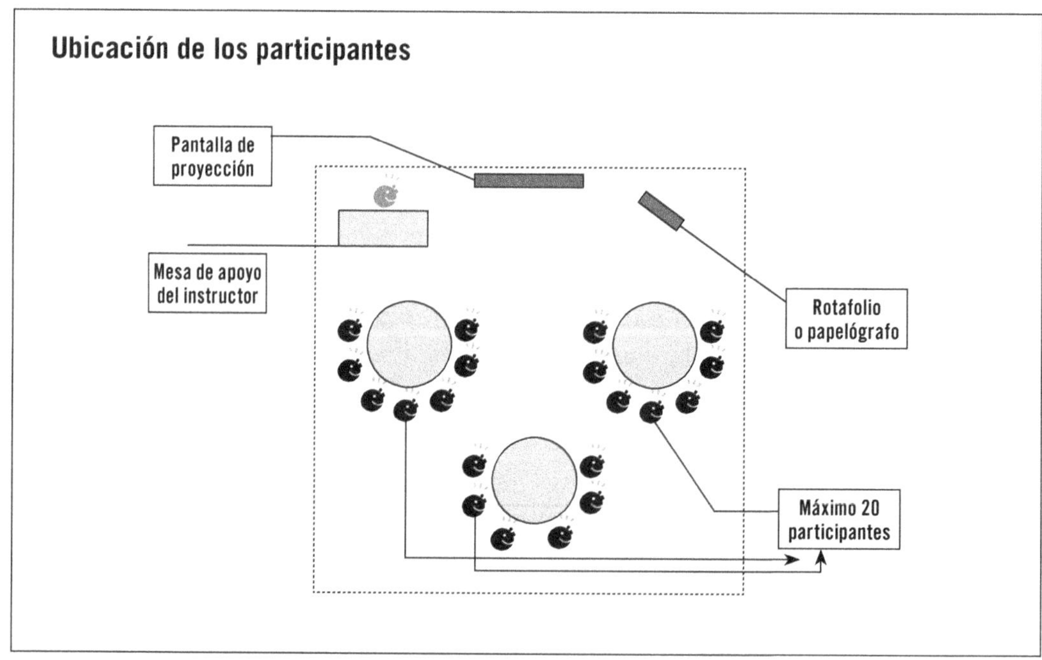

Otro de los aspectos a considerar es la cantidad de participantes. En la figura se propone un número máximo de 20 (veinte), ubicados en mesas adecuadas para facilitar la interacción grupal. El número veinte es un valor de referencia que se utiliza para indicar que la cantidad de participantes debería ser reducida.

Las actividades propuestas a modo de ejercitación práctica (Codesarrollo. Paso 2: Poner en juego la competencia / en práctica el conocimiento) podrán ser tanto individuales como grupales. En muchos casos se realiza, además, una actividad de tipo plenaria, donde cada una de las mesas de trabajo plantea, ante la presentación de un problema, la solución a la que se ha arribado, para debatir al respecto entre todos los participantes.

Para lograr el codesarrollo se debe además...

El éxito de una actividad de Codesarrollo radica en la elección cuidadosa de los casos prácticos y ejercicios a utilizar. Usualmente, se combinan de varios tipos distintos. No obstante la importancia de los pasos 1 y 2, la efectividad plena del método se concretará con los pasos siguientes, 3 y 4. La reflexión y autoevaluación, junto con el plan de acción, serán clave en los resultados a obtener a través de la implementación del método Codesarrollo.

Otro aspecto relevante a tener en cuenta será el rol del instructor. Deberá comprender el método y aplicarlo siguiendo todos sus pasos. Si no se cumplen los 5 pasos descritos, por un lado, no se estará utilizando el método de Codesarrollo, y por otro –lo más importante– podrá no alcanzarse el objetivo deseado, en especial cuando se trata del desarrollo de competencias.

Cómo hacer un buen diseño

En todas las actividades formativas el diseño tiene, en nuestra opinión, una gran importancia. No alcanza con saber sobre un tema en particular. El diseño siempre es la clave. No es posible impartir un curso, taller o seminario de calidad sin una preparación detallada.

En cuanto al taller de Codesarrollo, su diseño adquiere una importancia mayor aún, dado que se deben cumplir todos los pasos de manera escrupulosa, ya que es un método cuya eficacia está basada en ese proceso. Por lo tanto, el responsable del diseño de una actividad de Codesarrollo deberá ser un experto por partida doble: tendrá que estar compenetrado con el método Codesarrollo y, además, ser un profundo conocedor de la Gestión por competencias y/o del conocimiento a desarrollar, según corresponda.

En el ámbito de las organizaciones, así como en el educativo –aunque no nos referiremos a este ámbito en particular–, es usual que se contrate a un profesor o instructor por sus antecedentes y por su conocimiento sobre un tema. Desde ya, esto es lo adecuado, pero también con frecuencia no se verifica ni el método a utilizar ni si el instructor realmente *sabe* sobre el tema en cuestión.

Las actividades efectivas requieren:

Para el diseño de Codesarrollo de competencias:

- Ser un experto en Gestión por competencias y, en especial, en los métodos para su desarrollo.

- Conocer el método Codesarrollo, si fuese esta la metodología elegida para aplicar en la organización.

- Diseños a medida del modelo de competencias[5] de la organización y, de corresponder, tomando como base su modelo de valores[6].

- Si la organización no posee un modelo de competencias, las buenas prácticas indican que debería comenzar por definirlo.

- Del mismo modo, se deben tener en cuenta los programas para Jefes (Capítulo 7), en especial cuando se aplique Codesarrollo, ya que los jefes pueden asumir el seguimiento (paso 5).

- En todos los casos, el diseño de talleres a medida, considerando la estrategia organizacional, incrementará la efectividad de las acciones de formación que se lleven a cabo.

Para el diseño de Codesarrollo de conocimientos:

- Ser un experto en el conocimiento específico.

- Conocer el método Codesarrollo, si fuese esta la metodología elegida para aplicar en la organización.

---

5 *Modelo de competencias.* Conjunto de procesos relacionados con las personas que integran la organización y que tienen como objetivo alinearlas en pos de los objetivos organizacionales o empresariales.

6 *Modelo de valores.* Conjunto de procesos relacionados con las personas que integran la organización y que permiten incorporar a los subsistemas de Recursos Humanos los valores organizacionales.

- Si la organización posee un modelo de conocimientos[7], realizar los diseños considerándolo.

- Confeccionar los diseños adaptándolos a las necesidades organizacionales.

El diseño de los talleres debe considerar –como se expone en la figura siguiente– que el Codesarrollo es un ciclo compuesto por un taller de Codesarrollo, el seguimiento correspondiente, y un nuevo taller de Codesarrollo.

El diseño de estas etapas será vital y definitorio, y de él depende la eficacia del método.

Durante el taller de Codesarrollo se llevan a cabo los pasos 1 a 4. Luego, el paso 5, seguimiento, es posterior al taller mencionado. Los 5 pasos conforman el método Codesarrollo; todos son necesarios para alcanzar el desarrollo deseado, ya sea en conocimientos o competencias.

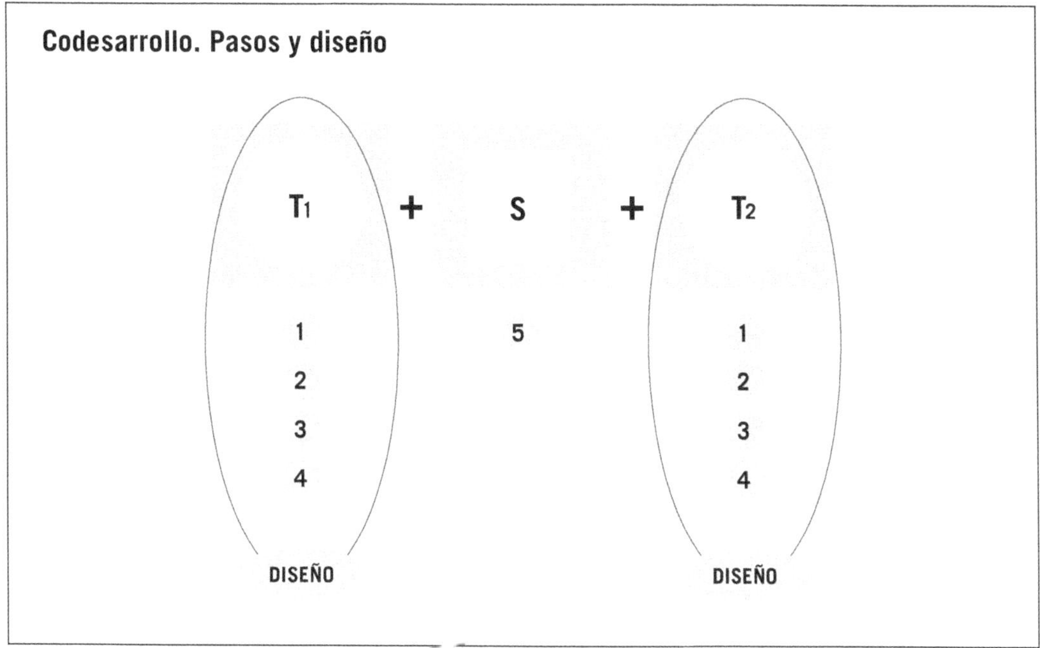

---

7 *Modelo de conocimientos.* Conjunto de procesos relacionados con las personas que integran la organización y que permiten definir los conocimientos necesarios para los diferentes puestos.

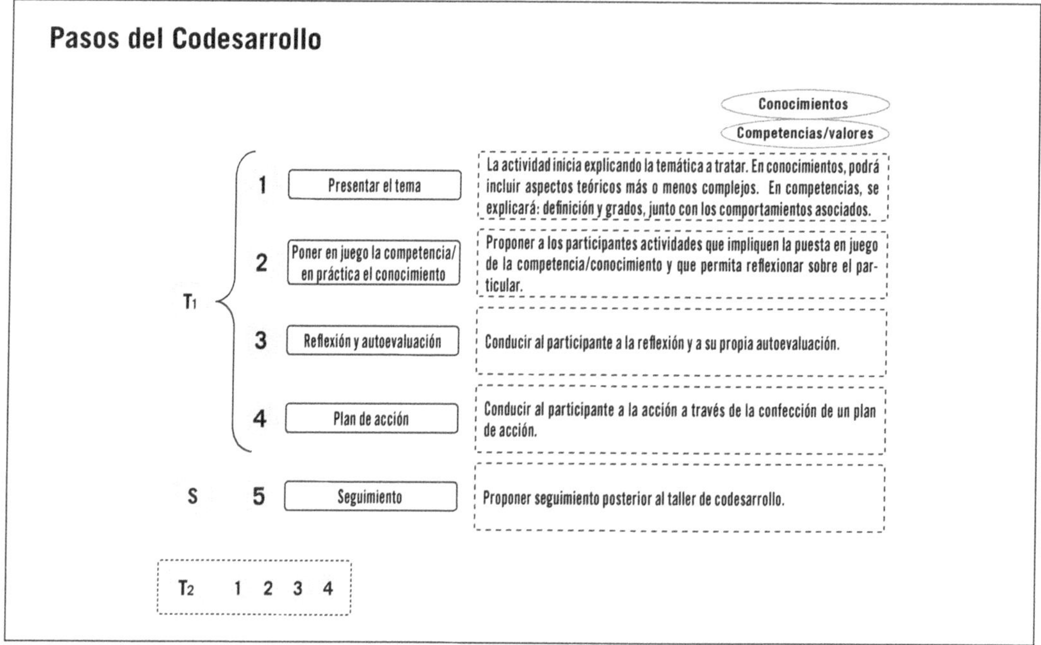

Diseño del taller de Codesarrollo
para el desarrollo de competencias y valores

Cuando las organizaciones desean desarrollar, afianzar y difundir los valores organizacionales, con frecuencia se utiliza otra denominación[8] diferente a "formación" para referirse a las actividades que se llevan a cabo con este objetivo.

Más allá del nombre asignado, los pasos a seguir son los mismos. En ambos casos se desarrollan, afianzan, difunden comportamientos deseados o esperados, en todos los colaboradores, en materia de valores. La denominación a utilizar dependerá, especialmente, de la cultura organizacional.

Para que el Codesarrollo sea efectivo su diseño deberá reflejar los 5 pasos requeridos. La idea se expone en el gráfico precedente, donde se destacan, además,

---

8 En el trabajo con nuestros clientes hemos utilizado, con frecuencia, la denominación *Vivir los valores*, para diferenciar las actividades sobre valores de otras enfocadas al desarrollo de competencias. Con esta expresión (*Vivir los valores*) se transmite la idea de que las actividades permitirán reflexionar sobre la cuestión, junto con una autoevaluación al respecto. A partir de allí será posible diseñar un plan de acción para poner los valores en práctica. En suma: se propone vivir los valores, durante la actividad presencial y luego de ella, a través de acciones de autodesarrollo, tanto dentro del trabajo como en otros ámbitos.

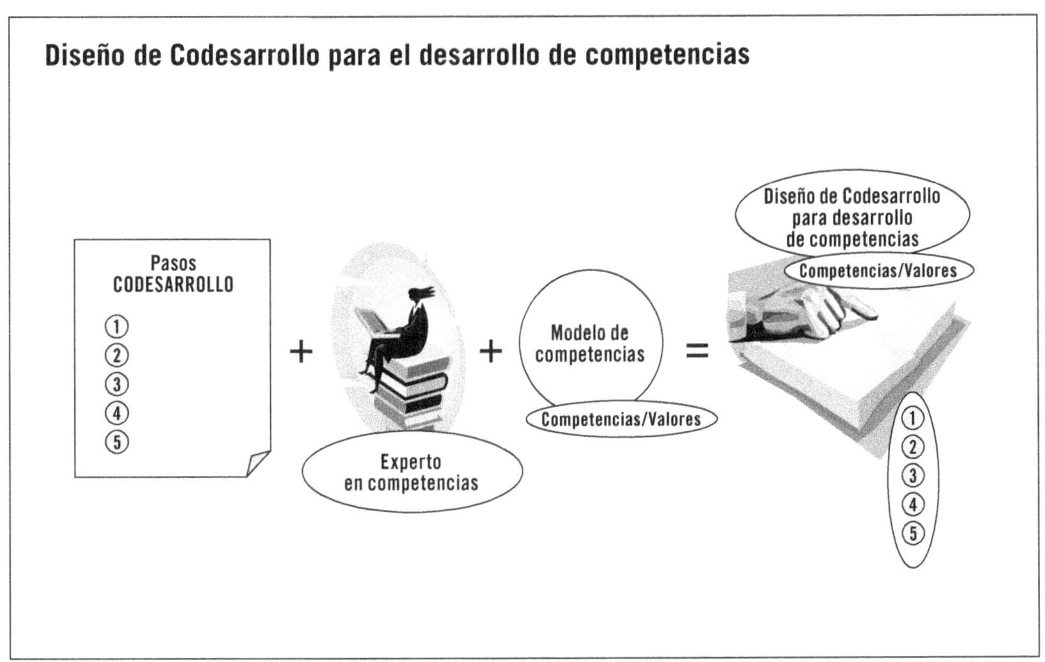

otras características ya señaladas, como que el responsable del diseño deberá ser un experto tanto en Gestión por competencias como en los diferentes métodos para el desarrollo de estas.

Para el diseño de Codesarrollo para competencias se deben utilizar, en todos los casos, las definiciones del modelo organizacional (recordar que los modelos de competencias se diseñan a medida de cada organización, en función de su visión, misión y planes estratégicos).

Incluso con el mismo nombre, una competencia puede ser definida de manera diferente entre una organización y otra y/o contener elementos distintos.

En resumen, un Codesarrollo diseñado con el propósito de desarrollar competencias solo será efectivo si es a medida de la organización que lo aplica.

Muchas personas afirman que las competencias y/o los valores *no se desarrollan*. La afirmación, como tantas otras, tiene una parte verdadera y otra que no lo es. Algunos aspectos, por ejemplo, los valores, se desarrollan en los primeros años de vida y conforman la esencia de las personas. No obstante, las organizaciones requieren valores personales, y, además, niveles *superiores* de dichos valores, por ejemplo, entre sus directivos.

Si la organización definió como un valor "ética" –también puede ser definida como competencia cardinal–, habrá un indicador inicial o umbral de entrada para todos sus integrantes. Dicho nivel será un requisito de ingreso, un mínimo que todo colaborador deberá poseer. Por lo tanto, las actividades formativas no se realizan para alcanzar ese nivel mínimo (umbral de entrada), sino para lograr grados superiores.

Diseño del taller de Codesarrollo para la generación de conocimientos

Al igual que lo expresado en el apartado anterior, en el método Codesarrollo para el aprendizaje de conocimientos se deberán seguir los 5 pasos ya mencionados. En el taller de Codesarrollo se realizan los 4 primeros pasos y luego el proceso continúa con el seguimiento (paso 5) y la impartición de un nuevo taller un tiempo después.

Como se puede apreciar en el gráfico siguiente, en el diseño se deben considerar los 5 pasos requeridos para el Codesarrollo. La persona responsable de ese diseño deberá ser un experto en la temática y en Codesarrollo. Si, eventualmente, no se diera esta doble circunstancia, podrían trabajar en equipo un especialista de Recursos Humanos experto en Codesarrollo junto con el especialista en el conocimiento correspondiente. Una forma posible de trabajo podría ser la siguiente.

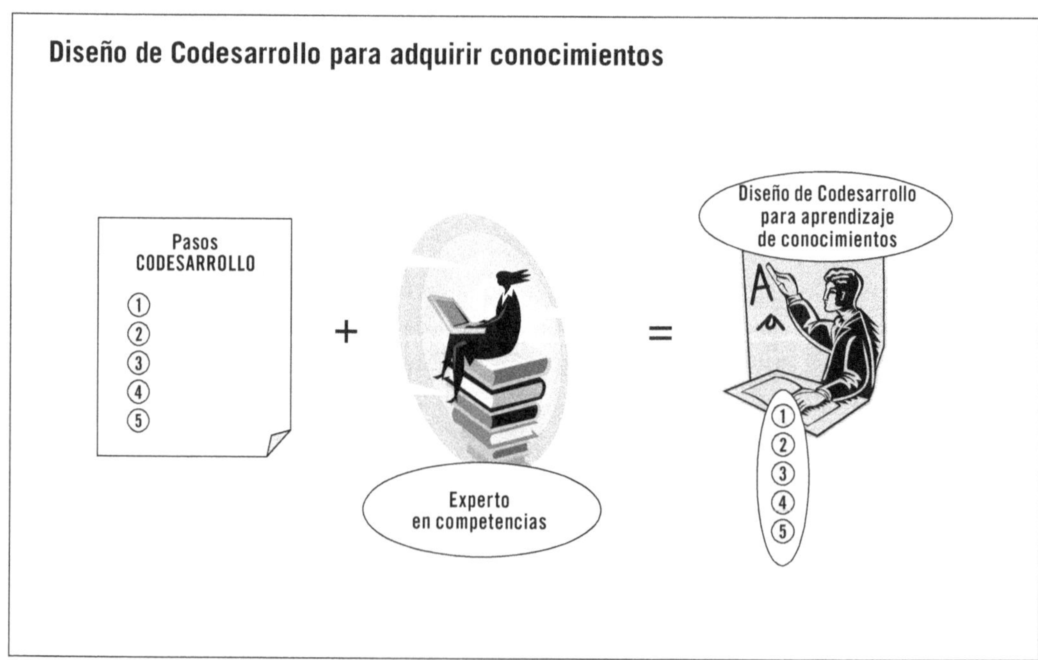

El experto en el tema diseña los pasos 1 y 2 (es decir, presentación del tema y puesta en práctica del mismo). Luego, a partir de este material, el experto en Codesarrollo diseña la autoevaluación y el plan de acción (pasos 3 y 4, respectivamente). El especialista en el tema revisará el contenido para asegurar la calidad del diseño. Por último, será el experto en Codesarrollo (área de Recursos Humanos) quien disponga sobre la mejor forma de hacer el seguimiento (paso 5).

El esquema expuesto es simple: divide la tarea del diseño en dos partes, con el aporte del especialista en Codesarrollo y del experto en la temática a impartir.

Una vez que el diseño haya finalizado, el encargado de la impartición final será el especialista en el tema u otra persona con el suficiente conocimiento para asumir ese rol.

El área de Recursos Humanos / Formación, como responsable de la implementación de los planes de formación, deberá velar por la correcta aplicación de los métodos y herramientas elegidos por la organización (Capítulo 5).

En la secuencia sugerida, primero se deberá aprobar el diseño; luego, en el momento de la implementación (impartición del taller de Codesarrollo), solo se deberá controlar que el proceso se lleve a cabo de acuerdo con el diseño aprobado, el cual deberá incluir un plan detallado para su puesta en práctica.

Contar con procedimientos y herramientas de formación es de suma utilidad, en especial en organizaciones con mucho personal, con alta dispersión geográfica dentro de un mismo país o con dependencias en varios países, entre otras situaciones similares. De este modo la dirección de la organización y el responsable de Recursos Humanos (como responsable del plan de formación) se aseguran de que los distintos colaboradores participantes de las actividades reciben la misma calidad formativa, en cuanto a las temáticas, los ejercicios y, en resumen, el resultado a alcanzar.

Por último, pero no por ello menos importante, así como se planteó que para la formación en competencias no habrá desarrollo efectivo si el mismo no se realiza en línea con el modelo de competencias de la organización, en materia de conocimientos en muchas ocasiones ocurre algo similar. Por lo tanto, siempre los diseños deberán ser adaptados a las necesidades organizacionales.

En conocimientos, lo usual es que los instructores sean o bien consultores externos o bien personas de la línea (por ejemplo, Producción, Mantenimiento, Finanzas, etc.) que conocen acerca de una determinada temática y asumen el rol de instructores con relación a ella.

En muchas organizaciones, los funcionarios que asumen el rol de instructores e imparten actividades a colaboradores tanto de su misma área como de otras y, además, lo hacen con cierta asiduidad y como un complemento de sus funciones habituales, reciben previamente formación específica como instructores. Esto es siempre muy beneficioso. Si no fuese así, el área de Recursos Humanos se deberá asegurar de que dichas personas posean las capacidades adecuadas para tomar esa responsabilidad y, eventualmente, formarlos al respecto (como instructores).

Quién puede ser un buen instructor

Si bien hemos destacado la importancia del diseño para lograr una efectiva actividad de formación, también es importante la elección del instructor adecuado para su impartición.

El instructor deberá poseer ciertas capacidades, en especial competencias y, además, determinados conocimientos. Veamos en cada caso:

Para ser instructor de actividades enfocadas en el desarrollo de competencias

- Se requieren habilidades básicas de comunicación, manejo de grupos, manejo de tiempos, etc., necesarias para impartir cualquier actividad formativa. Ver, en páginas siguientes, *Las competencias necesarias para ser un buen instructor...*

Adicionalmente se requiere:

- Formación en Gestión por competencias. En especial, sobre los métodos para el desarrollo de competencias.

- Recibir formación sobre Codesarrollo, si se utiliza este método.

- Recibir formación sobre la actividad específica que deberá llevar a cabo (en su rol de instructor).

- Conocer a fondo el taller a impartir.

Y no se requiere:

- Que haya diseñado personalmente el taller, que puede ser elaborado por un experto en Codesarrollo de competencias.

Para ser instructor de actividades para el aprendizaje de conocimientos

- Se requieren habilidades básicas de comunicación, manejo de grupos, manejo de tiempos, etc., necesarias para impartir cualquier actividad formativa. Ver más adelante *Las competencias necesarias para ser un buen instructor...*

Adicionalemente se requiere:

- Conocimiento profundo de la temática a impartir.

- Recibir formación sobre Codesarrollo, si se utiliza este método.

- Recibir formación sobre la actividad específica que deberá llevar a cabo (en su rol de instructor) si el diseño lo realizó otra persona.

- Conocer a fondo el diseño del taller a impartir.

Y no se requiere:

- Que haya diseñado personalmente el taller, el cual puede ser elaborado por un experto de mayor nivel (en la temática en cuestión) junto con un experto en el método de Codesarrollo.

Las competencias necesarias para ser un buen instructor para impartir Codesarrollo, tanto para competencias como para conocimientos

Solo para mencionar las más relevantes, se incluye a continuación una enumeración por orden alfabético de algunas de las competencias necesarias para asumir el rol de instructor:

- Calidad y mejora continua

- Compromiso

- Comunicación eficaz

- Desarrollo y autodesarrollo del talento

- Dinamismo – Energía

- Dirección de equipos de trabajo

- Influencia y negociación

- Orientación al cliente interno y externo

- Respeto, Ética

- Responsabilidad

- Sencillez

Las definiciones de estas competencias y sus comportamientos asociados puede encontrarlos en *Diccionario de comportamientos. La Trilogía. Tomo 2.*

El rol que debe asumir el instructor

El rol del instructor es múltiple; en algunos momentos deberá transmitir ideas y conceptos; en otros, lograr que el participante ponga en juego la competencia o el conocimiento, según corresponda, para luego llevar al participante a la reflexión a través de su propia autoevaluación. Para lograr estos pasos tan diversos deberá utilizar diferentes competencias personales y asumir distintos roles.

En el método Codesarrollo, el instructor deberá inducir al participante al autodesarrollo a través de la confección del plan de acción (Paso 4). Con esta perspectiva deberá utilizar "su influencia" para que ese plan de acción esté bien hecho, sea realista y coincida con las expectativas del participante. El objetivo será lograr que, una vez finalizada la actividad, el participante realice aquello que él mismo ha incluido en su propio plan de acción.

Lo descrito en el párrafo anterior no es sencillo. Requiere experiencia y un alto grado de profesionalidad para lograrlo.

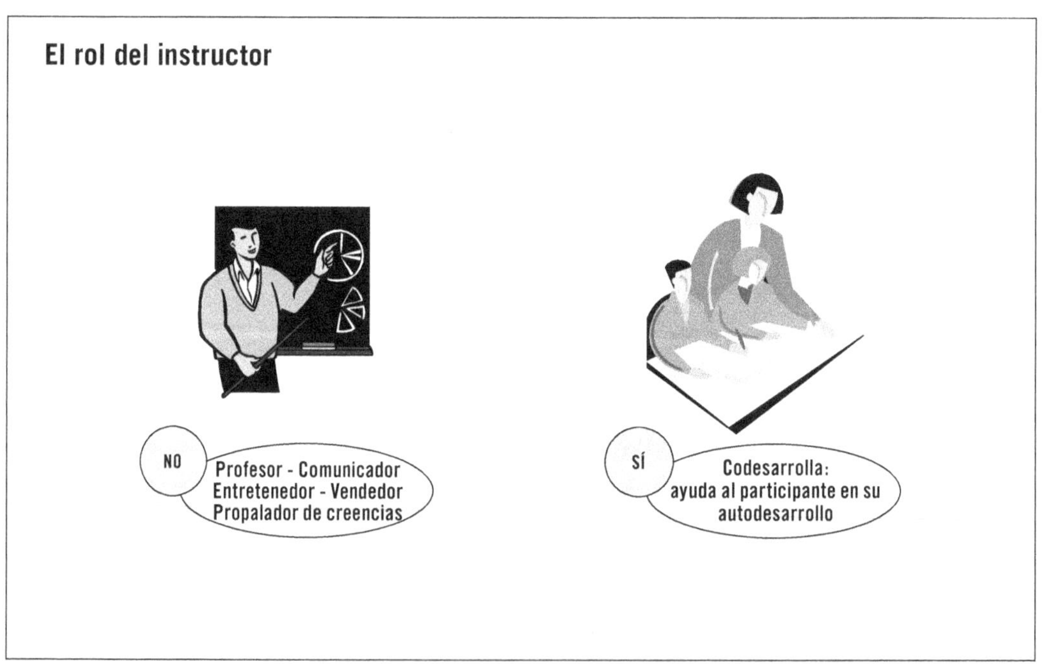

En resumen, el instructor no debe asumir los siguientes roles:

- Profesor, aquel que da clases magistrales.

- Un mero comunicador de ideas.

- "Entretenedor", aquel que ofrece distracción en lugar de desarrollo de competencias o aprendizaje de conocimientos. Esta variante está sumamente difundida incluso en universidades. Los ejemplos más notorios de esta mala práctica pueden verse en actividades denominadas *outdoors* y otras variantes similares.

- Vendedor de ideas, aquel que trata de convencer de algo con las mismas técnicas con que se vende un producto en un anuncio publicitario.

- Propalador[9], divulgador de creencias[10]. Muy frecuente, al igual que el "entretenedor". Podrán resultar "entretenidos", pero no son efectivos, es decir, no permiten el desarrollo de la competencia, que implica cambiar comportamientos.

Por último, otro problema que se observa con frecuencia es cuando, por un diseño erróneo o inadecuado para el objetivo deseado, se transmiten conocimientos, pero, fundamentalmente, el participante debe cambiar comportamientos (este comentario se relaciona con el desarrollo de competencias).

¿Cuál debería ser el rol del instructor en una actividad formativa? Ayudar al participante a aprender o a cambiar comportamientos, según sea el propósito definido, a través del autodesarrollo.

Es síntesis, para garantizar el aprendizaje, el instructor deberá inducir al participante a su autodesarrollo. En cuanto al riesgo potencial de encontrarnos con instructores poco éticos, que no estén lo suficientemente preparados y/o sean simplemente "propaladores de creencias", como una buena forma de sortear este problema usualmente les proponemos a nuestros clientes, en especial cuando una temática deba ser impartida a grupos numerosos de personas, separar el diseño de la actividad y su impartición. Es decir, un experto será el encargado de diseñar la actividad que luego podrá ser replicada por el número necesario de instructores, previamente formados como tales. De este modo será posible

---

9 Propalar es divulgar algo oculto, y propalador, alguien que propala algo oculto (www.rae.es).

10 Creencia, en su primera acepción significa "firme asentimiento y conformidad con algo". En la segunda, "completo crédito que se presta a un hecho o noticia como seguros o ciertos". En la tercera, "religión, doctrina". Por último, creer, en su primera acepción, es "tener algo por cierto sin conocerlo de manera directa o sin que esté comprobado o demostrado" (www.rae.es).

asegurar la calidad de la formación, evitando a los *propaladores de creencias* y otras variantes no menos inconvenientes, como la impartición de contenidos desactualizados y/o no alineados a la estrategia organizacional.

El rol de los jefes[11] y el desarrollo como un modelo sistémico

Para el desarrollo tanto de conocimientos como de competencias la metodología MAI[12] propone, como los más adecuados, tres métodos:

1. Autodesarrollo

2. Entrenamiento, haciendo foco en *Jefe Entrenador*

3. Codesarrollo

Bajo la denominación de *entrenamiento* se pueden identificar varios programas organizacionales. Por ejemplo, a través del programa *Entrenamiento experto* un entrenador podría ayudar a un aprendiz en el desarrollo de sus capacidades sobre un tema en particular, una competencia o un conocimiento.

Un *jefe entrenador* o un *entrenador* a través de un programa de *Entrenamiento experto,* podrían realizar el seguimiento del Paso 5 del método Codesarrollo. Otro programa a través del cual también se podría realizar el seguimiento mencionado sería *Mentoring.* Se realizará una mención a estos programas en el Capítulo 8. El lector también podrá considerar estos y otros programas en la obra *Construyendo talento*[13].

En nuestra opinión y experiencia profesional, los programas organizacionales alcanzan su mayor eficacia cuando los jefes asumen el papel de entrenadores de sus colaboradores o equipo de trabajo. Es decir, cuando un jefe, en el día a día de su gestión, ayuda a sus colaboradores en el desarrollo de sus capacidades (conocimientos y competencias). Los programas que procuran fortalecer este rol se han implementado con un notable suceso en muchas de nuestras empresas clientes.

Como se ha visto en párrafos anteriores, los talleres de Codesarrollo incluyen dos pasos definitorios para su eficacia: Paso 3, *Conducir al participante a la reflexión y a su propia autoevaluación* y Paso 4, *Conducir al participante a la acción,* que implica la confección de un plan para lograrlo.

---

11 El término jefe es un concepto. Ver *Glosario de términos*, Anexo IV, al final de la obra.
12 MAI: Martha Alles International.
13 *Construyendo talento*. Ediciones Granica, Buenos Aires, 2016.

En resumen, el jefe podrá llevar a cabo un rol relevante en el desarrollo de su equipo, a través del seguimiento. Será importante que tenga en cuenta que, a partir de un taller de Codesarrollo junto con el posterior seguimiento, el colaborador se encaminaría al autodesarrollo.

Los tres métodos se combinan y potencian entre sí, para el desarrollo de las capacidades. Veamos el gráfico al pie.

En el gráfico se puede observar, en primera instancia, que el *desarrollo,* tanto de conocimientos como de competencias, combina los elementos ya mencionados: Codesarrollo, autodesarrollo, y al jefe directo del participante, cuando asume su papel de entrenador (es decir, entrenamiento a cargo del jefe entrenador).

La combinación de los tres métodos mencionados y su funcionamiento sistémico será la base del desarrollo y del aprendizaje. En esta dirección deben trabajar las organizaciones.

En síntesis, cuando las organizaciones desean trabajar de cara al futuro, cuando el enfoque deseado es alcanzar la sustentabilidad, que la empresa sea sustentable en lo atinente a sus recursos humanos, este será el enfoque a adoptar. El camino a seguir.

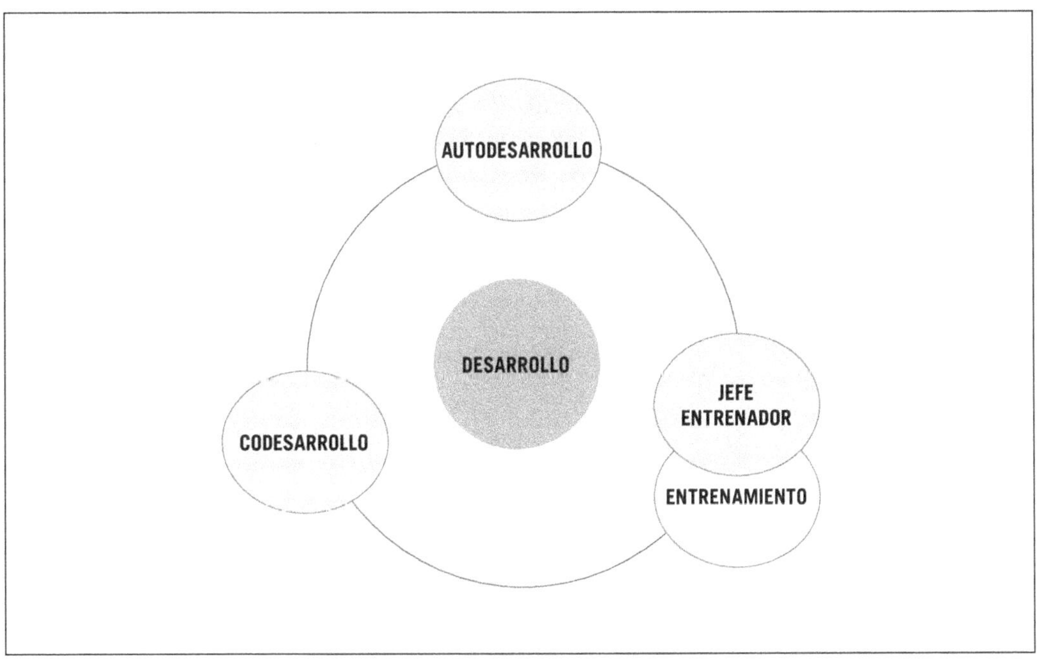

Como se está planteando un enfoque sistémico para el desarrollo, su puesta en práctica podrá iniciarse por cualquiera de estos métodos: es un proceso sistémico y continuo.

Si imaginamos un tren, podríamos decir que el pasajero (persona que debe desarrollar un conocimiento o competencia) puede subir en cualquier "estación": en la estación Codesarrollo, o en Autodesarrollo, o bien hacerlo *a partir de una sugerencia de su jefe directo*. A partir de cualquiera de las "estaciones", podrá realizar el trayecto completo. Veámoslo paso a paso.

Inicio en Codesarrollo

1. La organización ofrece *talleres de Codesarrollo*. En el transcurso del taller, el participante toma conocimiento del tema, pone en juego la competencia o el conocimiento, realiza una autoevaluación y confecciona su plan de acción.

2. Autodesarrollo: a partir del plan de acción realizado en el paso anterior.

3. Seguimiento por parte del jefe. Este podrá sugerir, además, la utilización de las guías de desarrollo dentro y fuera del trabajo y otras actividades adicionales.

Inicio en autodesarrollo

1. Una persona, por propia iniciativa, desea mejorar en una competencia, aprender un nuevo conocimiento (autodesarrollo). Visita la intranet de la organización y/o recurre al área de Recursos Humanos. Se le ofrece una actividad de Codesarrollo sobre la temática.

2. Participa de un *taller de Codesarrollo*: toma conocimiento acerca del tema, pone en juego la competencia o el conocimiento, realiza una autoevaluación y confecciona su plan de acción.

3. Autodesarrollo: a partir del plan de acción realizado en el paso anterior.

4. Seguimiento por parte del jefe. Este puede sugerir, además, la utilización de las guías de desarrollo dentro y fuera del trabajo y otras actividades adicionales.

Inicio a partir de una sugerencia del jefe directo

1. El jefe le sugiere al colaborador –quizá como resultado de una evaluación del desempeño u otra circunstancia– el desarrollo de una competencia o

conocimiento, quizá, para una mejor adecuación persona-puesto o bien porque considera que el colaborador necesita un nuevo desafío. Le propone como camino para alcanzar el nivel deseado participar de un *taller de Codesarrollo*. Además, puede sugerirle la lectura de guías de desarrollo (ya mencionadas), lecturas y/o actividades complementarias.

2. El colaborador participa de un *taller de Codesarrollo*: toma conocimiento del tema, pone en juego la competencia o el conocimiento, realiza una autoevaluación y confecciona su plan de acción.

3. Autodesarrollo: a partir del plan de acción realizado en el paso anterior.

4. Seguimiento por parte del jefe. En este caso, el jefe que sugirió el Codesarrollo hace –además– el seguimiento del proceso.

Hemos expuesto solo algunas de las opciones posibles y señalado en cada una de ellas la aplicación práctica del método Codesarrollo. La posible combinación de factores y circunstancias es mucho más amplia. El lector podrá imaginar muchas otras variantes.

El desarrollo más eficaz, tanto de competencias como de conocimientos, requiere de múltiples caminos y la utilización combinada de más de uno de ellos.

El seguimiento, y quién puede llevarlo a cabo

Como se desprende de lo visto en párrafos anteriores, la combinación de varios caminos para el desarrollo es la variante más eficaz. En el ámbito de las organizaciones, las actividades de formación deben ser monitoreadas de algún modo para asegurar que el enfoque sistémico que hemos descrito se verifique.

Para canalizar esta preocupación constante y genuina por parte de los directivos de las organizaciones –y, en especial, de los responsables de Recursos Humanos–, se ha incluido el último paso (número 5: *Seguimiento*) como parte del método Codesarrollo.

Usualmente, los diferentes autores consultados describen por un lado las actividades formativas y, por otro, cómo hacer un seguimiento. En la práctica, esta última parte (hacer seguimiento) no es utilizada en todo su potencial. En algunos casos el seguimiento no se realiza, en otros no tiene el alcance deseado o necesario y, además de todo lo anterior, en ocasiones el jefe hace un seguimiento no coordinado con la formación recibida por el interesado.

¿Quién puede hacer el seguimiento? Si la/s persona/s sujeta/s al desarrollo bajo la metodología de Codesarrollo está/n al mismo tiempo en un programa de

Entrenamiento experto[14] o en un programa de *Mentoring*[15], los responsables de alguno de los mencionados programas podrán realizar el seguimiento acerca del avance o progreso de los involucrados en materia de desarrollo de competencias.

Otra posibilidad es que el instructor de la actividad de Codesarrollo realice el seguimiento. Para ello, deberá reunirse con los participantes para evaluar la situación de cada uno.

En resumen, para que el seguimiento sea efectivo debe designarse un responsable. Las opciones al respecto son:

a) El jefe directo, bajo la figura del *jefe entrenador,* como se vio en párrafos anteriores.

b) El instructor del taller de Codesarrollo.

c) El mentor del participante, si este participa de un programa de *mentoring.*

d) Un responsable del área de Recursos Humanos.

En el gráfico siguiente se muestra –sobre un eje de tiempo– la realización de una primera actividad de Codesarrollo, de acuerdo con los pasos indicados, del 1 al 4, recordando que el paso 5 corresponde al *seguimiento.*

Como puede observarse en el gráfico, luego de un tiempo se realiza un segundo taller de Codesarrollo, y el seguimiento continúa.

En nuestra experiencia, el seguimiento es un aspecto muy importante, y usualmente se completa con una segunda impartición de la misma temática variando, desde ya, la parte práctica (técnicas, ejercicios, etc., para presentar el tema y poner en juego el conocimiento o la competencia).

---

14 *Entrenamiento experto.* Programa organizacional para el aprendizaje mediante el cual, a través de una relación interpersonal, un individuo con mayor conocimiento o experiencia en un determinado tema lo transmite a otro. Cada uno de los participantes del programa cumple un rol: entrenador o aprendiz. Un entrenador podrá tener a su cargo varios aprendices; sin embargo, en todos los casos brindará su entrenamiento de manera personalizada e individual.
Para que el entrenamiento experto se verifique es necesario que el entrenador sea un experto en la temática o que posea un alto grado de desarrollo de la competencia en cuestión, según corresponda. Los objetivos son específicos, y el plazo, acotado (usualmente, unos pocos meses). Fuente: *Diccionario de términos de Recursos Humanos.* Ediciones Granica, Buenos Aires, 2011.

15 *Mentoring.* Acción por la cual una persona de mayor experiencia ayuda y aconseja a otros, con menos experiencia, por un período. El *mentoring* puede ser: estructurado dentro de los métodos de trabajo de una organización, en cuyo caso se denomina *programa de mentoring,* o informal.
La definición de *mentoring* como programa organizacional es la siguiente: Programa organizacional estructurado, de varios años de duración, mediante el cual un ejecutivo de mayor nivel y experiencia ayuda a otro en su crecimiento. El término "ejecutivo", por extensión, puede aplicarse a diferentes relaciones laborales y profesionales. Fuente: *Diccionario de términos de Recursos Humanos.* Ediciones Granica, Buenos Aires, 2011.

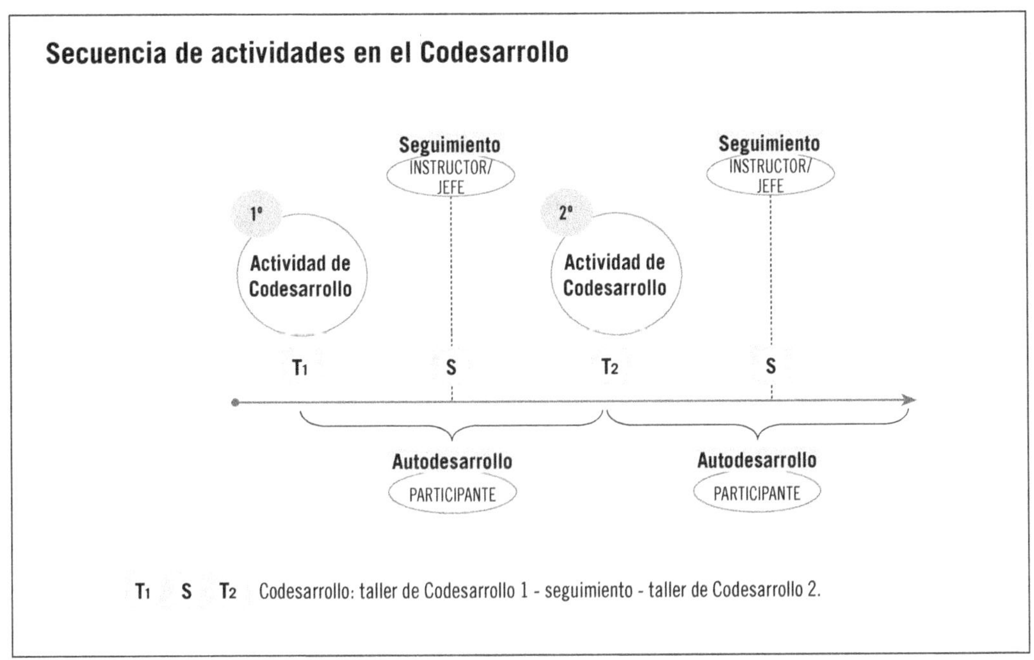

Para el desarrollo efectivo y eficaz, tanto de conocimientos como de competencias, es importante recordar que el modelo a utilizar (para el desarrollo) debe ser sistémico y continuo.

Si los jefes asumen el rol de *jefe entrenador*, es decir, ser entrenadores de los colaboradores a su cargo, desde este papel serán ellos los más indicados para realizar el seguimiento de las actividades de Codesarrollo.

Cuando por alguna razón no fuese posible que el jefe asuma este rol, el seguimiento podrá ser llevado a cabo por alguna de las opciones mencionadas anteriormente.

El rol del facilitador en las actividades organizacionales

Hemos incluido en el *Glosario de términos* (Anexo IV) definiciones sobre los distintos responsables de una actividad formativa, y diferenciamos tres tipos: experto, instructor y facilitador. Estas dos últimas categorías se usan como sinónimos, pero no lo son. En esta última parte del capítulo queremos destacar y resaltar la importancia de uno de los tres roles mencionados: el de facilitador.

Un facilitador es aquella persona que –a partir de su nivel y experiencia– conduce a un grupo de personas y ayuda a que alcancen un objetivo específico y definido.

Ejemplos: un consultor que mediante un taller permite que un grupo de directivos defina la misión y visión de la organización que integran, o las competencias de su modelo de Gestión por competencias, o los valores de un modelo de valores, o los conocimientos de un modelo de conocimientos. Además, puede conducir talleres de autoevaluación, de medición de competencias, diagnósticos circulares, asignación de competencias a puestos, y tantos otros.

Si bien el facilitador suele ser –además– experto en un determinado tema, el rol que cumple en estas actividades no es formativo, sino que apunta a vehiculizar una instancia/procedimiento/política organizacional.

En resumen: conduce una reunión de trabajo donde los participantes deben producir un determinado resultado. Si bien se dijo en párrafos anteriores, es importante recordar nuevamente que:

- Un experto puede ser un facilitador.

- Un instructor puede ser, también, un facilitador.

- Un instructor y/o un facilitador no necesariamente deben ser expertos, aunque su rol sí implica conocer –en algún grado– acerca del tema en cuestión.

Las definiciones expuestas de experto, instructor y facilitador no implican niveles (uno no es superior al otro), sino que designan diferentes roles. Facilitador, como su nombre lo indica, es aquel que "facilita" la discusión e interacción en un grupo de trabajo. En nuestra opinión esta figura no es imprescindible cuando la actividad de tipo grupal se realiza con un propósito de aprendizaje, sino cuando, por ejemplo, se trata de acompañar a un grupo de directivos para que definan o decidan sobre un aspecto esencial en la vida organizacional.

Por lo tanto, un profesional experto puede desempeñar diferentes roles; en una oportunidad puede ser facilitador y, en otras, asumir un papel distinto, con foco en el aprendizaje, desde diseñar actividades hasta impartirlas.

En resumen, si bien una misma persona puede asumir los roles mencionados en momentos diferentes, se debe diferenciar cuando asume el rol de instructor de una determinada temática con un propósito de aprendizaje, tanto sea de conocimientos como de competencias, y cuando debe asumir el rol de facilitador para que el grupo en cuestión tome decisiones y produzca, por ejemplo, un determinado documento.

En ocasiones, las actividades mezclan los roles, dado que quizá para lograr la discusión de un determinado tema previamente a una definición, el facilitador debe asumir por un momento un rol de experto al explicar la cuestión teóricamente o considerando las buenas prácticas.

Ejemplo: una organización desea definir o redefinir, según corresponda, su modelo de competencias. Lo más frecuente será comenzar la actividad, usualmente un taller, con una conferencia de no más de una hora donde se expliquen "las buenas prácticas" en materia de Gestión por competencias, para que los participantes comprendan cabalmente el alcance de la tarea a realizar con la guía del facilitador. En el ejemplo expuesto, luego la actividad continúa con un juego didáctico a partir del cual se comienza a sensibilizar a los participantes hasta llegar a la definición del modelo en sí.

Como el lector puede apreciar, en este ejemplo el objetivo no es el aprendizaje, aunque debe incluirse una pequeña dosis de enseñanza para que los participantes logren el objetivo: definir el modelo de competencias.

Un procedimiento análogo puede observarse en el rol del facilitador en momentos tales como la definición o redefinición de la misión, visión y valores organizacionales, que requiere de un proceso autónomo, dada su trascendencia

Síntesis del capítulo

✓ Para el diseño del plan de formación y de las actividades allí incluidas, se deberá tener en cuenta la diferencia entre conocimientos y competencias.

✓ Se deben conocer las distintas opciones, tipos y características de las actividades formativas y elegir la más adecuada. En ocasiones, la solución efectiva combina varias herramientas.

✓ La formación debe responder a las características principales definidas para los más jóvenes (generación millennial y/o centennial). Si la formación se relaciona con el puesto que la persona ocupa (o se prevea que ocuprá más adelante) se estará respondiendo al principio de inmediatez. Por otra parte, la experimentación que propone el método Codesarrollo será el complemento necesario para alcanzar mayor efectividad. Codesarrollo es, sin duda, el método de formación más adecuado, desde diferentes miradas.

✓ Si el modelo de competencias se ha definido a partir de la visión y estrategia de la organización, y luego, sobre la base de estas competencias, se diseñan las actividades de formación, todo estará alineado con la estrategia.

✓ El Codesarrollo es un nuevo método de aprendizaje que ha surgido del Centro de Investigaciones de Nuevas Aplicaciones de nuestra firma consultora, basado en teorías preexistentes sobre las cuales, con nuestro aporte diferenciador, se ha diseñado el método de referencia que presentamos al lector en esta obra.

✓ El Codesarrollo comprende acciones concretas que de manera conjunta realiza el sujeto que asiste a una actividad de formación guiado por un instructor para el desarrollo de sus competencias y/o conocimientos.

✓ Pasos del Codesarrollo: 1) Presentar el tema. 2) Poner en juego la competencia/en práctica el conocimiento. 3) Reflexión y autoevaluación. 4) Plan de acción. 5) Seguimiento.

✓ La autoevaluación y la elaboración del plan de acción son dos pasos sin los cuales no es posible el Codesarrollo.

✓ Los jefes tienen un rol preponderante en el desarrollo de las capacidades de sus colaboradores. Este papel incluye el seguimiento de los participantes de talleres de Codesarrollo.

✓ Un taller de Codesarrollo orientado a transmitir conocimientos requiere que la persona que lo diseñe sea un experto en ese tema en particular y, al mismo tiempo, un experto en el método de Codesarrollo. Si eventualmente no se diera esta doble circunstancia, podrían trabajar en equipo un especialista de Recursos Humanos experto en Codesarrollo junto con el especialista en el tema correspondiente.

✓ Un taller de Codesarrollo orientado a competencias requiere que la persona que lo diseñe sea un experto en Gestión por competencias y, al mismo tiempo, en el método de Codesarrollo.

✓ Los responsables de las actividades formativas y/o de talleres organizacionales pueden diferenciarse en: *experto, instructor* y *facilitador*. Los tres roles son diferentes y al mismo tiempo importantes y necesarios, cada uno dentro de su esfera de actuación.

✓ El facilitador cumple un rol importante al conducir una reunión de trabajo en la cual los participantes definen desde la estrategia hasta diversos modelos organizacionales, como el de competencias.

Para continuar leyendo sobre los temas del Capítulo 3

Sugerimos leer, en la obra *Formación en la práctica*, los siguientes apartados.

• Apartado 2. Estrellas fugaces ¿sí o no? After office, outdoors, convivios y demás

• Apartado 3. Felicidad en el trabajo. ¿Es posible? ¿O es un mito?

• Apartado 4. Diversidad, discriminación y otras cuestiones

- Apartado 5. Nuevas generaciones, inmediatez, lenguaje y otras cuestiones en relación con formación

- Apartado 6. ¿Somos útiles proponiendo la formación adecuada o llamamos al propalador de creencias?

- Apartado 10. Factores a tener en cuenta para alcanzar alta efectividad y eficacia

- Apartado 11. Aprender puede no ser aburrido. Diseño de una actividad sobre conocimientos

- Apartado 12. ¡Geografía también! Diseño de una actividad sobre conocimientos

- Apartado 13. Crecer es posible

- Apartado 16. Pensando en los clientes

- Apartado 18. Seguimiento de la evolución del desarrollo de las competencias y/o del aprendizaje de conocimientos

- Apartado 30. Formador de formadores. Diseño e implementación

PARA PROFESORES

CASOS
Para la preparación de "casos prácticos" a ser utilizados en la impartición de clases relacionadas con este capítulo, sugerimos emplear los apartados mencionados más arriba bajo el título "Para continuar leyendo". El material allí disponible podrá servir de base para actividades complementarias, casos de discusión, disparadores para la preparación de otros casos, etc.

CLASES
Para cada uno de los capítulos de esta obra hemos preparado: Material de apoyo para el dictado de clases.
Los profesores que hayan adoptado esta obra para sus cursos tanto de grado como de posgrado pueden solicitar de manera gratuita:

– *Formación. CLASES*

Únicamente disponibles en formato digital, en nuestro sitio: **www.marthaalles.com**, en la exclusiva *Sala de profesores,* o bien escribiendo a: **profesores@marthaalles.com**

Universidad corporativa.
Centros de formación

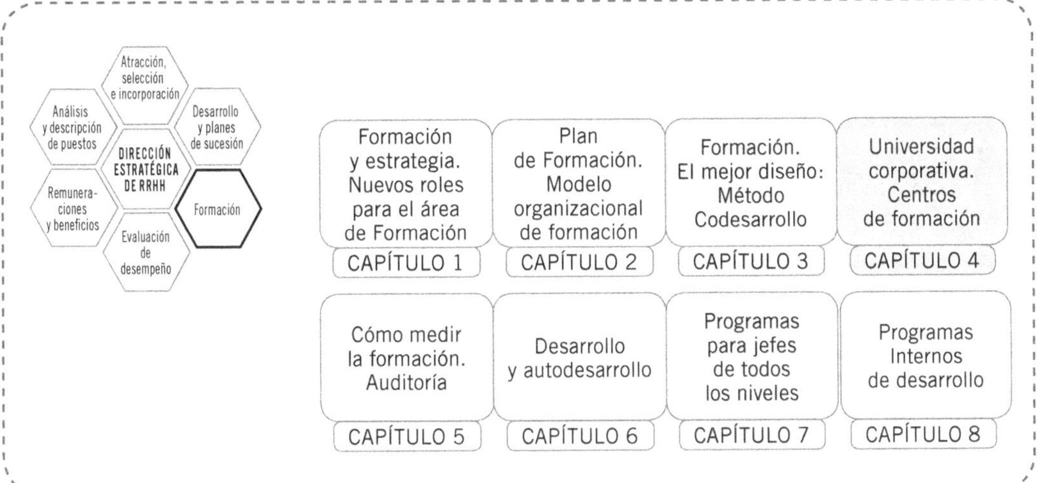

Temas del capítulo:

- Buenas prácticas en Formación y Desarrollo
- Centros de formación. Universidad corporativa. Modelos de competencias
- Centros de formación
- Universidad corporativa
- Universidad corporativa y programas internos para el desarrollo
- Centros de formación. Universidad corporativa y cultura organizacional
- Centros de formación. Universidad corporativa: medición de resultados y auditoría

Buenas prácticas en Formación y Desarrollo

Las organizaciones que cuentan con estructuras numerosas deben fijar políticas y procedimientos, también respecto de la formación de sus colaboradores. Si bien los presupuestos asignados son variables y, en ocasiones, los directivos los perciben como insuficientes –quizá lo sean en algunos casos–, no siempre los recursos disponibles se aprovechan de la mejor manera.

Las organizaciones de gran tamaño cuentan con centros de formación y, en un formato más ambicioso, recurren a la universidad corporativa. En ambos casos, un diseño apropiado, que contemple las necesidades de cara al futuro, como se ha expuesto en capítulos previos, permitirá optimizar la función de Formación.

En el Capítulo 2 hemos visto cómo detectar necesidades y, luego, establecer un orden de prioridades entre ellas. Las necesidades se podrían clasificar en actuales, es decir, orientadas a alcanzar la *misión*, y futuras, contemplando lo requerido para alcanzar la *visión* (estrategia a largo plazo). En un plan de formación, como se viera en el capítulo mencionado, se consideran tanto las necesidades actuales como las futuras.

Las organizaciones requieren que la formación pueda ser llevada a la práctica y las generaciones más jóvenes esperan, además, que la formación sea de rápida

implementación. Estas características se verifican en el método Codesarrollo, aplicable tanto a competencias como a conocimientos (Capítulo 3).

Entre otras buenas prácticas, las organizaciones podrán implementar programas del tipo *Formador de formadores*. Y, por un lado, realizar el diseño del plan de formación a cargo de un experto y, por otro, contar con un plantel de instructores internos que impartirán las distintas actividades de dicho plan. De este modo, además, se asegurará la calidad de los contenidos y, desde otra mirada, los colaboradores tendrán la posibilidad de recibir similar formación.

El desarrollo de competencias y el aprendizaje de conocimientos se ven fortalecidos y potenciados cuando las organizaciones cuentan con jefes entrenadores, de todos los niveles (se verán los programas para jefes en el Capítulo 7).

A través de este pequeño resumen he tratado de mostrar que las buenas prácticas son posibles más allá de las limitaciones presupuestarias; no siempre es necesario contar con grandes recursos económicos. Es necesario, sí, un manejo experto por parte del número 1 de Recursos Humanos, para implementar las nuevas tendencias.

El enfoque sistémico será otro factor clave para lograr una alta efectividad en materia de formación. Este enfoque involucra a todos los subsistemas de Recursos Humanos.

Cuando las organizaciones, en especial aquellas que cuentan con numerosos colaboradores, deciden implementar un centro de formación u optar por una universidad corporativa, en todos los casos, la mirada estará puesta en la visión y estrategia organizacional, de cara al futuro, muchas veces con el propósito de llevar a cabo, además, un cambio cultural.

Estas iniciativas implican inversión, compromiso de la alta dirección, dedicación de directivos y colaboradores, por mencionar solo algunos aspectos. El diseño de las actividades en su conjunto y de cada una de ellas deberá ser cuidadoso, utilizando las buenas prácticas. Tanto los directivos como los colaboradores tendrán grandes expectativas, esperarán buenos resultados.

A continuación se hará una breve descripción tanto de los centros de formación como de la universidad corporativa. Ambos conceptos tienen alguna similitud y, también, diferencias significativas.

Centro de formación. Universidad corporativa. Modelos de competencias

Cuando una organización cuenta con un modelo de competencias, las que lo integren serán las competencias que formarán parte de la programación de actividades tanto para los centros de formación como en la implementación de la universidad corporativa.

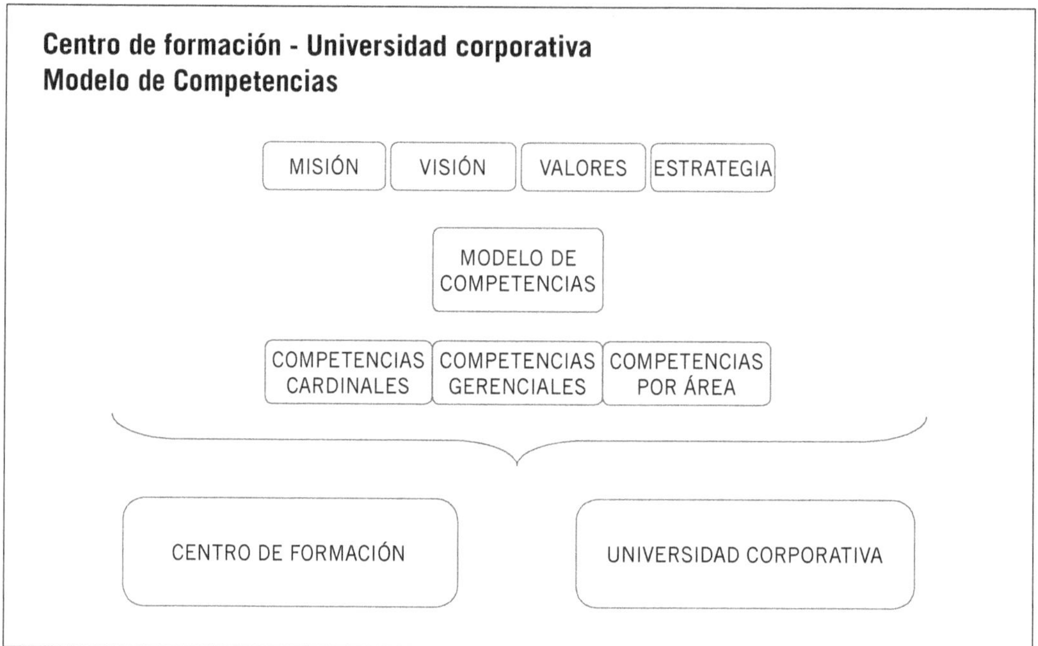

En la figura precedente se expone la relación entre un modelo de competencias y un centro de formación o universidad corporativa. La definición de un modelo se basa en los conceptos fundacionales de cada organización: misión, visión, valores y estrategia. Sobre la base de estos elementos se definen las competencias que integrarán el modelo organizacional, clasificadas en competencias cardinales, competencias específicas gerenciales y competencias específicas por área. Definido el modelo de este modo, las actividades tanto del centro de formación como de la universidad corporativa estarán orientadas a que la organización alcance los objetivos propuestos.

El enfoque sistémico, mencionado con anterioridad, es de aplicación también en el diseño y contenido de la formación en todas sus variantes.

Como se verá más adelante, en ocasiones, tanto el diseño de los centros de formación como sus actividades, son llevados a cabo por asesores externos. Algo similar ocurre con la implementación de la universidad corporativa, para lo cual importantes casas de altos estudios ofrecen sus servicios. En todos los casos, contar con servicios externos de personas e instituciones con experiencia podrá ser de gran utilidad.

En cualquiera de las opciones posibles (centros de formación y/o universidad corporativa dentro de la organización o fuera de ella), la organización y sus directivos, en especial del área de Recursos Humanos, deberán tomar algunos recaudos, y en especial monitorear que los contenidos formativos estén relacionados con la visión y estrategia organizacional, y que el desarrollo de competencias esté relacionado con las competencias del modelo.

Centros de formación

El término "centros de formación" hace referencia al ámbito de la organización dedicado a la impartición de actividades de formación, y usualmente equipado para estos fines. El centro de formación puede estar ubicado dentro o fuera de un edificio de la organización, no obstante, en cualquier caso pertenece a esta.

Según la actividad principal de la organización, el centro de formación podrá contar con equipos para la simulación de ciertas tareas complejas; por ejemplo, las compañías de aviación cuentan con simuladores de vuelo. Adicionalmente al equipamiento, un factor de diferenciación lo constituyen las capacitaciones específicas según el tipo de negocio o industria.

Para precisar los conceptos, denominamos *formación* a la acción de educar y/o instruir a una persona con el propósito de perfeccionar sus facultades intelectuales a través de la explicación de contenidos, ejercicios, ejemplos, etc. Esta definición de *formación* incluye conceptos tales como *Codesarrollo* y *capacitación*, vistos en capítulos previos.

En resumen, las organizaciones deberían realizar y promover acciones constantes y planificadas tendientes a incrementar las capacidades de las personas que las integran, en relación con los puestos que ocupen ahora o se prevea que ocuparán más adelante, para así, todos en conjunto, alcanzar los objetivos estratégicos organizacionales.

Usualmente, las organizaciones con gran número de colaboradores cuentan con un centro de formación o, en ocasiones, más de uno, según la cantidad y locación geográfica de sus colaboradores.

Como ya expresamos, el diseño del centro de formación deberá estar enfocado a las capacidades necesarias para alcanzar la estrategia organizacional y, además, relacionado con el tipo de actividad principal (*core business*).

Cada organización definirá su centro de formación de acuerdo al negocio o actividad principal, su cultura y otros aspectos particulares, según la situación y circunstancias. Las actividades posibles, a su vez, son diversas.

En el gráfico siguiente se exponen distintos formatos de actividades, siendo las más frecuentes las de tipo presencial, talleres y cursos, de diferente tipo. Cuando las circunstancias lo indiquen (por ejemplo, en organizaciones con colaboradores ubicados en diversas ciudades) será necesario que las actividades puedan ser retransmitidas a través de videoconferencias y/o utilizando algún software específico.

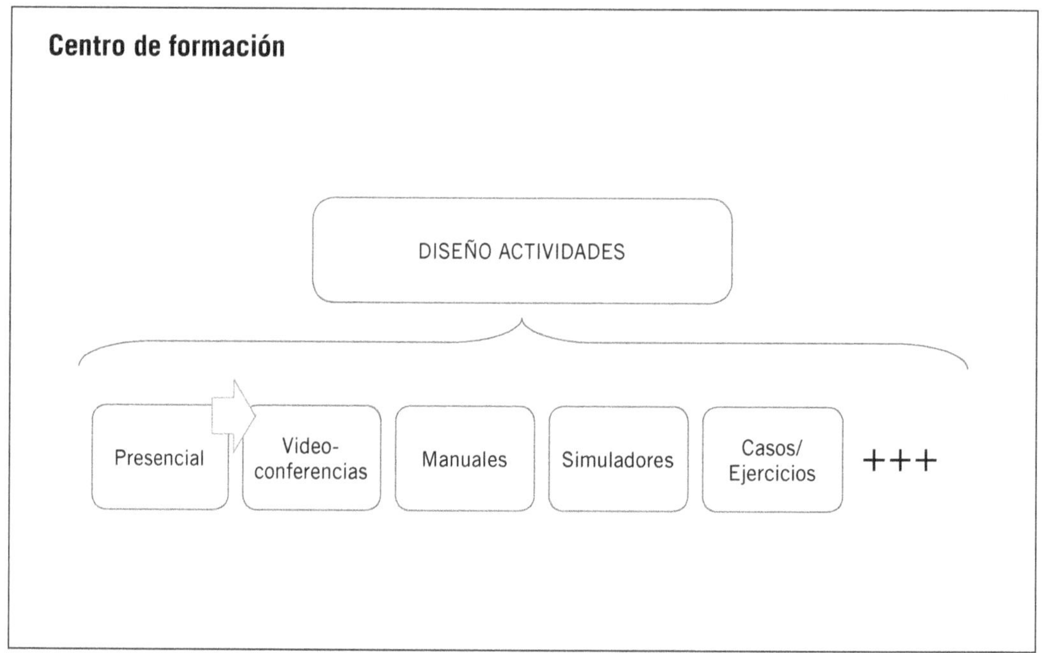

Como un complemento de los talleres y cursos presenciales podemos enumerar manuales, casos y ejercicios. Como decíamos más arriba, en algunas organizaciones –según la actividad, negocio, segmento de la economía al que pertenezcan–, para la formación de colaboradores podrá contarse con simuladores y/o equipos específicos para la impartición de actividades formativas en ciertas temáticas.

También, para la formación de colaboradores, se podrá contar con maquinaria de diferente tipo, a los efectos de llevar a la práctica conocimientos y competencias necesarias en cada caso.

En adición a lo anterior, en el gráfico de la página siguiente, se mencionan otros aspectos relacionados con los centros de formación.

Como decíamos en la definición, un centro de formación implica contar con un espacio físico para impartir actividades, con aulas apropiadas y el equipamiento necesario.

Con frecuencia, las organizaciones cuentan con instructores internos para las distintas temáticas y, eventualmente, contratan a algunos externos para ciertas actividades. Esto no es excluyente.

En cuanto a las temáticas, con frecuencia los talleres se imparten varias veces en el año. Por ejemplo, sería el caso de actividades de formación en distintos aspec-

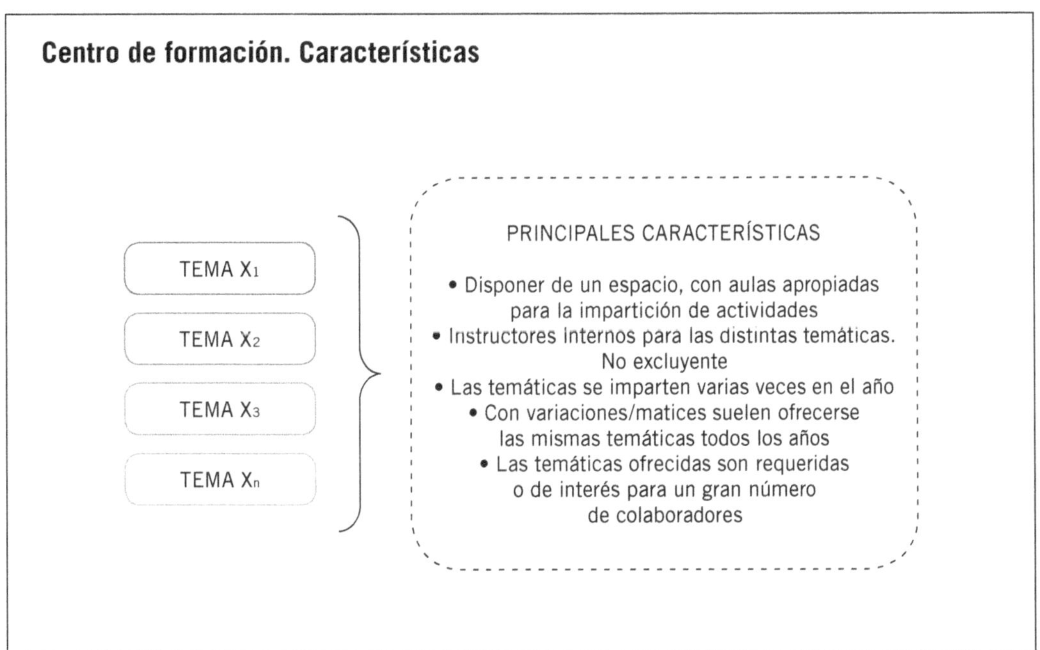

tos relacionados con las áreas comerciales, si se trata de una organización con una fuerza de ventas numerosa.

Las temáticas elegidas, usualmente, se relacionan con el *core business* de la organización y se ofrecen todos los años, orientadas a desarrollar en los colaboradores, de manera casi constante, capacidades necesarias, quizá con algunas variaciones o matices, para adaptarse a cambios de contexto, del mercado, etc.

El mejor aprovechamiento de un centro de formación se verifica cuando las temáticas de las actividades ofrecidas son requeridas (necesarias, y por lo tanto de interés) para un gran número de colaboradores.

Diseño de actividades

Un centro de formación implica no solo contar con un espacio físico adecuado, aunque suele destacarse esta circunstancia como la principal condición. Con frecuencia se utilizan, para el diseño de las actividades que se realizan en dichos centros, las últimas tendencias en formación, desde tecnología hasta métodos de aprendizaje novedosos.

Según el tipo de formación (por ejemplo, para la transmisión de conocimientos), la responsabilidad del diseño podrá asignárseles a especialistas internos, por ejemplo, IT (*Information Technology*, Tecnología Informática), Producción, Logística, Contabilidad, etc. También, de ser necesario, se recurrirá a especialistas externos.

En cuanto al desarrollo de competencias, el diseño debería estar a cargo de un especialista en la materia, interno o externo a la organización.

En el Capítulo 3 se ha descrito y analizado el método Codesarrollo, aplicable tanto a la adquisición de conocimientos como al desarrollo de competencias. Al ser un "método", podrá ser utilizado para impartir cualquier tipo de materia.

Para los casos en los que el diseño de las actividades formativas es realizado por un experto perteneciente a la organización, el especialista en formación podrá aportar su conocimiento y experiencia en la aplicación del método Codesarrollo, para así utilizarlo en cualquiera de las disciplinas que sea necesario impartir.

Este método (Codesarrollo) se recomienda especialmente para aquellas organizaciones con pluralidad de generaciones y, dentro de estas, para los más jóvenes, considerando que prefieren la experimentación práctica a la teoría. Se desarrolló esta idea con mayor detalle en el Capítulo 3.

Analizando la figura siguiente observamos, sobre la izquierda, las temáticas elegidas (Tema X1, Tema X2, Tema X3, etc.) a ser impartidas en un período determinado (usualmente un año). Sobre el lado derecho, opciones de formatos a utilizar, combinando distintas vías para el desarrollo.

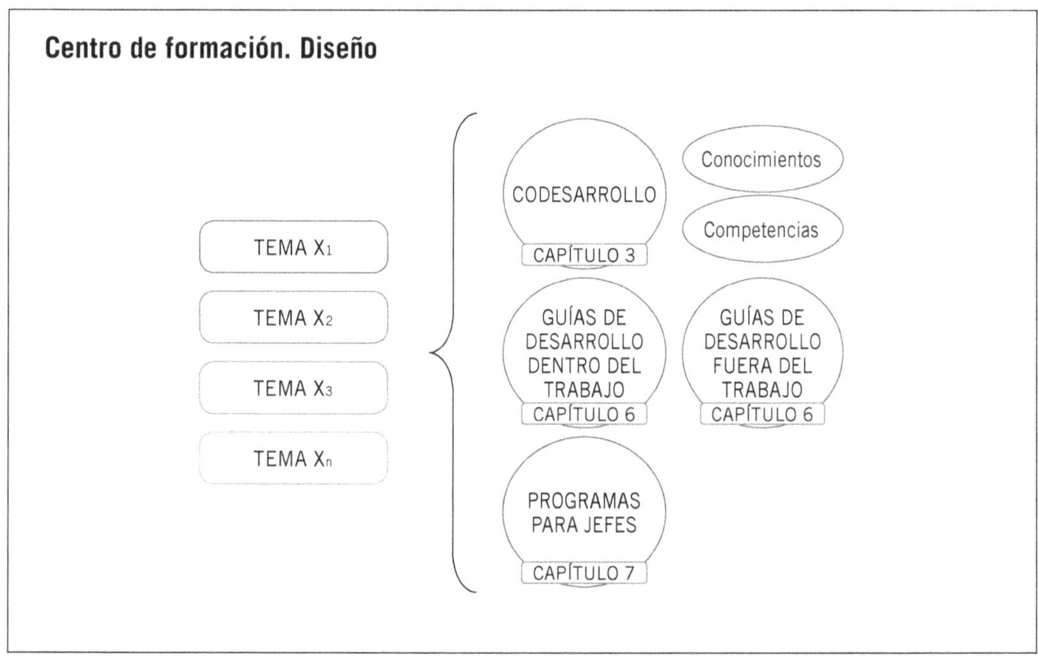

Para los talleres presenciales, se sugiere el método Codesarrollo (ver capítulo 3) tanto para la transmisión de conocimientos como para el desarrollo de competencias.

El desarrollo de competencias podrá ser potenciado a través de las guías de desarrollo dentro y fuera del trabajo. Se tratará esta variante en el Capítulo 6.

Por último, se mencionan los programas para jefes, que combinan ciertos temas de conocimientos con el desarrollo de competencias. Se verán estos programas en el Capítulo 7. Los jefes directos, cualquiera sea su nivel y el de sus colaboradores, al tener una relación cotidiana con sus equipos de trabajo pueden influenciar de manera positiva en la formación de la gente a cargo. Desarrollar las capacidades de los jefes en su rol de entrenadores de sus colaboradores tenderá a lograr una aspiración frecuente: transformarse en organizaciones que aprenden u organizaciones orientadas al aprendizaje, entre otras denominaciones usuales.

Universidad corporativa

La *universidad corporativa* ofrece, con frecuencia, una amplia gama de opciones y posibilidades en materia de formación y desarrollo, tanto de conocimientos como de competencias. Veamos primero su definición.

> **Universidad corporativa.** Unidad o sistema para el desarrollo de las personas de una organización, estructurada a través de un currículo que integra los distintos requerimientos de conocimientos y competencias de los diferentes niveles del ente, directamente conectados con sus objetivos estratégicos.
> Esta unidad podrá consistir en un sector interno de la organización y/o apoyarse en entes externos especializados.

En las organizaciones, en general, suele verificarse una brecha entre lo que deberían ser o hacer y lo que realmente son o hacen. La formación y desarrollo de personas es una de las facetas organizacionales donde no siempre se hace lo que se debiera.

Por un lado, las organizaciones trabajan para alcanzar la estrategia y programan acciones a llevar a cabo, en el presente y en el futuro, para alcanzar la visión a largo plazo que han definido. Por otro lado, las áreas de Recursos Humanos llevan adelante planes de acción que incluyen, entre otros, el desarrollo y la formación de colaboradores de todos los niveles.

Las organizaciones que adoptan la universidad corporativa lo hacen como parte de sus planes estratégicos para alcanzar la visión, en especial la de más largo plazo.

Implica una inversión considerable y, especialmente, definir una serie de factores relacionados con su misión, visión, estrategia y valores.

Implica, además, compromiso tanto de la alta dirección como de los niveles gerenciales y de conducción.

Del análisis del gráfico al pie surge que el diseño de la universidad corporativa debe ser una consecuencia directa de los aspectos mencionados más arriba: misión, visión, estrategia y valores de la organización.

En la parte inferior de la figura, se mencionan un conjunto de elementos que podrán integrar el diseño curricular. El listado expuesto es meramente enunciativo, ya que otros componentes también podrán integrar la universidad corporativa.

Entre los más frecuentes, podemos señalar las actividades presenciales y a distancia. Estas incluyen desde videoconferencias hasta *e-learning*. También *e-books*, manuales, juegos gerenciales, casos / ejercicios...

Como se dijo en relación con los centros de formación, según el tipo de organización podrá contarse con simuladores, máquinas y tecnologías específicas destinadas a actividades formativas. Desde ya, lo aquí mencionado podrá ser complementado con otras variantes.

En cuanto a los contenidos de la universidad corporativa, es un aspecto cuya definición dependerá de cada organización, e incluirá tanto conocimientos como

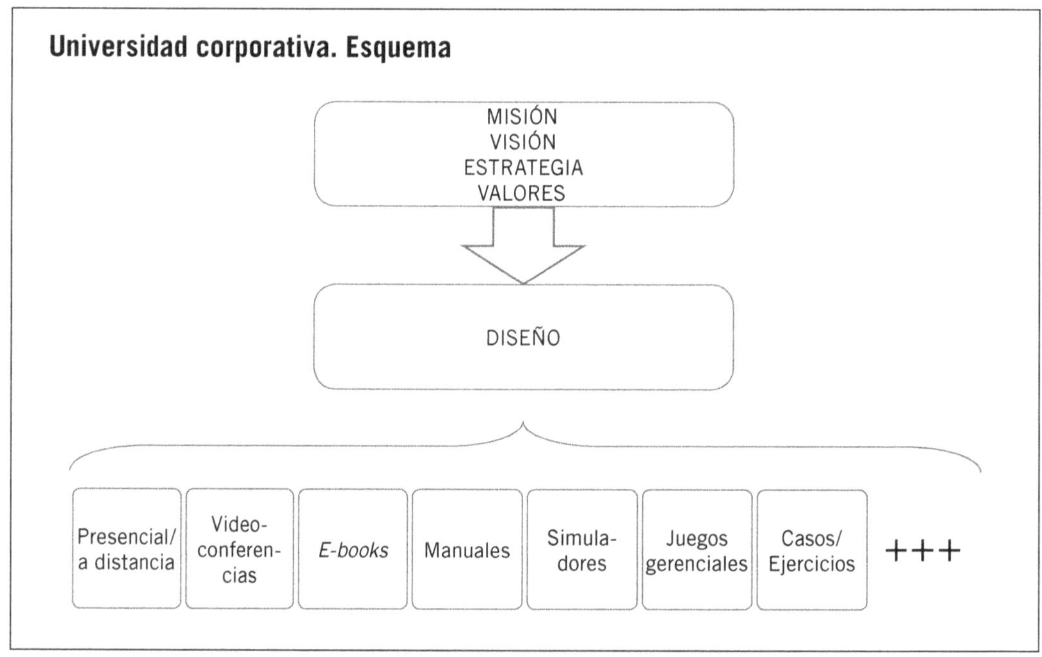

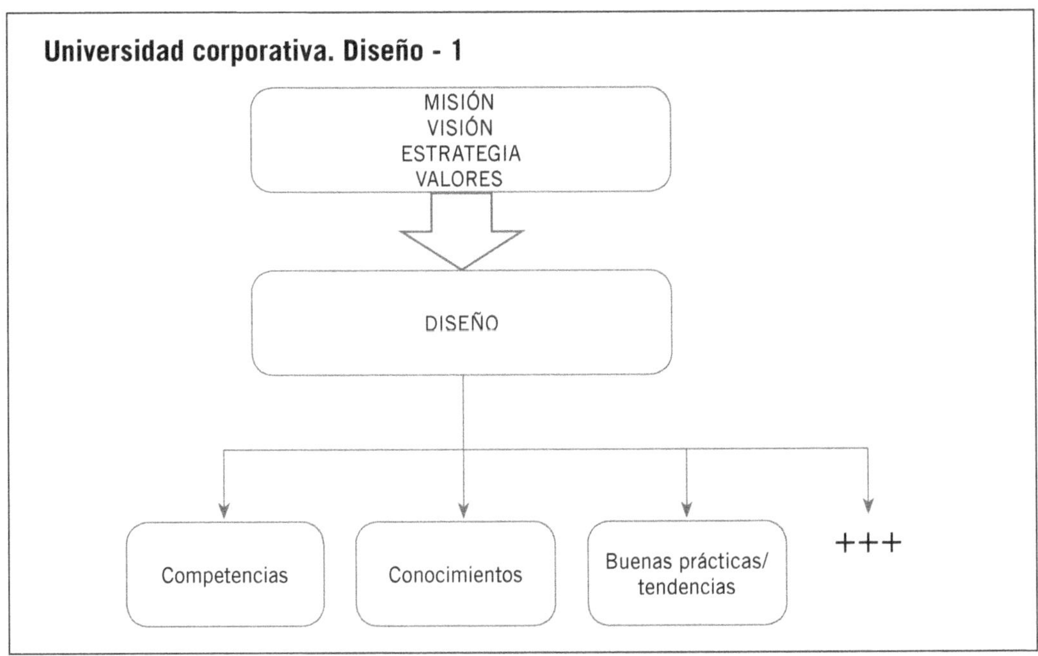

competencias, sumando con frecuencia –según el tipo de actividad principal de la organización– buenas prácticas, tendencias tanto en métodos de aprendizaje como en conocimientos, etc.

La *universidad corporativa,* como una unidad o sistema destinado al desarrollo de las personas, podrá proveer a la organización la formación necesaria. ¿Cómo? A través de un currículo[1] estructurado a largo plazo, que integre los distintos requerimientos de conocimientos y competencias de los diferentes niveles, con un diseño específico, directamente conectado con los objetivos estratégicos de la organización.

La idea se expresa en la figura de la página siguiente.

Cada tema (por ejemplo, el que hemos denominado "TEMA X1") se impartirá en tres módulos o niveles, donde el Módulo 1 será el nivel inicial y se le irán sumando niveles superiores, Módulo 2, Módulo 3, etc.

Continuando con el ejemplo, para participar del Módulo 2 se deberá aprobar previamente el Módulo 1, y para participar del Módulo 3 deberá haberse aprobado el Módulo 2.

---

1 Currículo significa, según la RAE: 1. Plan de Estudios. 2. Conjunto de estudios y prácticas destinadas a que el alumno desarrolle plenamente sus posibilidades.

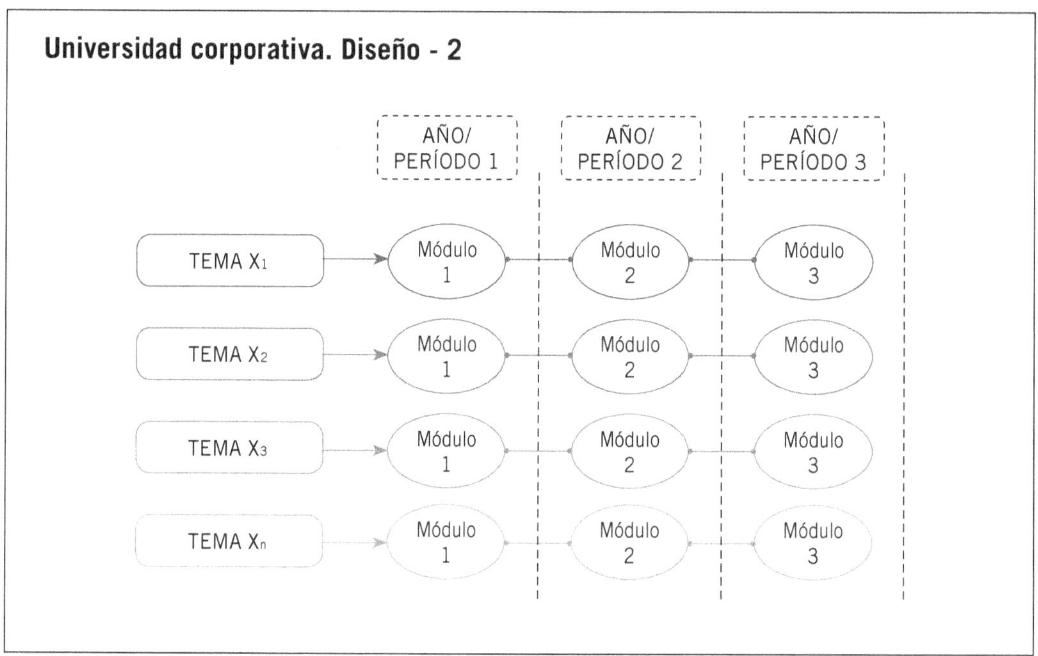

La idea se asimila a los programas universitarios donde el estudiante debe cursar y aprobar de manera correlativa algunas materias. Ejemplos:

- Matemática 1, Matemática 2, Matemática 3.

- Contabilidad 1, Contabilidad 2, Contabilidad 3.

- Matemática 1 como requisito para el primer nivel de otra disciplina (por ejemplo, Economía 1).

Algo similar podría diseñarse en relación con el desarrollo de competencias. También a modo de ejemplo:

- Orientación al cliente básico, Orientación al cliente intermedio, Orientación al cliente avanzado.

Una persona, según su área de trabajo y/o puesto, podrá requerir el primer nivel y/o niveles superiores. Estos niveles podrán estar relacionados con conocimientos, competencias, etc.

La persona A podrá asistir a actividades de un tema de conocimientos y, además, desarrollar una o varias competencias.

A su vez, los participantes de los distintos módulos podrán pertenecer a distintas áreas de la misma organización.

¿Qué diferencia se puede establecer entre una universidad o casa de altos estudios de acceso público, y la universidad corporativa? Se podría destacar como principal diferencia que esta última diseña sus contenidos específicamente para la organización a la que pertenece. Lo cual, indirectamente, genera compromiso entre los integrantes de la organización y, en relación con el mercado, fortalece la imagen institucional, generando mayor valor como marca empleadora (concepto también conocido por la expresión inglesa *employer branding*) [2].

En resumen, en la universidad corporativa se ofrecen planes dc estudio orientados a la estrategia organizacional, contemplando las necesidades de los puestos actuales o futuros que los colaboradores ocupan en el presente u ocuparán dentro de un tiempo.

En la figura de la página siguiente se indican sugerencias de diseño. Para la impartición de actividades –tanto de conocimientos como de competencias– se recomienda el método Codesarrollo (capítulo 3). Este método combina pasos que se realizan durante la impartición de las actividades junto con uno posterior, denominado seguimiento, el cual podrá ser llevado a cabo por los instructores/profesores de los distintos módulos o bien por los jefes directos de los participantes. Esta actividad de seguimiento se realiza entre los módulos del mismo tema/materia.

La universidad corporativa podrá ofrecer distintos niveles para el desarrollo de las competencias incluidas en el modelo organizacional. Las diversas temáticas podrán ser potenciadas por las guías de desarrollo dentro y fuera del trabajo (ver Capítulo 6).

En cuanto a programas para jefes (Capítulo 7), podrán impartirse a personas que ya tienen esa posición, desde hace mucho o pocos años, e incluir –además– personas que, aun no contando con gente a cargo, se prevé que esto pueda ocurrir en un futuro cercano.

La universidad corporativa podrá constituir una área interna de la organización, con reporte a la Dirección de Recursos Humanos, ubicada en un sector específico del edificio organizacional, o contar con un edificio propio, o bien diseñarse como un servicio externo que provee un ente externo especializado (usualmente, una universidad de prestigio en el país o región).

---

2 *Marca empleadora.* Lograr esta "marca" implica construir una imagen positiva en el mercado, conseguir una reputación como buen empleador tanto para los colaboradores actuales como para los futuros. Implica proponer y llevar a cabo una serie de acciones tendientes a lograr una percepción, por parte del mercado, altamente positiva como ámbito laboral, de manera que las personas deseen trabajar en la organización. Sin embargo, esta imagen positiva no debe basarse solo en consignas publicitarias sino que, por el contrario, debe estar construida sobre la base de acciones concretas en materia de Recursos Humanos. Fuente: *Diccionario de términos de Recursos Humanos.* Ediciones Granica, Buenos Aires, 2011.

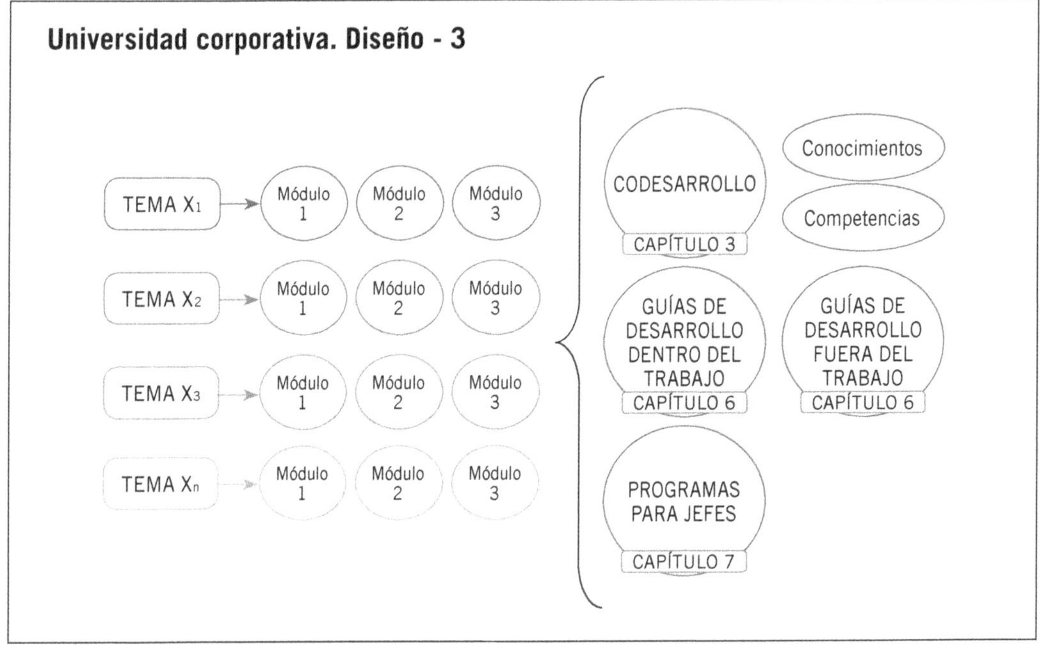

Universidad corporativa y programas internos para el desarrollo

El diseño de planes de estudios para la universidad corporativa organizacional, usualmente de varios años, contemplará diversos aspectos, todos ellos tendientes a alcanzar la estrategia organizacional. Debe considerar las necesidades actuales y futuras, como se expusiera al inicio del capítulo, incluyendo entre ellas las que surjan, por ejemplo, de los distintos planes internos de desarrollo (Capítulo 8).

Por lo tanto, si una persona, como participante de un diagrama de reemplazo, o planes de sucesión, o planes de carrera, solo por mencionar los programas más usuales, requiere adquirir conocimientos y desarrollar competencias, dichas necesidades formarán parte del plan de estudios de la universidad corporativa. Desde ya, siempre podrán surgir aspectos específicos no incluidos. Sin embargo, en sus grandes lineamientos, estas necesidades deberían ser consideradas en el diseño.

No se expondrán todos los ejemplos posibles de interrelación entre programas internos y la universidad corporativa. Hemos elegido uno de ellos, representativo, que se expone a continuación.

Planes de carrera y universidad corporativa

Entre los programas internos para el desarrollo de personas (Capítulo 8), *Planes de carrera* es uno de los más difundidos. A modo de ejemplo, imaginemos una organización con una fuerza de ventas integrada por muchos colaboradores y una estructura como la siguiente:

- Vendedor *Junior,* como nivel de ingreso
- Vendedor *Senior*
- *Team Leader*
- Gerente Zonal

Para cada uno de los niveles mencionados se han definido una serie de requisitos: estudios formales, conocimientos, competencias y experiencia a alcanzar para ascender al nivel superior.

A su vez el nivel "Gerente Zonal" reportará a un Gerente de nivel superior.

En la figura siguiente, se han relacionado los niveles de carrera expuestos con el esquema de la universidad corporativa.

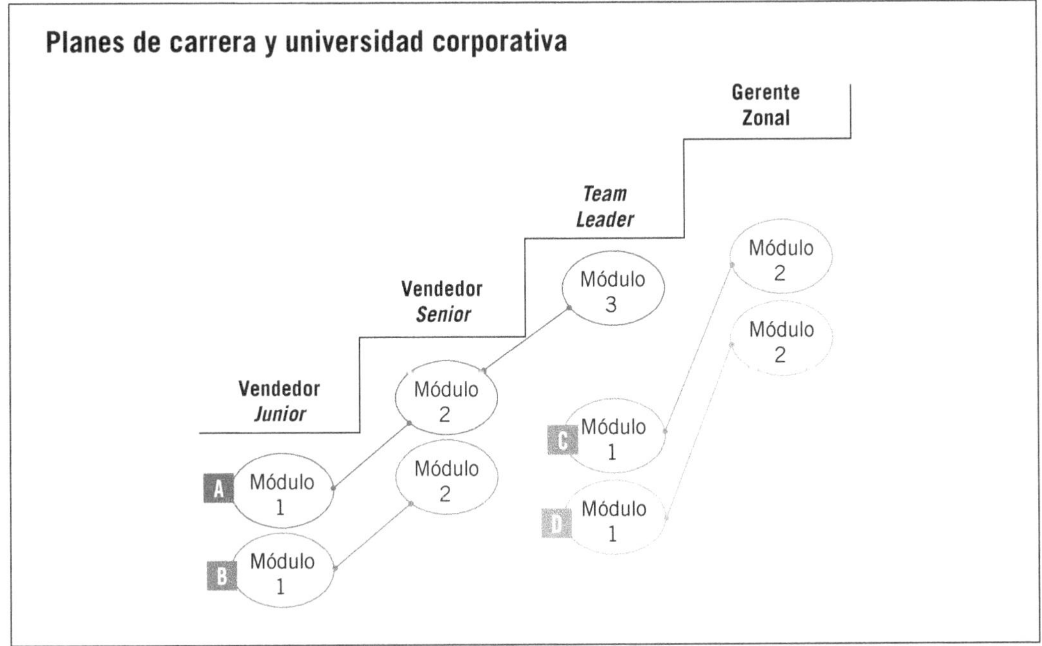

En el gráfico se expone la correlación entre los temas y módulos de la universidad corporativa y planes de carrera para un área en particular: Ventas.

Solo a modo de ejemplo indicamos a continuación posibles temáticas y niveles que podrían utilizarse en los planes de carrera, para el área de ventas, a partir del nivel inicial:

A   Desarrollo de la competencia *Orientación al cliente* en tres niveles (Módulos 1, 2 y 3).

B   Negociación. Módulo 1: Buenas prácticas en negociación. Módulo 2: Desarrollo de la competencia *Negociación*.

C   Programas para jefes. Módulo 1: conocimientos necesarios para ser un buen jefe. Módulo 2: desarrollo de la competencia *Entrenador (Jefe entrenador)*.

D   Productos. Buenas prácticas y tendencias, en dos niveles (Módulos 1 y 2).

Como decíamos, lo expuesto es solo un ejemplo para mostrar la formación requerida según los distintos niveles de un plan de carrera para un área en particular, combinando conocimientos y competencias. Los participantes, para tener la posibilidad de cursar un determinado nivel, deberán haber aprobado el anterior.

El diseño deberá prever cómo se determinará la aprobación de cada módulo o materia, de manera detallada y precisa; si bien no necesariamente deberá ser un examen al estilo universitario, el modo de promoción al nivel siguiente se establecerá con anterioridad. También los eventuales requisitos. Del mismo modo, se deberá considerar el tratamiento de personas que se incorporen a la organización en niveles superiores al nivel inicial, etc.

En resumen, el éxito de la universidad corporativa dependerá de un conjunto de factores, entre ellos la definición expresa de requisitos y niveles de aprobación, los cuales deberán ser conocidos por todos los aspirantes y participantes.

Centros de formación. Universidad corporativa y cultura organizacional

Decíamos en párrafos previos que las organizaciones que adoptan la universidad corporativa lo hacen como parte de sus planes estratégicos, para alcanzar la visión, en especial cuando esta ha sido definida pensando en el largo plazo.

El diseño de la universidad corporativa implica inversión y compromiso de la alta dirección y, desde ya, contempla la misión, visión, estrategia y valores de la organización. Ahora bien, con frecuencia, las organizaciones se ven enfrentadas a la necesidad de alcanzar un cambio cultural para lograr los planes fijados.

Como lo he expuesto en varias de mis obras, el cambio cultural se alcanza identificando qué factores se desea cambiar e incorporando estos elementos en el modelo de competencias, usualmente como competencias cardinales. De este modo, los nuevos colaboradores ingresarán con las competencias requeridas (las cuales contemplarán los factores que se desea cambiar como un requisito excluyente).

Además, se evaluará el desempeño de las personas que integran la organización (en todos sus niveles, incluso los directivos) teniendo en cuenta los aspectos que se desea modificar. Adicionalmente, estos aspectos serán considerados en los planes de formación.

Para comprender mejor lo antedicho, imaginemos que el cambio cultural que se desea alcanzar está focalizado en una mayor colaboración entre áreas y sectores de la organización, problema muy frecuente en organizaciones de todo tipo y tamaño. En este caso, la competencia cardinal a incorporar al modelo será *Colaboración*[3].

Los nuevos colaboradores deberán poseer la competencia *Colaboración* desarrollada según el grado requerido por sus respectivos puestos de trabajo. Adicionalmente, se evaluará el desempeño de los colaboradores incluyendo esta competencia, y el plan de formación contemplará actividades formativas de la temática.

Si la organización cuenta con una universidad corporativa podrá incluir inmediatamente en el currículo los factores definidos para alcanzar ese cambio cultural, necesario a su vez para alcanzar la visión y planes estratégicos. La idea se expresa en la figura de la página siguiente.

El cambio cultural puede requerir que se incorporen nuevos conocimientos, desarrollar nuevas competencias y adquirir nuevas experiencias, en los distintos estratos organizacionales.

---

3 El lector podrá encontrar la definición y los grados, tanto de la competencia como de sus comportamientos asociados, en las siguientes obras: *Diccionario de competencias. La trilogía. Tomo 1* (Ediciones Granica, Buenos Aires, 2015) y *Diccionario de comportamientos. La trilogía. Tomo 2* (Ediciones Granica, Buenos Aires, 2015).

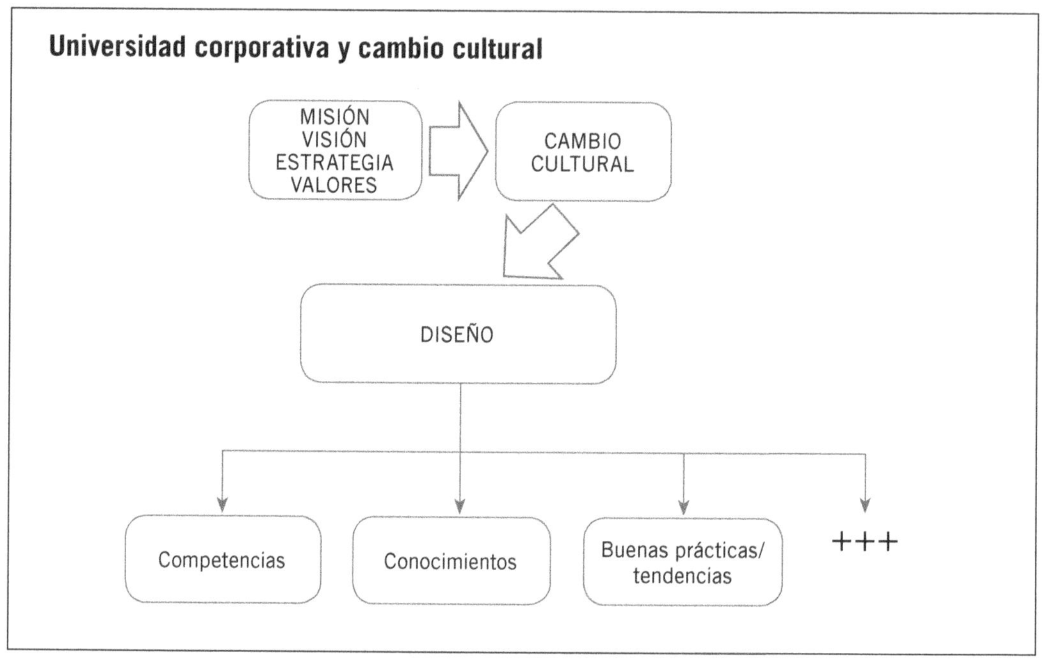

Centros de formación. Universidad corporativa: medición de resultados, Auditoría

En el Capítulo 2 hemos visto el *Modelo organizacional de Formación*, a través del cual, y siguiendo un conjunto de pasos y actividades estructuradas, se podrá asegurar que las actividades a impartir se relacionen con los planes estratégicos de la organización.

En la figura superior de la página siguiente, ya expuesta en el Capítulo 2, se pueden apreciar las principales etapas: *Necesidades, Diseño, Implementación, Evaluación de resultados, Auditoría*. Nos hemos referido a las tres primeras en capítulos previos, y las dos últimas, *Evaluación de resultados* y *Auditoría*, se verán en el capítulo siguiente (Capítulo 5).

Las etapas mencionadas del modelo organizacional de formación también se verifican en relación con los temas de este capítulo: centro de formación y universidad corporativa.

Para simplicidad de la exposición, en la figura siguiente he incluido solo un esquema de currículo de universidad corporativa. No obstante, los comentarios también son de aplicación para los centros de formación.

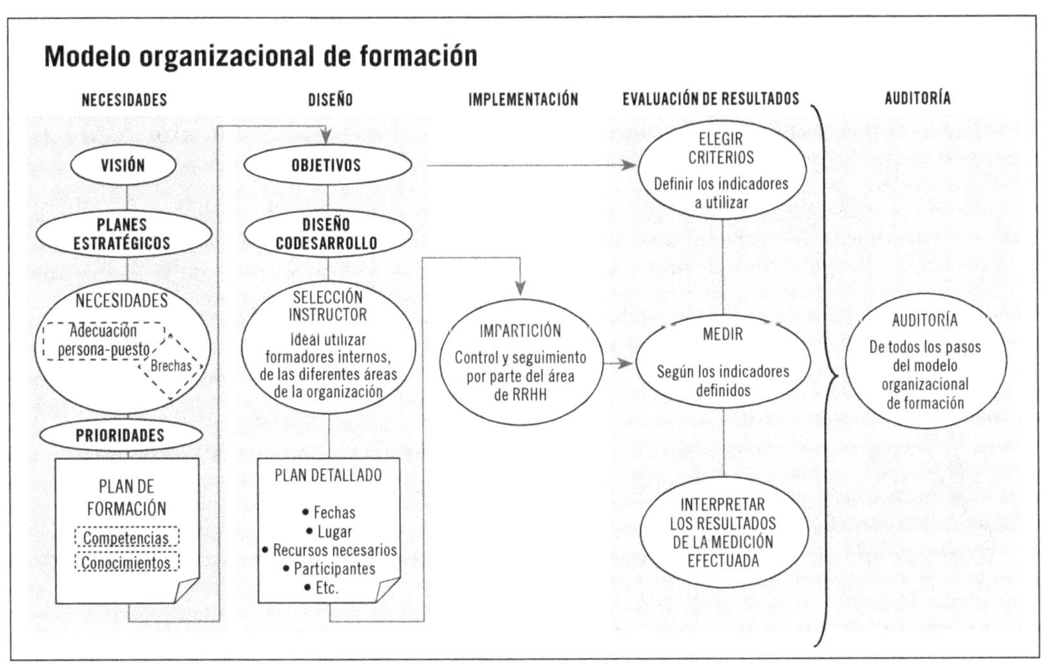

Modelo organizacional de formación
NECESIDADES
DISEÑO
IMPLEMENTACIÓN
EVALUACIÓN DE RESULTADOS
AUDITORÍA
VISIÓN
PLANES ESTRATÉGICOS
NECESIDADES
Adecuación persona-puesto
Brechas
PRIORIDADES
PLAN DE FORMACIÓN
Competencias
Conocimientos
OBJETIVOS
DISEÑO CODESARROLLO
SELECCIÓN INSTRUCTOR
Ideal utilizar formadores internos, de las diferentes áreas de la organización
PLAN DETALLADO
• Fechas
• Lugar
• Recursos necesarios
• Participantes
• Etc.
IMPARTICIÓN
Control y seguimiento por parte del área de RRHH
ELEGIR CRITERIOS
Definir los indicadores a utilizar
MEDIR
Según los indicadores definidos
INTERPRETAR LOS RESULTADOS DE LA MEDICIÓN EFECTUADA
AUDITORÍA
De todos los pasos del modelo organizacional de formación

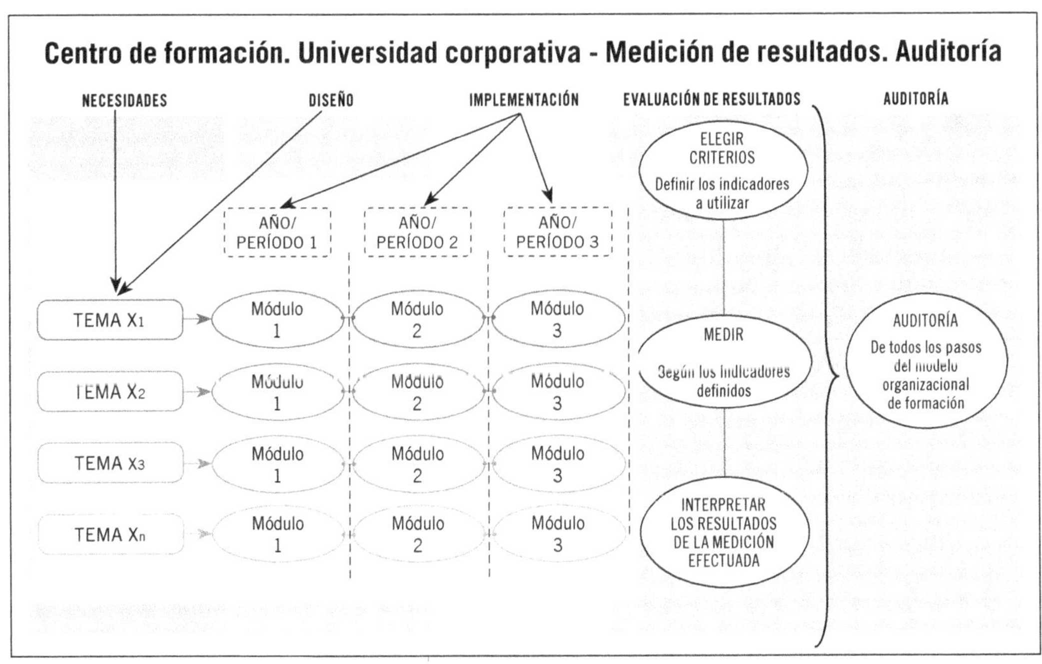

Centro de formación. Universidad corporativa - Medición de resultados. Auditoría
NECESIDADES
DISEÑO
IMPLEMENTACIÓN
EVALUACIÓN DE RESULTADOS
AUDITORÍA
AÑO/ PERÍODO 1
AÑO/ PERÍODO 2
AÑO/ PERÍODO 3
TEMA X1
Módulo 1
Módulo 2
Módulo 3
TEMA X2
Módulo 1
Módulo 2
Módulo 3
TEMA X3
Módulo 1
Módulo 2
Módulo 3
TEMA Xn
Módulo 1
Módulo 2
Módulo 3
ELEGIR CRITERIOS
Definir los indicadores a utilizar
MEDIR
Según los indicadores definidos
INTERPRETAR LOS RESULTADOS DE LA MEDICIÓN EFECTUADA
AUDITORÍA
De todos los pasos del modelo organizacional de formación

Las necesidades a considerar en el diseño de un centro de formación o universidad corporativa responden a los mismos conceptos expuestos en el Capítulo 2: están en relación con los planes estratégicos organizacionales. Del mismo modo, la importancia del diseño y la implementación será similar a lo que hemos visto hasta aquí (en capítulos anteriores y páginas previas de este mismo apartado).

En el análisis de la figura inferior de la página anterior podemos observar que para la medición de resultados, tanto de un centro de formación como de una universidad corporativa, se deberán definir indicadores concretos. En el capítulo siguiente veremos los distintos aspectos a considerar para la medición de resultados.

La relevancia de la medición de resultados, especialmente en relación con la universidad corporativa, radica en la inversión realizada por la organización –como dijimos, usualmente cuantiosa–. Por lo tanto la medición de resultados, en especial si son positivos, permitirá a la organización posicionarse en un nivel superior, de prestigio, de preeminencia respecto de otras organizaciones similares que no han seguido este camino.

Contar con una universidad corporativa brinda prestigio, distinción. No obstante, además de alcanzar este buen propósito, se podrán medir sus resultados a través de la elección de los indicadores adecuados.

Como se verá en el capítulo siguiente, si la organización cuenta con procedimientos sobre formación y en ellos se incluye la relación de dicha formación con la universidad corporativa, todo el proceso podrá ser auditado.

A modo de conclusiones

Hemos reunido en el mismo capítulo los centros de formación y la universidad corporativa, los cuales presentan diferencias y similitudes.

Entre las similitudes, podemos observar que ambos esquemas requieren inversión y una definición estratégica por parte de la dirección de la organización. Usualmente son utilizados por organizaciones con dotaciones numerosas. En ocasiones se podrá contar con ambos, un centro de formación para determinados temas y la universidad corporativa cubriendo otros objetivos.

Ambos, también, podrán incluir en sus contenidos actividades formativas para el aprendizaje de conocimientos y para el desarrollo de competencias.

En cuanto a las diferencias, podemos señalar el diseño e interrelación de las actividades y la duración de las mismas.

En los centros de formación se imparten materias o temas no correlacionados entre sí, con extensión diversa, desde un día a varias semanas. Las personas pueden asistir a una o varias de las actividades ofrecidas, según las necesidades que se presenten.

En la universidad corporativa el diseño curricular encadena temas por períodos más extensos, hasta varios años, siendo entre 1 y 3 años los lapsos más frecuentes de duración.

La elección entre una y otra variante dependerá, fundamentalmente, de los objetivos que se deseen alcanzar junto con la visión estratégica a largo plazo y la cultura organizacional.

Para sintetizar, ya sea a través de la universidad corporativa, centros de formación o planes de formación (o una combinación de ellos), en cualquiera de las opciones y circunstancias, todas las acciones de formación y desarrollo que se encaren deberán estar diseñadas con el propósito de alcanzar la estrategia y visión organizacional.

Muchas organizaciones cuentan con una universidad corporativa y/o sus propios centros de formación. La eficacia y efectividad de los planes formativos dependerá, en todos los casos, del enfoque (estratégico o no) que se les asigne.

Tanto la universidad corporativa como los centros de formación u otras variantes que se implementan en el ámbito de las organizaciones utilizan muchas de las herramientas y formatos aquí mencionados (cursos, talleres y seminarios), junto con otras opciones, como *e-learning*, herramientas de autodesarrollo, por mencionar las más frecuentes. En nuestra propuesta, el método para llevar a cabo actividades formativas eficaces es el que hemos denominado *Codesarrollo*.

Síntesis del capítulo

✓ Las organizaciones de gran tamaño podrán contar con centros de formación, o con una universidad corporativa. Quizá con ambos. En cualquiera de los casos, un diseño apropiado, que contemple las necesidades de cara al futuro, permitirá optimizar la función de Formación.

✓ Las necesidades de formación se pueden clasificar en actuales, es decir, orientadas a alcanzar la misión, y futuras, contemplando lo requerido para alcanzar la visión (estrategia a largo plazo). En los diseños tanto de los centros de formación como de la universidad corporativa se consideran las necesidades actuales y también las futuras.

✓ Cuando una organización cuente con un modelo de competencias, las competencias allí definidas serán las que formarán parte de la programación de actividades tanto para los centros de formación como en la implementación de la universidad corporativa.

✓ La expresión "centro de formación" hace referencia al ámbito de la organización dedicado a la impartición de actividades formativas, equipado adecuadamente para estos fines. El centro de formación puede estar ubicado dentro o fuera de un edificio de la organización, en cualquier caso, pertenece a esta. Según la actividad principal de la organización, el centro de formación podrá contar con equipos para la simulación de ciertas tareas complejas; por ejemplo, las compañías de aviación cuentan con simuladores de vuelo. Adicionalmente al equipamiento, un factor de diferenciación lo constituyen las capacitaciones específicas según el tipo de negocio o industria.

✓ El concepto *universidad corporativa,* se utiliza para designar a la unidad o sistema para el desarrollo de las personas de una organización, estructurada a través de un currículo que integra los distintos requerimientos de conocimientos y competencias de los diferentes niveles del ente, directamente conectados con sus objetivos estratégicos. Esta unidad podrá consistir en un sector interno de la organización y/o apoyarse en entes externos especializados.

✓ Para el diseño de las actividades, tanto en centros de formación como en la universidad corporativa, se cuenta con distintas opciones de formatos a utilizar, combinando diferentes vías para el desarrollo. En los talleres presenciales se sugiere implementar el método Codesarrollo (ver Capítulo 3) tanto para la transmisión de conocimientos como para el desarrollo de competencias, que podrá ser potenciado a través de las guías de desarrollo dentro y fuera del trabajo (se verá esta variante en el Capítulo 6). Por último, se mencionan los programas para jefes, que combinan la adquisición de ciertos conocimientos con el desarrollo de competencias. Se verán en el Capítulo 7.

✓ El diseño de planes de estudio para la universidad corporativa organizacional, usualmente de varios años, contemplará diversos aspectos, todos ellos tendientes a alcanzar la estrategia organizacional. Desde las necesidades actuales y futuras, incluyendo las que surjan, por ejemplo, de los distintos planes internos de desarrollo (Capítulo 8).

✓ El diseño de la universidad corporativa implica inversión y compromiso de la alta dirección, y, desde ya, contempla la misión, visión, estrategia y valores de la organización. Con frecuencia, las organizaciones se ven enfrentadas a la necesidad de alcanzar un cambio cultural para lograr los planes fijados. Si la organización cuenta con una universidad corporativa podrá incluir inmediatamente en el currículo los factores definidos para alcanzar el cambio cultural, necesario a su vez para alcanzar la visión y llevar adelante los planes estratégicos.

✓ Las etapas mencionadas del modelo organizacional de formación también se verifican en relación con los temas de este capítulo: centro de formación y universidad corporativa.

Para continuar leyendo sobre los temas del Capítulo 4

Sugerimos leer, en la obra *Formación en la práctica,* los siguientes apartados.

- Apartado 1. De ayer a mañana. Difícil y posible a la vez

- Apartado 5. Nuevas generaciones, inmediatez, lenguaje y otras cuestiones en relación con formación

- Apartado 8. Continuando con las buenas prácticas: herramientas y formación

- Apartado 10. Factores a tener en cuenta para alcanzar alta efectividad y eficacia

- Apartado 11. Aprender puede no ser aburrido. Diseño de una actividad sobre conocimientos

- Apartado 12. ¡Geografía también! Diseño de una actividad sobre conocimientos

- Apartado 13. Crecer es posible

- Apartado 14. Cambiar a través de la acción. Diseñar una actividad que permita cambiar comportamientos. Desarrollar competencias

- Apartado 15. Plan anual para un colectivo de profesionales de la misma especialidad

- Apartado 16. Pensando en los clientes

- Apartado 20. Formación para alcanzar la estrategia

- Apartado 21. Formación y cambio cultural. Lograr la cultura deseada

- Apartado 23. Formación para la alta gerencia

- Apartado 24. Formación para todos los niveles de conducción

- Apartado 28. Programas para jefes. Distintas temáticas

- Apartado 29. Indicadores de gestión sobre Formación

- Apartado 30. Formador de formadores. Diseño e implementación

PARA PROFESORES

CASOS

Para la preparación de "casos prácticos" a ser utilizados en la impartición de clases relacionadas con este capítulo, sugerimos emplear los apartados mencionados más arriba bajo el título "Para continuar leyendo". El material allí disponible podrá servir de base para actividades complementarias, casos de discusión, disparadores para la preparación de otros casos, etc.

CLASES

Para cada uno de los capítulos de esta obra hemos preparado: Material de apoyo para el dictado de clases.

Los profesores que hayan adoptado esta obra para sus cursos tanto de grado como de posgrado pueden solicitar de manera gratuita:

- *Formación. CLASES*

Únicamente disponibles en formato digital, en nuestro sitio: **www.marthaalles.com**, en la exclusiva *Sala de profesores,* o bien escribiendo a: **profesores@marthaalles.com**

Capítulo 5

Cómo medir la formación. Auditoría

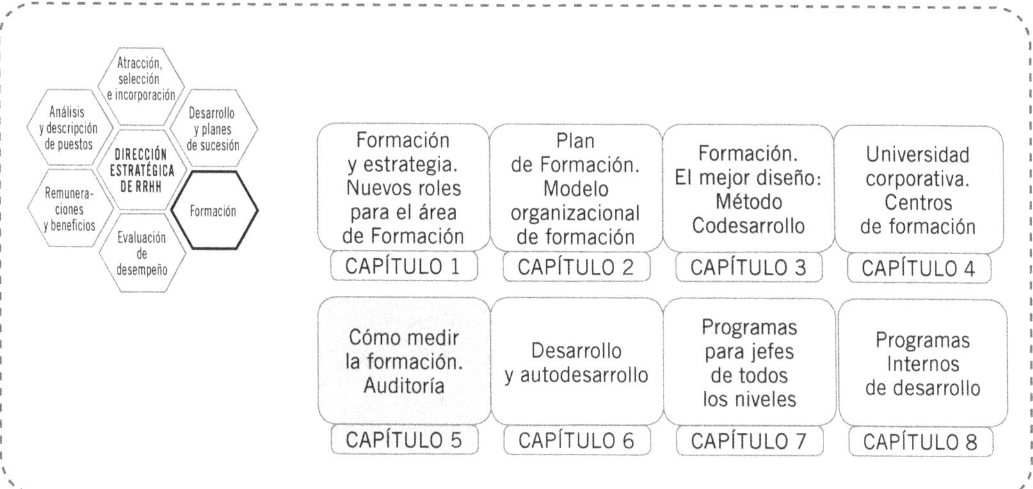

Temas del capítulo:

- Medir las capacidades de los participantes como un paso previo a la formación
- Formación. Distintas instancias de medición
- Medición de las actividades
- Medir resultados por persona / colectivo de personas a través del desempeño / desarrollo
- Indicadores de gestión en Formación
- Procedimientos. Herramientas. Auditoría
- Auditoría del Modelo Organizacional de Formación

Medir las capacidades de los participantes como un paso previo a la formación

En este capítulo se verán las distintas instancias en las cuales se podrá medir la formación. Antes de referirnos concretamente a dichas instancias, me pareció interesante plantear una cuestión conceptual: es necesario (al menos conveniente) medir las capacidades de los participantes *antes* de decidir las acciones de formación necesarias para achicar eventuales brechas entre el evaluado y el puesto que ocupa en el presente y/o se prevé que ocupará en el futuro. Esta medición de las capacidades de las personas podrá llevarse a cabo de diferentes maneras y utilizando distintas herramientas.

Medir las capacidades de los participantes es un paso necesario. Dicha medición debería realizarse en relación con el puesto que la persona ocupa ahora o se prevé que ocupará más adelante. Sin embargo, con frecuencia no se realiza medición alguna. La capacitación se considera un premio, una compensación por el buen desempeño y otros criterios análogos, quizá válidos, pero que no contemplan las necesidades estratégicas de la organización.

Retomando conceptos del Capítulo 2, se deberían determinar brechas tanto en relación con los puestos actuales que las personas ocupan, en todos los niveles organizacionales, como –de ser pertinente– en relación con eventuales puestos a ocupar.

En la figura de la página siguiente y a modo de ejemplo, se han señalado brechas en conocimientos, competencias cardinales y competencias gerenciales. Sobre la derecha, en la misma figura, se observa la comparación entre el descriptivo de puesto y su ocupante, tanto actual como futuro.

El "futuro" al cual se hace referencia podrá ser una situación a muy corto plazo, por ejemplo, realizar una promoción interna por la cual la persona deberá asumir un nuevo puesto en unas pocas semanas, o bien planes a más largo plazo, como un diagrama de reemplazo a concretarse en uno o dos años o, también, planes de sucesión, sin fecha determinada. En cualquiera de las situaciones descritas se deberán encarar acciones de formación.

Desde nuestra perspectiva, en estos conceptos radica el éxito de los programas de formación:

1. Las brechas entre lo requerido y el nivel actual del colaborador, ya sea en materia de conocimientos como de competencias.

2. Qué esfuerzo el colaborador está dispuesto a hacer para cerrar estas brechas.

3. Ambos aspectos relacionados con la estrategia organizacional.

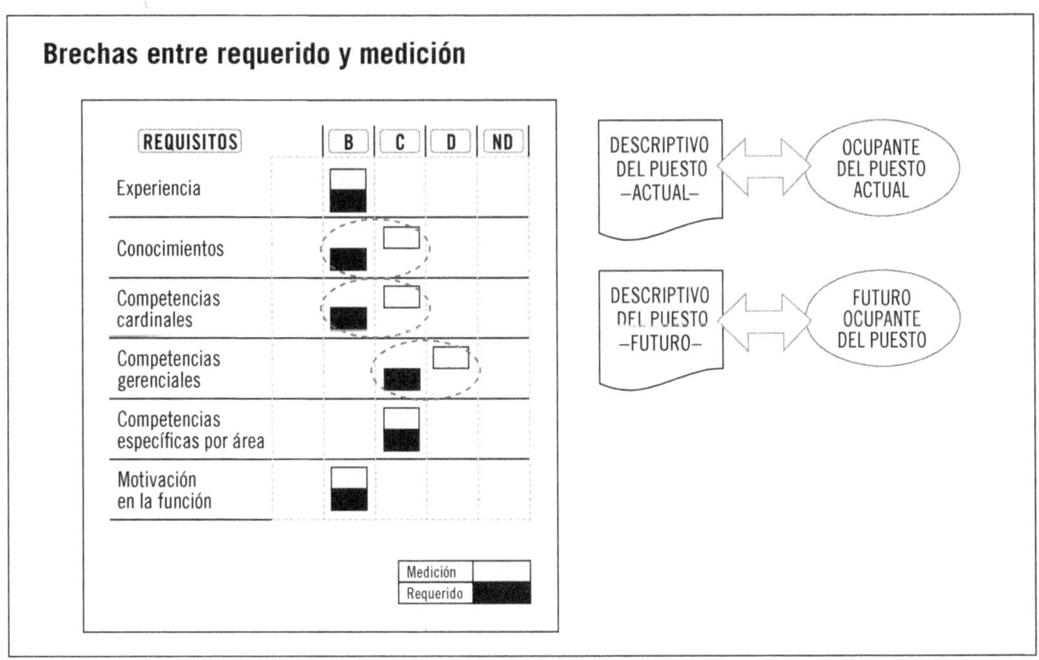

Cuando la formación "puede verse" en planes concretos, todos los involucrados incrementan su interés, desde los directivos que deben aprobar la inversión que un plan de formación requiere, hasta los involucrados directos: los participantes y sus respectivos jefes.

En relación con el punto 1, la expresión utilizada ("lo requerido") tiene un sentido amplio, no sólo considerando el puesto actual, sino que también podrán definirse brechas en función de los requerimientos de un puesto superior al cual se espera llegar, por ejemplo, en un plan de carrera o un plan de sucesión. En estos dos últimos ejemplos, el término *requerido* se relaciona con los diferentes programas de desarrollo de personas dentro de la organización.

Como ya se dijo en párrafos anteriores, es preciso señalar que existen herramientas específicas para la medición de distintos aspectos relacionados con las capacidades de un colaborador: conocimientos, experiencia, competencias y valores. Todos estos aspectos pueden de ser medidos, para lo cual deben utilizarse los métodos apropiados.

En resumen, es posible medir las capacidades de las personas con el único propósito aquí señalado, es decir, para decidir las acciones de capacitación, a partir de las brechas detectadas. Si bien esta acción no es frecuente, se podrá obtener información similar de la aplicación sistémica de los subsistemas de Recursos Humanos.

Ejemplos: resultados de las evaluaciones de desempeño, en especial si ha utilizado la Evaluación vertical y/o Fichas de evaluación[1]. También de diagnósticos de adecuación persona-puesto[2] y de los programas internos de desarrollo. Se han analizado las distintas fuentes de Necesidades para la confección del plan de formación en el Capítulo 2.

A continuación, se verán distintas maneras de medir la formación en sí misma, desde cómo ponderar cada actividad de formación en particular hasta indicadores de gestión que medirán, como su nombre lo indica, la gestión global de la función Formación –cuando esté integrada con otras funciones de Recursos Humanos– o del sector/área de Formación cuando así esté definido dentro de la estructura organizacional.

Formación. Distintas instancias de medición

La formación puede ser medida en distintos momentos, desde distintas miradas. Con frecuencia se utilizan percepciones y no se consideran mediciones específicas.

De una manera muy resumida, podríamos identificar dos momentos de evaluación:

- Durante la actividad de capacitación, incluyendo aquí las miradas que se realizan inmediatamente después de finalizada la misma.

- Una vez transcurrido algún tiempo. A su vez, esta instancia podría dividirse en: a corto plazo (por ejemplo, a los 15 días), a mediano plazo (a los tres meses) y a largo plazo (al año).

En lo que respecta a los participantes, muchas veces se observa la tendencia a "guardar la carpeta del curso" una vez concluido, sin llevar a la práctica lo aprendido.

Los jefes, con frecuencia, realizan alguna pregunta superficial y no indagan en profundidad sobre los contenidos concretos, para su puesta en práctica.

En resumen, por una diversidad de razones, la mayoría de las veces no se realiza una conexión directa entre lo aprendido y su impacto efectivo sobre el puesto de trabajo.

---

1 *Desempeño por competencias. Estrategia. Desarrollo de personas. Evaluación 360°*. Ediciones Granica, Buenos Aires, 2017.

2 *Las 50 herramientas de Recursos Humanos que todo profesional debe conocer*. Ediciones Granica, Buenos Aires, 2016.

Un modo ideal de medir la formación –como decíamos al inicio del capítulo– comenzaría por determinar las capacidades de los participantes antes de impartir cualquier actividad, determinando las brechas respecto de lo requerido por el puesto que ocupa u otro (futuro) con el cual se lo desee comparar, para evaluar el grado de adecuación, por ejemplo, frente a una eventual promoción, un plan de sucesiones, etc.

Es decir, se sugiere determinar la/s brecha/s existente/s entre lo deseado o requerido y las capacidades de la persona evaluada (conocimientos y/o competencias, según corresponda).

Si la organización ha implementado los subsistemas de Recursos Humanos, podrán determinarse necesidades de formación a través de los resultados de las evaluaciones de desempeño, mediciones de competencias, etc., por varios períodos.

La medición del grado de eficacia de las acciones para el desarrollo de competencias –que podrán implicar otras acciones además de las incluidas en el plan de formación– podrá realizarse midiendo el grado de desarrollo de los colaboradores de un año respecto de otro.

También se podrá medir la evolución de la inversión realizada en formación, a través de indicadores sobre la gestión del área de Recursos Humanos tanto en su conjunto como de algunas de sus funciones. Por ejemplo: *inversión en formación respecto de la cantidad de empleados.*

Estos índices solo brindarán información útil comparando una serie de años o, en algunos casos muy específicos, realizando consultas comparativas con otras empresas del mercado (*benchmarking*[3]).

Evaluación de resultados. Criterios e indicadores de gestión con mirada estratégica

La medición de resultados en formación es un aspecto interesante, y todos los que posean alguna experiencia tendrán muchas anécdotas al respecto. Por ejemplo, evaluaciones de actividades de formación donde el foco de los participantes está en la comida ofrecida y aspectos similares.

---

3 *Benchmarking.* Expresión en idioma inglés que se utiliza para denominar el proceso que permite comparar una determinada práctica organizacional con otras similares en el mercado que sean consideradas como "buenas prácticas". El propósito con el cual se realiza es implementar mejoras en los métodos de trabajo organizacionales.

Por extensión, se puede realizar un *benchmarking* interno, para comparar el funcionamiento de un área o sector con otro/s. Esta variante –*benchmarking* interno– es de aplicación frecuente en compañías transnacionales para comparar divisiones de negocios de diferentes países o regiones.

Los aspectos de detalle deberán ser considerados, para mejorar al respecto, pero deberá darse la importancia que corresponde al resultado de la formación en sí.

Todos los aspectos de una actividad de formación son relevantes, incluidos el lugar y la luz del ambiente, y el refrigerio ofrecido. Si el área de Recursos Humanos contrata un lugar para las actividades –por ejemplo, un hotel 5 estrellas– y el servicio no es el esperado, deberá contar con algún criterio definido para poder actuar en consecuencia: desde elevar una queja hasta decidir no realizar otras actividades en el mismo ámbito.

Ahora bien, obviamente, este no debe ser el único aspecto a considerar, ni el más importante. Por lo tanto, si bien las encuestas de satisfacción de los participantes en relación con estos aspectos deben ser consideradas, no puede ser este el único criterio a utilizar para medir la formación. El colaborador, en la mayoría de los casos, no tiene una manera efectiva de evaluar la eficacia de la actividad formativa. Se retomará este tema más adelante, en este mismo capítulo.

Un comentario análogo debe hacerse con relación al instructor o responsable de la actividad formativa. Todos hemos conocido instructores que entretienen y divierten a los asistentes sin dejarles ningún contenido y, desde ya, sin lograr alcanzar los objetivos propuestos por la actividad de formación. Sin embargo, en estos casos, las encuestas de satisfacción suelen ser muy positivas.

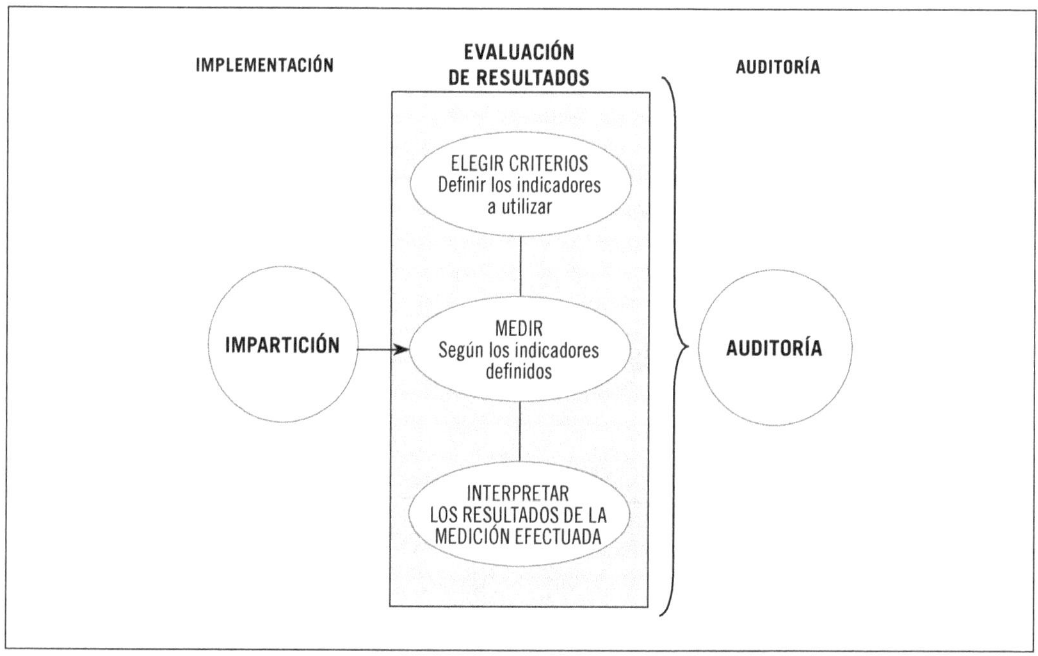

El gráfico anterior expone una de las etapas del Modelo Organizacional de Formación que se presentó en el Capítulo 2. Allí se señala la importancia de elegir los criterios e indicadores a utilizar. Una vez definidos dichos indicadores, deben ser los que se utilicen para medir la impartición y los resultados, en particular y en conjunto.

En resumen, una correcta evaluación de resultados implica, primero, la elección de los criterios de medición según el objetivo que se desee alcanzar. Estos criterios debe definirlos el área de Recursos Humanos como responsable de la ejecución del plan de formación.

Veamos en el gráfico siguiente los tres momentos más importantes o instancias para tener en cuenta en la medición de la formación.

1. Medir los resultados por cada actividad. Según la situación, podrá medirse un conjunto de actividades.

2. Medir resultados por persona o colectivos de personas. Estas mediciones podrán ser específicas y/o resultado de las evaluaciones de desempeño. También resultantes de los programas internos para el desarrollo (que se verán en el Capítulo 8).

3. Indicadores de gestión.

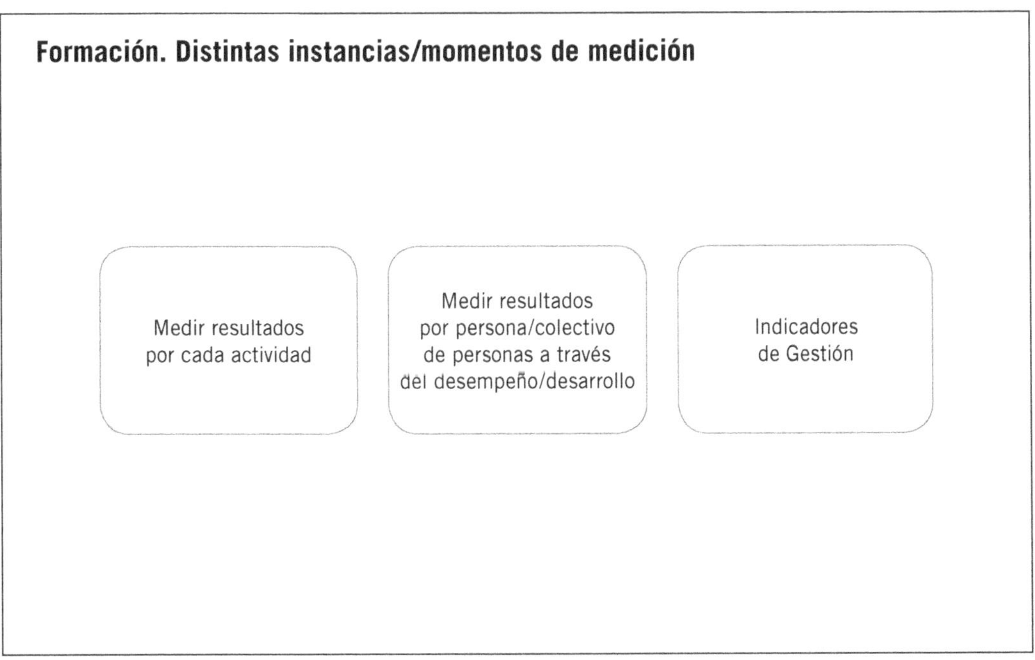

Se deberán evaluar los resultados de la formación llevada a cabo a través de cualquiera de las variantes que se han visto en capítulos previos: planes de formación, modelo organizacional de formación, centros de formación, universidad corporativa.

A continuación nos referiremos a las distintas instancias de medición de la formación, comenzando por una mirada individual, actividad por actividad o grupo de actividades, según la situación.

El resultado de las acciones de formación también podrá medirse relacionándolas con el resultado del desempeño de las personas, ya sea a nivel individual o por colectivos de personas.

Por último, no menos importante que los aspectos anteriores, la aplicación de indicadores de gestión al área o función de Formación.

Los indicadores expuestos a continuación permitirán medir la inversión destinada al aprendizaje de conocimientos y al desarrollo de competencias (una competencia o varias de ellas, según corresponda en cada caso).

Mediciones de las actividades

Las actividades de formación, en especial talleres y cursos de capacitación diversos, podrán ser medidos uno a uno, es decir, actividad por actividad o, en el caso de que se impartan varias actividades del mismo tema, de manera conjunta.

Si el plan de formación, por ejemplo, contempla la realización de varios talleres sobre un mismo tema, todos a cargo del mismo instructor, podrá hacerse una evaluación por cada taller y, luego, una por el conjunto de estos. Cada organización adoptará el criterio más adecuado.

Algunos aspectos para considerar:

1. Desempeño de los participantes durante la capacitación: participación, preguntas y otras manifestaciones.

2. Medir el aprendizaje, sobre la base de preguntas o ejercicios. Los jefes de los participantes podrán evaluar el resultado en la aplicación diaria de los contenidos.

3. Evaluar el comportamiento durante la actividad.

4. Medir los costos y los resultados: implica comparar los costos asociados al entrenamiento con los beneficios producto de la capacitación.

Sobre la base de estos aspectos generales, se han determinado los criterios que se exponen en la figura siguiente.

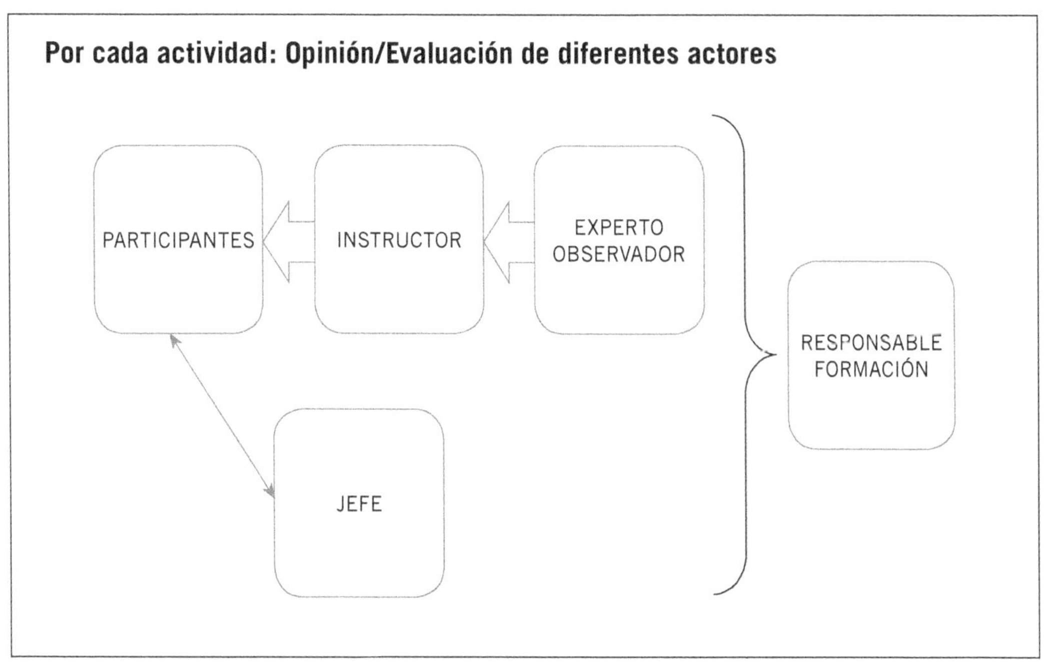

La opinión de los participantes y del instructor podrá ser registradas inmediatamente después de finalizada la actividad. Del mismo modo, si se contó con la figura del experto observador, este puede expresar de inmediato sus impresiones. El jefe podrá dar una opinión algunos días después, en función del desempeño del colaborador y en relación con la temática de la formación en cuestión. Por último, el responsable de Recursos Humanos/Formación podrá realizar un informe completo sobre las mediciones parciales obtenidas de los distintos actores intervinientes. Veamos más en detalle las distintas opciones posibles.

Participantes

La opinión de los participantes es sumamente interesante y pertinente. Sin embargo, a estos debe solicitárseles su evaluación/opinión sobre aquellos elementos sobre los cuales puedan emitir juicio genuino.

Las encuestas frecuentemente utilizadas para evaluar las actividades de formación se basan en la percepción de los participantes, que opinan −en ocasiones− acerca de temas sobre los cuales no pueden realizar una apreciacion adecuada. Por ejemplo, si un especialista en Recursos Humanos asiste a una actividad formativa sobre matemática borrosa o estadística no paramétrica, excepto que se haya capacitado en este tema con anterioridad, no podrá evaluar si el instructor sabe o no del tema; podrá tener una percepción sobre si se expresaba con seguridad y de allí "deducir" su conocimiento o no del tema, pero no más.

Continuando con el ejemplo, sobre los dos temas de referencia podremos encontrarnos con expertos muy diferentes entre sí, unos con escaso nivel de comunicación y otros con una facilidad de exposición maravillosa. Ahora bien, no sería justo evaluar a una persona poco simpática asignándole un nivel de conocimiento bajo sobre el tema solo por su forma de comunicación, aunque como participante se prefiera a los instructores más carismáticos.

En síntesis, se debería preguntar solo aquello sobre lo cual el participante pueda responder con objetividad y desde su rol. Las percepciones que devienen de la mayor o menor simpatía de un instructor no dan información valedera a la hora de evaluar la calidad de la formación.

La opinión de los participantes podría ser solicitada al final de la actividad y, adicionalmente, a "x" días o a "x" meses de su realización.

En esta segunda instancia, por ejemplo, los participantes podrían evaluar la aplicabilidad real en sus puestos de trabajo de lo aprendido.

Instructor

La opinión del instructor es sumamente relevante y rara vez le es solicitada. Al igual que en el punto anterior, podría obtenerse en dos instancias: al final de la actividad, para algunos ítems, y otra opinión a "x" días o meses, sobre otros. Un instructor está en condiciones de evaluar a los participantes desde diversas perspectivas.

Muchas veces los asistentes, en su afán de *hacerse notar,* de sobresalir durante la impartición, dificultan la actividad y, en ocasiones, impiden el aprendizaje del grupo en su conjunto. La participación de los asistentes en una actividad formativa es deseable en cualquier circunstancia. Es muy frustrante para un instructor cuando los participantes no formulan preguntas ni manifiestan dudas; sin embargo, la participación será conceptualmente buena cuando sea *pertinente.*

El instructor, según la participación del grupo en general, las preguntas que realicen, la resolución de ejercicios prácticos, etc., podrá también evaluar el grado de comprensión sobre la temática, el compromiso con la actividad, valores personales de los participantes, etcétera.

En resumen, inmediatamente después de la actividad un instructor podría evaluar a los participantes en los siguientes aspectos:

- Preparación previa, abierto en dos aspectos: A) formación general del participante en relación con la temática –por ejemplo, estudios y experiencia–, y B) preparación específica –por ejemplo, si completó los ejercicios o realizó las lecturas previas sugeridas, que muchas veces son requeridas antes de asistir a una actividad.

- Participación durante la actividad, preguntas formuladas y su pertinencia, aportes realizados, compenetración en la resolución de casos y ejercicios prácticos y calidad del material producido, distracción personal, distracción personal involucrando a sus compañeros, etc.
  Es frecuente que los asistentes lleven su ordenador portátil a las actividades formativas. En ese caso, se podrá considerar cuál fue el uso que se le dio (como apoyo al aprendizaje u otro diferente).
  También, cuál fue el uso dado a los teléfonos móviles durante las actividades, etc.

- Resultados obtenidos, desde la performance obtenida en un examen (si la actividad así lo propone) hasta la seriedad con que la persona se autoevaluó o cómo confeccionó su plan de acción, en el método Codesarrollo. En este último caso, la pertinencia de las actividades elegidas, el compromiso al elaborar el plan, la factibilidad de llevarlo a cabo, etc.

En una instancia *a posteriori* ("x" días o meses después de impartir la actividad), un instructor podría emitir opinión comparativa entre diferentes grupos de participantes y, a la luz de los puntos anteriores, realizar sugerencias para modificar contenidos, realizar acciones complementarias, etc.

Ejemplos de otros factores que pueden ser considerados por un instructor al momento de la evaluación:

- En una actividad para el desarrollo de competencias en la cual los participantes, en su mayoría, no conocen los comportamientos requeridos por su puesto, podrá sugerir a Recursos Humanos mayor difusión del documento interno donde se los consigna (diccionario de comportamientos).

- Si en una actividad para el desarrollo de competencias, en el momento de confeccionar los planes de acción el instructor detecta que los participantes, en su mayoría, no conocen las guías de desarrollo de la empresa –disponibles en la intranet organizacional–, podrá sugerir a Recursos Humanos mayor difusión de esos materiales.

- En actividades sobre conocimientos, si el instructor detecta que la mayoría de los participantes no usan un determinado conocimiento en su actividad diaria, podrá informar al área de Recursos Humanos. Quizá, por ejemplo, están participando en un curso cuya temática no aplicarán *a posteriori* en sus puestos de trabajo.

- En cualquier tipo de actividad, si se les ha asignado a los participantes una consigna previa sobre lecturas, resolución de un caso, etc., si el instructor detecta que la mayoría de los participantes no están informados de la consigna a realizar podrá sugerir a Recursos Humanos mayor difusión de este requisito previo, con "x" días de anticipación, y, además, asegurarse de que los participantes lo hayan comprendido adecuadamente.

- En un caso similar al anterior, si el instructor percibe que los participantes, en conocimiento de la consigna, no la llevaron a cabo, podrá informar a Recursos Humanos.

- Si los participantes no asisten a la actividad o lo hacen de manera parcial bajo excusas, reales o no, tales como: *tener mucho trabajo, su jefe le pidió algo extra y no pudo asistir,* etc., las causas referidas pueden ser diversas y el instructor no tener información para determinar su legitimidad; no obstante, debe informar sobre los hechos: ausencias y justificaciones expuestas.

En resumen, el instructor presentará un informe conceptual sobre la actividad, la pertinencia de la temática impartida para ese grupo en particular, etc. Es decir, una evaluación sobre aspectos relevantes relacionados con las actividades formativas a su cargo.

Experto observador

Si bien he utilizado las palabras "experto observador" quizá sea más adecuado decir "experto interno observador", siempre que esto sea posible.

En las actividades formativas podría incluirse una mirada experta que emita juicio sobre los contenidos, su pertinencia en ese momento, la calidad, etc. No será indispensable que el experto participe de la actividad en su totalidad; podría presenciar solo una parte de ella, el tiempo necesario para formarse una idea que le permita emitir una opinión.

Si la organización imparte varias actividades de la misma temática o diferentes pero interrelacionadas, el experto interno en su rol de observador podría emitir un informe relacionando todo lo actuado con una actividad o un grupo de ellas, según corresponda.

Algunos ejemplos sobre quién podría asumir el rol de experto como observador de una actividad formativa:

a) *Actividad formativa:* Codesarrollo sobre la competencia *Orientación al cliente*[4] o similar.
   Instructor: consultor externo.
   Experto interno observador: gerente de ventas.

b) *Actividad formativa:* Codesarrollo para jefes sobre temas inherentes a su rol (*Rol del jefe*).
   Instructor: el jefe directo de los participantes o un consultor externo.
   Experto interno observador: responsable de Recursos Humanos.

Jefe

Utilizo la expresión jefe como un concepto genérico. En tal sentido involucra al número 1 de la organización y todos los demás niveles que posean personas a su cargo. En este caso, nos estamos refiriendo al "jefe directo" de los asistentes a las diversas actividades de formación, en algunas circunstancias, podría tratarse del jefe del jefe.

Los jefes de los participantes podrán evaluar el resultado de la formación en el día a día, en la aplicación práctica de los contenidos, en lo que respecta al uso de nuevos conocimientos o cómo el colaborador pone en evidencia el cambio de comportamientos.

Como se ha manifestado, el jefe directo tiene siempre un rol muy importante. Por lo tanto, se puede enviar una encuesta a los jefes directos de los participantes para que estos brinden su opinión sobre el cambio de comportamientos o el grado de aprendizaje de ciertos conocimientos en base a la utilización de los mismos en el puesto de trabajo, según corresponda.

La opinión de los jefes también podría ser solicitada en dos momentos. Al finalizar las actividades y luego de una cantidad de meses, para conocer los resultados o cambios del colaborador en su desempeño y en relación con su puesto de trabajo.

---

4 La definición de la competencia y sus grados, así como los comportamientos asociados en cada caso, pueden verse en las obras: *Diccionario de competencias. La trilogía. Tomo 1* (Ediciones Granica, Buenos Aires, 2015) y *Diccionario de comportamientos. La trilogía. Tomo 2* (Ediciones Granica, Buenos Aires, 2015).

Uno de los pasos del método Codesarrollo es el seguimiento (ver Capítulo 2). Este aspecto también podría formar parte de los criterios a evaluar, e igualmente se relaciona con los jefes directos.

Responsable de Formación

Al utilizar las palabras "responsable de Formación" deseo referirme al responsable de la preparación e implementación del plan de formación, quien también podrá ser el responsable de Recursos Humanos, según la estructura del área.

Respecto de esta cuestión, será el responsable de la coordinación del plan de formación quien deba emitir un informe que reúna las opiniones de todos los anteriores en un solo documento, sumando su propia valoración de todo lo actuado.

El responsable de Formación podrá enriquecer las evaluaciones descritas en los puntos anteriores con su propia opinión. Para ello el área de Formación podría determinar criterios de control para aplicar en las distintas actividades formativas, y podría incluso determinar indicadores según la temática, el tipo de actividad y, desde ya, separando conocimientos de competencias. En este caso, la opinión de Recursos Humanos sería un criterio adicional a todos los mencionados anteriormente. El informe final del responsable de Formación (o del área de Recursos Humanos) podría constar de los siguientes ítems.

a) Participantes. Si se utilizaron dos momentos para formular las encuestas, esto debe explicitarse.

b) Instructor. Si se utilizaron dos momentos para formular las encuestas, esto debe explicitarse.

c) Experto interno observador.

d) Jefes directos de los participantes. Si se utilizaron dos momentos para formular las encuestas, esto debe explicitarse.

e) Formación (cuando se han fijado criterios específicos).

f) Conclusión del responsable de Formación.

En resumen, si la formación es una inversión de relevancia dentro de la organización, no solo por el dinero invertido en ella sino, en especial, por la repercusión estratégica de un plan adecuado, deberá evaluarse su resultado y quedar plasmado en un informe final del responsable de Formación. Como ya expresamos, este informe no puede circunscribirse a cuestiones de detalle (los cuales deberán ser mejorados, pero siguen siendo detalles) ni a las percepciones de los participantes sobre aspectos que, muchas veces, no están en condiciones de evaluar.

Una vez que se hayan definido los criterios, con anterioridad a la impartición, junto con los respectivos cuestionarios, al final y después de ella, según corresponda, se realizará la medición final.

El foco de la evaluación deberá ponerse en confirmar si la definición de los objetivos fue realizada en relación con la estrategia y si los objetivos fueron alcanzados, es decir, si los participantes adquirieron el conocimiento o desarrollaron la competencia, según el tipo de actividad.

Medir resultados por persona/colectivo de personas a través del desempeño/desarrollo

La formación de colaboradores, de todos los niveles y tipos de actividad, es siempre una inversión, dirigida a alcanzar la estrategia organizacional.

Como vimos en el Capítulo 1, la formación se realiza de cara al futuro, para alcanzar la estrategia y/o un cambio cultural, entre otros aspectos. Adicionalmente, en la detección de necesidades, se considera la adecuación persona-puesto, respecto a puestos actuales como futuros.

En consecuencia, para la medición de la eficacia de las acciones formativas en general y de desarrollo en particular, primero se deben medir brechas en períodos sucesivos. Luego se pueden aplicar índices para analizar la inversión realizada.

Si en la organización en su conjunto los métodos de trabajo responden a las buenas prácticas, los modelos de competencias habrán sido definidos sobre la base de la estrategia, solo por citar uno de los aspectos de mayor relevancia. De esta manera, la preparación del plan de formación y la medición de resultados será más sencilla.

Como en ocasiones lo anterior no se verifica y/o el responsable a cargo de la preparación del plan de formación no está totalmente seguro al respecto, deberá responderse las siguientes preguntas y confeccionar un listado sobre qué se desea evaluar.

1. La primera pregunta que debe responderse es cómo se relaciona la inversión realizada con la estrategia organizacional.

2. La segunda tendrá en cuenta el grado de eficacia de la inversión.

Para dar respuesta a la primera pregunta habrá que realizar una tabla comparativa de ítems, considerando cuáles se desprenden de la estrategia organizacional y sobre cuáles de ellos se han realizado actividades formativas, tanto en conocimientos como en competencias. Ejemplos: 1) de acuerdo con la estrategia se ha implementado una red digital logística para abastecer a las tiendas en tiempo real utilizando nuevos dispositivos, en este caso, habrá que verificar que a los jefes y ciertos colaboradores clave se les haya impartido la formación respectiva; 2) la organización ha incluido nuevas competencias en el modelo producto de un cambio en la estrategia, en este caso, habrá que verificar si se han llevado a cabo acciones formativas sobre estos nuevos conceptos.

Mediciones individuales

Retomando el gráfico del inicio del capítulo, si la persona evaluada durante un período –por ejemplo, un año– asistió a un taller de Codesarrollo con el respectivo seguimiento por parte de su jefe, junto con otras acciones de formación, y luego del año se realiza una nueva medición que indica que las brechas han disminuido o desaparecido, podremos considerar que las acciones llevadas a cabo en materia de formación han sido efectivas.

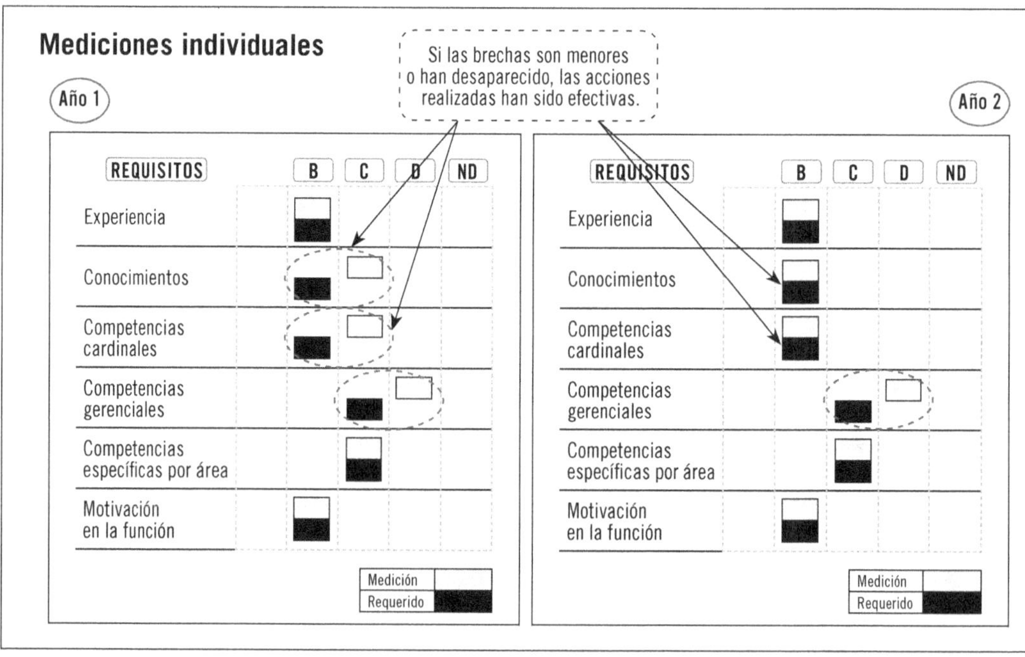

Analizando la figura precedente, observamos que el evaluado evidenciaba en el año 1 y en relación con su puesto actual (o futuro, según corresponda) tres brechas de un grado, en conocimientos, en competencias cardinales y en competencias gerenciales.

En el año 2, dos de esas brechas han desaparecido y una se mantiene igual. Por lo tanto, el resultado de la evaluación nos indica que las acciones realizadas en materia de formación han sido efectivas tanto en conocimientos como en competencias cardinales. No así en competencias gerenciales.

Con este resultado "en la mano" habrá que analizar las circunstancias, desde que no se haya realizado acción alguna en materia de competencias gerenciales y por ello no se han verificado mejoras en este ítem, o cualquier otra razón.

Mediciones a colectivos de personas

En relación con un colectivo de personas, el análisis es similar al individual. Para evaluar el grado de efectividad, se deberá partir de las brechas en el punto inicial (año 1) y la medición realizada después de un período de tiempo (año 2, en el ejemplo del gráfico siguiente).

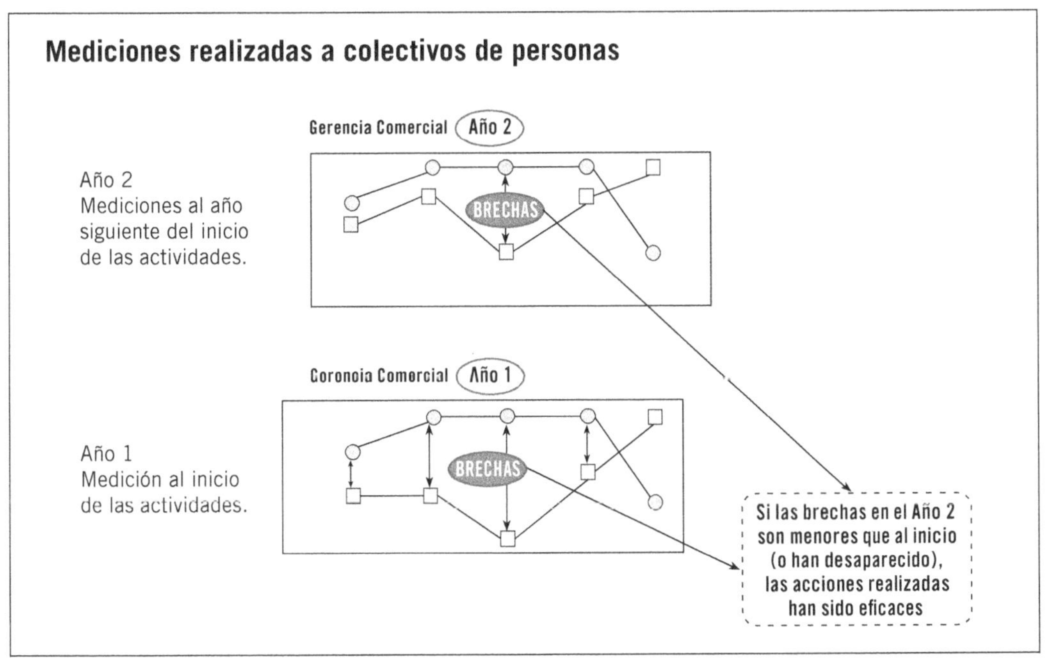

En el ejemplo de la figura precedente el colectivo analizado pertenece a la Gerencia Comercial, la cual ha iniciado un programa de formación para cuatro competencias (o conocimientos) respecto de las cuales, en su conjunto, los integrantes de la mencionada gerencia presentaban brechas. Luego de un año de realizar diferentes acciones (continuando con el ejemplo, si se utilizó el método Codesarrollo, podrían haber sido: taller de Codesarrollo 1, seguimiento, taller de Codesarrollo 2) el resultado ha sido que tres de las brechas han desaparecido y la brecha más profunda se ha reducido.

En este ejemplo se observa, entonces, que el grado de efectividad del proceso ha sido altamente satisfactorio y la inversión ha dado sus frutos.

Indicadores de gestión en formación

En la Presentación se hizo mención a la obra *La Marca Recursos Humanos*[5] y la percepción que otras personas, otras áreas, tienen sobre la gestión de Recursos Humanos y en lo atinente, específicamente, a Formación.

Todas las funciones de Recursos Humanos pueden ser medidas por indicadores de control de gestión. En todos los casos deben aplicarse aquellos indicadores que para esa organización sean relevantes. La experiencia indica que deben elegirse pocos indicadores –y los más adecuados–. Muchas organizaciones aplican un gran número de indicadores y el resultado final es que no se les presta atención, porque la dirección de la organización se dispersa analizando datos que pueden no ser relevantes. Por lo cual nuestra sugerencia a los máximos conductores es que sean austeros en la aplicación de índices, y solo opten por los que consideren más adecuados a cada situación.

El otro elemento para tener en cuenta es que los indicadores deben aplicarse con continuidad, es decir, elegir algunos pocos y calcularlos año tras año para así establecer una tendencia de gestión dentro de la propia organización. En algunos casos la comparación con otras organizaciones (*benchmarking*) puede ser ilustrativa, y en otros no. Cada organización debe analizar la conveniencia en cada caso en particular; quizá el *benchmarking* sea adecuado en publicidad (solo por citar un ejemplo) y no en formación, o lo contrario.

A continuación, presentaremos algunos índices de control de gestión para medir formación y desarrollo de competencias. Ambos pueden scr utilizados para evaluar las prácticas de Codesarrollo o cualquier otra que la organización utilice.

---

5 *La Marca Recursos Humanos*. Ediciones Granica, Buenos Aires, 2013.

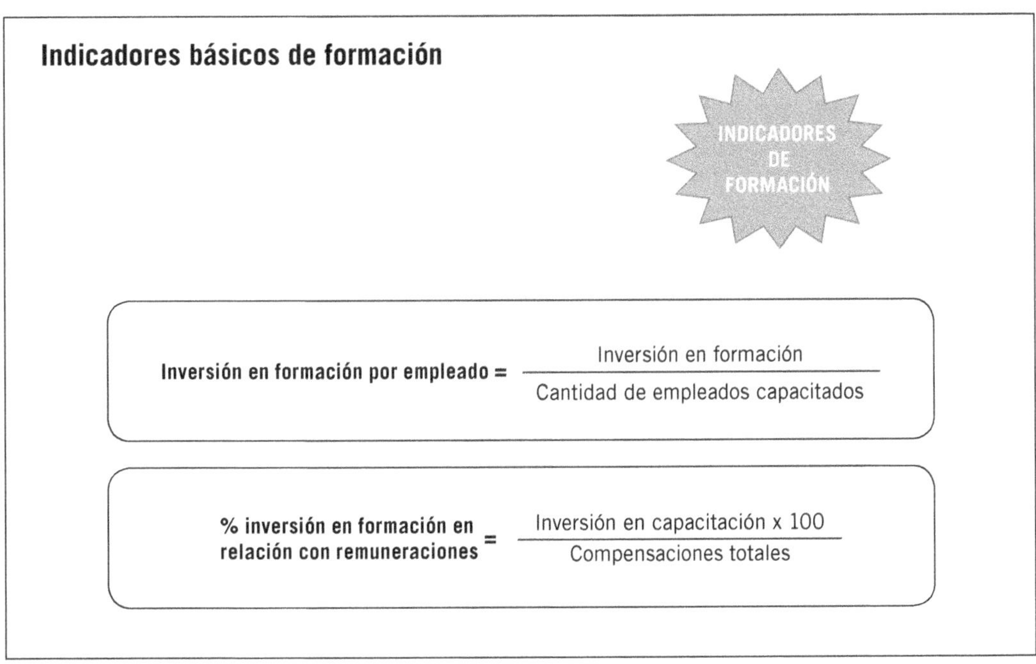

Indicadores básicos de formación

Estos índices son los más usados para medir la inversión en formación en su conjunto. No miden en sí la eficacia de los métodos utilizados, sino que brindan a la organización un indicador válido para analizar la evolución de la inversión global realizada en materia de formación (ver figura superior).

Estos indicadores también podrán aplicarse por áreas; en ese caso, permitiría comparar la inversión en formación, por ejemplo, para la fuerza de ventas o para los integrantes del área de informática, a lo largo de los años.

Indicadores específicos para medir
el desarrollo de competencias

Los indicadores expuestos a continuación permitirán medir la inversión destinada al desarrollo de todas las competencias o, también, podrá medirse competencia por competencia.

En el gráfico siguiente se exponen dos índices para medir la implementación de programas específicos, en un período determinado (usualmente, un año).

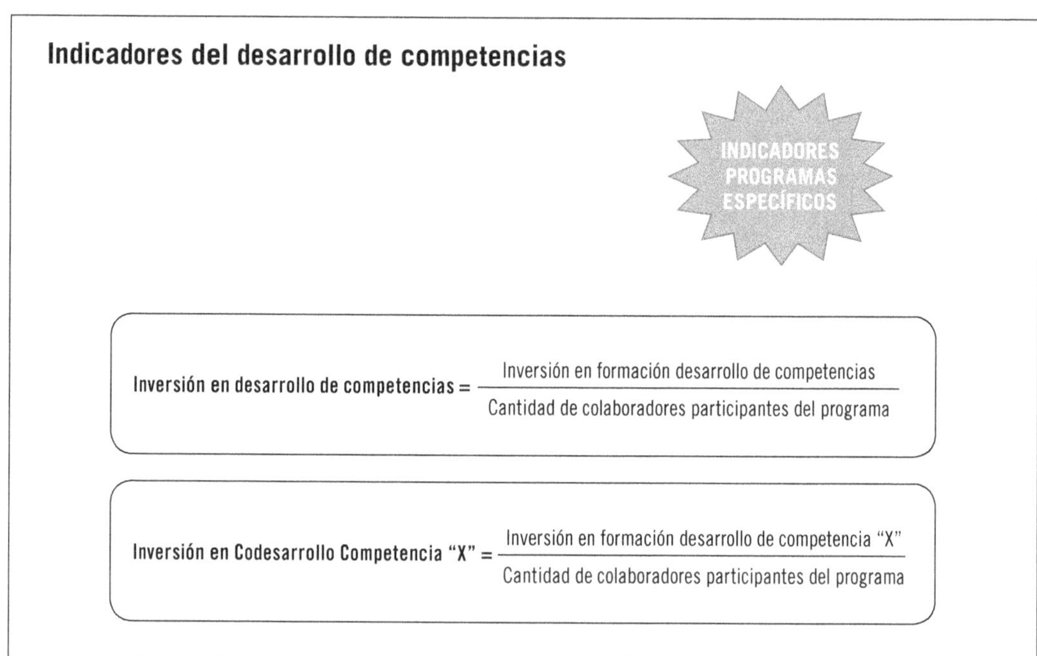

Mediante el primero de ellos se mide la inversión en acciones de formación tendiente al desarrollo de un conjunto de competencias, por ejemplo, todas las que conforman el modelo organizacional. A su vez, la medición podrá ser realizada considerando todos los colaboradores de la organización o solo con una parte de ellos, si las acciones de referencia no involucraran a todos.

En el segundo indicador, se mide una inversión específica, es decir, las acciones destinadas al desarrollo de una competencia en particular, utilizando el método codesarrollo. Este tipo de indicador –destinado a la medición de un tema específico de formación– será pertinente según las circunstancias. Ejemplo, frente a la necesidad de un cambio cultural se decide impartir actividades de codesarrollo durante un año. En este caso sería posible medir -específicamente- la inversión realizada para el desarrollo de la competencia relacionada con el cambio deseado.

Indicadores específicos para medir el desarrollo de competencias

A continuación se explican indicadores que permitirán medir la inversión en programas internos de desarrollo, que se verán con mayor detalle en el Capítulo 8.

Indicadores de programas de desarrollo

Grado de eficacia de programas internos. En el ejemplo: Diagramas de reemplazo $=\dfrac{\text{Cantidad de reemplazos realizados con personas de la propia organización}}{\text{Cantidad total de reemplazos}}$

En el gráfico precedente se ofrece un indicador para medir la inversión a través del grado de eficacia de uno de los programas internos para el desarrollo de personas: *Diagramas de reemplazo.*

Los indicadores de gestión son utilizados, también, para realizar comparaciones entre empresas del mismo segmento de la economía, entre otras aplicaciones.

¿Cómo elegir qué indicadores utilizar?

Algunas sugerencias para determinar los indicadores más adecuados, y su cantidad:

- Para determinar qué indicadores utilizar se sugiere analizar los principales aspectos que la dirección de la organización desea controlar en función de la estrategia empresaria global.

- Será de gran utilidad tomar un período de prueba que sea representativo de la actividad a medir –por ejemplo, los últimos 6 meses– y calcular los indicadores elegidos en ese lapso.

- Un buen director de Recursos Humanos sabrá darse cuenta de si eligió bien los indicadores y si son lógicos los resultados obtenidos. También se puede requerir un asesoramiento externo para que lo ayude a establecer cuáles son los indicadores más apropiados con respecto al tamaño de la organización, el momento que esta atraviesa y el segmento de la economía al que pertenece.

- En ningún caso se aconseja aplicar todos los indicadores posibles –ofrecidos por consultores, especialistas y/o en la bibliografía especializada–. Siempre se deberá elegir unos pocos, los más pertinentes en cada caso.

Procedimientos. Herramientas. Auditoría

Para las distintas funciones que corresponden al sector de Recursos Humanos será factible contar con *procedimientos*[6] para todos los subsistemas del área o para algunos de ellos. Al mismo tiempo, los procedimientos, podrán ser complementados con herramientas[7]; es decir, en cada uno de los pasos, cuando corresponda, se podrá identificar la/s herramienta/s que se deberá utilizar[8].

Muchas personas poseen conocimientos sobre un tema, de manera amplia o parcial, y los utilizan para llevar a cabo una tarea –por ejemplo, formación o selección de personas–. En ocasiones, las personas mezclan conocimientos, experiencias pasadas y creencias no fundadas. Quizá la mayoría realice las tareas en cuestión de la mejor manera posible y con la mejor intención. Pero todo esto no es suficiente.

En el ámbito de las organizaciones debe diseñarse un camino que señale los pasos a seguir para llevar a cabo las tareas de manera profesional y utilizando las mejores prácticas. Para ello es necesario contar con procedimientos y herramientas que respalden la actividad.

Por ejemplo, en selección de personas, no alcanza con tener buenas intenciones: será necesario contar con un esquema actualizado que incluya las nuevas tendencias e indique todo lo necesario a llevar a cabo según el tipo de posición a cubrir. Cada procedimiento será estándar[9] pero no único. Así, continuando con el mismo

---

6 *Procedimiento:* método ordenado de trabajo con relación a un determinado tema o función organizacional. Fuente: *Diccionario de términos de Recursos Humanos.* Ediciones Granica, Buenos Aires, 2011.

7 *Herramientas:* cuestionarios, manuales, guías y otros materiales de apoyo, de probada eficacia para la resolución práctica de un determinado problema o situación. Fuente: *Diccionario de términos de Recursos Humanos* (op. cit.).

8 La autora ha publicado un libro sobre herramientas donde, entre otras, podrá encontrar las relacionadas con formación: *Las 50 herramientas de Recursos Humanos que todo profesional debe conocer.* Ediciones Granica, Buenos Aires, 2016.

9 *Procedimiento estándar:* el término hace referencia a la situación por la cual un procedimiento definido dentro de una organización es luego tomado como punto de referencia para medir lo actuado, por ejemplo, en una auditoría. También se puede utilizar el término cuando dicho procedimiento sea una forma de trabajo que se desea alcanzar. Fuente: *Diccionario de términos de Recursos Humanos.* Ediciones Granica, Buenos Aires, 2011.

ejemplo, podrá contarse con un procedimiento para seleccionar gerentes y otro diferente para la selección de jóvenes profesionales.

En el caso de la función Formación, no implica contar con un único procedimiento para la formación de los colaboradores de distintas áreas y niveles. Usualmente, se definen procedimientos específicos por segmentos. Según la organización, estos segmentos podrán estar referidos a ciertas áreas, Producción, Finanzas, Ventas, etc.

También hay procedimientos para determinados colectivos. Por ejemplo, para jefes de todos los niveles, como se verá en el Capítulo 7, y en relación con los programas internos de desarrollo (Capítulo 8).

Las buenas prácticas indican que, para cada subsistema de recursos humanos, se debería contar con procedimientos específicos, por ejemplo: Selección, Formación, etc. En algunos casos, podrá ser necesario contar con varios procedimientos dentro de un mismo subsistema, por ejemplo, diferenciando los procesos de selección según áreas de especialidad.

Adicionalmente, en los procedimientos se debería señalar las herramientas a aplicar en los distintos pasos que lo conforman. La idea se expresa en el gráfico siguiente.

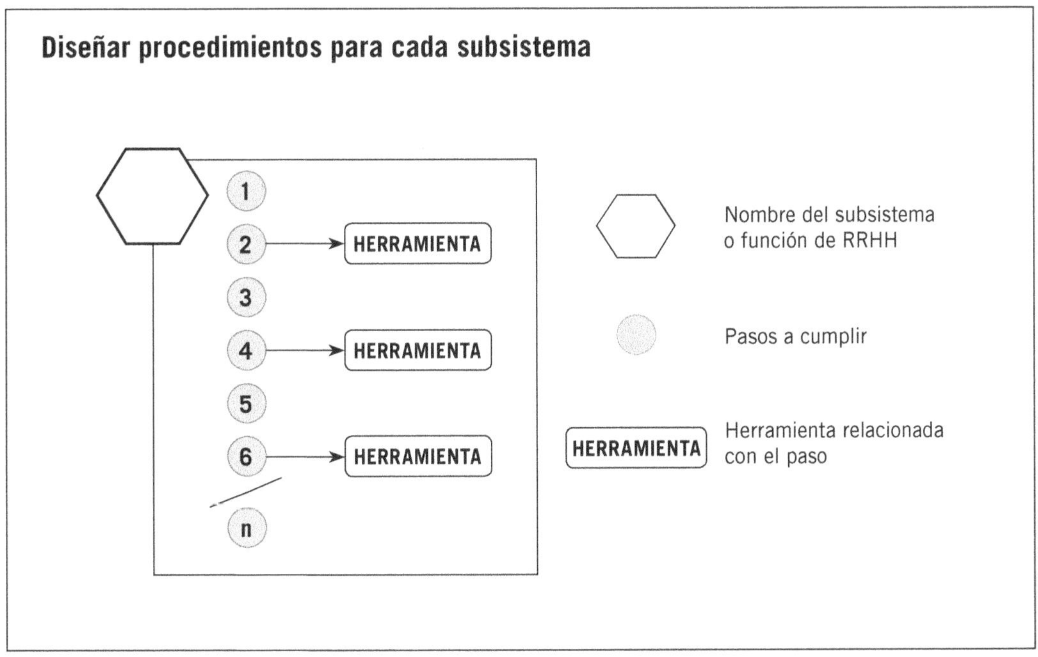

Una vez que se hayan puesto en práctica los procedimientos será posible auditarlos. La auditoría de Recursos Humanos no solo debería contemplar el cumplimiento de los pasos, sino también el grado de aplicación de las herramientas relacionadas con cada uno de ellos.

Una auditoría de Recursos Humanos implica llevar a cabo un conjunto de procedimientos de control a través de los cuales un agente independiente compara determinadas características de los subsistemas de Recursos Humanos con estándares previamente definidos.

Los subsistemas de Recursos Humanos pueden ser auditados al igual que otros procedimientos internos. Para ello, primero debe diseñarse un estándar. Es decir, la auditoría controlará que se haya cumplido con ese estándar.

Para auditar los subsistemas de RRHH será necesario:

- Definir un procedimiento estándar detallado de todos los pasos necesarios y sus responsables.

- Diseñar un procedimiento de auditoría.

- Formar auditores de Recursos Humanos que deben, al mismo tiempo, conocer sobre esta disciplina y dominar los dos aspectos anteriores: estándar definido y procedimiento de auditoría a utilizar.

Los procedimientos permiten la auditoría

Si las organizaciones definen procedimientos para los distintos subsistemas de Recursos Humanos, estos podrán ser auditados, a fin de controlar la calidad y el cumplimiento de los procedimientos estándar definidos.

Los procedimientos estándar deben considerar una variedad de aspectos: pasos a seguir, plazos involucrados, calidad esperada en cada caso, métodos y herramientas a utilizar, resultados esperados y responsables.

Como surge del gráfico siguiente, podrán considerarse como materia auditable factores como: el cumplimiento de políticas, la calidad del control interno, los modelos de competencias, conocimientos y valores (en el caso de contar con ellos; en especial los dos últimos no son de uso frecuente), etc.

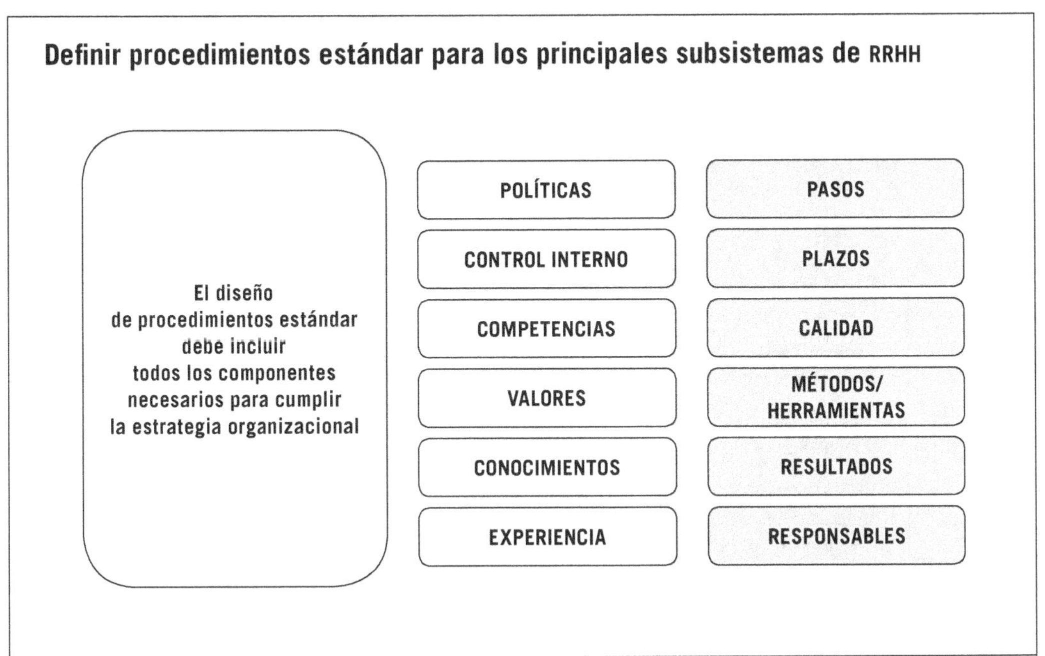

Formación. Procedimientos

Los planes de formación podrán auditarse en sus distintas variantes, en la medida en que, como ya se expusiera, se haya definido previamente los procedimientos estándar. En ese caso, la auditoría controlará que se haya cumplido el estándar fijado.

Por lo tanto, cualquier organización que desee implementar auditoría en formación o en algún otro subsistema debería seguir los siguientes pasos:

- Definir un procedimiento estándar detallado de todos los pasos necesarios y sus responsables.

- Diseñar un procedimiento de auditoría.

- Formar auditores de Recursos Humanos que deben, al mismo tiempo, conocer sobre esta disciplina y dominar los dos aspectos anteriores: estándar definido y procedimiento de auditoría a utilizar.

Como se ha dicho, contar con un procedimiento estándar no significa que haya un único procedimiento disponible. Podrán definirse distintos procedimientos, de acuerdo con ciertos criterios. Los involucrados deberán conocer los procedimientos y las herramientas a utilizar.

En la figura precedente se muestra, a modo de ejemplo, procedimientos por niveles para actividades sobre conocimientos, procedimientos por niveles para actividades sobre competencias, procedimientos por niveles en relación con programas internos.

Cada procedimiento debería detallar los pasos a seguir, tiempos involucrados, calidad mínima y deseable a alcanzar por cada actividad, método a utilizar y herramientas. Por último, el resultado esperado y cómo será su medición y responsables. Los distintos ítems serán consistentes con los diversos procedimientos a diseñar.

Definir procedimientos será de ayuda, para distintos aspectos. El responsable de la preparación del plan de formación podrá basar la confección de este en los procedimientos ya definidos. Ver la figura de la página siguiente.

Contar con procedimientos estándar facilitará la preparación de los planes de formación. Sobre la base de estos procedimientos se podrá planificar con mayor precisión las actividades a realizar, para luego realizar un seguimiento de la planificación realizada y, por último, auditar dicha gestión.

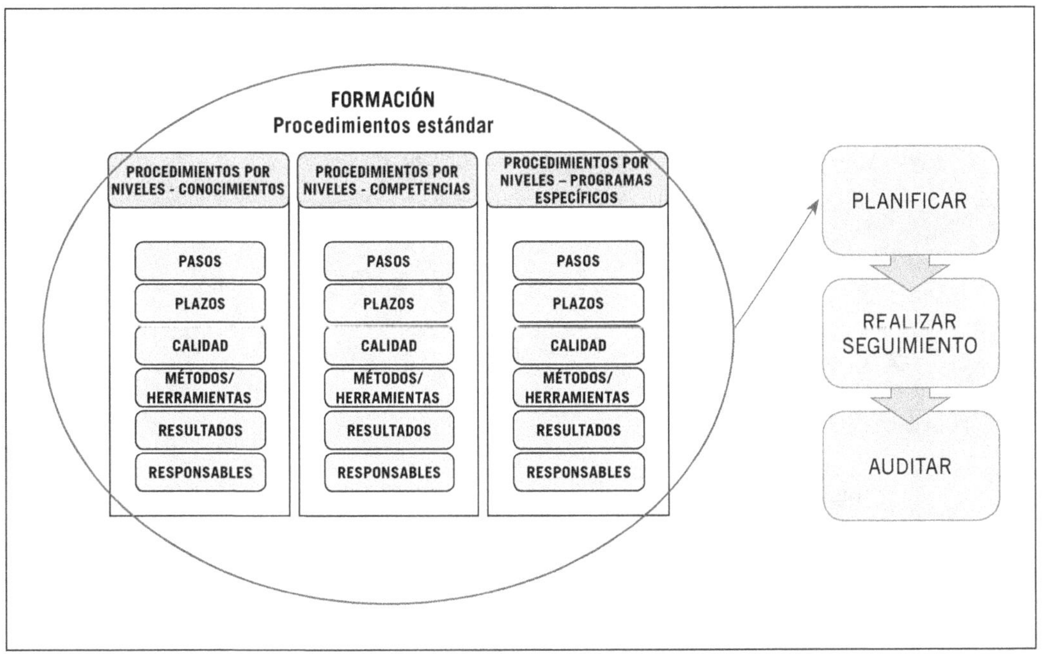

Auditoría del Modelo Organizacional de Formación

En el Capítulo 2 hemos visto el conjunto de acciones relacionadas con formación al cual hemos denominado *Modelo Organizacional de Formación,* con diferentes partes o etapas. En la medida en que se haya definido un procedimiento para cada una de ellas, podrán integrar el *plan de auditoría.* Es decir, podrán ser objeto de rutinas específicas de control.

Como se vio en el Capítulo 1, los distintos aspectos considerados en los subsistemas de Recursos Humanos son necesarios para alcanzar la estrategia organizacional, y Formación es uno de ellos, sumamente relevante para lograr las metas deseadas.

El propósito a alcanzar mediante los pasos mencionados en el modelo organizacional de formación, que concluye con la auditoría del mismo, será que la inversión en formación sea realmente efectiva para la organización.

En ocasiones, los directivos ven a la formación como un gasto, y no siempre están equivocados. La formación podrá ser un gasto o una inversión.

¿Cuándo se transforma el dinero utilizado en formación, de gasto en inversión? Cuando la formación está alineada a la estrategia y, a su vez, puede ser medida, controlada y auditada. De este modo, se equipara con otros procesos organizacionales que pueden ser objeto de los mencionados procesos de control.

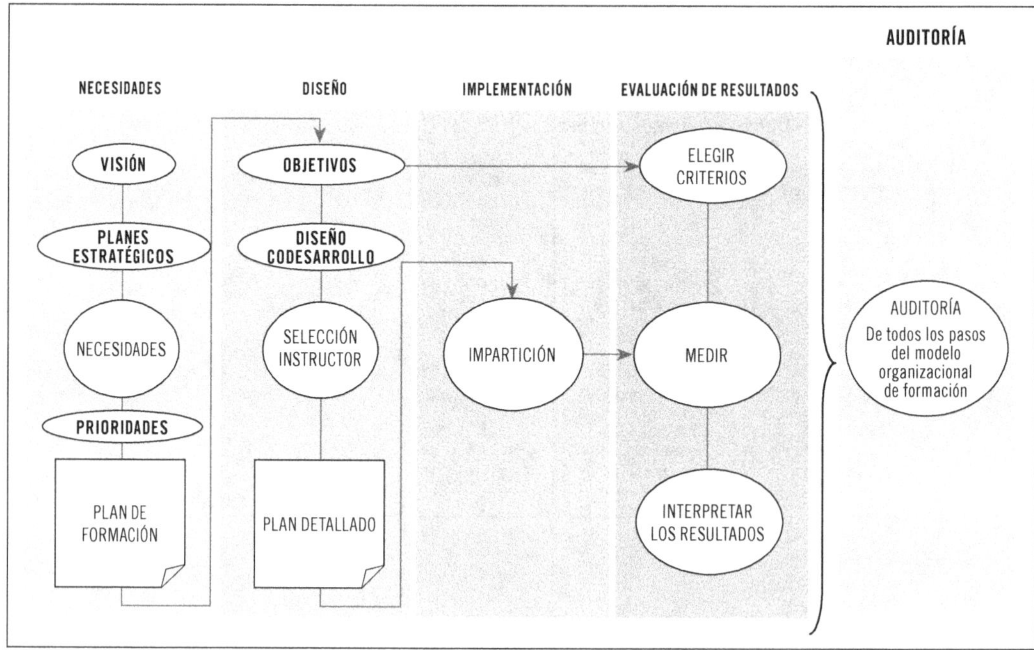

En resumen, un programa de auditoría en relación con formación debería considerar todos los pasos mencionados como etapas del *modelo organizacional de formación:*

- Estrategia

- Detección de necesidades

- Aspectos técnicos (diseño)

- Participación de las diferentes áreas involucradas

- Impartición

- Medición e indicadores utilizados

La auditoría de procesos de Recursos Humanos, que no es muy frecuente, debería implicar la apertura de ítems a evaluar aquí mencionada. En nuestra experiencia, los problemas a detectar pueden ser diversos, por lo cual la auditoría deberá revisar las distintas etapas, según surge del *modelo organizacional de formación.*

El diseño del *modelo organizacional de formación,* así como su posterior plan de auditoría, varía de organización en organización. En cualquier caso, los siguientes cuatro aspectos son los más relevantes.

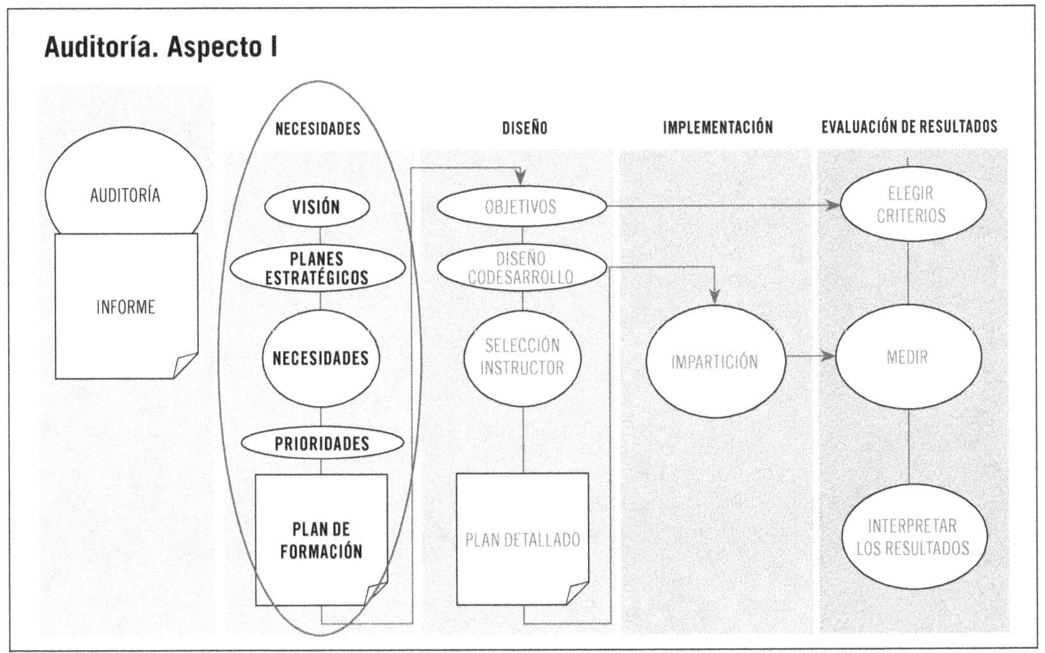

Aspecto I. La detección de necesidades

El primer aspecto para considerar será determinar si los contenidos del plan de formación se corresponden con las necesidades derivadas de la visión y planes estratégicos de la organización.

Luego, que los objetivos (de las diferentes actividades) se correspondan con las definiciones que surgen del plan de formación.

Aspecto II. Diseño

Otro aspecto relevante de una auditoría es la revisión de los criterios utilizados para el diseño, el cual debe permitir alcanzar los objetivos propuestos para las diferentes actividades. Según se vio en el Capítulo 3, el diseño más adecuado implica el método *Codesarrollo*. Si se decidió utilizarlo, los diseños a emplear, tanto en conocimientos como en competencias, deberán seguir todos los pasos que esta metodología indica.

Adicionalmente, si la organización ha elaborado un diseño estándar, otro aspecto a auditar será si todos los instructores lo han aplicado adecuadamente.

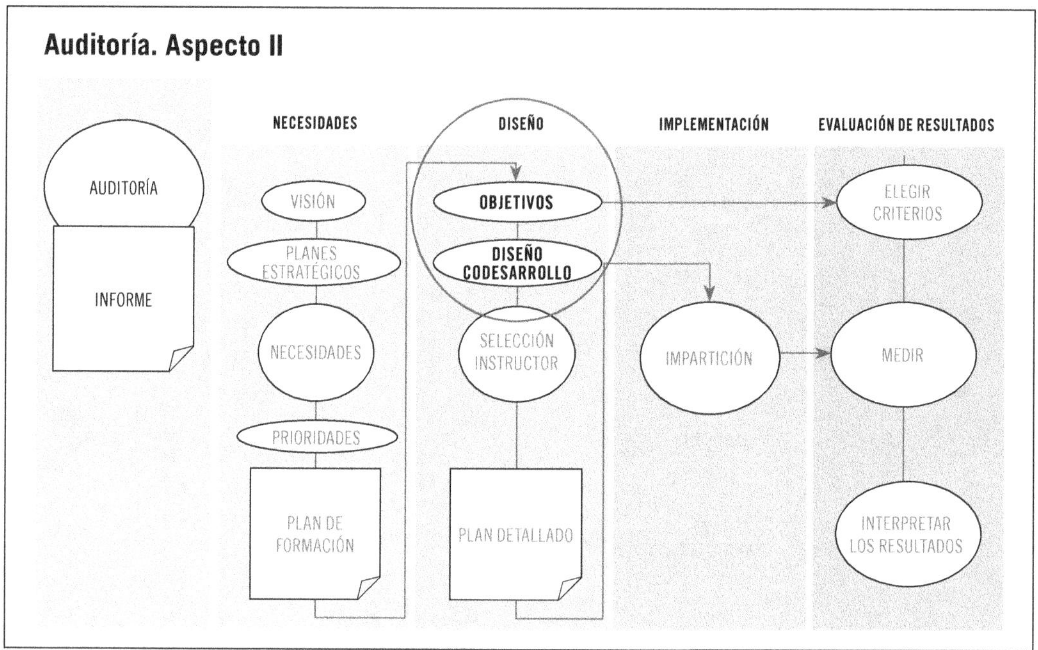

Como otros puntos a considerar, se deberá auditar la selección de instructores y el grado de cumplimiento por parte de estos de los objetivos, el diseño y los planes detallados.

Aspecto III. Criterios de medición en relación con los objetivos

La auditoría de la puesta en práctica de los planes de formación incluirá la impartición en sí misma de las actividades, junto con los criterios definidos para su evaluación.

Es muy importante auditar que las actividades alcancen individualmente los objetivos propuestos. Para ello habrá que relacionar los distintos aspectos –pasos previos– para que, a través de su aplicación conjunta, sea factible alcanzar la visión y los planes estratégicos.

Por ejemplo, si el objetivo de una actividad formativa es mejorar el "trabajo en equipo", la auditoría deberá considerar los siguientes aspectos:

- *Detección de necesidades:* observar si el modelo de competencias incluye la competencia *Trabajo en equipo.* Luego, si existe alguna medición de competencias que avale la necesidad de impartir esta temática y, por último, si los participantes, a su vez, tienen brechas en esa competencia.

- *Diseño:* si el método utilizado es Codesarrollo, verificar el cumplimiento de todos los pasos previstos y, además, si el diseño fue realizado en función de la definición de la competencia *Trabajo en equipo* del modelo de la organización en cuestión.

- *Impartición:* controlar el desempeño del instructor en su conjunto y, además, el grado de cumplimiento del diseño y la observación del plan detallado. En este punto se pueden incluir aspectos relacionados con la logística del evento.

Los objetivos de las actividades incluidas en el plan de formación tienen directa relación con los criterios elegidos para su medición. La idea se expresa en la figura siguiente.

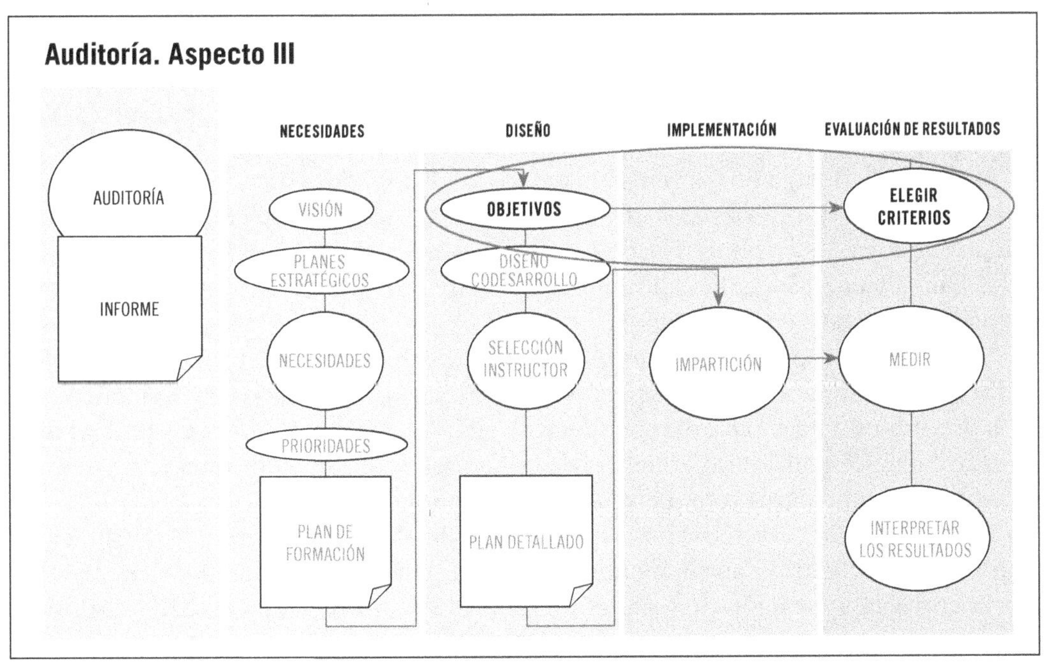

Aspecto IV. Instructor, impartición y mediciones específicas

Nos hemos referido a esta cuestión en las primeras páginas de este mismo capítulo.

La evaluación que se realice sobre el instructor o el experto deberá ser cuidadosa y solo podrá ser hecha por otro experto. Los participantes podrán evaluar del instructor la claridad con la que se expresa y otras capacidades similares, también muy importantes. En resumen, si la organización ha adoptado los criterios sugeridos, la auditoría deberá considerar los siguientes aspectos:

1. *Participantes*

2. *Instructor*

3. *Informe del instructor*

4. *Experto observador (experto interno observador)*

5. *Jefe*

6. *Responsable del área de Formación/Recursos Humanos*

Para cada uno de ellos, se deben tomar en cuenta los indicadores específicos establecidos para la medición de resultados.

En adición a lo ya dicho, sugerimos considerar la pertinencia de otras mediciones adicionales, ya sea sobre las competencias o conocimientos de los participantes; de este modo se podrá conocer fehacientemente los resultados obtenidos.

Otro aspecto a considerar será el rol de los jefes en la medición de resultados de las actividades formativas.

Por último, dentro de los cuatro aspectos seleccionados como los más importantes para una auditoría sobre formación deseamos destacar la relación directa entre el instructor, el desarrollo en sí de la actividad o impartición, y la medición realizada. Una adecuada combinación de estos elementos puede determinar el éxito o fracaso de los planes de formación.

Como el lector podrá fácilmente comprender, se pueden realizar programas de auditoría contemplando otros aspectos diferentes a los expresados en los cuatro gráficos precedentes; la elección dependerá de cada caso y de los objetivos planteados.

También, de considerarse necesario, se podrá realizar auditorías parciales, teniendo en cuenta algunos temas o aspectos más específicos.

En el Capítulo 3 se mencionó que el área de Recursos Humanos/Formación, como responsable de la implementación de los planes de formación, deberá velar por la correcta aplicación de los métodos y herramientas elegidos por la organización. De alguna manera, las distintas evaluaciones sugeridas en este capítulo jun-

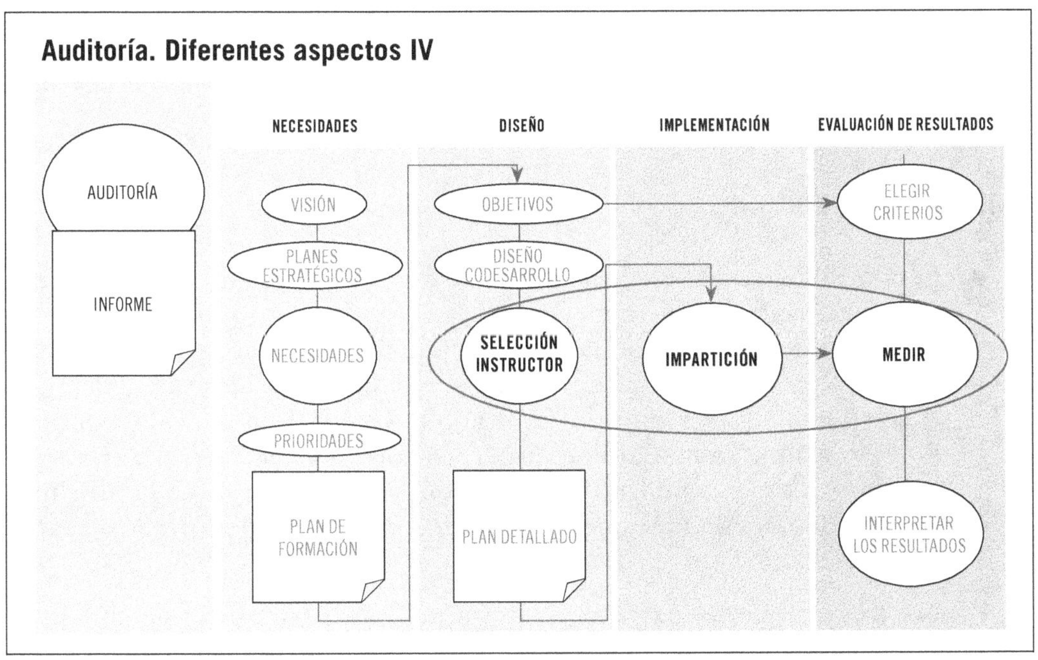

to con su auditoría permitirán evaluar la gestión realizada. Ajustarse a las buenas prácticas en todas las etapas de la formación será de gran ayuda para que todos, en conjunto, alcancen las metas deseadas, ya sea de un plan de formación como en los casos en que se haya implementado centros de formación o una universidad corporativa.

El resultado y las conclusiones de la auditoria en el modelo organizacional de formación –igual que la auditoría de cualquiera de los subsistemas de Recursos Humanos– debieran ser el *input* para mejorar la formación organizacional. Es decir, para diseñar y llevar a la práctica mejores planes de formación, dirigidos a que la organización alcance sus objetivos estratégicos y visión. Las eventuales objeciones resultantes de la auditoría, así como también de las distintas mediciones que se realicen tanto de las diversas actividades como a nivel global, de la gestión del área, no deben tener como único propósito señalar fallas. Su objetivo último debe ser, en todos los casos, enriquecer y mejorar todos los procesos, procedimientos y métodos de trabajo.

Se propone que la formación sirva para crecer entre todos, como producto de una actividad compartida, partiendo del número 1 de la organización, con la participación directa del máximo responsable de Recursos Humanos, así como del responsable y los especialistas de Formación. Todos en conjunto, con jefes y participantes. En sus distintos roles, cada uno de los involucrados hará su parte para alcanzar los objetivos fijados en formación, los cuales a su vez formarán parte de los objetivos estratégicos organizacionales.

Síntesis del capítulo

✓ Será posible medir las capacidades de las personas para tomar acciones de capacitación, a partir de las brechas detectadas. También se podrá obtener información similar de la aplicación sistémica de los subsistemas de Recursos Humanos. Ejemplos: resultados de las evaluaciones de desempeño, en especial si ha utilizado la Evaluación vertical y/o Fichas de evaluación. También de diagnósticos de adecuación persona-puesto y de los programas internos de desarrollo. Se han analizado las distintas fuentes de necesidades para la confección del plan de formación en el Capítulo 2.

✓ Los tres momentos más importantes o instancias para tener en cuenta en la medición de la formación son: 1) medir los resultados por cada actividad (según la situación, podrá medirse un conjunto de actividades); 2) medir resultados por persona o colectivos de personas (estas mediciones podrán ser específicas y/o resultado de las evaluaciones de desempeño; también resultantes de los programas internos para el desarrollo, que se verán en el Capítulo 8); 3) indicadores de gestión.

✓ Se deberá evaluar los resultados de la formación llevada a cabo, a través de cualquiera de las variantes que se han visto en capítulos previos: planes de formación, modelo organizacional de formación, centros de formación, universidad corporativa.

✓ Para la evaluación de los resultados de la formación deben fijarse de manera previa los criterios a utilizar.

✓ Por cada actividad: la opinión de los participantes y del instructor podrá ser registrada inmediatamente después de finalizada la actividad. Del mismo modo, si se contó con la figura del experto observador, también la impresión de este. El jefe podrá dar una opinión cierto tiempo después, en función del desempeño del colaborador y en relación con la temática de la formación en cuestión. Por último, el responsable de Recursos Humanos/ Formación deberá realizar un informe completo sobre las mediciones parciales obtenidas, según los distintos actores intervinientes.

✓ Para la medición de la eficacia de las acciones formativas en general y de Codesarrollo en particular, primero se deben medir brechas en períodos sucesivos. Luego se pueden aplicar índices para analizar la efectividad de la inversión realizada. Estas mediciones podrán ser individuales o para colectivos específicos.

✓ En cuanto a los indicadores, existen diversos tipos. Básicos sobre formación y específicos para realizar mediciones más precisas, desarrollo de competencias, grado de eficacia de diferentes programas, etc.

✓ Para las distintas funciones que corresponden al sector de Recursos Humanos será factible contar con *procedimientos,* para todos los subsistemas del área o para algunos de ellos. Al mismo tiempo, los procedimientos podrán ser complementados con herramientas; es decir, en cada uno de los pasos, cuando corresponda, se podrá identificar las herramientas que se deberían utilizar.

✓ El modelo de formación se completa con la auditoría de formación. Un programa de auditoría debe contemplar todas las etapas, siendo sus aspectos más relevantes para considerar y controlar: detección de necesidades, diseño, criterios de medición en relación con los objetivos y aspectos vinculados con la impartición, tales como la evaluación de resultados a partir de la opinión de diferentes actores del proceso: participantes, instructor, un experto interno observador, los jefes directos y el responsable de Recursos Humanos.

Para continuar leyendo sobre los temas del Capítulo 5

Sugerimos leer, en la obra *Formación. En la práctica,* los siguientes apartados.

- Apartado 9. Reconocer necesidades y priorizarlas

- Apartado 10. Factores a tener en cuenta para alcanzar alta efectividad y eficacia

- Apartado 17. Definir necesidades a través de talleres

- Apartado 18. Seguimiento de la evolución del desarrollo de las competencias y/o del aprendizaje de conocimientos

- Apartado 19. Formación después de mediciones específicas

- Apartado 22. Formación combinando medición de capacidades y Codesarrollo

- Apartado 25, Los jefes. Seguimiento eficaz. Segundo taller de Codesarrollo sobre la misma temática

- Apartado 27. Problemas entre jefes y colaboradores

- Apartado 29. Indicadores de gestión sobre formación

- Apartado 30. Formador de formadores. Diseño e implementación

PARA PROFESORES

CASOS

Para la preparación de "casos prácticos" a ser utilizados en la impartición de clases relacionadas con este capítulo, sugerimos emplear los apartados mencionados más arriba bajo el título "Para continuar leyendo". El material allí disponible podrá servir de base para actividades complementarias, casos de discusión, disparadores para la preparación de otros casos, etc.

CLASES

Para cada uno de los capítulos de esta obra hemos preparado: Material de apoyo para el dictado de clases.
Los profesores que hayan adoptado esta obra para sus cursos tanto de grado como de posgrado pueden solicitar de manera gratuita:

- *Formación. CLASES*

Únicamente disponibles en formato digital, en nuestro sitio: **www.marthaalles.com**, en la exclusiva *Sala de profesores,* o bien escribiendo a: **profesores@marthaalles.com**

Capítulo 6

Desarrollo y autodesarrollo

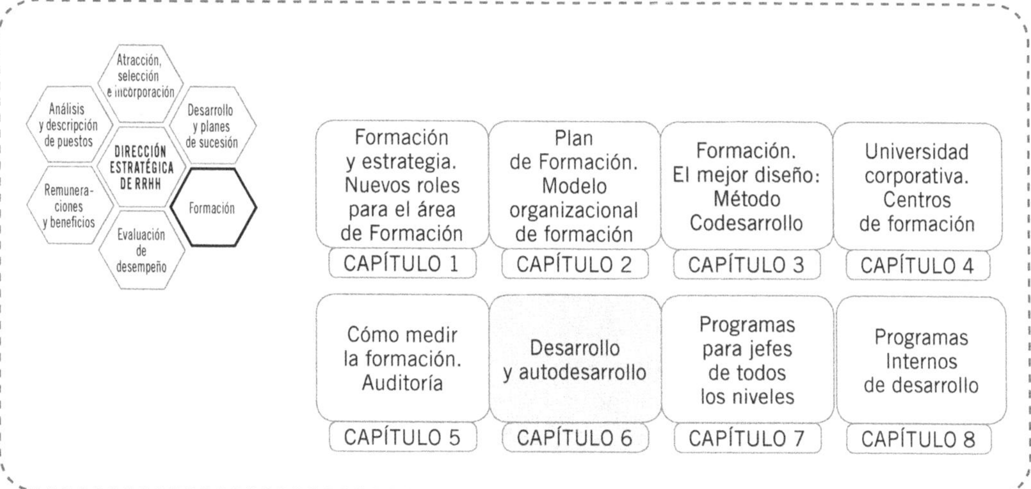

Temas del capítulo:

- El rol del área de Formación en otras buenas prácticas para el desarrollo
- Desarrollo y autodesarrollo. Enfoques diferentes para alcanzar el resultado esperado: mejorar
- Autodesarrollo. Varias opciones
- Autodesarrollo y modelo de competencias
- Autodesarrollo. El rol de la organización
- Desarrollo de personas desde diferentes miradas. Formación y evaluación del desempeño

El rol del área de Formación en otras buenas prácticas para el desarrollo

Caminos para el desarrollo

El autodesarrollo es fundamental para el desarrollo de las personas. Si bien el prefijo *auto* indica que el desarrollo será realizado por uno mismo; desde la función de Formación, así como desde el rol de cada jefe, desde la organización, mucho se podrá hacer para promover esta buena práctica en todos los colaboradores.

Decíamos sobre el final del Capítulo 3 que en los talleres de Codesarrollo se llevan a cabo una serie de pasos, dos de ellos definitorios para la eficacia de ese método: Paso 3, *Conducir al participante a la reflexión y a su propia autoevaluación* y Paso 4, *Conducir al participante a la acción. Implica la confección de un plan de acción.*

El instructor que tenga a su cargo la impartición de un taller que respete los pasos del método deberá lograr que el participante, a través del plan de acción (Paso 4), emprenda acciones de autodesarrollo.

A su vez, el jefe –si lleva a cabo el seguimiento señalado en el Paso 5 del método– tendrá un rol relevante en el desarrollo de su equipo. Por lo cual será importante que cada jefe tenga en cuenta que, a partir de un taller de Codesarrollo junto con el posterior seguimiento, el colaborador se encaminaría al autodesarrollo.

Los tres caminos se combinan y potencian entre sí, para el desarrollo de las capacidades.

La idea que se desea expresar en la figura de la página siguiente es que, tanto a partir de la participación de una persona en un taller de Codesarrollo como de la acción de un jefe entrenador, el autodesarrollo será la acción resultante.

Cuando las organizaciones implementan modelos de competencias, uno de los pasos sugeridos al inicio es la difusión[1]. Al llevarse esto a cabo, las personas también son motivadas a su propio autodesarrollo.

En la estructuración del área de Recursos Humanos la función de Formación tendrá diferente alcance, según cada organización. En organizaciones pequeñas una sola persona podrá realizar las distintas tareas relacionadas con Recursos Humanos. También, en ocasiones, se diseña la estructura del área combinando fun-

---

1 *Programa de difusión del modelo de competencias.* Conjunto de acciones tendientes a que la organización en su conjunto conozca el modelo de competencias adoptado y comprenda cabalmente su aplicación en los distintos subsistemas de RRHH. Fuente: *Diccionario de términos de Recursos Humanos.* Ediciones Granica, Buenos Aires, 2011.

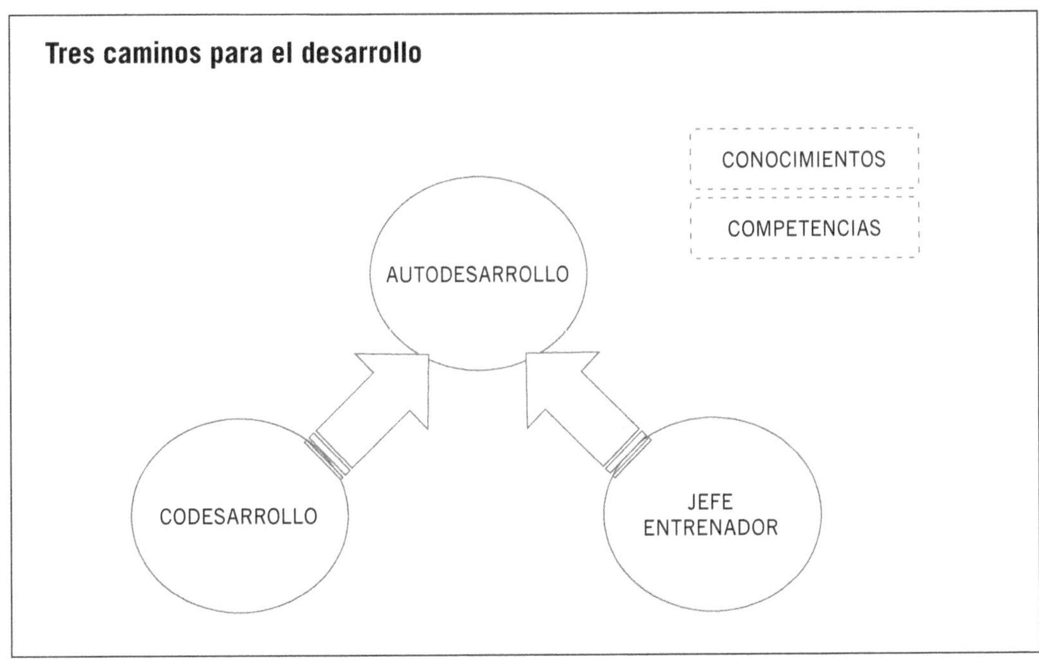

ciones, entre las más frecuentes "Formación y Selección", "Desarrollo y Formación" y "Desarrollo del talento", que incluye la Evaluación del desempeño junto con Formación y Desarrollo. En cualquiera de estos casos, es importante diferenciar las funciones específicas de formación, como ya se ha visto en capítulos previos.

Además de las actividades más habituales relacionadas con formación, en este capítulo se verán diferentes buenas prácticas para desarrollar personas.

En ocasiones, los responsables de Formación restringen su mirada a la capacitación formal y estructurada, sin embargo, los caminos para el desarrollo son múltiples y variados. En todos, habrá un rol a cumplir desde la función de Formación, una gestión a llevar a cabo. Incluso en temas que parecieran fuera de su incumbencia, como el autodesarrollo.

Hemos visto aspectos relacionados con el plan de formación y la integración de este en un modelo más completo (el modelo organizacional de formación, Capítulo 2), y el diseño, a través del método Codesarrollo (Capítulo 3). En el Capítulo 4 se ha analizado cómo integrar diferentes aspectos tanto en los centros de formación como en la universidad corporativa, incluyendo –en especial en esta última– el tema que desarrollaremos en este capítulo.

En la figura de la página siguiente se exponen tres aspectos fundamentales para la formación y desarrollo de capacidades, tanto conocimientos como competencias.

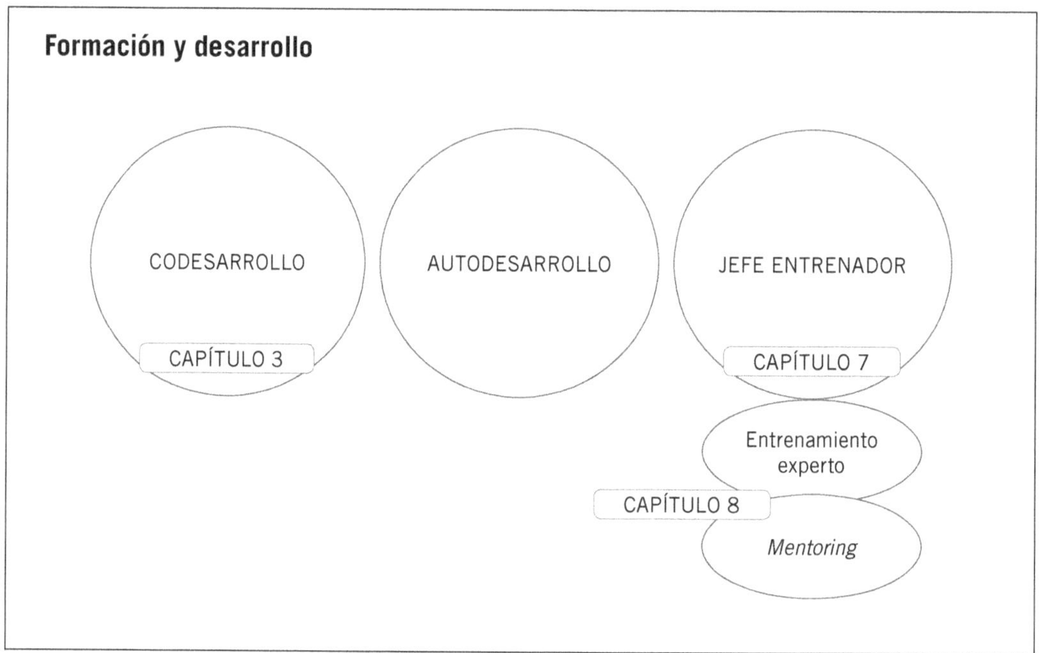

De izquierda a derecha se observa, primero, el método Codesarrollo para la impartición de talleres (Capítulo 3); luego, el autodesarrollo –que expondremos a continuación–, y diferentes alternativas de "entrenamiento", destacando el rol de los jefes como entrenadores de sus equipos de trabajo (Capítulo 7). Complementariamente, otros programas internos para el desarrollo, como *Entrenamiento experto* y *Mentoring* (Capítulo 8).

Cada organización podrá optar por caminos diferentes para llevar adelante sus planes de formación. Incluso se podrá contar con opciones distintas según situaciones particulares que se presenten dentro de una misma empresa.

Si bien el autodesarrollo se considera de mayor efectividad que otras modalidades, según la cultura organizacional y/o los usos y costumbres de un determinado lugar, el camino a seguir más adecuado podría ser comenzar por la difusión de ciertos temas, continuar con talleres de Codesarrollo y, al mismo tiempo, desarrollar a los jefes para alcanzar niveles superiores de sus capacidades para *ser un buen jefe*. En resumen, no hay una única forma de encarar el desarrollo de las personas. Distintos caminos son posibles.

Desarrollo y autodesarrollo. Enfoques diferentes para alcanzar el resultado esperado: mejorar

El Codesarrollo y su relación con otros programas organizacionales

Los diferentes métodos de formación incluyen participación activa y experimentación del conocimiento, con programas flexibles, acordes a las necesidades del trabajador y de la organización. Desde la mirada organizacional, podría decirse que la capacitación puramente teórica está en desuso y –adicionalmente– las nuevas generaciones demandan caminos más rápidos para llegar a los resultados, junto con experimentación práctica. Priorizar la acción, aprender rápidamente a "hacer algo". Esta manera de ver las cosas ha reemplazado, de algún modo, el interés por saber, el placer por el conocimiento en sí mismo, conocer "los porqué" de las cosas. Estos aspectos importan menos, se valora más el *saber hacer*.

No estoy sugiriendo dejar de lado la teoría sino más bien relacionarla con las buenas prácticas, dándole un contexto de acción. En aquellos casos en los cuales se considere necesario y/o importante dar una explicación conceptual antes de decir a las personas "cómo hacer", será más adecuado explicar "buenas prácticas" y no teoría.

Los participantes, en términos generales, esperan de los instructores "la fórmula", "la manera", "la vía rápida" para solucionar los problemas *bien y en el menor plazo posible*. La habilidad de combinar teoría con práctica, dando *recetas* sin descuidar un marco conceptual, requiere más y más de la formación y de los formadores. El desafío es creciente.

Para el desarrollo de personas, tanto en conocimientos como en competencias, nuestra metodología utiliza numerosas variantes, todas las cuales son necesarias y deben conocerse para luego poder decidir cuál es la más aconsejable en cada caso. Sin descartar ningún camino, proponemos tres como los más eficaces para el desarrollo de competencias y conocimientos.

- *Autodesarrollo.* Acciones que realiza una persona, por su propia iniciativa, para mejorar. Destacando aquí el siguiente concepto:
  Autodesarrollo dirigido: la organización ofrece a su personal una serie de "ideas" para el autodesarrollo de competencias y/o conocimientos. Usualmente se realiza a través de las guías de desarrollo que se difunden en la intranet de la organización.
  En resumen, se trata de acciones sugeridas a los colaboradores desde la organización, tanto para el aprendizaje de conocimientos como para el

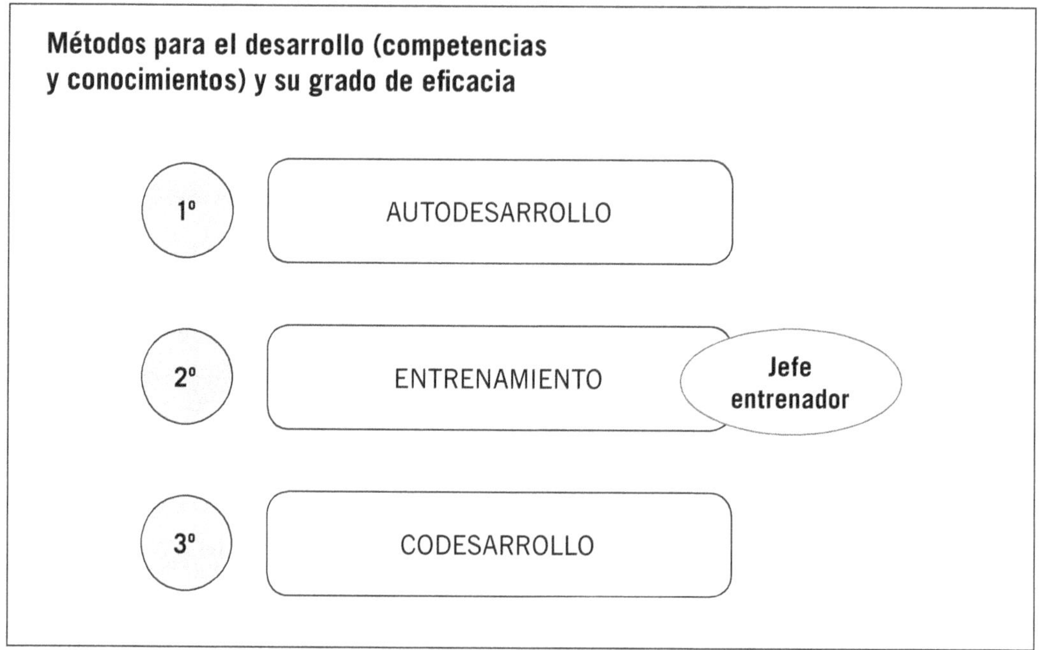

desarrollo de competencias. Para conocimientos, una de las variantes sugeridas es *e-learning*, y, para competencias, las guías de desarrollo dentro y fuera del trabajo.

- *Entrenamiento*. Procesos de aprendizaje específico y por un tiempo determinado mediante los cuales una persona con mayor experiencia, conocimientos y/o desarrollo de una competencia ayuda a otro a mejorar en ese tema en particular.
  En nuestra metodología propiciamos, en especial, desarrollar el rol de los jefes como entrenadores. Esta forma particular de asumir el entrenamiento experto brinda a las organizaciones una vía constante en el tiempo para el desarrollo de las capacidades (conocimientos y competencias) de todos sus colaboradores. A esta buena práctica la denominamos *Jefe entrenador*. Se verá más en detalle en el Capítulo 7.

- *Codesarrollo*. Aplicable tanto a conocimientos como a competencias, tal como se explicó en el Capítulo 3.

Los métodos mencionados podrán utilizarse separadamente o en conjunto. Codesarrollo puede ser una forma de combinarlos, un punto de partida.

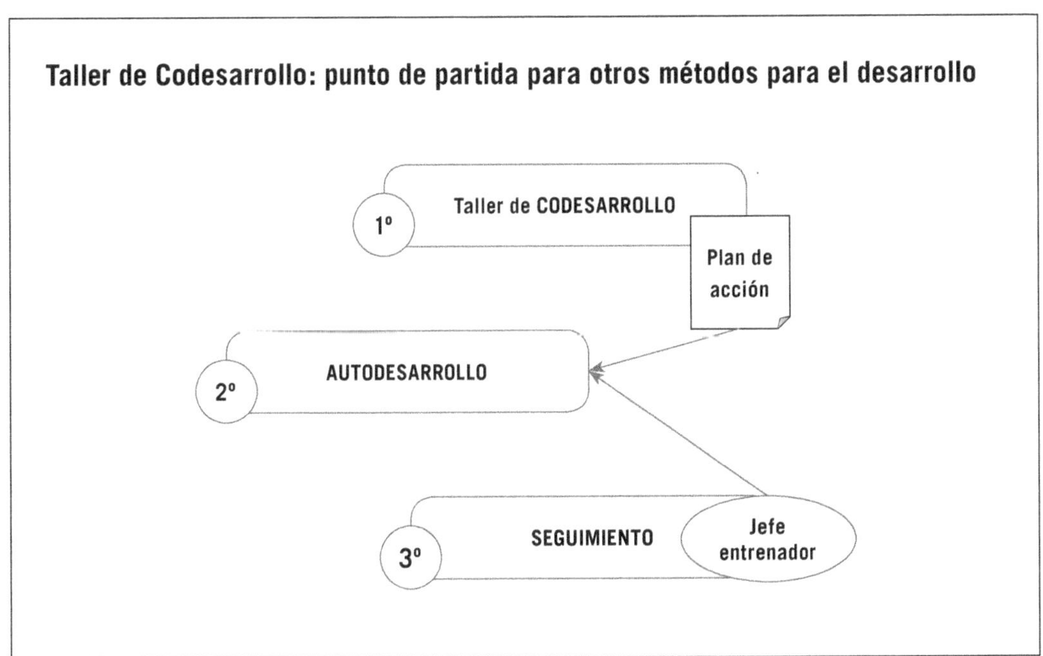

La idea se expresa en la figura precedente. Frente a la necesidad de cerrar una brecha, ya sea en conocimientos o competencias, se puede comenzar por un taller de Codesarrollo (1), el cual induce al participante al autodesarrollo (2) y luego, se involucra a los jefes, cuando estos asumen el rol de entrenadores de sus colaboradores, y realizan un seguimiento dentro del método Codesarrollo.

Si bien el autodesarrollo es considerado el método más eficaz, podrá llegarse a él por otros caminos (por ejemplo, desde Codesarrollo).

Autodesarrollo. Varias opciones

Es usual citar casos de personas autodidactas[2] con roles destacados, tanto en la historia relativamente reciente y, también, más lejana en el tiempo, así como también en la actualidad.

El autodesarrollo al cual nos referimos tiene un cierto matiz diferente a la figura del autodidacta. Si bien se trata de hacer algo por uno mismo, en el ámbito de

---

2 Autodidacta: que se instruye por sí mismo (primera acepción del término, según la RAE).

las organizaciones dicho autodesarrollo se lleva a cabo en relación con un puesto actual o futuro, para satisfacer necesidades y achicar eventuales brechas.

Las organizaciones, con frecuencia, proveen información a sus colaboradores tendiente a que estos lleven a cabo acciones para su autodesarrollo.

La práctica del autodesarrollo es una de las que podríamos calificar del tipo "ganar-ganar", es buena para la persona que lo lleva a cabo y para la organización en la cual se desempeña. Al mismo tiempo, también lo será para sus superiores y, casi siempre, para sus compañeros de trabajo.

El autodesarrollo puede ser dentro y fuera del trabajo. Podríamos ubicar su incorporación a las buenas prácticas de aprendizaje organizacional sobre finales del siglo XX. Sin embargo, no siempre es considerado en libros de texto como una opción a tener en cuenta.

En la actualidad el autodesarrollo es utilizado para el desarrollo de capacidades, tanto conocimientos como competencias, comprendiendo las acciones que realiza cada persona, por su propia iniciativa, para mejorar.

El autodesarrollo puede ser:

- *Autodesarrollo dentro del trabajo*. Acciones que realiza una persona, por su propia iniciativa, para mejorar dentro del ámbito laboral y en relación con su puesto de trabajo. Para este tipo de autodesarrollo la organización puede ofrecer a sus colaboradores las *guías de desarrollo dentro del trabajo.*

- *Autodesarrollo fuera del trabajo*. Acciones que realiza una persona, por su propia iniciativa, para mejorar fuera del ámbito laboral y sin relación alguna ni con su puesto de trabajo ni con actividades laborales. Para este tipo de autodesarrollo la organización puede ofrecer a sus colaboradores las *guías de desarrollo fuera del trabajo.*

Desde la mirada organizacional el autodesarrollo se puede definir de la siguiente forma:

Autodesarrollo dirigido. La organización ofrece a su personal una serie de "ideas" para el autodesarrollo de competencias y/o conocimientos. Usualmente se realiza a través de las guías de desarrollo que se difunden en la intranet de la organización.

Se retomará este tema más adelante, en este mismo capítulo.

Las acciones sugeridas tenderán a que los colaboradores, de todos los niveles que integran la organización, desarrollen competencias y conocimientos de acuerdo con los puestos de trabajo que ocupan ahora o se prevé que ocupen más adelante, en un futuro.

Múltiples caminos para el autodesarrollo

Como decíamos, personas muy destacadas –hoy y en la historia– han alcanzado su desarrollo de manera autodidacta, siguiendo caminos diversos.

En la temática que nos atañe, el desarrollo de personas adultas en el ámbito organizacional también podrá incluir diversos caminos, y desde las organizaciones se puede ofrecer un autodesarrollo dirigido. Considerando que siempre será autodesarrollo, si es llevado a cabo por la propia decisión del interesado. El rol de la organización –en este caso– será brindar ideas para que, a partir de ellas, las personas tracen su propia ruta, elijan las opciones que concuerden con sus gustos, preferencias y posibilidades.

Como se desprende de la figura al pie, diversas actividades podrán encaminar a una persona a su propio autodesarrollo: deportes, hobbies, lecturas, cursos, análisis de películas, actividades extracurriculares y, por último, el estudio de referentes.

Cada persona llevará a cabo una o varias de las actividades mencionadas, según sus preferencias y posibilidades.

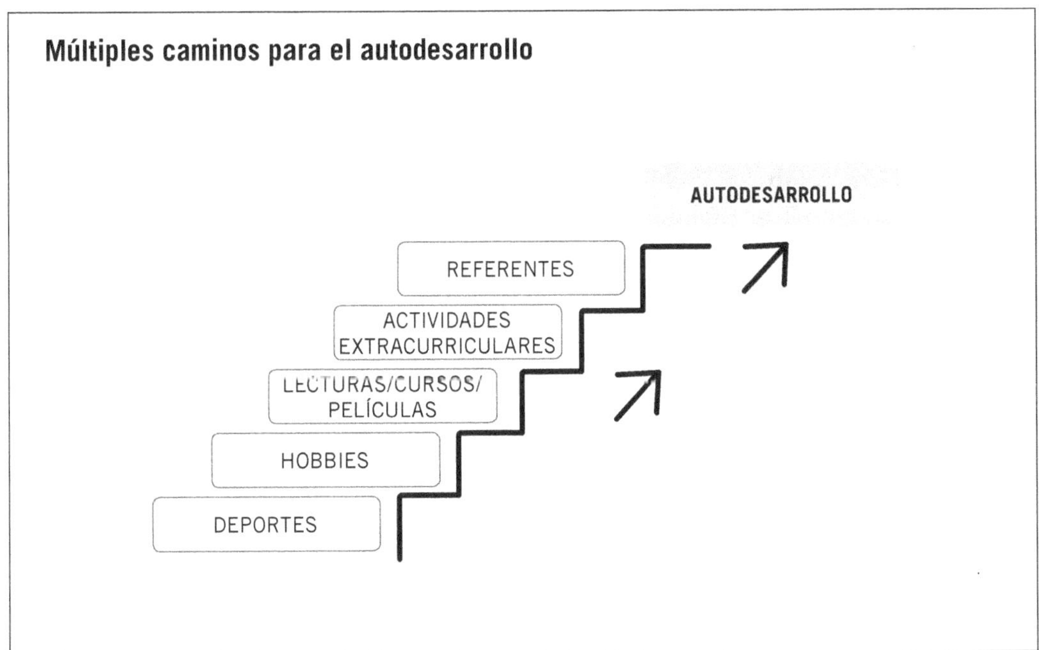

Guías de desarrollo o guías para el autodesarrollo

Las guías para el desarrollo son documentos en los cuales se describen posibles acciones o caminos que se sugiere seguir con el propósito de mejorar. Por ejemplo: para optimizar los comportamientos relacionados con una competencia que se desee desarrollar, o sumar nuevos conocimientos o incrementar los que ya se poseen, en una determinada disciplina o campo profesional.

Las guías de desarrollo pueden ser: *dentro del trabajo* y *fuera del trabajo*. A su vez, su diseño puede estar orientado tanto para el desarrollo de competencias como para la adquisición de conocimientos, siendo las primeras las de uso más frecuente.

E-learning

Entre otras opciones para el autodesarrollo, las organizaciones ofrecen *e-learning*[3], en especial para la formación en conocimientos. De sus características se puede mencionar que las actividades que propone esta modalidad no son presenciales y los horarios de aplicación son, por lo tanto, flexibles.

Se utiliza la denominación en inglés dado que es de uso frecuente y es empleada en muchas obras sobre, por ejemplo, Recursos Humanos y desarrollo, en diferentes lenguas.

Para que la actividad de *e-learning* sea eficaz, el contenido de la actividad debe ser diseñado por un experto.

El área de Recursos Humanos deberá verificar, de algún modo, el contenido que se ofrecerá en las actividades a través de *e-learning*. Por ejemplo, en un tema específico sobre Finanzas, solicitar al responsable del área la revisión del contenido, antes de ofrecerlo a los colaboradores a través de la intranet.

En el ámbito de las organizaciones, se puede aplicar *e-learning* utilizando diversos medios:

- En la intranet de la organización, si se cuenta con ella.

- En la plataforma de un asesor o consultor externo. En este caso se asimilaría a una actividad formativa impartida por un profesional externo, realizada a través de este formato.

- En la plataforma de un proveedor de tecnología de *e-learning*.

---

3 *E-learning.* Método de aprendizaje utilizando la tecnología, usualmente la intranet de la organización. Fuente: *Diccionario de términos de Recursos Humanos.* Ediciones Granica, Buenos Aires, 2011.

E-learning. Aplicación práctica

Diseño experto

El diseño, en este caso como en otros ya mencionados, tiene un papel definitorio en relación con el *e-learning.* Es un error considerarlo solo como una tecnología.

La tecnología es indispensable, sin ella no se podría aplicar esta herramienta; sin embargo, su eficacia deviene de la calidad del diseño.

Intranet de la organización

Para aplicar *e-learning* no es imprescindible que la organización cuente con su propia intranet; sin embargo es lo aconsejable, en especial cuando el aprendizaje requiera diseños a medida.

De no contarse con esta opción (intranet) siempre existe la posibilidad de utilizar la plataforma de *e-learning* de un proveedor externo (de tecnología) o de un consultor (externo) que provea el diseño experto.

En la figura precedente se brindan comentarios adicionales sobre la puesta en práctica de *e-learning* en el ámbito de las organizaciones.

Método *12 Pasos para el autodesarrollo*

El autodesarrollo consiste en acciones que realiza una persona, por su propia iniciativa, para mejorar. Sin embargo, en muchas ocasiones, una persona convencida y deseosa de llevar a cabo su autodesarrollo no sabe cómo hacerlo. Por esta razón, las organizaciones ofrecen a sus colaboradores las guías de desarrollo, ya mencionadas en la sección anterior.

El método *12 Pasos* está pensado y diseñado para el autodesarrollo de diversos tipos de capacidades. Por su naturaleza, se trata de un método de aprendizaje que permite desarrollar tanto competencias como conocimientos. Esta modalidad forma parte de la Metodología Martha Alles International y la hemos denominado "Método 12 Pasos"©.

A través de este método, la organización podrá ofrecer a sus colaboradores la posibilidad de desarrollar una capacidad a través de formación y/o manuales para llevar a cabo las distintas etapas (del método 12 pasos). De ese modo, de manera gradual y sucesiva se irán incorporando comportamientos y/o conocimientos que, al mismo tiempo, serán llevados a la práctica asimismo de manera gradual.

El método *12 Pasos* puede realizarse dentro del trabajo, fuera del trabajo y también en forma combinada. Esta última opción es la que ofrece mejores resultados.

Autodesarrollo y modelo de competencias

Tal como se mencionó en párrafos previos, el concepto "autodesarrollo dirigido" es empleado para referirse a las acciones que realiza una organización para ofrecer a su personal una serie de "ideas" orientadas al autodesarrollo de competencias y/o conocimientos. Usualmente este ofrecimiento se concreta a través de las guías de desarrollo que se difunden en la intranet.

Cuando las organizaciones cuentan con un modelo de competencias, este se define en función de la misión, visión, valores y estrategia organizacional. El diseño se plasma en documentos internos y se definen allí competencias cardinales, competencias específicas gerenciales y competencias específicas por área. Para cada una de ellas se diseñan, también, las guías de desarrollo dentro y fuera del trabajo. La idea se expone en la figura siguiente.

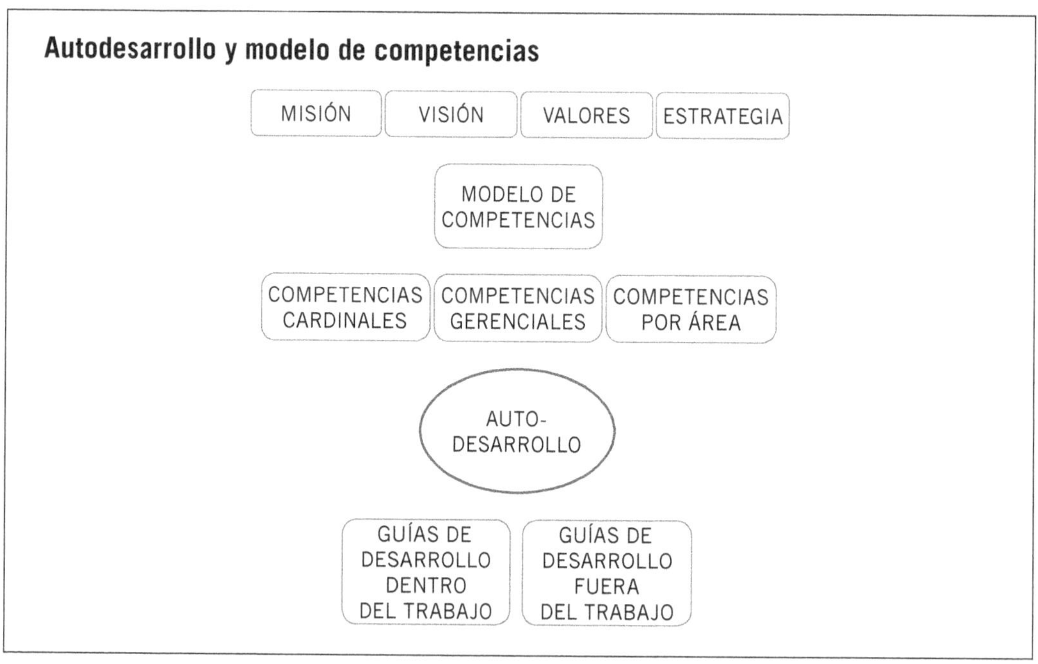

A modo de ejemplo, si el modelo organizacional cuenta con 20 competencias en total (es decir, sumando las competencias cardinales, las competencias específicas gerenciales y las competencias específicas por área) se prepararán guías específicas para cada una de ellas. En resumen, para cada una de las 20 competencias se confeccionarán guías para el desarrollo dentro del trabajo y guías para el desarrollo fuera del trabajo.

Guías de desarrollo dentro del trabajo

Las guías para el autodesarrollo son documentos internos organizacionales en los cuales se describen las posibles acciones que se sugiere incorporar a la actividad cotidiana, a fin de alcanzar comportamientos más adecuados en relación con la competencia a desarrollar o para incrementar/mejorar conocimientos, según corresponda.

En una guía de desarrollo dentro del trabajo se consignan consejos/ideas para profundizar en un determinado tema, por ejemplo, realizar una negociación de manera efectiva (desarrollo de la competencia *Negociación*).

En algunos casos y según la competencia, también se pueden incluir ejercicios breves. El propósito es el desarrollo de la competencia. En la figura siguiente se muestra una página de una guía de desarrollo dentro del trabajo.

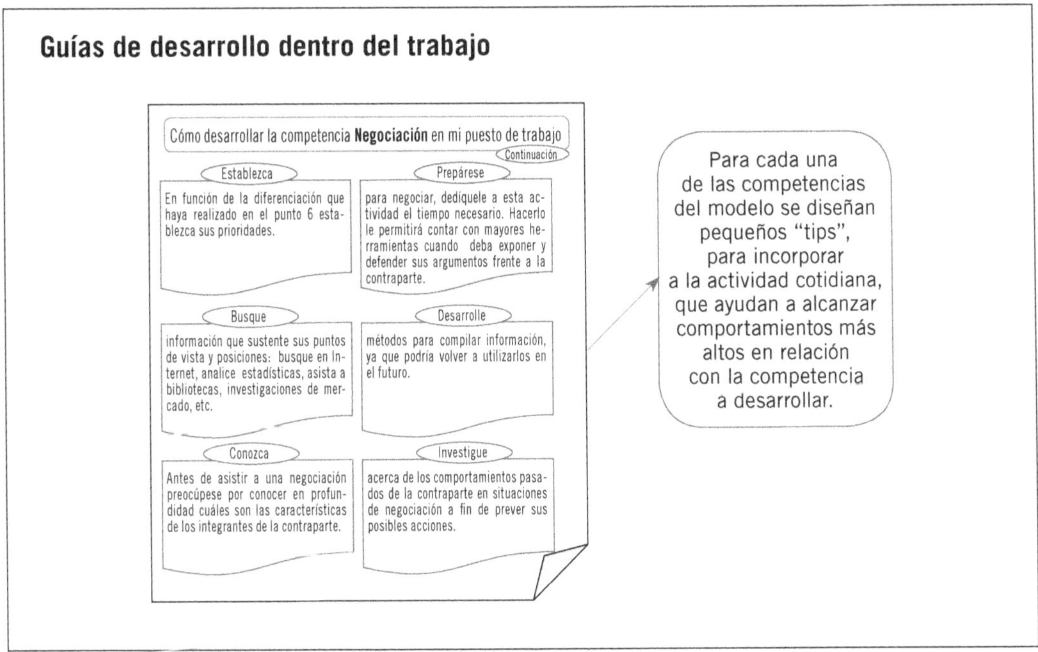

En la figura, se muestra una página de la guía para el desarrollo de la competencia *Negociación,* donde se pueden apreciar algunos consejos o "tips". Una guía completa es más extensa.

Las guías pueden ser diseñadas, además, para mejorar o adquirir conocimientos.

Guías de desarrollo fuera del trabajo

Estas guías son documentos internos en los cuales se describen ideas que permitirían desarrollar las competencias del modelo organizacional en otras actividades no relacionadas con el ámbito laboral, poniendo en juego la competencia o posibilitando incrementar/mejorar conocimientos, según corresponda.

En una guía de desarrollo fuera del trabajo se sugieren actividades diversas, no relacionadas con la actividad laboral, mediante las cuales será posible mejorar/desarrollar determinadas competencias (o conocimientos, si correspondiera). Las actividades siempre deberán ser de índole variada, para que puedan ser aplicables por distintos tipos de personas. Podrán abarcar desde la práctica de hobbies y/o actividades extracurriculares hasta lecturas y otras actividades, como el análisis de películas. La idea se ilustra en la figura siguiente.

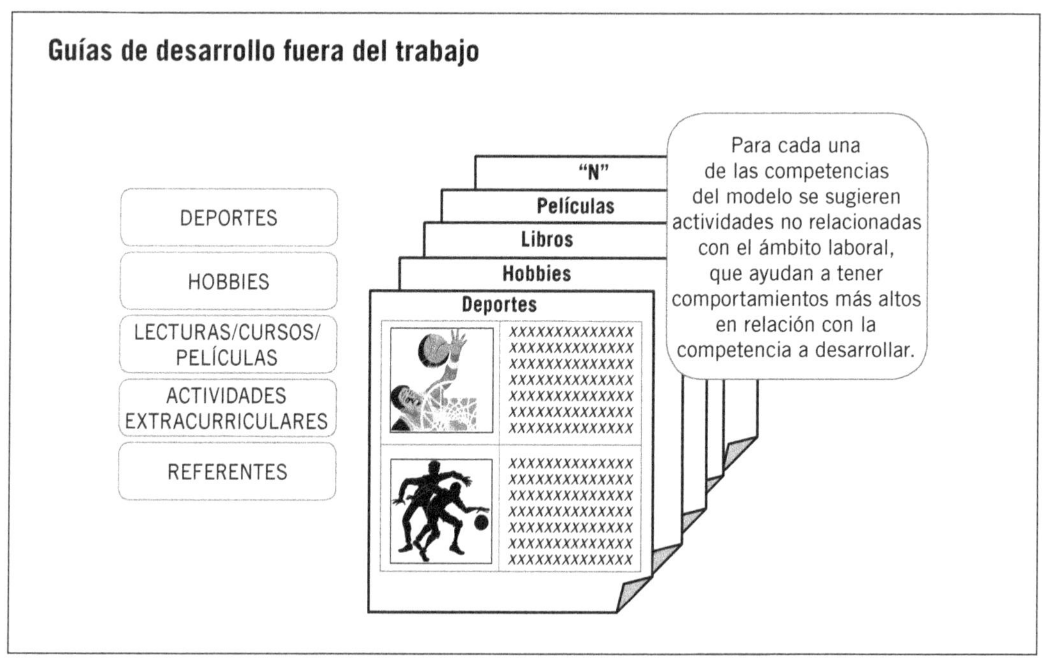

En el gráfico precedente, a la izquierda, se indican los múltiples caminos para el desarrollo de competencias fuera del trabajo, que ya fueron mencionados. Luego, hacia la derecha de la figura, se observa un esquema que ejemplifica las guías para el autodesarrollo fuera del trabajo.

Las guías de autodesarrollo podrán ser diseñadas, además, para incrementar o adquirir conocimientos.

Para completar las ideas propuestas acerca del autodesarrollo y el rol que sobre este método de desarrollo debe asumir el área de Recursos Humanos y la organización en su conjunto, debemos señalar que el autodesarrollo es dirigido por la organización. La organización ofrecerá guías elaboradas en relación con el modelo de competencias, desde esta perspectiva se califica este método como "dirigido"; es decir, las guías solo se ofrecen para desarrollar aquellas competencias necesarias para alcanzar la estrategia organizacional.

Algo similar a lo descrito para el desarrollo de competencias se aplicará con relación a conocimientos. En el caso de diseñar guías para el aprendizaje de conocimientos, estos estarán relacionados, usualmente, con el *core business* y los planes estratégicos de la organización.

Autodesarrollo. El rol de la organización

Atento a la definición que hemos dado de autodesarrollo (acciones que realiza una persona, por su propia iniciativa, para mejorar), en una primera instancia pareciera que la organización no tiene rol alguno que asumir. Sin embargo, no es así.

Como se explicó en párrafos previos, una vez definido el modelo de competencias es posible diseñar las guías de desarrollo para cada una de las competencias que la integran. Estos documentos deberán estar disponibles para todos los colaboradores de la organización en la intranet, si se cuenta con ella, o bien en el área de Recursos Humanos, como material de consulta.

Las organizaciones podrían definir algunos conocimientos como estratégicos e integrar, en sus planes de formación, acciones para el autodesarrollo dirigido.

A partir de la preparación y publicación de las guías, el área de Formación y/o Recursos Humanos podrá ejercer un rol activo. Veamos a continuación algunas ideas al respecto.

Como punto de partida, la organización podría difundir el autodesarrollo en sí mismo, mediante las guías de autodesarrollo, promoviendo su contenido, la mejor forma de usarlas, etc. Adicionalmente, será una buena idea adjuntar a las guías un breve instructivo sobre su utilización.

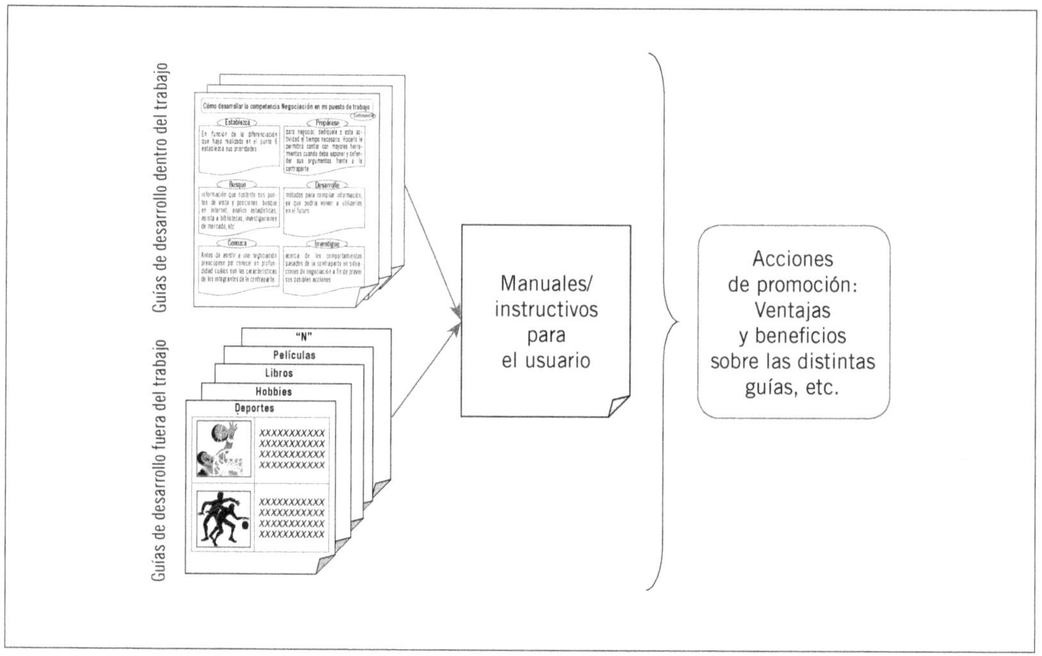

Como se puede observar en la figura precedente, tanto para las guías de desarrollo dentro del trabajo como para las guías de desarrollo fuera del trabajo, se podrán diseñar manuales e instructivos explicando al usuario la mejor forma de leerlas e interpretarlas. Será de gran ayuda que las guías incluyan alguna referencia sobre las competencias requeridas para cada puesto y los comportamientos asociados a cada uno de los niveles de la competencia. Conocer lo que se espera, leyendo los comportamientos deseables según el grado de la competencia asignado al puesto de trabajo, es una gran ayuda para el autodesarrollo.

De manera periódica, también se podrá realizar acciones de difusión informando sobre los beneficios de las guías de desarrollo y su característica funcional tanto para el colaborador como para la compañía (ganar-ganar), al señalar, por ejemplo, las ventajas que representan en el desempeño profesional y también en la vida personal de los colaboradores.

En el Capítulo 3 se hizo una referencia a las nuevas generaciones (millennials y centennials) señalando la importancia de la experimentación práctica. Las guías, diseñadas en función de la estrategia organizacional, si ofrecen actividades interesantes que permitan desarrollar las capacidades a través de la acción, suelen transformarse en herramientas de alta efectividad para las organizaciones que cuentan con un porcentaje elevado de jóvenes. Este tipo de propuestas, son atractivas también para las generaciones anteriores que, con frecuencia, se ven influenciadas en estos aspectos por los más jóvenes.

Desarrollo de personas desde diferentes miradas. Formación y evaluación del desempeño

A continuación, propongo analizar el desarrollo y el autodesarrollo de las personas desde distintas miradas, la organizacional –y su relación con otros subsistemas–, la del jefe, la del responsable de Formación/Recursos Humanos, la del número 1, CEO o dueño.

Mirada organizacional y su relación con otros subsistemas

Se puede establecer algún tipo de correlación entre las acciones de desarrollo más frecuentes y las diversas instancias en las cuales se evalúa el desempeño.

Si bien la *formación y desarrollo* se lleva a cabo de muy diversas formas y cada organización adopta las que considera más adecuadas en cada caso, podríamos señalar ciertas tendencias generales. Analicemos algunos ejemplos.

En el Capítulo 2 se vio que –entre otras fuentes válidas para la detección de necesidades– los resultados de las evaluaciones de desempeño son considerados para la confección de los planes de formación.

En algunas de mis obras, propongo la *Evaluación vertical*,[4] la cual se lleva a cabo todos los años; sobre la base de los resultados de esta, jefes y colaboradores pueden conocer las necesidades de formación.

En la parte superior del gráfico de la página siguiente se relaciona la evaluación del desempeño (vertical) con la formación –a través del método Codesarrollo (Capítulo 3)– y la figura del jefe entrenador (Capítulo 7).

Continuando con el análisis del gráfico, en la parte inferior se observan las evaluaciones denominadas múltiples (evaluaciones de 360°[5] y evaluaciones de 180°), cuyo foco es el desarrollo. Las acciones más frecuentes son a través del autodesarrollo, tanto dentro como fuera del trabajo.

En ambos casos, en la figura se destaca el rol del *jefe entrenador* (se verán los programas para jefes en el Capítulo 7). Cuando se desarrolla esta capacidad en todos

---

4 *Desempeño por competencias. Estrategia. Desarrollo de personas. Evaluación de 360°.* Ediciones Granica, Buenos Aires, 2017
5 *Desempeño por competencias*, obra citada.

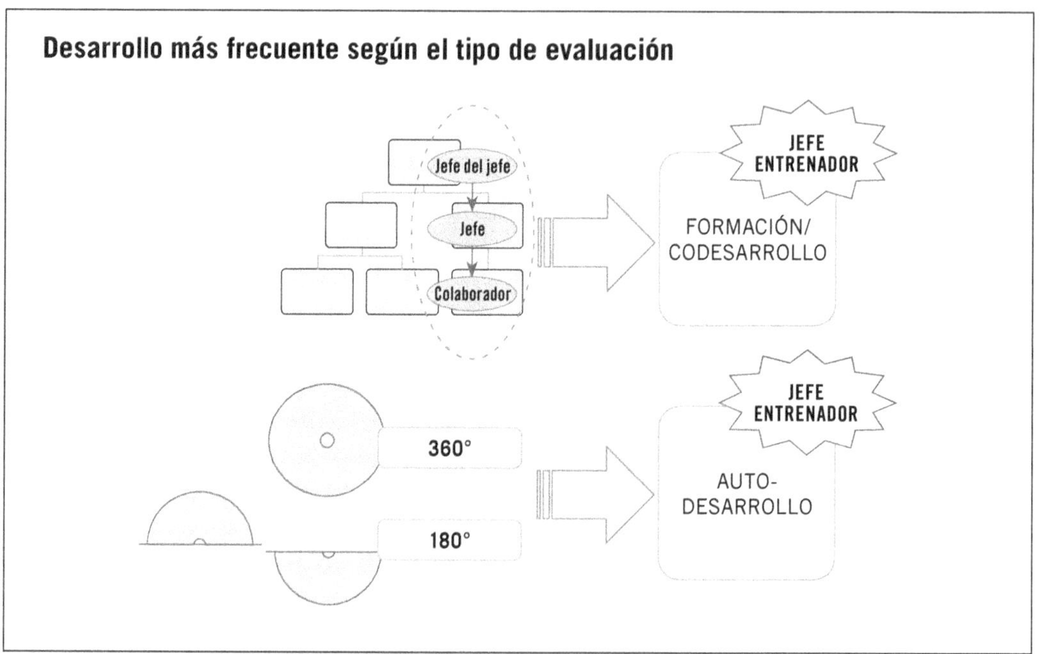

los jefes, las distintas acciones de desarrollo que se realizan se ven beneficiadas y fortalecidas.

Para completar el análisis, hay que tener en cuenta que el método Codesarrollo induce a sus participantes al autodesarrollo.

En resumen, si se busca el desarrollo de capacidades se puede optar por un solo método o una combinación de ellos. La elección de uno u otro dependerá, por ejemplo, de las posibilidades de contar efectivamente con una de estas variantes, o del tipo de brecha a reducir y/o la capacidad a desarrollar. Usualmente, cuando se verifican brechas significativas se debe utilizar más de un camino para reducirlas, en especial si se desea lograr resultados consistentes en un plazo de tiempo breve.

Desde todas las miradas

Antes de analizar cada una de las perspectivas, propongo observar el gráfico siguiente, que sintetiza las diversas opciones disponibles para encarar el desarrollo de las personas.

Jefe entrenador y *Autodesarrollo* –ambos ya mencionados– de algún modo son las herramientas más "fáciles" de implementar, ya que se realizan con recursos inter-

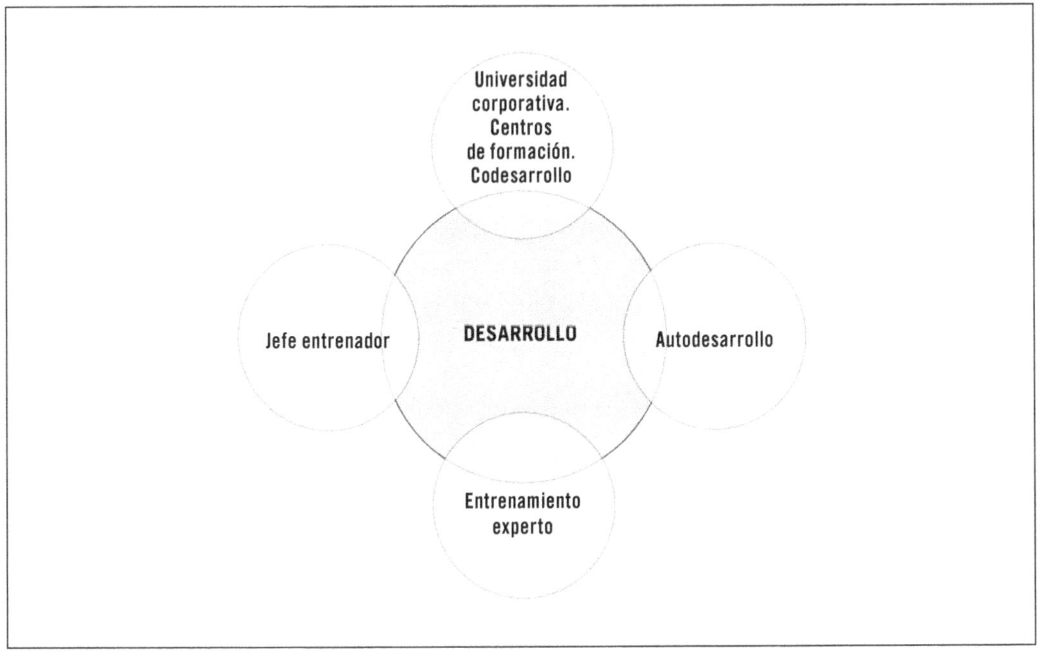

nos e involucran pocos costos asociados. Además, pueden ser implementados en organizaciones de todo tipo y tamaño.

La *universidad corporativa* y los *centros de formación* (Capítulo 4) usualmente se implementan en empresas de mayor tamaño; sin embargo, aplicar Codesarrollo (Capítulo 3) está al alcance de todos.

Por último, aun en empresas pequeñas siempre es una buena idea el desarrollo de entrenadores expertos internos (Capítulo 8), para aprovechar la experiencia y el conocimiento de los directivos y colaboradores con trayectoria.

Por lo tanto, muchas de las buenas prácticas en materia de formación de colaboradores, si bien requieren algún grado de inversión, podrán ser implementadas en todo tipo de organización, de toda clase de rubro y tamaño.

Desde la mirada del jefe

En el día a día, el jefe podrá ayudar a sus colaboradores en su formación, lo cual será bueno para todos, incluyendo a los compañeros de trabajo y otros sectores relacionados con la gestión del área o sector.

Este cambio de comportamiento mejorará la relación del jefe con sus colaboradores, así como los resultados del área o sector a su cargo. Como consecuencia de todo lo anterior, mejorará sus propios resultados. Se trata de una de las tantas buenas prácticas que aportan un resultado de tipo *ganar-ganar*, positivo para todos los involucrados.

Si la empresa ha adoptado las guías de desarrollo, el jefe podrá utilizarlas para su propia formación, además de promover el método en su equipo de trabajo.

Adicionalmente, el jefe podrá ser un aliado en la implementación de los planes de formación que proponga el área de Recursos Humanos. Si en alguna circunstancia no está de acuerdo con cierta actividad, podrá proponer cambios. Muchos jefes, cuando este tipo de situaciones se presentan, no hacen comentario alguno y, al mismo tiempo, no autorizan a sus colaboradores a asistir. No es una buena idea obrar de este modo.

El primero en ver los beneficios de la formación será el jefe. Desde ya, también el colaborador.

Desde la mirada del responsable de Recursos Humanos

La experiencia indica que la detección de necesidades de formación y el diseño de los planes formativos muchas veces se realizan siguiendo pautas que dieron resultado *en algún momento* pero que no contemplan realmente los requerimientos actuales. Como explicamos al inicio de la obra, la formación debe realizarse, en todos los casos, de cara al futuro y con el propósito de alcanzar la visión y la estrategia organizacionales. La detección de necesidades será un aspecto fundamental para el diseño del currículo en una universidad corporativa y en los planes de un centro de formación, o en la implantación de cualquier otra variante que se lleve a cabo, en el marco de la organización. Estos temas fueron tratados en los capítulos 2, 3 y 4.

Adicionalmente, se deben incluir otras formas de desarrollo. Poner en marcha un buen programa para el autodesarrollo, apoyado por una adecuada difusión, será una forma de encauzar el resultado de las distintas evaluaciones al proponer a los colaboradores de todos los niveles caminos a seguir para el autodesarrollo de sus capacidades y la optimización de sus carreras.

Desde la mirada del número 1, CEO o dueño

Todo número 1 es, al mismo tiempo, un jefe, por lo cual deberá dar el ejemplo a todos los demás jefes de la organización. En este sentido, se sugiere que tenga muy en cuenta las recomendaciones dadas a los jefes en esta obra.

En muchas organizaciones no existe una percepción positiva en torno a las acciones de formación. Las iniciativas de desarrollo y formación inadecuadas (o la falta de ellas) son causas muy frecuentes de esta situación.

El número 1 deberá hacer un seguimiento de la gestión del área de Recursos Humanos, en especial en lo que respecta a la implementación de las buenas prácticas tanto en *desarrollo* como en *desempeño.*

Todo lo expuesto aquí se relaciona con organizaciones de todo tipo y tamaño, aun las pequeñas. Los métodos de trabajo a implementar podrán diferir según el tamaño de la organización. No obstante, desde su rol referencial el número 1 deberá solicitarle al área de Recursos Humanos el análisis de la problemática aquí expuesta y el diseño de cursos de acción adecuados.

Cuando se trate de una organización de gran tamaño, con amplia dispersión geográfica, será de utilidad contar con procedimientos que luego puedan ser auditados.

La mirada individual

Si bien la dejé para el final, es la primera en importancia. La mirada individual podrá pertenecer a cualquiera de los nombrados, incluso el número 1, quien podrá ser incluido, junto con otros integrantes de la organización, en planes de formación.

A su vez, cada una de las miradas tiene su contrapartida en la mirada individual. Las personas se desarrollan para alcanzar diversas metas, las metas profesionales desde su propia mirada, que podrá coincidir o no con la mirada sobre sí mismo y su carrera que la organización tenga en ese momento. En cualquier circunstancia la formación debería ser bienvenida, siempre brindará un aporte, una nueva mirada, aun sobre un tema conocido.

Un párrafo adicional sobre el desarrollo de competencias: mejorar en cualquiera de ellas nos hará crecer como personas y ese crecimiento se integrará a todas las esferas de nuestra vida, más allá de lo laboral.

El autodesarrollo y el desarrollo serán siempre una oportunidad de mejora, positiva tanto para la persona involucrada (y su familia) como para su entorno, jefes y compañeros de trabajo. En la Presentación de esta obra hemos definido el concepto *ganar-ganar,* premisa principal para analizar los diferentes aspectos de este trabajo, en su conjunto.

Síntesis del capítulo

✓ El desarrollo de competencias y la reducción de las brechas detectadas luego de una evaluación del desempeño son los aspectos más complejos de la gestión de personas.

✓ La necesidad de desarrollo será siempre una oportunidad para mejorar.

✓ El desarrollo podrá surgir como una necesidad luego de una evaluación vertical o como consecuencia de evaluaciones múltiples. Las primeras, usualmente, podrán incluir recomendaciones de desarrollo tanto en competencias como en conocimientos. En cambio, en las evaluaciones múltiples generalmente solo se consideran competencias.

✓ La formación permitirá a una persona mejorar su desempeño. Esta situación es positiva tanto para la persona involucrada de manera directa como para su entorno, jefes y compañeros de trabajo.

✓ Los tres métodos para el desarrollo se interrelacionan y, usualmente, se utilizan de forma combinada. El propósito final será desarrollar capacidades.

✓ *Jefe entrenador* es uno de los programas más importantes. El concepto implica que el jefe es una persona que al mismo tiempo que cumple el *rol de jefe* lleva adelante otra función respecto de sus colaboradores: ser guía y consejero en una relación orientada al aprendizaje. Lo asume de manera deliberada, desea hacerlo y está convencido de los resultados a obtener. Para que un jefe se transforme en jefe entrenador o, ya siéndolo, mejore aún más esta capacidad, el camino sugerido es el desarrollo de la competencia *Entrenador*. Convertirse en jefe entrenador no implica adicionar tareas. Por el contrario, se trata de un comportamiento permanente que un jefe lleva a cabo en su relación cotidiana con sus colaboradores.

✓ *Codesarrollo* es un método de aprendizaje eficaz y efectivo tanto para la adquisición de conocimientos como para el desarrollo de competencias. Implica acciones concretas que de manera conjunta realiza el sujeto que asiste a una actividad de formación guiado por un instructor para el desarrollo de sus competencias y/o conocimientos. El Codesarrollo comprende un ciclo: 1) taller de Codesarrollo; 2) seguimiento; 3) segundo taller de Codesarrollo.

✓ El *autodesarrollo* es el método más eficaz para el desarrollo de competencias, y su grado de eficacia puede ser muy alto también para adquirir determinados conocimientos.

✓ El autodesarrollo puede ser dentro y fuera del trabajo. Podríamos ubicar su incorporación a las buenas prácticas de aprendizaje organizacional sobre finales del siglo XX. Sin embargo, no siempre es considerado en libros de texto como una opción a tener en cuenta.

✓ En la actualidad el autodesarrollo es utilizado para el desarrollo de capacidades, tanto conocimientos como competencias, comprendiendo las acciones que realiza cada persona, por su propia iniciativa, para mejorar.

✓ *Autodesarrollo dentro del trabajo.* Acciones que realiza una persona, por su propia iniciativa, para mejorar dentro del ámbito laboral y en relación con su puesto de trabajo. Para este tipo de autodesarrollo la organización puede ofrecer a sus colaboradores las *guías de desarrollo dentro del trabajo.*

✓ *Autodesarrollo fuera del trabajo.* Acciones que realiza una persona, por su propia iniciativa, para mejorar fuera del ámbito laboral y sin relación alguna ni con su puesto de trabajo ni con actividades laborales. Para este tipo de autodesarrollo la organización puede ofrecer a sus colaboradores las *guías de desarrollo fuera del trabajo.*

✓ *Autodesarrollo dirigido.* La organización ofrece a su personal una serie de "ideas" para el autodesarrollo de competencias y/o conocimientos. Usualmente se realiza a través de las guías de desarrollo que se difunden en la intranet de la organización.

✓ Para el autodesarrollo se podrán implementar *guías de desarrollo dentro del trabajo, guías de desarrollo fuera del trabajo, e-learning* y el método *12 Pasos.*

✓ Para el desarrollo de las capacidades se puede optar por un solo método / herramienta, varios de ellos, combinarlos, etc. Cuando se verifican brechas significativas se deberá utilizar más de un camino para reducirlas, en especial si se desea lograr resultados consistentes en un plazo de tiempo breve.

Para continuar leyendo sobre los temas del Capítulo 6

Sugerimos leer, en la obra *Formación. En la práctica,* los siguientes apartados.

*   Apartado 1. De ayer a mañana. Difícil y posible a la vez

*   Apartado 3. Felicidad en el trabajo. ¿Es posible? ¿O es un mito?

*   Apartado 5. Nuevas generaciones, inmediatez, lenguaje y otras cuestiones en relación con formación

- Apartado 13. Crecer es posible

- Apartado 14. Cambiar a través de la acción. Diseñar una actividad que permita cambiar comportamientos. Desarrollar competencias

- Apartado 18. Seguimiento de la evolución del desarrollo de las competencias y/o del aprendizaje de conocimientos

- Apartado 19. Formación después de mediciones específicas

- Apartado 22. Formación combinando medición de capacidades y Codesarrollo

- Apartado 25. Los jefes. Seguimiento eficaz. Segundo taller de Codesarrollo sobre la misma temática

- Apartado 26. Motivar a otros, ¿un rol que deben asumir los jefes?

- Apartado 27. Problemas entre jefes y colaboradores

- Apartado 28. Programas para jefes. Distintas temáticas

PARA PROFESORES

CASOS

Para la preparación de "casos prácticos" a ser utilizados en la impartición de clases relacionadas con este capítulo, sugerimos emplear los apartados mencionados más arriba bajo el título "Para continuar leyendo". El material allí disponible podrá servir de base para actividades complementarias, casos de discusión, disparadores para la preparación de otros casos, etc.

CLASES

Para cada uno de los capítulos de esta obra hemos preparado: Material de apoyo para el dictado de clases.
Los profesores que hayan adoptado esta obra para sus cursos tanto de grado como de posgrado pueden solicitar de manera gratuita:

– *Formación. CLASES*

Únicamente disponibles en formato digital, en nuestro sitio: **www.marthaalles.com**, en la exclusiva *Sala de profesores,* o bien escribiendo a: **profesores@marthaalles.com**

Capítulo 7

Programas para jefes de todos los niveles

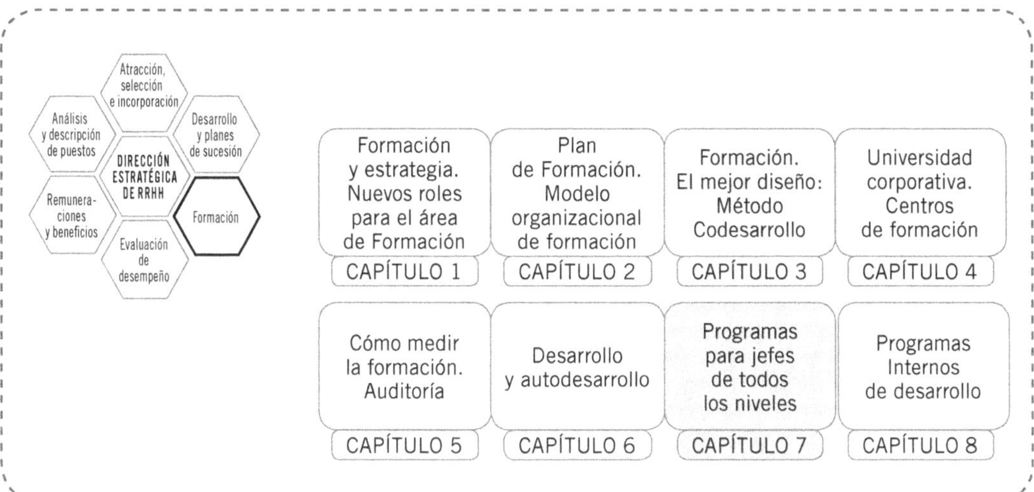

Temas del capítulo:

- Cuestiones sobre jefes. Su rol en el desarrollo de sus colaboradores
- Formación y jefes de todos los niveles
- Aspectos transversales en la formación de jefes
- Comenzando por el principio: los jefes y sus roles
- Programas organizacionales para jefes
- Planificación y seguimiento por parte del área de Recursos Humanos/Formación

Cuestiones sobre jefes[1]. Su rol en el desarrollo de sus colaboradores

Cuestiones comunes a los jefes de todos los niveles

Con frecuencia tendemos a creer que nuestras circunstancias son especiales por tal o cual razón. Sin embargo, hablando con otras personas, encontramos denominadores comunes. Situaciones que si bien son diferentes por la realidad y el contexto, presentan aspectos parecidos, que pueden asemejarse de un modo u otro.

Los jefes, en cualquier ámbito en el cual lleven a cabo su gestión, en todos los niveles, en una empresa o en un ente gubernamental, en organizaciones chicas, medianas y grandes, locales o transnacionales, viven situaciones similares, problemas similares, desafíos similares.

Cuando cualquiera de ellos nos relata su problema lo viven con una cierta exclusividad; a ellos les pasa tal o cual cosa que quizá no les suceda a otros, tal vez en otro ámbito sea distinto... Pero no. Los denominadores comunes se repiten una y otra vez.

Los jefes tienen problemas de comunicación, en el manejo de sus colaboradores, en delegar, en guardar el equilibrio, en...

Desde hace años estamos trabajando la temática de los jefes abordándola desde todos sus ángulos y facetas. Las organizaciones necesitan líderes, pero más aún buenos jefes, que cumplan todos los roles[2] que se espera de ellos.

El rol de los jefes en el desarrollo de sus equipos

Los jefes y sus roles en formación

Los jefes siempre tienen algún grado de participación en la formación de sus colaboradores, incluso en organizaciones que cuentan con un área de Recursos Humanos, con funciones definidas y de amplio espectro. Un jefe puede detectar desde carencias en un colaborador al que podrá ayudar a crecer hasta, en el caso opuesto, identificar a un colaborador que exceda los requisitos del puesto y al cual se le podrían asignar nuevas responsabilidades.

---

1 Jefe es todo aquel que tiene a otros a su cargo, desde el número 1 de la organización hasta aquel con pocos colaboradores que responden a él; y cada jefe debe cumplir un rol en relación con estos, una serie de tareas derivadas del hecho de contar con personas que le reportan.

2 *Rol del jefe. Cómo ser un buen jefe.* Ediciones Granica, Buenos Aires, Nueva Edición 2019.

Los jefes, también, podrán ser un modelo a seguir por sus colaboradores y, al mismo tiempo, asumir el rol de entrenadores de cada uno de los miembros de su equipo a través, asimismo, de acciones sencillas que forman parte del día a día de cualquier equipo de trabajo. Una persona que posee un conocimiento o una competencia en nivel más alto podrá ayudar a otra a mejorar allí donde haga falta. Se verán estos aspectos más adelante, en este mismo capítulo.

Los buenos jefes hacen todo esto aun sin ser conscientes de ello. Forma parte de sus comportamientos habituales.

Los especialistas del área de Recursos Humanos y también los jefes, con frecuencia, se manifiestan contrariados por no poseer los presupuestos suficientes para encarar acciones de formación. En todos los casos, con planes de formación o no, con más o menos dinero disponible, siempre se puede hacer algo. Explicar alguna cuestión compleja a un colaborador, delegar dando las instrucciones adecuadas, son roles de los jefes relacionados con formación.

Los jefes y sus equipos

En varias de mis obras me he referido a los distintos roles de los jefes[3]. Uno de ellos –relacionado con la temática de esta obra– es el de desarrollo de su equipo de trabajo. Si un directivo es responsable de varios equipos, de un área y/o de la organización en su conjunto, la mirada será más amplia, su perspectiva a más largo plazo, y su involucramiento debería ser mayor aún.

Los jefes –de todos los niveles– forman equipos de diferente tipo, con pares y/o con sus propios colaboradores.

El jefe, respecto de su propio equipo, debe cumplir una serie de roles. Veamos la figura de la página siguiente.

Si bien los jefes tienen a su cargo un mayor número de roles, en la figura siguiente solo hemos mencionado a aquellos directamente relacionados con desarrollo. Distribuir tareas y delegar son funciones que están íntimamente relacionadas con el desarrollo de las personas, del mismo modo que evaluar colaboradores y dar aliento. El conjunto de los roles mencionados se relaciona, a su vez, con un rol fundamental para la gestión de todo jefe y, además, el de mayor relevancia desde la perspectiva de este capítulo: ser un jefe entrenador.

En resumen, los jefes deben ser formados para que puedan asumir de manera efectiva todos sus roles, incluyendo aquellos relacionados con la formación de los equipos a su cargo.

---

3 *Rol del jefe* (ya mencionado) junto con varios libros de la serie 12 Pasos. Ver Bibliografía.

Jefes y equipos

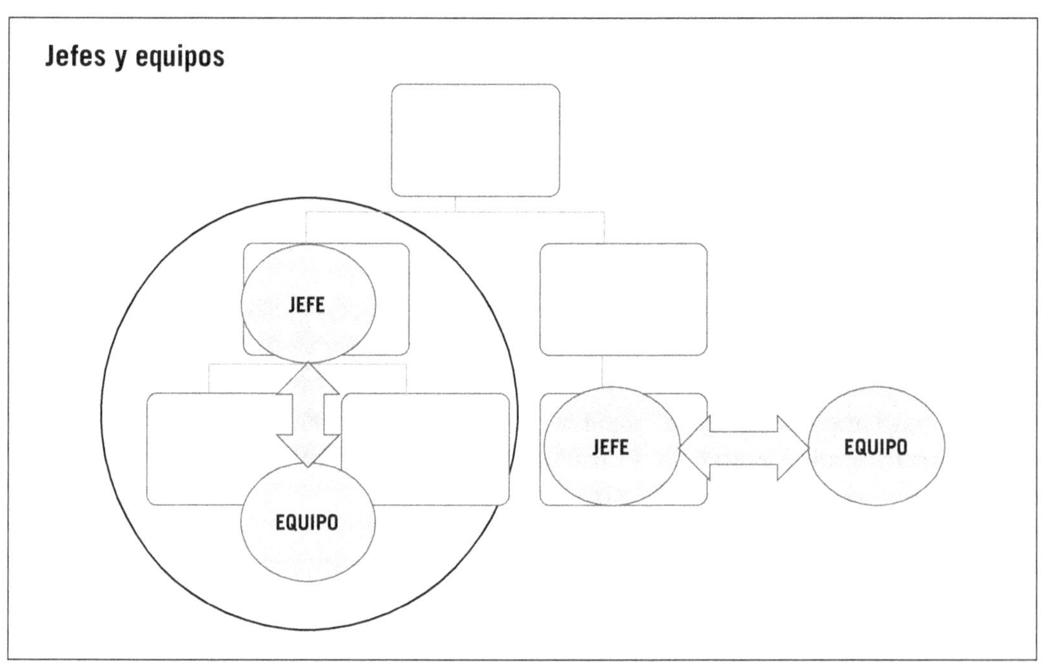

El rol de los jefes en el desarrollo de su equipo

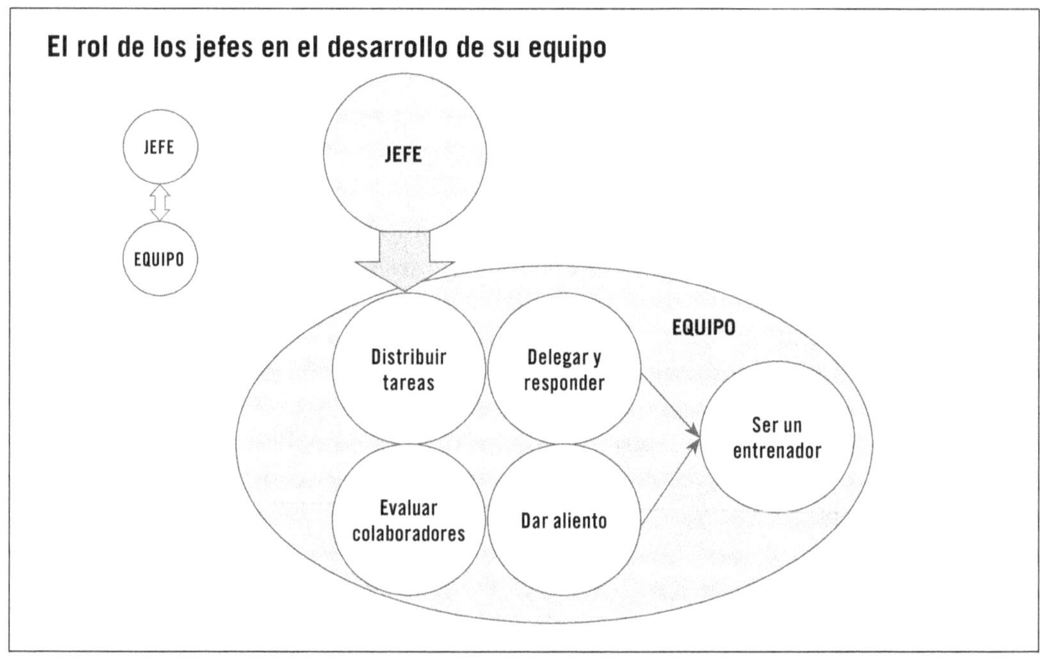

Formación y jefes de todos los niveles

Con frecuencia, la formación para directivos y jefes se focaliza y/o se limita a actividades sobre liderazgo, no siempre efectivas. Sin embargo, la temática es muy rica e involucra una serie de aspectos a desarrollar: desde competencias, una de las cuales es, obviamente, liderazgo, hasta otras capacidades inherentes a los respectivos roles.

Si el plan de formación se diseña sobre la base del modelo de competencias y este a su vez está actualizado y considera en su diseño la misión, visión y estrategia, seguramente ya se habrán contemplado las necesidades de desarrollo de competencias requeridas para los distintos puestos de trabajo.

Adicionalmente, se podrán incluir otras temáticas para jefes, desde las mencionadas *Rol del jefe* o *Jefe entrenador*, hasta otras menos frecuentes y no por ello poco importantes, como *conciliar vida profesional y personal* analizando el rol de los jefes en esta temática, solo por mencionar algunas de las más relevantes.

En resumen, en formación, además de la adecuación persona-puesto y el desarrollo de las competencias definidas en el modelo organizacional, se deberán contemplar las necesidades específicas relacionadas con los jefes, de todos los niveles.

Los programas definidos como primordiales serán parte del plan de formación (Capítulo 2) y/o del currículo de los centros de formación y la universidad corporativa (Capítulo 4).

La utilización que hacemos aquí del término *jefe* incluye a todos los niveles, desde el número 1. Por lo tanto, el plan de formación deberá contemplarlos a todos ellos. El método a utilizar en los programas para jefes, será, al igual que para el resto de la organización, Codesarrollo (Capítulo 3). La idea expuesta se muestra en la figura de la página siguiente.

En formación de ejecutivos, cuando se desea implementar programas relacionados con liderazgo y conducción en sus diferentes variantes, se recomienda que la impartición comience por el número 1 de la organización.

Si por alguna razón el número 1 asumiera que la capacitación definida como necesaria no le concierne y/o no la necesita (o cualquier otra circunstancia), se deberá igualmente tener en cuenta el mensaje que se transmite. Los jefes de otros niveles verán con buenos ojos que también su propio jefe reciba y participe de la actividad formativa en cuestión.

En resumen, el número 1 debería participar. Por un lado, siempre "algo nuevo se puede aprender", aun en aquellos casos en que los jefes posean un nivel alto (número 1, director, dueño a cargo de la gestión) y mucha experiencia. Además, lo más importante es que al hacerlo dará un mensaje positivo a la organización en su conjunto.

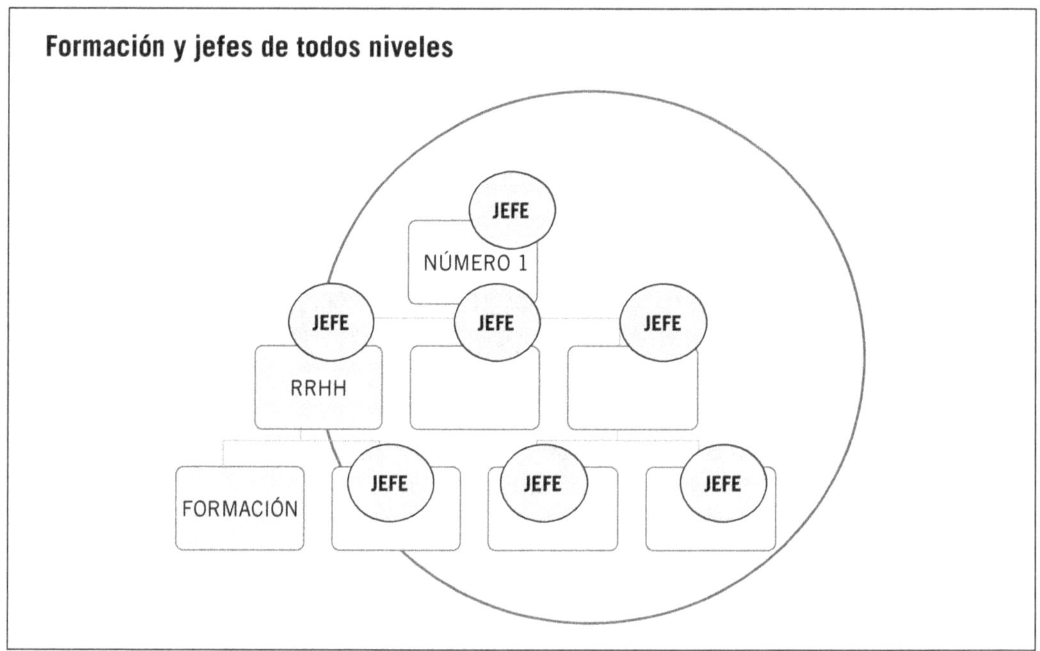

Complementando el punto anterior, otro aspecto interesante a tener en cuenta es la posibilidad de que los jefes de niveles superiores se involucren en la impartición de actividades para lograr un esquema *en cascada*. Por ejemplo, los niveles superiores reciben la formación por parte de un instructor (externo o del área de Recursos Humanos) y luego estos la transmiten a los jefes de los equipos a su cargo.

En la figura de la página siguiente hemos imaginado un esquema en cascada con la participación de todos los jefes de la organización. Esto no siempre será posible, por distintas razones, desde que alguien no tenga a su cargo un número de jefes que justifique hacer un taller solo para ellos, hasta otros casos, en los que el jefe no se sienta seguro para asumir el rol de instructor y/o no desee hacerlo. La experiencia y el resultado de los casos en que se han llevado a cabo imparticiones en cascada, son altamente satisfactorios. Pero cada organización evaluará la factibilidad de implementar esta variante.

En cualquiera de los casos, será el área de Recursos Humanos y/o Formación la que llevará a cabo el seguimiento y control de las actividades.

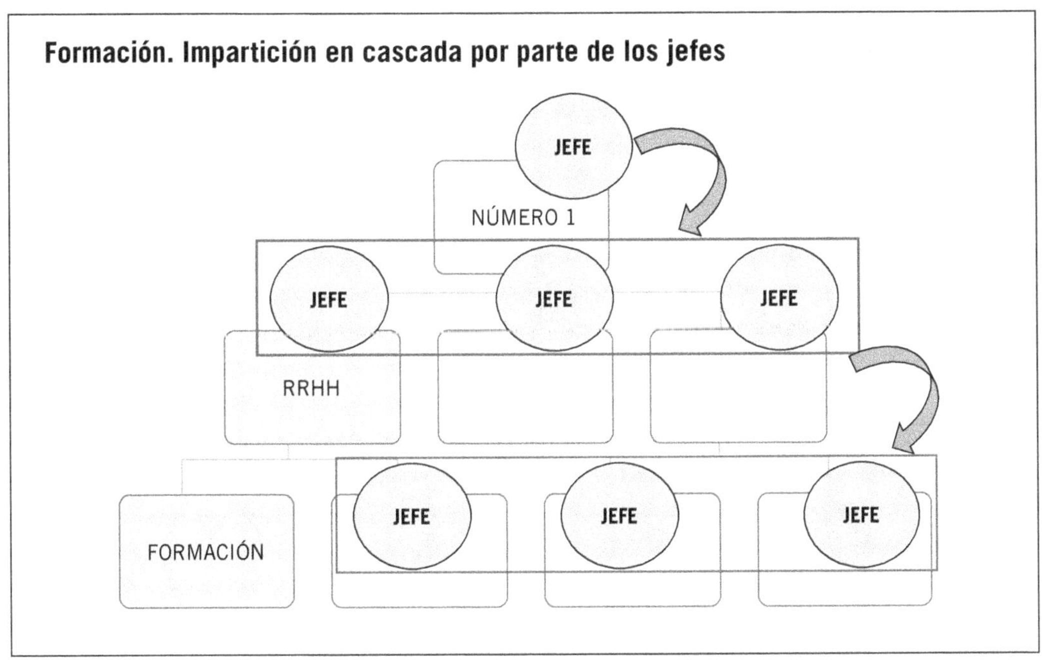

Aspectos transversales en la formación de jefes

Como se ha manifestado en la Presentación y en capítulos previos, la formación y los distintos aspectos de la disciplina Recursos Humanos se analizan y diseñan en función *de lo que vendrá*: qué será lo necesario, en materia tanto de conocimientos como de competencias, para llevar adelante los planes estratégicos, y alcanzar los objetivos. La formación siempre debería planearse de cara al futuro.

En la formación para jefes, en mayor o menor medida, hay que contemplar ciertos elementos que podríamos calificar como transversales, ya que deberían ser considerados en las distintas temáticas que se aborden. Entre las primeras actividades a realizar, usualmente, sugerimos a nuestros clientes la que denominamos *Rol del jefe*, en la cual se toman en cuenta una serie de temas tales como la selección de un nuevo colaborador, distribuir tareas y delegar, solo por mencionar algunos tópicos. Todas estas cuestiones, a su vez, deberán ser analizadas considerando los aspectos mencionados en el gráfico siguiente.

En la figura se mencionan algunos de los temas transversales que debieran tenerse en cuenta en el diseño de actividades formativas para jefes:

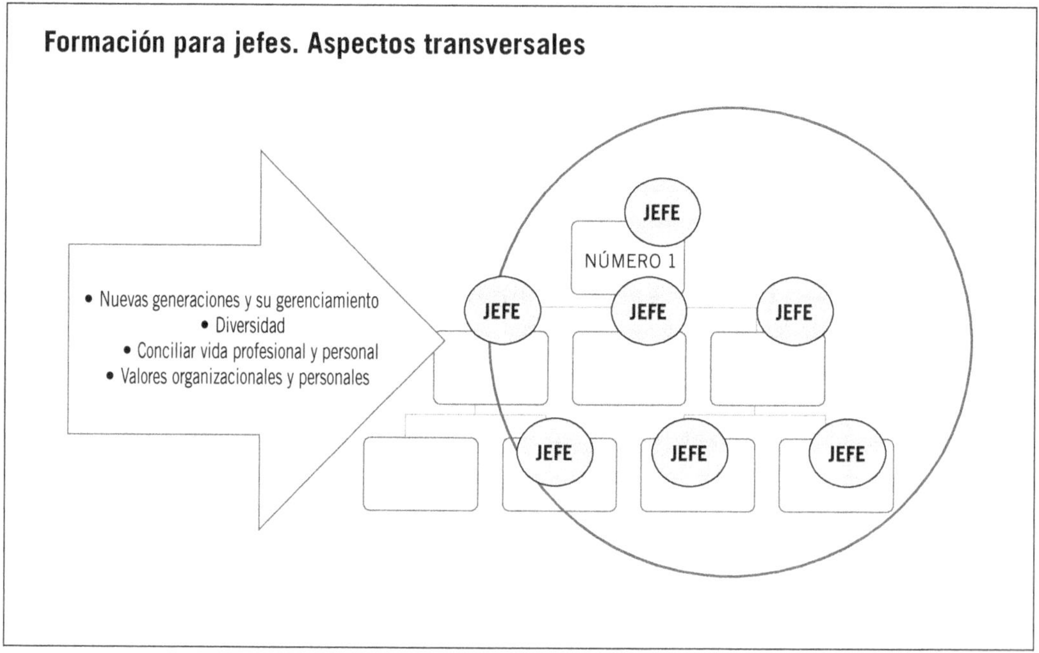

- La articulación de las diferentes generaciones en el ámbito laboral y el rol de los jefes.

- Diversidad.

- Conciliar vida profesional y personal.

- Valores organizacionales y personales.

En ocasiones, alguna de estas cuestiones, para darle mayor preponderancia, podría ser impartida en una actividad específica. Lo usual será integrar estos temas a otros, en una sola actividad. En cualquier situación, estos aspectos deberán ser considerados en el diseño del plan de formación y de cada actividad que lo integre.

A continuación, algunos comentarios sobre los temas mencionados.

La articulación de las diferentes generaciones en el ámbito laboral y el rol de los jefes

Ya hemos dejado en claro que la formación siempre debería planearse de cara al futuro.

En cuanto a las generaciones existentes, no hay una única clasificación al respecto. Pero si bien considero que no hay que ser muy estrictos en las clasificaciones, estas nos muestran tendencias que podrán orientarnos en la tarea de formación.

Un primer elemento a tener en cuenta es que las diferencias entre generaciones existen, y no se las pueden categorizar como buenas o malas, solo son una realidad. Comprender las diferencias entre generaciones será útil tanto para las distintas relaciones interpersonales, incluso en el ámbito personal y familiar, como para el diseño de las actividades formativas.

Un buen jefe o líder deberá considerar las características de cada colaborador sin caer en generalizaciones de ningún tipo.

Los jefes y directivos deberían examinar las situaciones caso a caso, analizando las características individuales de las personas y los grupos a los cuales pertenecen.

A modo de ejemplo, una persona nacida en 1970 y perteneciente a la Generación X, podrá ser jefe de personas pertenecientes a otras generaciones y, en muchos casos, contar con colaboradores de edades muy diversas.

Es decir, el jefe tendrá él mismo sus propias características, con relación a la generación a la cual pertenece, y deberá acomodar su estilo de liderazgo a las distintas personas a su cargo, que, eventualmente podrán pertenecer a diferentes generaciones, tanto anteriores como posteriores.

Por lo cual cada organización, cada caso en particular, podrá tener muchas variantes generacionales. También los jefes podrán pertenecer a diferentes generaciones, así como los colaboradores de todo nivel.

Incluso, muchas veces las distintas generaciones coexisten en el ámbito laboral sin respetar un orden jerárquico predeterminado; esto implica que un jefe puede tener colaboradores de otras generaciones anteriores a la suya, solo por indicar un ejemplo.

Muchas personas mayores –y no tanto– ven con preocupación y una cierta incomprensión la realidad actual. Desde algunos que no comprenden "la necesidad de estar conectados todo el tiempo" y/o el real alcance de las redes sociales o la hiperconectividad, hasta aquellos que no valoran ciertos aspectos intrínsecos de estas transformaciones. En las antípodas, hay personas de diversas edades adictas a la conectividad.

Por otra parte, y desde una mirada diferente, existe otra creencia que adjudica ciertos rasgos culturales y de comportamiento a todos los integrantes de una generación, solo considerando la edad o fecha de nacimiento.

Otro error que se observa, con frecuencia, deviene del análisis del comportamiento de las generaciones en función del segmento familiar y social en el cual cada uno se desenvuelve. Más allá de las percepciones personales, la temática debe ser considerada con un prisma más amplio, abarcando diferentes situaciones y realidades, para comprender cabalmente el contexto de la organización y el mercado de actuación.

El área de Recursos Humanos/Formación deberá contar con un diagnóstico y una mirada precisa de las circunstancias de la organización, sin juicios previos ni generalizaciones. Por un lado, la cultura social y organizacional se modifica día a día y difiere entre las grandes ciudades y otras áreas del propio país. Aún hoy muchos jóvenes no tienen acceso a Internet y/o la utilización de la red es limitada, incluso en las grandes ciudades; por lo tanto, ciertos comportamientos usualmente atribuibles a los jóvenes pueden no verificarse según las condiciones y características de cada uno, y esto aplica a numerosos habitantes, en especial en Latinoamérica.

Como ya hemos dicho, un jefe puede pertenecer a cualquiera de las generaciones –*Centennials, Millennials,* Generación X, *Baby boomers* o Tradicionalistas–, y contar con colaboradores de su misma generación o de cualquier otra. La idea se expresa en la figura al pie.

A su vez, dentro de su equipo podrá contar con, por ejemplo, *baby boomers* que respondan estrictamente a las características de su generación o, por el contrario, que algunos de sus colaboradores, más allá de pertenecer a esta generación, evidencien comportamientos combinados atribuibles a otras generaciones.

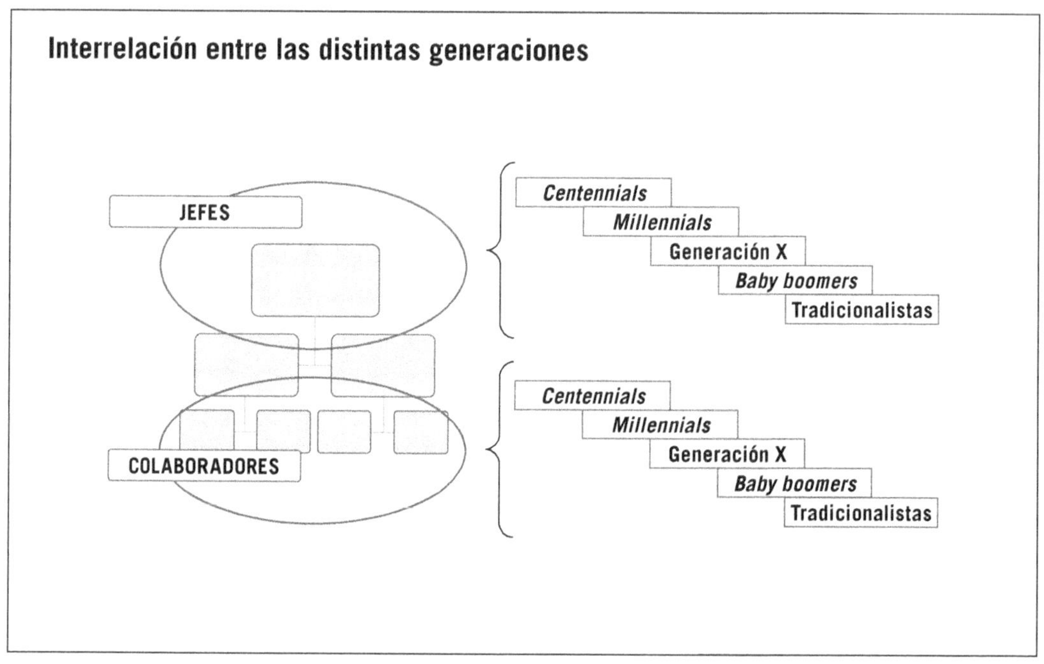

El desafío para los jefes será primero dimensionar y después asumir que deberá adaptar su estilo de liderazgo al otro o a los otros, según corresponda. Por lo tanto, la comunicación, la forma de explicar una nueva tarea o la forma de entrenar/formar a un colaborador, solo por citar algunos aspectos del rol de todo jefe, deberá ser "a medida" de las características de cada colaborador.

Diversidad

El término diversidad significa variedad, diferencia, e implica la existencia de elementos distintos entre sí. Dentro de la disciplina de Recursos Humanos, la diversidad se relaciona con las diferentes características de las personas.

Dentro de las organizaciones la diversidad suele verse reflejada en la fijación de políticas por las cuales una organización se asegura de que entre sus filas trabajen personas con diferentes características vinculadas a la composición de la sociedad de la que forma parte y/o a la cual dirige sus productos o servicios.

Las organizaciones podrán definir políticas sobre diversidad o bien considerarlas de algún modo. En algunos países existen leyes específicas, además de los usos y costumbres de las diferentes culturas sociales.

El término "políticas sobre diversidad" hace referencia a las normas o reglas internas por las cuales la organización se asegura criterios de actuación adecuados con relación a estos temas.

Dentro de este grupo de temas, podrán incluirse comportamientos aconsejados para prevenir demandas por acoso o discriminación, en cualquiera de sus variantes.

Por último, y en relación con la temática de este capítulo, los *Programas de diversidad* son, como su nombre lo indica, programas organizacionales que fomentan la aplicación de las políticas organizacionales sobre diversidad. Usualmente son coordinados desde el área de Recursos Humanos.

Los jefes deberán ser capacitados sobre la temática de diversidad. Si la organización cuenta con este tipo de programas, ya se habrá cubierto este aspecto. No obstante, será importante tenerlo en cuenta en otros programas para jefes, como los que se tratarán en las páginas siguientes.

Como se vio en el Capítulo 3, dentro de los temas relativos a la diversidad debería incluirse la diversidad generacional, promoviendo la integración de todas ellas.

Conciliar vida profesional y personal (balance vida-trabajo)

La conciliación entre vida profesional y personal pareciera ser, en primera instancia, una cuestión personal que atañe a cada individuo, de manera particular. Sin embargo, en el ámbito de las organizaciones es un tema sobre el cual se pueden llevar adelante una serie de acciones, a fin de mejorar dicha conciliación. En cuanto a los jefes, estos deberían ser formados al respecto, para reconocer de manera temprana posibles problemas en sus colaboradores y anticipar soluciones antes de que la problemática se torne más difícil de resolver. Desde esta perspectiva, es un tema transversal y debe ser considerado en la formación de los jefes, de todos los niveles.

El concepto *conciliar vida profesional y personal* hace referencia a la tarea constante que todas las personas realizan para llevar adelante, con equilibrio, su desarrollo laboral y profesional, por un lado, y por otro la plena realización de sus necesidades y deseos personales. El varón y la mujer necesitan, por razones económicas y psicológicas, crecer en el ámbito laboral, lo que sin duda implica un proceso altamente demandante. Pero también anhelan disponer de energías suficientes para su dimensión personal, que no solo está referida a la familia sino a una variedad de intereses y anhelos.

La conciliación entre los diferentes planos de la vida es de interés tanto individual como organizacional.

Hasta no hace muchos años esta temática se denominaba *balance vida-trabajo* y estaba referida, generalmente, a la situación de la mujer. Hoy en día, y más aún entre las nuevas generaciones, la armonía de intereses personales se considera una problemática de todos, independientemente del género o el nivel socioeconómico.

Como se verá más adelante en este mismo capítulo, la temática ha sido considerada por separado, como uno de los programas organizacionales para jefes.

Valores organizacionales y personales

La correlación entre los valores organizacionales y personales es un tema de relevancia desde todas las miradas, la personal y la organizacional.

En varias de mis obras, también en la mencionada en relación con el punto anterior, se ha tratado un tema muy importante, también vinculado con el accionar de los jefes. En consecuencia, debería ser parte de las formaciones, en especial de aquellas dirigidas a los jefes.

Algunas definiciones a tener en cuenta:

- *Valores, Valores organizacionales.* Aquellos principios que representan el sentir de la organización, sus objetivos y prioridades estratégicas.

- *Valores personales.* Principios básicos inherentes a cada individuo en particular. Se relaciona con las creencias más profundas del individuo, con la forma en que cada uno ve las cosas y, además, con los proyectos personales.

Los valores de una persona se observan en sus comportamientos, en cualquier momento o circunstancia.

El concepto *valores personales* engloba aspectos como *integridad* y *ética,* y también otros, como, por ejemplo, *calidad* o *excelencia,* según la manera en que estos diferentes elementos integran las creencias profundas de cada persona.

La correlación entre los valores debería formar parte de las buenas prácticas organizacionales. En cuanto a los jefes, en algunos casos, estos podrán ser los primeros en detectar discordancia entre los valores organizacionales y personales. Por ejemplo, si una organización tiene como un valor la calidad y un colaborador, si bien cumple con las normas internas al respecto, no considera a la calidad como un valor y, en consecuencia, no evidencia comportamientos asociados a este valor, esta situación podrá ocasionar un problema en algún momento.

Los jefes deberían ser formados al respecto, incluyendo este aspecto transversal en las distintas capacitaciones.

Comenzando por el principio: los jefes y sus roles[4]

A continuación se verán una serie de aspectos a tener en cuenta para la formación de jefes, de todos los niveles.

Con relación al punto anterior, ya mencionamos que los distintos contenidos podrán ser impartidos en una actividad específica o formando parte de otras más generales.

Como lo anticipamos desde el título de esta sección, se debería comenzar por formar a los jefes sobre la diversidad de roles a su cargo. Roles que deberán asumir por el mero hecho de ser jefes.

Formar a los jefes en todos los roles a su cargo

Todos los jefes, desde el número 1 de la organización hasta aquel que tenga a su cargo pocos colaboradores, deben cumplir un rol, asumiendo una serie de tareas relacionadas con los colaboradores que les reportan. Usualmente, bajo la denominación de *programas gerenciales* (programas específicos para jefes, por ejemplo: directores, gerentes y supervisores, según corresponda en la estructura de cada organización)

---

4 *Rol del jefe.* Ediciones Granica, Buenos Aires, 2019.

se exponen cuestiones relacionadas con: 1) las funciones adicionales que cada jefe debe cumplir vinculadas con el equipo a su cargo, por ejemplo, selección y evaluación del desempeño, solo por mencionar dos de ellas; 2) un rol permanente de entrenador, para el cual deben desarrollar la competencia *Entrenador*; 3) todo lo anterior, se complementa con un rol adicional relacionado con delegación (*empowerment*, en algunos casos), de acuerdo con las políticas de cada organización. En competencias, se pueden adicionar otras además de las mencionadas: *Liderazgo*, junto con otros conceptos complementarios, por ejemplo, *Líder emprendedor, Liderazgo ejecutivo (líder de líderes), Liderazgo para el cambio, Liderar con el ejemplo.*

La formación para jefes, como dijimos, debería comenzar por *Rol del jefe*[5]. Se trata, básicamente, de un programa sobre conocimientos y comprende todo lo que debe saber una persona con gente a su cargo para ser "un buen jefe".

El programa se enfoca en conocimientos tales como selección del equipo a cargo, evaluación de colaboradores, distribución de tareas y delegación, comunicación de diversos aspectos organizacionales y una serie de aspectos relacionados tanto con el día a día como con temas más estratégicos. Usualmente, se complementa con el desarrollo de competencias necesarias para llevar a cabo todos los roles de manera efectiva y eficaz.

Como se expusiera en páginas previas, el rol del jefe puede abarcar otros aspectos, según las organizaciones y circunstancias. Además de los ya mencionados, podrán incluirse otros, que se verán más adelante, en este mismo capítulo. La priorización de cada uno de ellos dependerá de las circunstancias particulares.

Los roles de CEOs, números 1, directivos y jefes de todos los niveles

Un jefe, de cualquier nivel, a partir del número 1 de la organización, debe adicionar a sus funciones habituales otras inherentes a su rol de jefe; recordando que la palabra jefe utilizada aquí, así como en varias de mis otras obras, es un concepto referido a todos aquellos que tienen personas a cargo. Por lo cual, un alto directivo es jefe igual que otros que reportan a él. También es jefe aquel que posee una pequeña empresa en la que trabajan con él otras personas, familiares o no. Por último, también es jefe el director de una película o de una orquesta, ballet o equipo deportivo.

Dentro de las funciones que una persona debe llevar a cabo como jefe, deseo resaltar dos: delegar y entrenar, que son fundamentales, según mi criterio, para un buen manejo de las diferentes generaciones, tema mencionado entre los de carácter transversal, considerando las características asignadas a los *millennials* y *centennials*.

---

5 *Rol del jefe.* Ediciones Granica, Buenos Aires, 2019

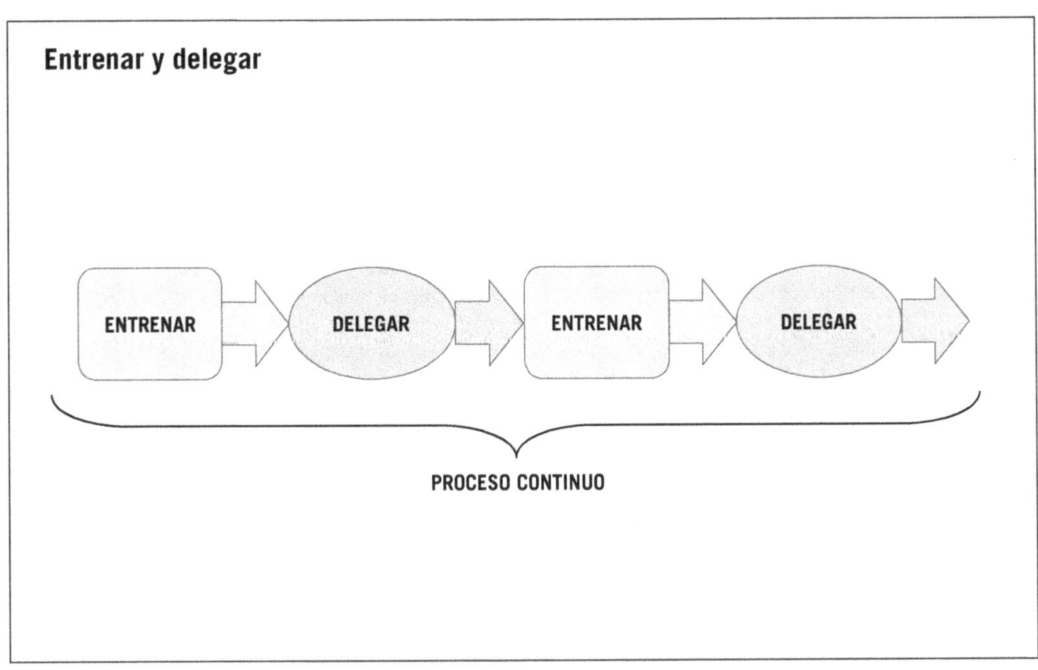

Delegar y entrenar no son, desde ya, conceptos nuevos. Sin embargo, son dos aspectos relevantes que deben considerarse a la luz de las nuevas generaciones.

Entrenar – delegar para volver a *entrenar,* junto con un nuevo proceso de delegación, conforman un proceso de tipo continuo.

Todo "buen jefe" debe tener este esquema en mente al momento de conducir a su equipo de trabajo. Entrenar no es una tarea que se hace *de vez en cuando,* o que está a cargo de otras personas, o que sea el producto de una actividad de formación.

La capacidad de entrenar debe formar parte, siempre, del modo de conducir de cada jefe. Este proceso continuo de entrenamiento lo conducirá a un proceso continuo de delegación. Por lo cual es un círculo virtuoso, como se desprende del gráfico expuesto más arriba.

Desde esta perspectiva, los jefes deberán desarrollar dos capacidades: ser un jefe entrenador y aprender a delegar. Ambas competencias, *Capacidad para delegar*[6] y *Entrenador,* pueden ser innatas o bien desarrollarse. Además, una persona podrá tener desarrollada estas competencias sin haber sido nunca jefe.

---

6 Ver en el *Diccionario de competencias. La trilogía. Tomo 1* y en el *Diccionario de comportamientos. La trilogía. Tomo 2* las definiciones y comportamientos asociados para las competencias gerenciales *Conducción de personas* y *Entrenador.*

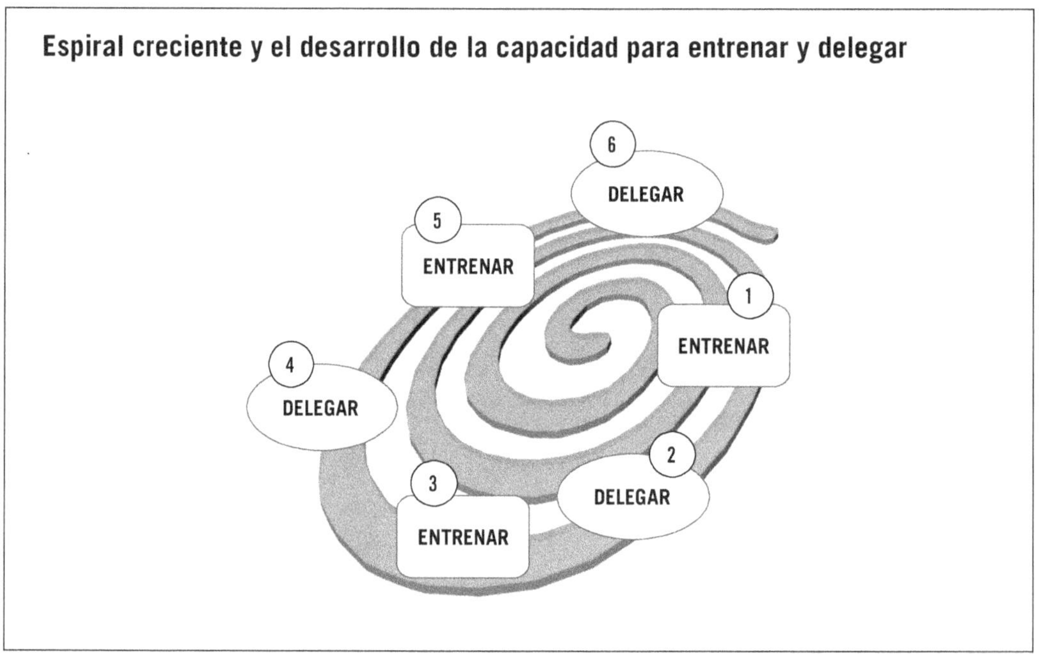

Retomando un tema que hemos visto en el capítulo 3, espiral creciente, en la figura precedente se expone el desarrollo combinado de las capacidades para delegar y entrenar.

En la espiral creciente explicada en el Capítulo 3, el proceso de crecimiento se verifica a través de un esquema sencillo: primero experimentar, luego, de esa experiencia la persona en cuestión podría reflexionar y, posteriormente, identificar los aspectos positivos y negativos de la experiencia, es decir, qué cosas se hicieron bien y cuáles se debería mejorar. De esta manera es posible pasar al paso siguiente, donde el desempeño tendría un nivel superior.

Analizando el gráfico precedente, en el momento 1 el jefe entrena al colaborador –por ejemplo, a un nuevo integrante de la organización, o bien a un colaborador ya experimentado en una nueva tarea–; luego, en el momento 2 delega de acuerdo con el nivel de entrenamiento recibido para, posteriormente, dentro de un lapso prudencial, en el momento 3 entrenar nuevamente para, en el momento 4, delegar nuevas responsabilidades, otras funciones, según corresponda. El proceso continuará sucesivamente de manera positiva, en la medida en que los resultados alcanzados sean los esperados.

El entrenamiento combinado con la delegación implica evaluación de lo actuado, identificar aspectos positivos y negativos, definir los aspectos a mejorar junto con los nuevos conocimientos o niveles de comportamiento necesarios, según el tema o la circunstancia.

Retomando un tema expuesto en páginas anteriores, un jefe podrá pertenecer a cualquiera de las generaciones y contar con colaboradores de su misma generación o de cualquier otra. El desafío para los jefes será adaptar su estilo de liderazgo al otro o a los otros, según corresponda. Por lo tanto, la comunicación, la forma de explicar una nueva tarea o la forma de entrenar/formar a un colaborador, solo por citar algunos aspectos del rol de todo jefe, deberá ser "a medida" de las características de cada colaborador.

Formar a los jefes sobre un nuevo estilo de liderazgo

Desde el título de la obra hemos planteado la formación de cara al futuro, ya que es con esta perspectiva que se debe formar a los jefes en un nuevo estilo de liderazgo.

En párrafos previos hemos mencionado la temática generacional como una cuestión transversal que debe tenerse en cuenta en el diseño de todas las actividades formativas para jefes. También en el Capítulo 3 nos referimos a la *inmediatez y experimentación: características necesarias para la formación de las nuevas generaciones, millennials y centennials o generación 2020.* Lo allí planteado también se aplica a la relación cotidiana entre jefes y colaboradores.

Los jefes deben ser formados acerca de la importancia de transmitir –por ejemplo– un conocimiento, de manera concreta, y que el mismo pueda ser experimentado y aplicado en forma inmediata. Para, de ese modo, captar el interés en mayor medida que a través de una explicación o comentario extenso sobre un asunto en particular, sin una correlativa aplicación práctica.

Todo jefe debe saber que la formación tiene que responder a necesidades, actuales o futuras, así los participantes podrán aplicar lo aprendido. De este modo, además, será motivador para colaboradores de todos niveles.

Ver la aplicación práctica de la formación responde a las características ya descritas de las nuevas generaciones.

En cuanto al diseño, la experimentación que propone el método Codesarrollo (explicado en capítulos previos) será el complemento necesario para alcanzar mayor efectividad.

Conducir personas, liderarlas, siempre ha sido un reto. Como ya mencionamos, he publicado –con esta misma editorial– una serie de obras[7] sobre el tema. En este

---

7 *Rol del jefe,* Ediciones Granica, Buenos Aires, 2019. *12 pasos para ser un buen jefe.* Ediciones Granica, Buenos Aires, 2008. *12 Pasos para transformarse en un jefe entrenador.* Ediciones Granica, Buenos

capítulo se propone formar a los jefes frente a la necesidad de un nuevo estilo de liderazgo, que contemple un hecho concreto: los jefes de todos los niveles se enfrentan a un reto nuevo, la coexistencia dentro de un mismo ámbito laboral de distintas generaciones.

Para abordar la cuestión en una actividad formativa se podría, primero, analizar el rol de los jefes con relación a las nuevas generaciones y cómo, aplicando ciertos principios básicos o tradicionales de conducción, es posible alcanzar un liderazgo exitoso en un entorno de diversidad generacional como el que hoy se vive en el ámbito de las organizaciones.

Luego, se deberían analizar los requerimientos de cambio y/o de nuevas maneras de conducir personas en el contexto actual, con las nuevas tecnologías incorporadas a la gestión.

En resumen, ser líder implica disponer de un conjunto de elementos o factores. Por otra parte, es importante recordar que *liderazgo*[8] es un término con múltiples definiciones. Una de las ellas es:

Capacidad para generar compromiso y lograr el respaldo de sus superiores con vistas a enfrentar con éxito los desafíos de la organización. Capacidad para asegurar una adecuada conducción de personas, desarrollar el talento, y lograr y mantener un clima organizacional armónico y desafiante.

Esta definición enfatiza, entre otros, los siguientes conceptos, que deseo resaltar en función de la temática de este capítulo y de la obra en su conjunto:

- Lograr el respaldo de los superiores.

- Conducir personas.

- Desarrollar talento.

También se puede adicionar al término *liderazgo* otros conceptos, para enriquecerlo, como:

Liderar con el ejemplo: Capacidad para comunicar la visión estratégica y los valores de la organización a través de un modelo de conducción personal acorde con la ética, y motivar a los colaboradores a alcanzar los objetivos planteados con sentido de pertenencia y real

---

Aires, 2019. *Cómo delegar efectivamente en 12 pasos.* Ediciones Granica, Buenos Aires, 2010. *Conciliar vida profesional y personal.* Ediciones Granica, Buenos Aires, 2010.

8 Fuente de esta definición de liderazgo y de las siguientes: *Diccionario de competencias. La trilogía. Tomo 1* (op. cit.).

compromiso. Capacidad para promover la innovación y la creatividad, en un ambiente de trabajo confortable.

Liderazgo ejecutivo o líder de líderes: Capacidad para dirigir a un grupo o equipo de trabajo del que dependen otros equipos, y comunicar la visión de la organización, tanto desde su rol formal como desde la autoridad moral que define su carácter de líder. Implica ser un *líder de líderes,* al crear un clima de energía y compromiso junto con un fuerte deseo de guiar a los demás, que se verifica en el comportamiento de los otros al acompañar su gestión con entusiasmo.

Por último:

Liderazgo para el cambio: Capacidad para comunicar la visión estratégica de la organización y lograr que la misma parezca no solo posible sino también deseable para los *stakeholders*[9]. Capacidad para generar en los otros motivación y compromiso genuinos. Capacidad para promover la innovación y los nuevos emprendimientos, y lograr transformar las situaciones de cambio en oportunidades.

Los conceptos y definiciones mencionados, individualmente o en conjunto, podrán impartirse también como programas para jefes, enfocando la actividad formativa en el desarrollo de la competencia en cuestión.

Para resumir, debemos observar que las organizaciones requieren de sus conductores o líderes ciertas capacidades, que llamaremos competencias. Para el manejo específico de la situación planteada al inicio –la coexistencia de varias generaciones dentro de un mismo ámbito laboral– se requiere que los jefes posean ciertas características. Quizá estas características deban verificarse en un mayor nivel o grado en la alta gerencia y en un menor grado en un jefe o líder de menor jerarquía. En un caso u otro, siempre deberán estar presentes.

En materia de liderazgo

Del conjunto de definiciones se pueden resaltar, entre otros aspectos:

- Lograr el respaldo de sus superiores, jefes, accionistas, según corresponda.

- Conducir personas; entre otras funciones relevantes: delegar y entrenar a sus colaboradores.

---

9 El término *stakeholders* hace referencia a los distintos sectores de interés en torno a una organización: accionistas, ejecutivos, colaboradores, clientes, proveedores, gobierno, bancos, organismos de control, etc.

- Desarrollar talento e identificarlo.

- Valores: ética, respeto, entre los más relevantes.

- Lograr y mantener un clima adecuado y motivador.

- Fomentar la colaboración, creatividad e innovación.

Cada uno de los aspectos señalados precedentemente, y todos como conjunto, serán de suma utilidad a la hora de gerenciar o conducir equipos multigeneracionales.

Formar a los jefes sobre la capacitación y desarrollo de los equipos a su cargo

Los jefes, de un modo u otro, pueden ayudar y apoyar a sus colaboradores en su formación. Proceder de este modo dará, en todos los casos, un resultado positivo para todos. Desde la mirada de los jefes, un buen resultado de la formación recibida por el colaborador mejorará la relación del jefe con sus colaboradores, así como los resultados del área o sector a su cargo.

Quizá las personas a su cargo deban mejorar las capacidades mencionadas, pero en la mayoría de los casos podrán mejorarlas con la ayuda del jefe, no necesariamente con un curso.

El jefe debe asumir la tarea de analizar con seriedad las necesidades de capacitación tanto propias como del equipo a su cargo, en función de los objetivos que se le hayan fijado al sector/área y de los planes estratégicos organizacionales a mediano y largo plazo. Si él no los conoce, siempre podrá preguntar sobre ellos a un superior.

Como consecuencia de todo lo anterior, mejorará sus propios resultados. Se trata de una de las tantas buenas prácticas que aportan un resultado de tipo *ganar-ganar*, positivo para todos los involucrados. El primero en ver los beneficios de la formación será el jefe. Desde ya, también el colaborador.

Veremos, en los párrafos siguientes, cómo los jefes pueden participar en la formación de colaboradores, cuando estos asisten a formación en talleres o participan de programas más estructurados, como los planteados en el Capítulo 4, a través de la universidad corporativa.

En el Capítulo 5 hemos visto que los jefes podrán ser parte de la evaluación de las actividades de formación en las cuales participan los colaboradores a su cargo. Allí decíamos que la opinión de los jefes debería ser solicitada en dos momentos: al finalizar las actividades y luego de unos meses, para conocer los resultados o cambios del colaborador en su desempeño y en relación con su puesto de trabajo.

Formar a los jefes para que puedan realizar un seguimiento efectivo dentro del método Codesarrollo

Como se ha visto en capítulos previos, uno de los pasos del método Codesarrollo es el seguimiento, que puede realizarlo el instructor que haya impartido los talleres. Pero también los jefes directos pueden llevar a cabo esta tarea.

En el método Codesarrollo el paso denominado "seguimiento" implica distintas acciones, según el tema y las personas involucradas; por ejemplo, el individuo responsable de este paso podrá apoyar al colaborador en la aplicación práctica de las distintas cuestiones tratadas en los talleres, aconsejarlo frente a situaciones concretas, guiarlo en determinadas acciones, etc.

Las buenas prácticas en materia de liderazgo y gestión de personas señalan la importancia de contar con *jefes entrenadores*, desarrollando en cada uno de ellos la capacidad para ser entrenador de sus colaboradores. De alcanzarse esta meta, los jefes podrán llevar a cabo el seguimiento. La idea se expresa en el gráfico siguiente.

En la parte inferior de la figura se exponen los pasos del método Codesarrollo, indicando de izquierda a derecha: taller de Codesarrollo 1, seguimiento, taller de Codesarrollo 2 y, por último, un nuevo seguimiento.

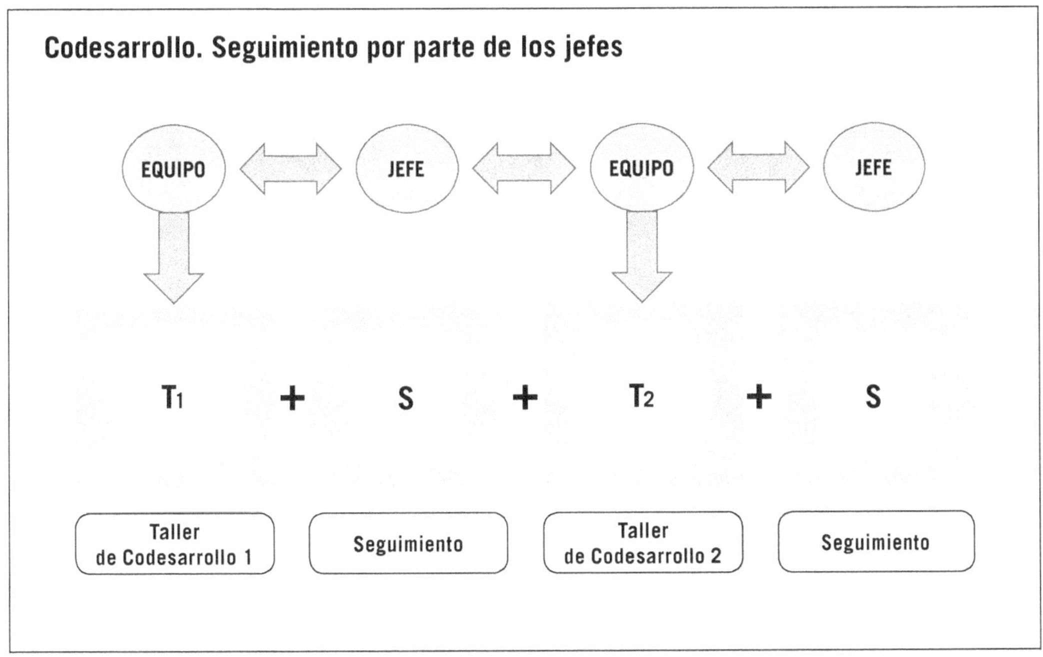

En la parte superior de la figura, el equipo y/o algunos de sus miembros participan del taller 1 de Codesarrollo. Una vez finalizado, el jefe lleva a cabo el seguimiento hasta el segundo taller de Codesarrollo, usualmente, unos meses después del primero. Luego se realizarán nuevas instancias de seguimiento.

Formar a los jefes para asumir un seguimiento efectivo de la formación del equipo a su cargo en las organizaciones que cuenten con una universidad corporativa

Siguiendo un criterio análogo, los jefes podrán llevar a cabo un seguimiento de los colaboradores de su equipo que participan en los diversos programas de la universidad corporativa, a medida que vayan cursando los distintos módulos. La idea se expresa en la figura siguiente.

En la parte inferior de la figura hemos imaginado un diseño curricular para la universidad corporativa conformado por tres módulos por cada una de las materias o temas, a los cuales hemos denominado, para ilustrarlos en el gráfico, "Tema X".

En la parte superior de la figura, se observa que el equipo o algunos de los colaboradores que lo integran asisten al módulo 1, finalizado el cual el jefe reali-

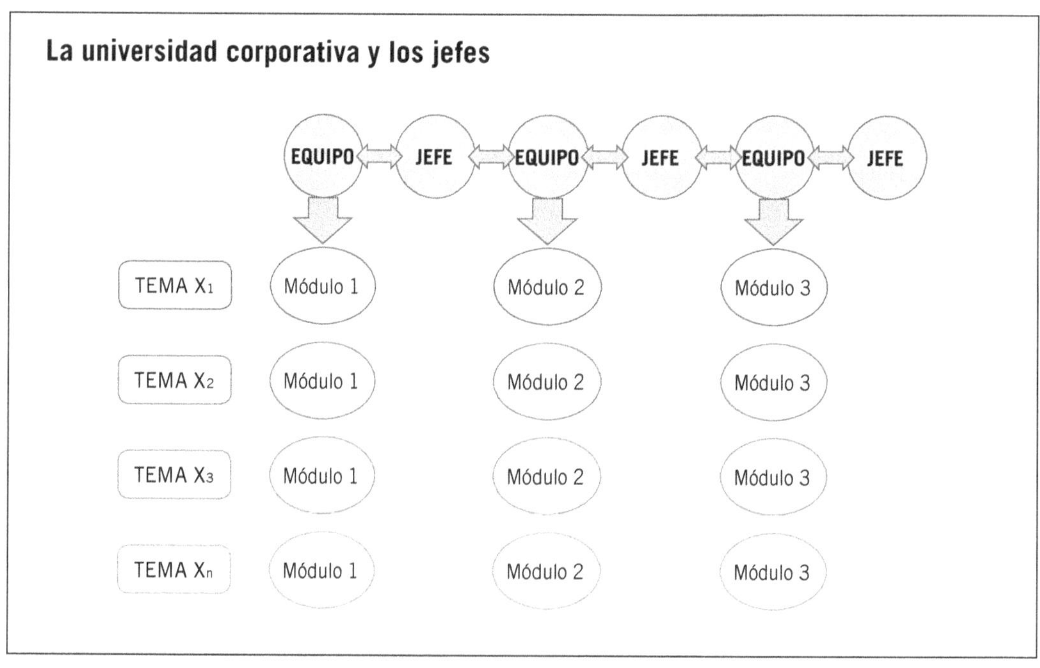

za el seguimiento hasta el siguiente módulo, usualmente unos meses después del primero. Luego, se llevarán a cabo nuevas instancias de seguimiento, y así sucesivamente.

En resumen, los jefes constituyen parte de la formación y desarrollo de sus colaboradores desde distintas perspectivas, aun en los casos en que la formación sea impartida por instructores internos o externos y/o la organización cuente con una universidad corporativa.

Programas organizacionales para jefes

Como explicamos en páginas previas, al área de Recursos Humanos/Formación se le ofrece una amplia gama de posibilidades en cuanto a programas para jefes. Por un lado, programas dedicados al desarrollo de competencias, y por otro, una serie de actividades, algunas de las cuales mencionaremos a continuación, mediante las cuales se podrán desarrollar temáticas de conocimientos así como, además, aplicar competencias en la gestión de las funciones de jefatura.

En cualquier caso, siempre será una buena idea llevar a cabo estas iniciativas como *programas organizacionales*. Esta denominación hace referencia al conjunto ordenado de actividades y/o pasos necesarios para llevar a cabo uno o varios proyectos, en el ámbito de una organización.

Los programas organizaciones deben diseñarse con un enfoque sistémico, con el propósito de alcanzar la visión y planes estratégicos.

Los jefes, de todos los niveles, de un modo u otro conocen la cultura organizacional. Por lo cual podrán ser un vehículo, quizá no siempre conscientemente, de transmisión de la cultura y los valores. El círculo virtuoso se cierra cuando los programas de desarrollo, en especial los elaborados para jefes, incluyen de manera planeada la transmisión de la cultura organizacional.

En la planificación y diseño de programas formativos para jefes será importante considerar los distintos aspectos que hemos tratado en páginas previas, bajo el título *Aspectos transversales en la formación de jefes*. Estos aspectos deberán ser considerados entre los contenidos, como un tema de importancia organizacional, y, de algún modo, incluidos en casos prácticos y otras actividades formativas.

Dentro de estos programas organizacionales podemos incluir los tratados en esta sección: *programas para jefes*. Esta expresión hace referencia al conjunto de programas dirigidos a todos los jefes, usualmente a partir del número 1 de la organización, con el propósito de fortalecer sus competencias y difundir las obligaciones adicionales que todo jefe debe asumir, inherentes a su rol específico de conductor de colaboradores.

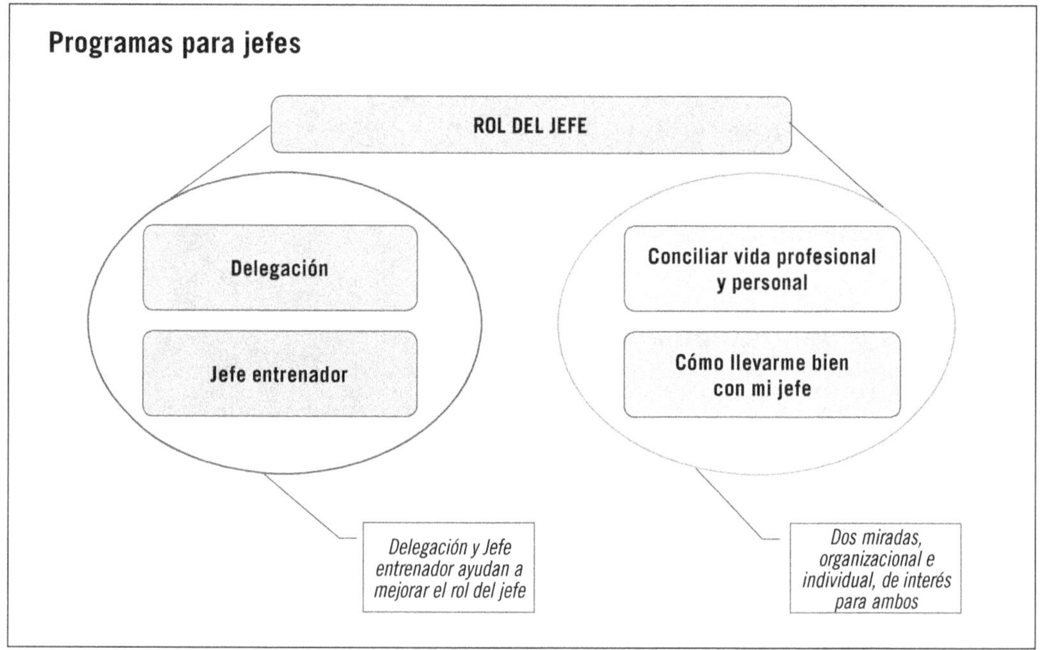

Los programas específicos para jefes pueden ser de índole diversa. Como decíamos en páginas previas, el primer programa será el que denominamos *Rol del jefe*[10]. Se trata de un programa de conocimientos sobre todo lo que debe hacer una persona con gente a su cargo para ser "un buen jefe". Luego se puede continuar con cualquiera de los otros programas. En la figura precedente, sobre el margen izquierdo se muestran dos programas: *Delegación* y *Jefe entrenador*. Ambos tienen el foco puesto en el desarrollo de una competencia, en el primer caso, la competencia *Conducción de personas* o, si se prefiere, *Delegación* o *Capacidad para delegar efectivamente*, y la segunda actividad o herramienta se focaliza en el desarrollo de la competencia *Entrenador*[11].

La figura precedente indica, además de los mencionados, otros dos programas para jefes: *Conciliar vida profesional y personal* (se hizo una mención a esta cuestión como uno de los temas transversales a tener en cuenta en la formación de jefes de todos los niveles) y *Cómo llevarme bien con mi jefe*. En este último, se presentan temas habituales de Recursos Humanos, por ejemplo, la evaluación del desempeño, desde la mirada del colaborador. En una apretada síntesis, sobre todos los temas organi-

---

10 *Rol del jefe.* Ediciones Granica, Buenos Aires, 2019.

11 El lector puede analizar la definición de las competencias *Conducción de personas* y *Entrenador*, su apertura en grados o niveles, y los comportamientos asociados, que pueden consultarse en las obras *Diccionario de competencias. La trilogía. Tomo 1*, y *Diccionario de comportamientos. La trilogía. Tomo 2*.

zacionales podrán considerarse dos miradas, por un lado, la de la organización y su gerencia y, en una visión casi contrapuesta, la del colaborador. Ambos podrán percibir, en relación con un mismo tema, facetas distintas.

Un jefe debe estar, también, formado sobre ambas miradas, para comprender mejor sus propias sensaciones y las de sus colaboradores, y, como resultado, ser un mejor jefe.

La temática de Recursos Humanos, tal como se la concibe en la actualidad, es vasta y diversa. Sin embargo, esta no es su característica más importante. Recursos Humanos no es una disciplina que atañe solo a los especialistas. Por el contrario, es un tema que involucra a *todos*, y especialmente a los jefes, dado que ellos conducen equipos de trabajo, de diferente índole y magnitud. Y esto atañe también a la perspectiva del colaborador, que muchas veces no comprende el porqué de algunas políticas o procedimientos.

Por esta razón, es muy importante trabajar sobre el rol de los jefes y el de los colaboradores. Cuando ambas miradas y perspectivas se ensamblan adecuadamente, la relación se torna del tipo *ganar-ganar*.

A su vez, es importante recordar que, en muchas ocasiones, una persona es al mismo tiempo jefe y colaborador. De allí la riqueza de trabajar en simultáneo sobre los dos roles, y por este motivo *Cómo llevarme bien con mi jefe* se considera tanto un programa para jefes como un programa de liderazgo.

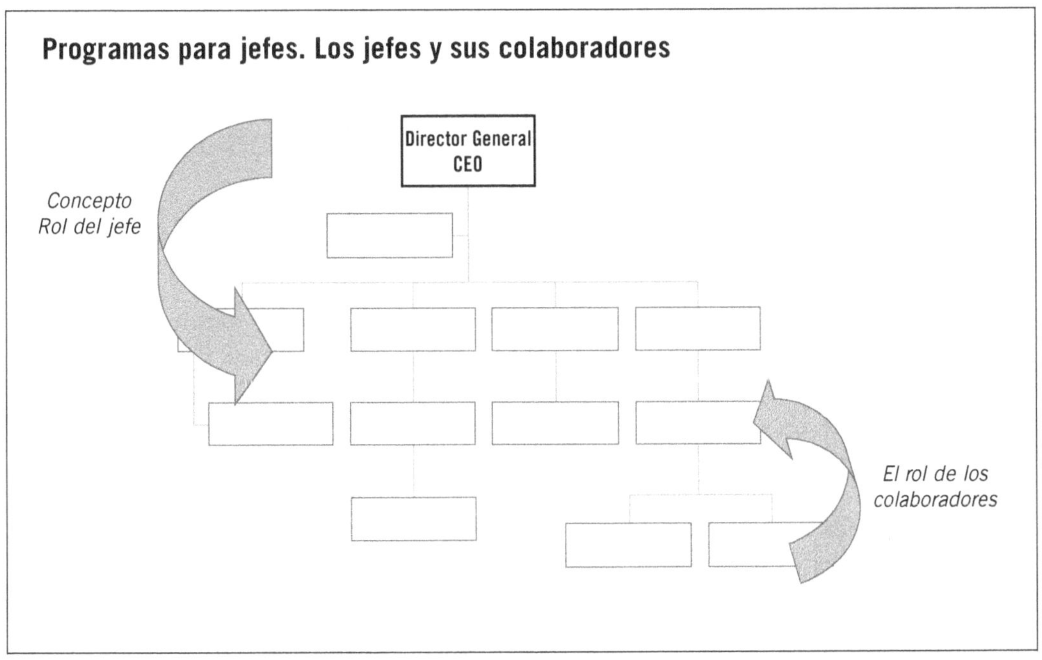

De acuerdo con lo que se ha tratado en el Capítulo 3, se sugiere que el diseño de estos programas siga los lineamientos del método *Codesarrollo.*

Formación para jefes que aún no son jefes pero se prevé que lo serán en el futuro

He comentado en varias oportunidades que fui nombrada *jefe* sin haber recibido formación alguna para asumir ese rol; y, con circunstancias más o menos parecidas, lo mismo les ha ocurrido a casi todos los que han tenido esa función. Sin embargo, no debería ser así.

En diversas ocasiones se prevé con anticipación que una persona podrá ser nombrada jefe en algún momento. También, esta situación es considerada en programas internos como *Planes de carrera* (Capítulo 8). En cualquiera de estos casos será posible evaluar comportamientos y desarrollar la capacidad para ser jefe. Es decir, muchas personas, sin haber sido jefe antes, poseen ciertos comportamientos que predicen un buen desempeño en este rol.

Adicionalmente, se podrá desarrollar la capacidad para ser un buen jefe brindando formación en algunos aspectos y, al mismo tiempo, perfeccionando las competencias necesarias. En este sentido, los programas mencionados serán también el camino recomendado para los futuros jefes.

Los jefes y la motivación de sus equipos de trabajo

La capacidad para motivar a otros es una competencia que muchas personas poseen de manera innata, pero que también puede ser desarrollada. Muy a menudo el concepto se incluye como parte de otra competencia de liderazgo.

Muchas veces somos consultados, por directivos y también desde las áreas de Formación, acerca de cómo hacer para que los jefes se transformen en *motivadores.* La primera respuesta es, en todos los casos, comenzar por los programas mencionados más arriba, en especial *Rol del jefe,* junto con el desarrollo combinado de las capacidades para entrenar y delegar.

Con relación a la motivación, tanto la propia (automotivación) como la de los otros, un aspecto a considerar será la conciliación entre vida profesional y personal, que es abordado por otro de los programas para jefes mencionados.

Adicionalmente a lo anterior, podrán llevarse a cabo acciones concretas para desarrollar la capacidad para motivar a otros.

Planificación y seguimiento por parte del área de Recursos Humanos/Formación

El área de Formación será responsable por todas las actividades formativas, en lo que respecta tanto a su diseño como a su planificación y control. Si en algún caso –por ejemplo, en organizaciones con numerosos colaboradores– los planes internos de desarrollo (Capítulo 8) fuesen coordinados por un sector diferente dentro del área de Recursos Humanos, las necesidades puntuales de formación que deriven de dichos programas serán incluidas dentro del plan de formación, como hemos visto en el Capítulo 2. La formación de la alta gerencia y de otros niveles de conducción presenta una situación análoga a los programas internos mencionados.

La formación de jefes –de todos los niveles– debería constituirse en un proceso continuo. Los que ya son jefes, deberán reforzar algunos aspectos de su rol y, además, se irán formando futuros jefes, como se comentara más arriba.

La formación deberá iniciar por la actividad que hemos denominado *Rol del jefe*, cuyo propósito fundamental es aprender o rever los distintos roles que todos los jefes deben asumir por el solo hecho de tener personas a su cargo. La actividad sugerida es un Codesarrollo de conocimientos junto con lecturas adicionales para el autodesarrollo.

A continuación puede abordarse el desarrollo de las competencias *Entrenador* y *Delegación.*, que usualmente se realiza en dos etapas, con un adecuado seguimiento entre una y otra.

Por último –y si fuese necesario– se pueden desarrollar otras competencias, como *Empowerment, Liderar con el ejemplo, Liderazgo*, etc.

Las distintas actividades estarán dirigidas para todos los jefes, comenzando por la máxima conducción de la organización. La impartición podrá estar a cargo de un consultor externo o de un especialista del área de Recursos Humanos, pero, como se comentara, también podrán participar como instructores directivos de la propia organización, de diversas áreas.

En todos los casos, la planificación y seguimiento estará a cargo del área de Formación. La idea se refleja en el gráfico de la página siguiente.

La planificación formulada en la figura incluye, para cada actividad, la designación de un responsable, además de la fecha de impartición. En el ejemplo, las actividades proponen a los participantes mejorar distintas capacidades: conocimientos, experiencia, competencias y valores.

Para el planeamiento se deberá considerar que, cuando una persona deba achicar brechas significativas entre lo requerido para el puesto y su propia evaluación, el desafío será difícil y, en todos los casos, requerirá que todos pongan en juego su máximo empeño. Desde el área de Recursos Humanos/Formación se deberá

Planificación y seguimiento - 1
Para todos los jefes de la organización

Apellido y nombre	ROL DEL JEFE			JEFE ENTRENADOR			DELEGACIÓN		
	Actividad	Responsable	Mes/Año	Actividad	Responsable	Mes/Año	Actividad	Responsable	Mes/Año
Participante 1									
	Actividad	Responsable	Mes/Año	Actividad	Responsable	Mes/Año	Actividad	Responsable	Mes/Año
Participante 2									
	Actividad	Responsable	Mes/Año	Actividad	Responsable	Mes/Año	Actividad	Responsable	Mes/Año
Participante 3									
	Actividad	Responsable	Mes/Año	Actividad	Responsable	Mes/Año	Actividad	Responsable	Mes/Año
Participante 4									
	Actividad	Responsable	Mes/Año	Actividad	Responsable	Mes/Año	Actividad	Responsable	Mes/Año
Participante 5									

proponer opciones de desarrollo, y los superiores de los participantes tendrán que apoyar las acciones que se encaren. Además, es necesario considerar el esfuerzo que deberán hacer los mencionados participantes, receptores de los diferentes programas.

Para la planificación de actividades se debe tener en cuenta que el foco puede ser diferente según el tipo de programa que se adopte, aunque en todos los casos deberán contemplar tres grandes tópicos: 1) conocimientos, 2) competencias, 3) experiencia.

Para el desarrollo de personas, tanto en conocimientos como en competencias, nuestra metodología utiliza numerosas variantes; todas son útiles, y deben conocerse para luego poder decidir cuál es la más aconsejable en cada caso. Sin descartar ninguno de los denominados "métodos tradicionales", proponemos tres indicados para el desarrollo de competencias y conocimientos (Capítulo 6), uno de los cuales es *Codesarrollo* (Capítulo 3).

Como se expusiera en párrafos previos, se alcanza una mayor efectividad a través de una impartición "en cascada". La idea se muestra en la planificación presentada en la figura de la página siguiente.

Analizando la próxima figura, en la parte superior se observa que el "Participante 2" asiste a los distintos programas: *Rol del Jefe, Jefe entrenador* y *Delegación*.

Planificación y seguimiento - 2
Para todos los jefes de la organización

	ROL DEL JEFE			JEFE ENTRENADOR			DELEGACIÓN		
	Actividad	Responsable	Mes/Año	Actividad	Responsable	Mes/Año	Actividad	Responsable	Mes/Año
Participante 2									

	ROL DEL JEFE			JEFE ENTRENADOR			DELEGACIÓN		
	Actividad	Responsable	Mes/Año	Actividad	Responsable	Mes/Año	Actividad	Responsable	Mes/Año
Participante 2.1									
Participante 2.2									
Participante 2.3									

En un momento posterior –parte inferior de la figura– la persona asume el rol de instructor e imparte las mismas temáticas a sus colaboradores, a los cuales hemos identificado como "Participante 2.1, Participante 2.2 y Participante 2.3". El efecto multiplicador de esta modalidad de formación es muy importante.

Síntesis del capítulo

✓ Los jefes de todos los niveles viven circunstancias similares, en cualquier ámbito en el cual lleven a cabo su gestión. Esto ocurre así en una empresa o en un ente gubernamental, en organizaciones chicas, medianas y grandes, locales o transnacionales; viven situaciones similares, problemas similares, cuestiones similares. Circunstancias que, si bien son diferentes por la realidad y el contexto, presentan aspectos parecidos, que pueden asemejarse de un modo u otro.

✓ En la formación para jefes, en mayor o menor medida, hay que templar ciertos elementos transversales, que deberían ser tenidos en cuenta en las distintas temáticas que se aborden. Entre las primeras actividades a realizar, usualmente, sugerimos a nuestros clientes la que denominamos *Rol del jefe,* en la cual se consideran una serie de temas tales como la selección de un nuevo colaborador, distribuir tareas y delegar, solo por mencionar algunos tópicos. Los temas transversales identificados son: la articulación de las diferentes generaciones en el ámbito laboral y el rol de los jefes; diversidad; conciliar vida profesional y personal; valores organizacionales y personales. En ocasiones, alguna de estas cuestiones, para darle mayor preponderancia, podría ser impartida en una actividad específica. Lo usual será integrar estos temas a otros, en una sola actividad de índole más general. En cualquier situación, estos aspectos deberán ser considerados en el diseño.

✓ En la formación de jefes hay que considerar una serie de tópicos. 1) Formar a los jefes en todos los roles a su cargo. 2) Formar a los jefes sobre un nuevo estilo de liderazgo. 3) Formar a los jefes sobre la capacitación y desarrollo de los equipos a su cargo. 4) Formar a los jefes para que puedan realizar un seguimiento efectivo dentro del método Codesarrollo. 5) Formar a los jefes para asumir un seguimiento efectivo de la formación del equipo a su cargo en las organizaciones que cuenten con una universidad corporativa.

✓ Los programas específicos para jefes pueden ser de índole diversa. El primer programa a implementar debe ser *Rol del jefe,* enfocado en conocimientos, sobre todo lo que debe hacer una persona con gente a su cargo para ser "un buen jefe". Luego se puede continuar con otros programas: *Delegación* y *Jefe entrenador.* Ambos tienen el foco en el desarrollo de una competencia, en el primer caso, la competencia *Conducción de personas* o, si se prefiere, *Delegación* o *Capacidad para delegar efectivamente;* y la segunda actividad o herramienta se focaliza en el desarrollo de la competencia *Entrenador.* Las temáticas mencionadas se complementan con otras, entre las más frecuentes: *Conciliar vida profesional y personal* (una de las cuestiones transversales, ya mencionadas) y *Cómo llevarme bien con mi jefe y compañeros de trabajo.*

✓ El área de Recursos Humanos será la responsable del diseño de las actividades formativas para jefes, de realizar su seguimiento y de proveer a los diferentes actores el apoyo necesario para llevarlas a cabo.

✓ Para la planificación de actividades se debe tener en cuenta que el foco puede ser diferente según el tipo de programa, aunque en todos los casos deberán contemplar tres grandes tópicos: 1) conocimientos, 2) competencias, 3) experiencia. Una planificación detallada permitirá hacer luego un control de lo actuado.

✓ El área de Recursos Humanos será la responsable del diseño, planeamiento y seguimiento de todos los programas organizacionales, los cuales se potencian con buenos jefes que cumplan sus diferentes roles y que, a su vez, sean entrenadores de sus equipos, para la resultante delegación de tareas y responsabilidades.

Para continuar leyendo sobre los temas del Capítulo 7

Sugerimos leer, en la obra *Formación. En la práctica*, los siguientes apartados.

- Apartado 4. Diversidad, discriminación y otras cuestiones

- Apartado 5. Nuevas generaciones, inmediatez, lenguaje y otras cuestiones en relación con formación

- Apartado 18. Seguimiento de la evolución del desarrollo de las competencias y/o del aprendizaje de conocimientos

- Apartado 21. Formación y cambio cultural. Lograr la cultura deseada

- Apartado 23. Formación para la alta gerencia

- Apartado 24. Formación para todos los niveles de conducción

- Apartado 25. Los jefes. Seguimiento eficaz. Segundo taller de Codesarrollo sobre la misma temática

- Apartado 26. Motivar a otros, ¿un rol que deben asumir los jefes?

- Apartado 27. Problemas entre jefes y colaboradores

- Apartado 28. Programas para jefes. Distintas temáticas

- Apartado 30. Formador de formadores. Diseño e implementación

PARA PROFESORES

CASOS

Para la preparación de "casos prácticos" a ser utilizados en la impartición de clases relacionadas con este capítulo, sugerimos emplear los apartados mencionados más arriba bajo el título "Para continuar leyendo". El material allí disponible podrá servir de base para actividades complementarias, casos de discusión, disparadores para la preparación de otros casos, etc.

CLASES

Para cada uno de los capítulos de esta obra hemos preparado: Material de apoyo para el dictado de clases.

Los profesores que hayan adoptado esta obra para sus cursos tanto de grado como de posgrado pueden solicitar de manera gratuita:

– *Formación. CLASES*

Únicamente disponibles en formato digital, en nuestro sitio: **www.marthaalles.com**, en la exclusiva *Sala de profesores,* o bien escribiendo a: **profesores@marthaalles.com**

Capítulo 8

Programas internos de desarrollo

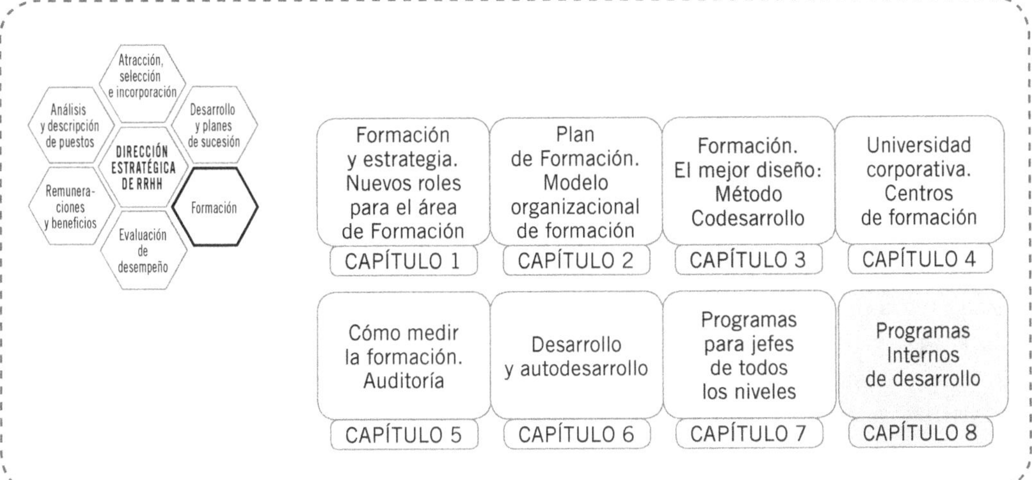

Temas del capítulo:

- Programas internos para el desarrollo del talento organizacional
- Programas internos imprescindibles y su relación con la formación y el desarrollo
- Formación y programas internos para el desarrollo
- Cómo transferir cultura a través de los programas para jefes
- Planes individuales de desarrollo para alcanzar un nivel superior
- Planes individuales de desarrollo para crear talento

Programas internos para el desarrollo del talento organizacional

Los programas internos de desarrollo están profundamente relacionados con la temática de formación. Si bien su propósito final podrá ser la sucesión de un alto ejecutivo, solo por mencionar un ejemplo, las acciones formativas relacionadas constituyen un aspecto fundamental.

En la obra *Construyendo talento*[1] se presentaron nueve programas internos para el desarrollo del talento. No son los únicos posibles. No obstante, representan una amplia gama de opciones que contemplan la mayoría de las necesidades organizacionales, desde asegurar la sucesión de altos ejecutivos hasta generar una *cantera de talentos*.

Mapa y ruta de talentos

Mapa y ruta de talentos es un concepto utilizado para denominar al proceso interno organizacional por el cual, primero, se determina aquello que se posee (es decir, confeccionar un mapa de las capacidades de todos los integrantes de la organización), y luego, a partir de la descripción de aquello con lo cual se cuenta, definir posibles caminos a seguir, la posible ruta[2]. En resumen, estas son las definiciones con las que trabajaremos:

- Mapa. Registro del inventario de las capacidades de todos los colaboradores de la organización: conocimientos, experiencia y competencias.

- Ruta. Elección de los programas organizacionales más adecuados según la visión y estrategia.

Como decíamos más arriba, en la obra mencionada (*Construyendo talento*) se han identificado nueve programas que podrían integrar las diferentes rutas a seguir. Veamos la figura de la página siguiente.

Los programas internos de desarrollo son uno de los principales factores a través de los cuales una empresa es sostenible en el tiempo. De cualquiera de los

---

1 *Construyendo talento.* Ediciones Granica, Buenos Aires, 2015.
2 Este término se relaciona con la herramienta N° 35 descrita en la obra *Las 50 herramientas de Recursos Humanos que todo profesional debe conocer.* Ediciones Granica, Buenos Aires, 2017.

Fuente: *Construyendo talento.*

programas mencionados podrán surgir necesidades que integrarán el plan de formación (Capítulo 2).

Adicionalmente, las organizaciones realizan con frecuencia promociones internas[3,4], acción no incluida especialmente en los programas mencionados que, igualmente, podrían originar acciones de formación. En estos casos, quizás a más corto plazo.

Los programas expuestos en el gráfico precedente se pueden agrupar en tres ejes[5]:

1. Para el resguardo del capital intelectual, programas como *Planes de sucesión, Diagramas de reemplazo, Carrera gerencial y especialista.*

2. Para generar talento organizacional: *Planes de carrera, Jóvenes profesionales, Personas clave.*

---

3 Este término se relaciona con la herramienta N° 50 descrita en la obra *Las 50 herramientas de Recursos Humanos que todo profesional debe conocer.* Ediciones Granica, Buenos Aires, 2017.

4 Ver Capítulo 9 de la obra *Selección por competencias.* Ediciones Granica, Buenos Aires, 2016.

5 *Construyendo talento.* Ediciones Granica. Buenos Aires, 2015.

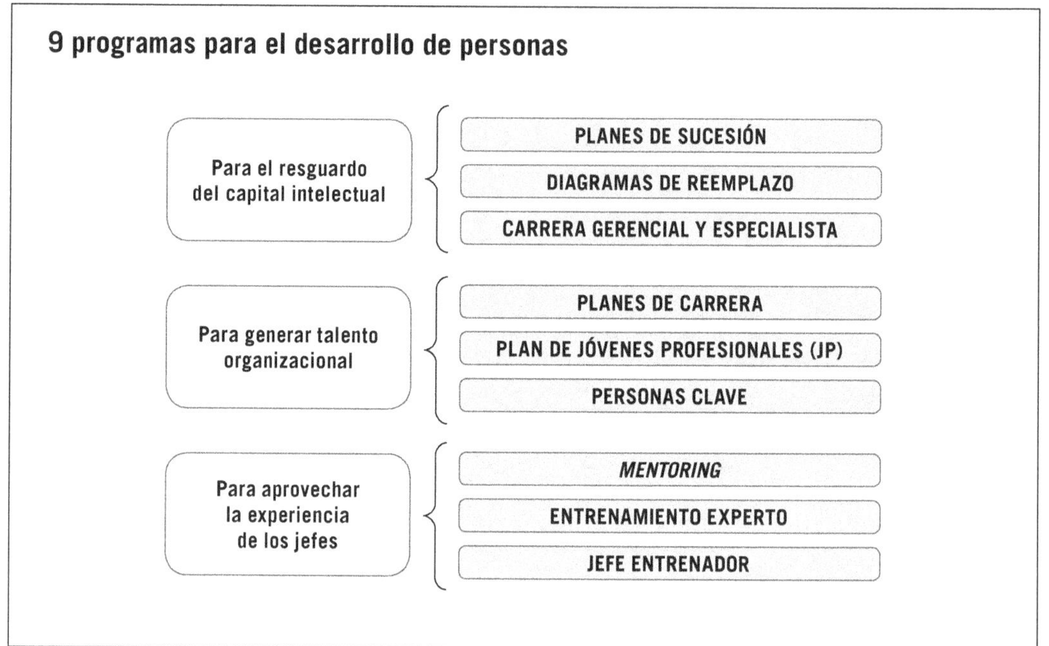

3. Para aprovechar la experiencia de los jefes: *Mentoring, Entrenamiento experto, Jefe entrenador.*

Los programas se focalizan en distintos aspectos; cada organización elegirá aquellos que considere más convenientes según sus planes estratégicos y circunstancias. Además, unos programas pueden transformarse en la "fuente o cantera" de otros. Por ejemplo, *Planes de carrera* puede ser una fuente para *Planes de sucesión.*

Si uno de los objetivos estratégicos de la organización es contar con reemplazos cuando sea necesario –por ejemplo, cuando un ejecutivo decide dejar la organización por alguna razón personal cualquiera o bien por haber llegado a la edad del retiro o jubilación–, se debe tener en cuenta que para que esto sea posible –contar con reemplazos efectivamente preparados– otros programas podrían servir de apoyo.

Adicionalmente, algunos programas servirán para potenciar el resultado de otros. Por ejemplo, *Jefe entrenador* podrá potenciar los resultados de los *Planes de carrera,* y *Mentoring* ser un apoyo fundamental en *Planes de sucesión,* solo por mencionar dos posibles interacciones.

A continuación ofrecemos un breve resumen de cada uno de los programas mencionados.

Programas para el resguardo del capital intelectual

Planes de sucesión. Se trata de un programa organizacional por el cual se reconocen puestos clave, luego se identifican posibles participantes del programa y se los evalúa para, a continuación, designar posibles sucesores de otras personas que ocupan los mencionados puestos claves, sin una fecha cierta de asunción de las nuevas funciones. Para asegurar la eficacia del programa se realiza un seguimiento de los participantes y se les provee asistencia y ayuda para la reducción de brechas entre el puesto actual y el que se prevé que, eventualmente, puedan ocupar.

El propósito es estar preparados frente a las contingencias y, de ese modo, preservar el capital intelectual de la organización.

Para la preparación de los planes de sucesión, se eligen los puestos considerados clave –usualmente, los gerenciales–, y para cada uno de ellos se designa un posible sucesor. El foco principal es el desarrollo de las personas para que –si fuese necesario– estén preparadas para asumir la posición.

Diagramas de reemplazo. Este programa tiene una gran similitud con el anterior, es decir, se reconocen puestos clave, luego se identifican posibles participantes del programa y se los evalúa para, a continuación, designar posibles reemplazos (sucesores). Este programa solo se aplica en los casos de aquellas personas que, ocupando puestos clave, tienen una fecha cierta de retiro, usualmente por razones de edad. Puede darse por otros motivos, por ejemplo, traslado a otro país. Para asegurar la eficacia del programa se realiza un seguimiento de los participantes y se les provee asistencia y ayuda para el achicamiento de brechas entre el puesto actual y el que se prevé que podrían ocupar.

El foco en el desarrollo de las competencias y conocimientos será de importancia capital; la persona designada como *reemplazo* deberá estar preparada para asumir la posición en el plazo previsto.

Carrera gerencial y especialista. Las organizaciones, en general, necesitan contar con dos tipos de carreras: una de tipo gerencial y otra en la cual el foco no esté dado por el *ascenso* en el organigrama organizacional sino por la *profundización* del rol desempeñado en un mismo puesto o especialidad y en el que también sea posible el crecimiento (hacer carrera como especialista).

Para ello se prepara un documento organizacional que describe los dos tipos de carreras, sus distintos niveles o estratos organizacionales, sus relaciones, principales responsabilidades y funciones.

La definición de diferentes tipos de carrera señala a los colaboradores un camino a seguir y permite que una persona vaya recorriéndolo hacia la dirección que determina la organización, o bien, según corresponda, señala y destaca la importancia de los especialistas en el ámbito de la organización ofreciendo a los colaboradores oportunidades de crecimiento a través de la profundización de su rol en sus puestos de trabajo.

Los distintos niveles o estratos, tanto de la carrera gerencial como de la carrera como especialista, se relacionan con la escala de remuneraciones de la organización.

Programas para generar talento organizacional

Planes de carrera. Implican el diseño de un esquema teórico que define cómo sería la carrera de una persona que ingresa a un área determinada, usualmente desde la posición inicial. Para ello se estipulan los requisitos para ir avanzando de un nivel a otro, definiendo los pasos a seguir por todos los participantes del programa. Es aplicable en organizaciones con muchos colaboradores y, dentro de ellas, en áreas también numerosas.

El programa implica el diseño de una carrera estándar o teórica desde que la persona ingresa y para ciertos puestos de la organización. En este esquema teórico se definen los requisitos para ir pasando de un nivel a otro, a fin de, en base a ellos, diseñar actividades formativas de diverso tipo para lograr que los participantes vayan cubriendo los diferenciales existentes entre los distintos puestos.

Los requisitos que se estipulan para cada nivel dentro del plan de carrera combinan tres aspectos: conocimientos, experiencia (logros alcanzados en el desempeño) y competencias. Los planes de carrera pueden ser multiáreas.

Plan de jóvenes profesionales (JP). Implican el diseño de un esquema teórico sobre cuál sería el crecimiento esperado de un JP en un período de tiempo, usualmente uno o dos años. Para ello se definen los diferenciales deseados tanto en conocimientos como en competencias, y las acciones concretas para alcanzarlos, conformando de este modo los pasos a seguir por todos los participantes del programa.

Los planes de JP son una fuente de aprovisionamiento interno de talentos. Desde esta perspectiva, abastecen personas formadas para ocupar puestos y asumir nuevas responsabilidades para los diferentes programas mencionados en esta sección.

Personas clave. Programa organizacional donde primero se elige –con base en ciertos parámetros– un grupo de personas a las cuales se las considerará clave o importantes para la organización. Luego, se les ofrecerán oportunidades de formación diferenciales.

La organización define, en una primera instancia, el alcance del programa. Usualmente se lo determina en función del tamaño de la empresa, su *core business*, planes estratégicos, entre otros aspectos a considerar. Una vez que se definió el alcance, se deberá determinar las pautas para que una persona sea elegida para integrarse al programa. Muchas organizaciones lo hacen en función de los logros académicos de sus integrantes. Este criterio, si bien es correcto, es insuficiente. Por lo tanto, la determinación de los parámetros será definitoria en la calidad del programa. Una vez definidos los participantes, se diseñan planes de carrera específicos para cada uno.

Programas para aprovechar la experiencia de los jefes

Mentoring. Programa organizacional estructurado, de varios años de duración, mediante el cual un ejecutivo de mayor nivel y experiencia ayuda a otro en su crecimiento.

En los programas de *mentoring* participan colaboradores de alto potencial, usualmente ejecutivos jóvenes, quienes son guiados en su desarrollo por ejecutivos de mayor nivel y experiencia. Se relacionan con programas de jóvenes profesionales, pero no es esta su única aplicación; por el contrario, puede tener variados usos.

Es uno de los métodos para el desarrollo de personas donde la persona bajo tutoría recibe una completa guía para la adquisición de nuevos conocimientos, para conocer cómo moverse dentro de la organización y para el desarrollo de competencias. Un programa de *mentoring* se extiende en el tiempo y se conforma por distintas etapas. La duración más frecuente oscila entre 3 y 7 años.

Entrenamiento experto. Programa organizacional para el aprendizaje donde, a través de una relación interpersonal, una persona con mayor conocimiento o experiencia en un determinado tema transmite sus saberes a otra. Cada uno de los participantes de este programa cumple un rol: entrenador o aprendiz. Un entrenador podrá tener a su cargo varios aprendices, sin embargo, en todos los casos brindará entrenamiento de manera personalizada e individualmente.

Para que el entrenamiento experto se verifique es necesario que el entrenador sea, como el nombre del método indica, un verdadero experto en la temática o posea un alto grado de desarrollo de la competencia en cuestión, según corresponda. Los objetivos son específicos y el plazo es acotado, usualmente unos pocos meses. El entrenador designado puede ser una persona externa o de la misma organización, diferente a su jefe.

Para que el entrenamiento experto sea eficaz el entrenador debe tener la capacidad de transmitir el conocimiento o competencia en el que se especializa. Esto último puede suplirse con formación específica. Sin embargo, si no posee el conocimiento o la competencia a desarrollar, aunque tenga habilidades de entrenador, no podrá ser un *entrenador experto.*

Jefe entrenador. Programa mediante el cual se desarrolla en todos los jefes la competencia *Entrenador.* De este modo, en su contacto cotidiano con sus colaboradores ayudan a estos en su crecimiento, tanto en competencias como en conocimientos. Como ya expresara, si bien la formación "Jefe entrenador" se vio en el Capítulo 7, al incluirla en este, transformándola en un programa interno de desarrollo, se le otorga una mayor relevancia.

Por último, hay que tener en cuenta que los programas se combinan entre sí. Por ejemplo, *Diagramas de reemplazo* con *Mentoring,* solo por mencionar un ejemplo. En este caso, se podría asignar un mentor a la persona que ha sido elegida para ocupar una determinada posición en cierto plazo. De este modo, se garantiza un mejor resultado del programa.

La importancia de considerar los diferentes programas de desarrollo es que de todos ellos pueden surgir necesidades de formación. La valoración que cada organización realice, por ejemplo, de los distintos programas mencionados, permitirá establecer un orden de prioridades entre las necesidades detectadas en materia de formación. Por ejemplo, si se considerara relevante contar con sucesores listos para asumir nuevos puestos de trabajo, las brechas identificadas en los participantes de estos programas serían, a su vez, prioritarias dentro del plan de formación.

Promociones internas[6]. La expresión "promociones internas" hace referencia a las acciones mediante las cuales los colaboradores de la organización son elevados a un nivel superior al que poseían. No están incluidas en los nueve programas descritos precedentemente, no obstante lo cual su tratamiento en relación con la formación será similar, en especial, al programa *Diagrama de reemplazos,* dado que usualmente se cuenta con una fecha cierta en la cual la persona deberá asumir su nuevo puesto. Una diferencia relevante estará dada en los plazos, ya que las promociones internas generalmente se ejecutan de forma casi inmediata y los plazos para formar personas son por eso muy cortos. Con frecuencia, en el caso de existir una brecha, la persona deberá resolverla cuando ya esté cumpliendo con sus nuevas funciones.

Por extensión, la herramienta se utiliza en el caso de desplazamientos laterales o de otro tipo, dentro de la organización. En todos los casos, las promociones internas deberían realizarse analizando y evaluando los conocimientos, experiencia y competencias de una persona en relación con el puesto a ocupar.

---

6 *Promociones internas* es la herramienta N° 50 descrita en la obra *Las 50 herramientas de Recursos Humanos que todo profesional debe conocer.* Ediciones Granica, Buenos Aires, 2016.

Programas internos imprescindibles y su relación con la formación y el desarrollo

Programas mínimos necesarios

Si bien hemos elegido nueve programas para la preparación de la obra *Construyendo talento,* no será necesario contar con todos para una gestión exitosa. Quizá con solo tres una organización pueda cubrir la mayoría de sus necesidades en materia de programas internos de desarrollo. Veamos la figura al pie.

Para cada uno de los ejes hemos elegido un programa: *Diagramas de reemplazo, Planes de carrera* y *Jefe entrenador.* Con el primero de ellos se apunta a estar preparados frente a la necesidad de cubrir los puestos de la alta dirección respecto de los cuales, por algún motivo, se conoce la fecha en que se materializará la salida del actual ocupante, con cierta anticipación. Luego de unos años de adecuado funcionamiento de este programa se podrán implementar *Planes de sucesión.*

Sobre la mitad de la figura precedente, en especial para organizaciones con numerosos colaboradores en sus diversas áreas, se sugiere el diseño de *Planes de carrera,* marcando un camino cierto de crecimiento.

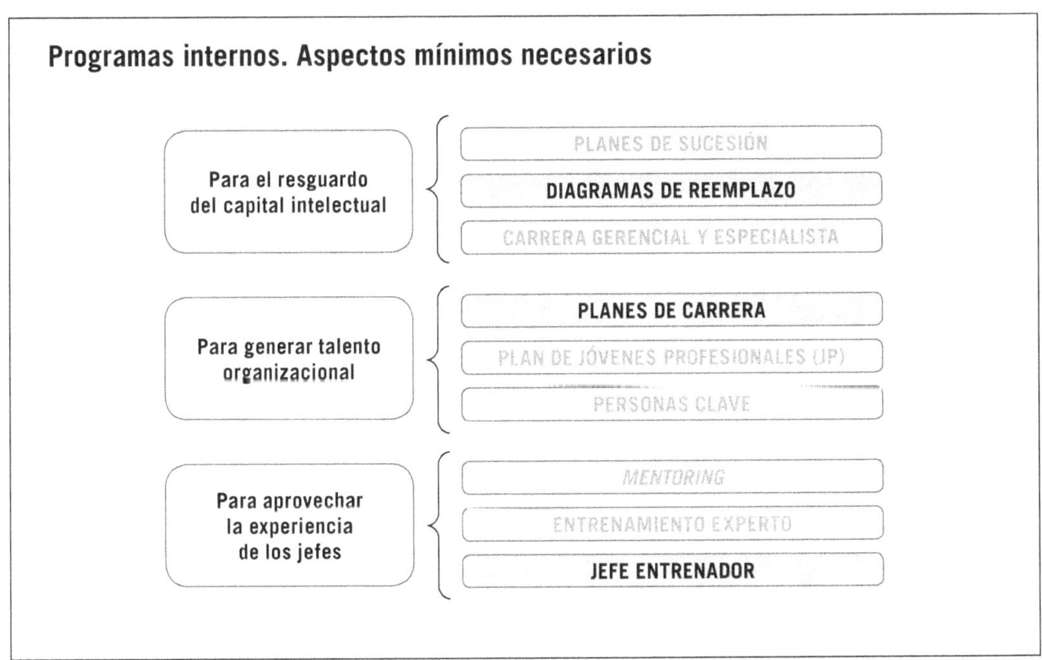

En la parte inferior de la figura, la acción cotidiana y constante de los jefes en su rol de *entrenadores*, tendiente al aprendizaje continuo.

La implementación de cualquiera de los tres programas que hemos denominado *Programas para aprovechar la experiencia de los jefes –Jefe entrenador, Entrenamiento experto* y *Mentoring–* serán un complemento necesario para alcanzar una mayor efectividad en todas las acciones de formación que se encaren. Se destaca especialmente, por su efecto multiplicador, el programa *Jefe entrenador*.

Formación y programas internos para el desarrollo

Los programas internos originan necesidades de formación y desarrollo. A continuación ofrecemos un análisis de la interrelación de estas necesidades con los distintos programas.

Las necesidades de formación resultantes de la aplicación de los programas internos para el desarrollo podrán agruparse, a su vez, en tres ejes:

1. El primero de ellos, que se verá a continuación en este mismo capítulo: *Planes individuales de desarrollo para alcanzar un nivel superior.*

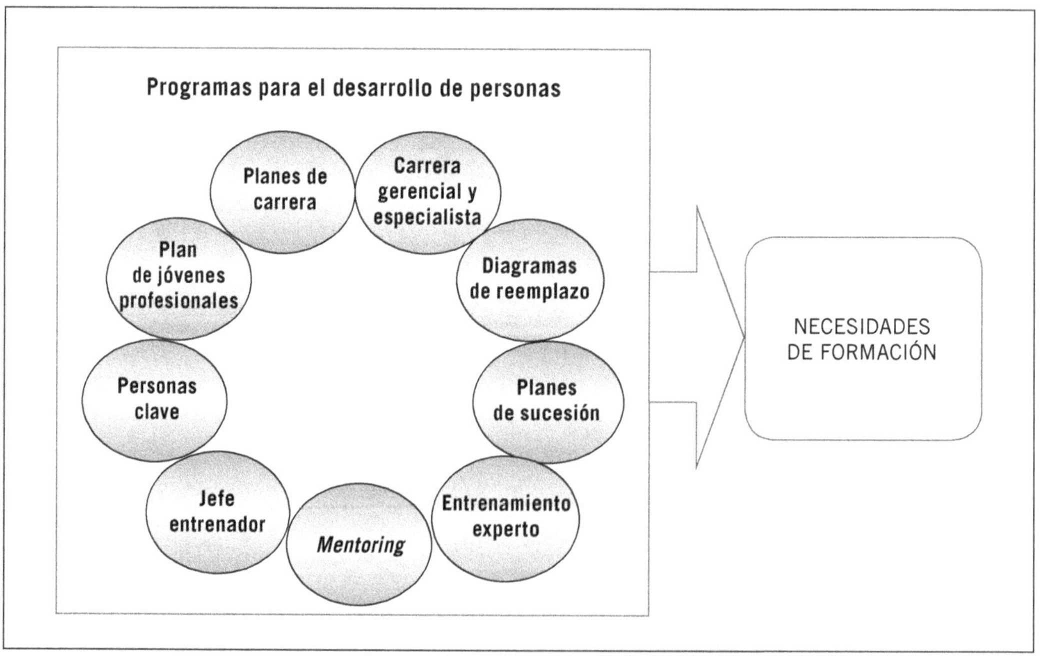

2. En segundo término, y que también se verá en este capítulo: *Planes indivi-
    duales de desarrollo para crear talento.*

3. Por último, uno que ya fue tratado en el capítulo anterior: *Cómo transferir
    cultura a través de los programas para jefes.*

A continuación, me referiré brevemente al aspecto citado como punto 3, para
luego pasar a los mencionados en los puntos 1 y 2.

Cómo transferir cultura a través de los programas para jefes

En el capítulo anterior vimos detalladamente la importancia de implementar programas de formación para jefes y la mejor forma de llevarlos a cabo de manera
efectiva.

Si a la formación para jefes se le desea dar más fuerza y preponderancia, podría establecerse un formato de programa organizacional, tal cual se expusiera
en párrafos previos. Usualmente, distintas actividades sobre liderazgo, alta gerencia y/o gerencias intermedias integran los planes de formación. Estas actividades podrán ser concebidas con un enfoque más amplio, con un seguimiento
personalizado jefe por jefe, considerando actividades formativas en relación con
conocimientos y competencias junto con asignaciones especiales vinculadas con
la experiencia.

En este grupo de programas, para transferir cultura a través de los jefes, se
incluyen *Jefe entrenador, Mentoring y Entrenamiento experto.* Las necesidades de formación que podrán presentarse son diversas, desde capacitar a las personas para sus
roles de entrenador y mentor, hasta el desarrollo de algunas competencias que pu-
dieran ser requeridas.

En todos los casos, el área de Recursos Humanos/Formación deberá asumir un
rol de control y supervisión de todas las actividades resultantes; la mayoría de las
cuales integrarán el plan de formación, como se expusiera en el Capítulo 2.

En la figura siguiente se han marcado en color gris los programas *Jefe entrenador,
Mentoring* y *Entrenamiento experto.* Todos ellos podrán generar necesidades de formación. Como estas actividades se focalizan en el desarrollo de colaboradores, de
distinto nivel, por parte de directivos, gerentes y jefes, las hemos correlacionado con
el concepto "transferir cultura a través de los programas para jefes".

Las organizaciones, cuando llevan a cabo formación y actividades en las cuales están involucrados directivos, gerentes y jefes de distinto nivel, no siempre
lo hacen con el propósito de transferir cultura; no obstante siempre es un valor
implícito.

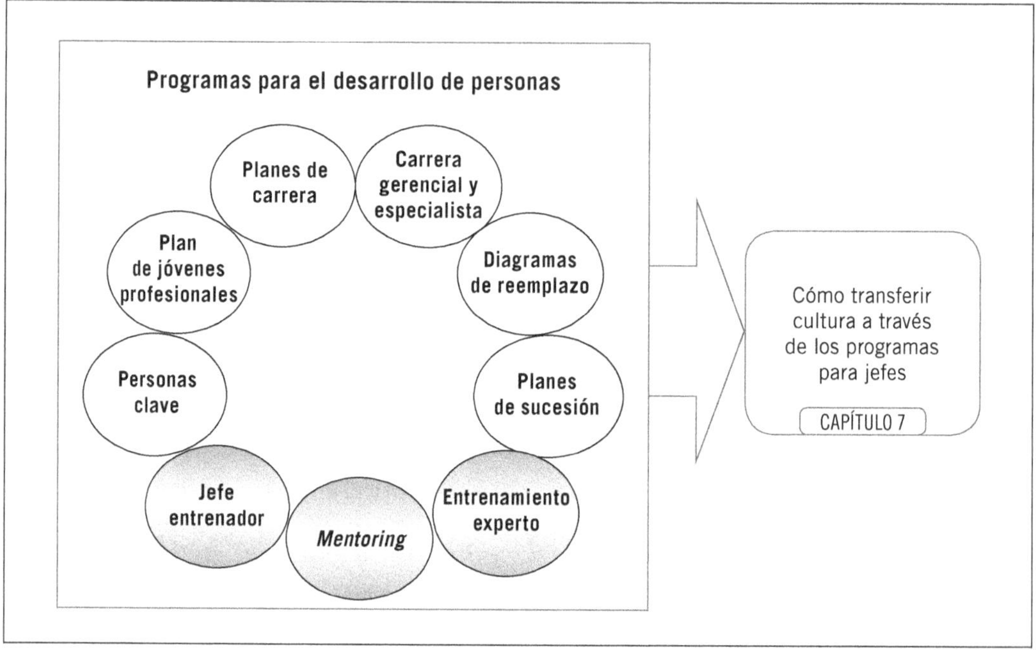

Planes individuales relacionados con *Entrenamiento experto*, *Mentoring* y *Jefe entrenador*

Para los distintos programas se elabora un plan individual, considerando cada persona en particular y las brechas identificadas, indicando además el detalle de las actividades a realizar, quién será el responsable de estas, y las fechas o plazos en que se llevarán a cabo, según corresponda.

El plan de desarrollo deberá incluir conocimientos, competencias y experiencia.

El área de Recursos Humanos/Formación deberá realizar el diseño y luego un seguimiento detallado de los planes de formación que deberán seguir todos los participantes de los distintos programas de desarrollo. Para ello se deberá tener en cuenta:

- La actividad por realizar.

- El responsable de la actividad; por ejemplo, el área de Recursos Humanos/ Formación en el caso de un taller, o el mismo participante del programa si se trata de acciones de autodesarrollo.

- Los plazos en los cuales estas actividades deberán llevarse a cabo.

El diseño sugerido tendrá un formato de planilla, similar al que se puede observar en páginas siguientes, para planes de formación y, como se expusiera en el Capítulo 7, para *Jefe entrenador* particularmente. Usualmente se emplea algún software como soporte, por ejemplo, un utilitario de alta difusión, como Excel.

Jefe entrenador, Mentoring y *Entrenamiento experto* potencian las actividades de formación y desarrollo

Los métodos para el desarrollo de personas más relevantes son: 1) autodesarrollo; 2) entrenamiento, que implica los programas *Jefe entrenador, Mentoring* y *Entrenamiento experto*, y en especial el primero de los mencionados; y 3) Codesarrollo. Los tres métodos se combinan y potencian entre sí para el desarrollo de las capacidades, tanto en conocimientos como en competencias.

En el Capítulo 6 hemos visto la relación entre *Codesarrollo, Jefe entrenador* y *autodesarrollo* y cómo dos de ellos –*Codesarrollo* y *Jefe entrenador*– convergen en la vía más efectiva, el *autodesarrollo*.

Luego, en el Capítulo 7, al analizar el rol de los jefes, se observó el rol efectivo que estos pueden asumir en Codesarrollo y, también, en la universidad corporativa, a través del seguimiento.

Las buenas prácticas indican que la mejor opción (y la primera a aplicar en el contexto organizacional) sería el desarrollo de la competencia *Entrenador* en todos los jefes (Capítulo 7), a fin de contar con jefes entrenadores en todos los niveles organizacionales.

Se promueve así la existencia de jefes entrenadores para ayudar en el día a día a los colaboradores, a través de pequeñas acciones, tendientes a mejorar el desempeño en forma individual tanto como grupal. Adicionalmente se destaca el rol de los jefes (entrenadores) en el seguimiento de actividades, como por ejemplo, Codesarrollo y universidad corporativa.

Como decíamos, los programas se combinan entre sí. *Diagramas de reemplazo* con *Mentoring, Jóvenes profesionales (JP)* con *Mentoring*, solo por mencionar algunos ejemplos. Se podría asignar un mentor a la persona que ha sido elegida para ocupar una determinada posición en cierto plazo (reemplazo) o como un apoyo personalizado a los JP. De este modo, se garantiza un mejor resultado de cada uno de los programas mencionados en primer término.

La implementación de programas de *Mentoring* no es tan frecuente; sin embargo, la realidad es que muchos altos ejecutivos asumen el rol de mentores, quizá de manera informal. Siempre que se considere oportuna esta figura, será aconsejable darle una estructura formal. El mentor, al ejercer su rol podrá, al igual que un jefe,

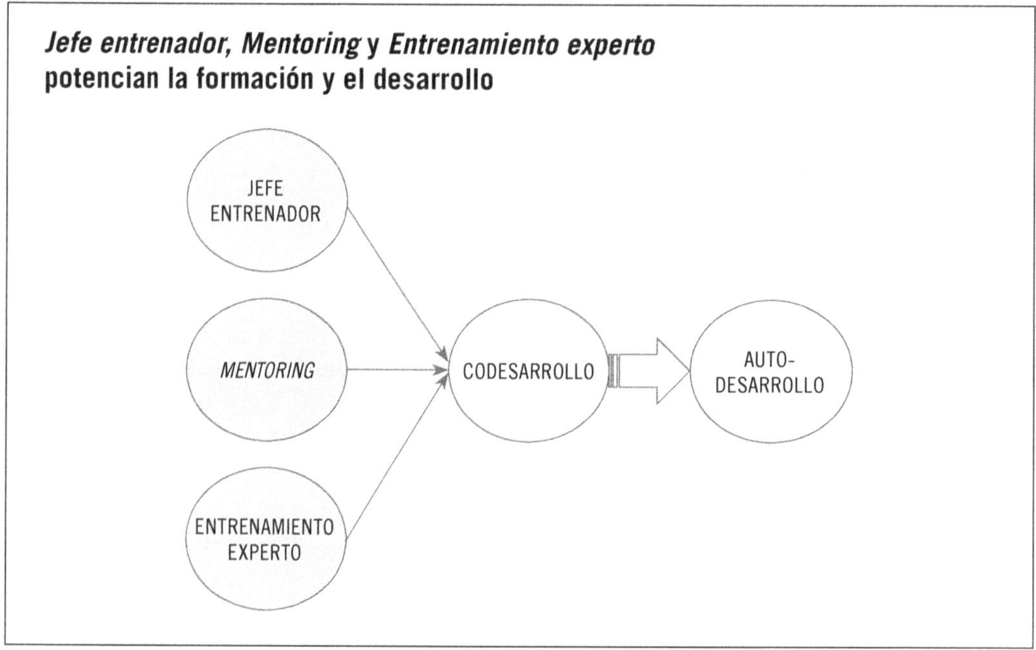

realizar seguimiento en las actividades mencionadas –Codesarrollo y universidad corporativa–, así como también ayudar a las personas bajo su tutoría en su formación y desarrollo, en el marco del programa de *Mentoring*.

El resultado en todos los casos será del tipo ganar-ganar, beneficioso para todos los involucrados. En materia de formación y desarrollo, el crecimiento conjunto y sostenido será siempre valorado, tanto por la alta dirección como, individualmente, por cada uno de los colaboradores, de todos los niveles organizacionales.

Planes individuales de desarrollo para alcanzar un nivel superior

La formación y el desarrollo de personas se realiza, en todos los casos, para alcanzar un nivel superior, ya sea que se trate de un niño que asiste a la escuela primaria o de un joven universitario.

La expresión "nivel superior" se utiliza para señalar aquellas situaciones en las cuales una persona está siendo preparada para ocupar un puesto de mayor nivel al actual. Por extensión se utiliza –también– en desplazamientos laterales, dentro del mismo nivel.

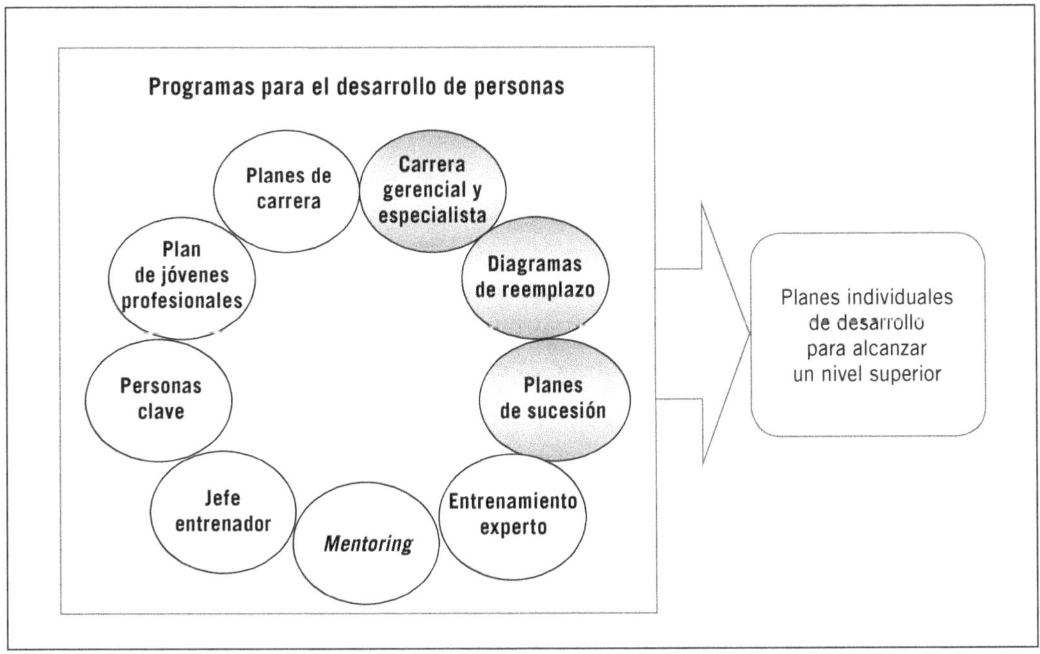

Como decíamos en páginas previas, los programas para el desarrollo de personas originan necesidades de formación. Veamos la figura anterior.

En el gráfico precedente se podrá apreciar en color gris los *programas Planes de sucesión, Diagramas de reemplazo* y *Carrera gerencial y especialista.*

En estos programas los participantes desarrollan sus capacidades con un propósito específico, sea porque deben suceder a otras personas o bien ser promovidos a otro puesto, etc. La organización, para asegurar su sustentabilidad en cuanto a la disponibilidad de talento, diseña programas de desarrollo como los expuestos en párrafos previos, con el propósito fundamental de resguardar su capital intelectual y, también, crear talento interno.

En consecuencia, el área de Recursos Humanos / Formación dispondrá planes individuales de formación y desarrollo junto con el planeamiento y seguimiento de esos procesos, con el fin de que sus participantes estén preparados para alcanzar el nivel superior ya mencionado.

La expresión *planes individuales* puede referirse a un plan específico confeccionado para una persona en particular o bien para un grupo de personas. En este último caso, el diseño -también- se realiza de manera personalizada. Del mismo modo, las actividades formativas o de desarrollo podrán ser llevadas a cabo de manera individual (por ejemplo, autodesarrollo), o en un formato grupal (por ejemplo, Codesarrollo).

Para el diseño de los planes individuales se debe tener en cuenta que el foco puede ser diferente según el tipo de programa, si bien –en todos los casos– el planeamiento individual deberá contemplar los tres grandes tópicos siguientes:

- Conocimientos

- Competencias

- Experiencia

El foco sobre cada uno de ellos dependerá de, por ejemplo, si el participante deberá asumir un nuevo puesto gerencial en pocos meses (*Diagramas de reemplazo*) o se lo está preparando para una posición futura que aún no tiene fecha específica de concreción (*Planes de sucesión*).

Las acciones de formación para alcanzar un nivel superior deben responder a la necesidad de cerrar una brecha en relación con un puesto futuro, en especial en *Planes de sucesión* o *Diagramas de reemplazo*, para lo cual una persona deberá aprender conocimientos, desarrollar competencias o adquirir nuevas experiencias a fin de encontrarse preparado para asumir el nuevo puesto.

Al realizar el planeamiento se podrán incluir distintas actividades. En cada caso habrá que tener en cuenta la urgencia y características de las brechas existentes, quizá para dar prioridad a los casos más urgentes. Las situaciones pueden ser diversas: 1) una persona debe cerrar una brecha entre sus actuales capacidades y lo requerido por su actual puesto; 2) un colaborador deberá asumir en breve un nuevo puesto y posee una brecha en algún aspecto; 3) una persona participa en una actividad porque esta forma parte de un plan de desarrollo, por ejemplo, en un programa de planes de sucesión. En este último caso, aún no existe un plazo perentorio para alcanzar los objetivos y aplicar las nuevas capacidades.

En todas las ocasiones, la formación es importante y relevante, y los distintos casos mencionados podrán, juntos, participar en un Codesarrollo, por ejemplo, sobre *negociación,* en el cual participan personas que transitan diferentes momentos de su desarrollo.

Además, cuando una persona deba achicar brechas significativas hay que considerar la aplicación de varios caminos en simultáneo, recordando que el *autodesarrollo* es una de las vías consideradas de mayor eficacia, aplicable tanto a competencias como a conocimientos. La organización podrá ofrecer ayuda, por ejemplo, a través de guías de desarrollo.

Si la brecha se relaciona con la experiencia, se pueden encarar acciones adicionales, tales como, por ejemplo: rotación de puestos, asignación a *tareas especiales desafiantes (task forces),* a comités específicos, a nuevos proyectos, como asistente de posiciones de dirección, integrando paneles de gerentes para entrenamiento, entre otras.

Actividades sugeridas para alcanzar un nivel superior

Las actividades sugeridas para la confección de planes individuales combinan diferentes métodos –autodesarrollo y Codesarrollo, entre otros–. Frente a la necesidad de cerrar una brecha, ya sea en conocimientos o competencias, se puede comenzar por una actividad de Codesarrollo, la cual induce al participante al autodesarrollo. A todo lo anterior se puede sumar el rol de los jefes, cuando estos se asumen como entrenadores de sus colaboradores.

Desde la perspectiva del planeamiento de actividades por parte de Recursos Humanos/Formación, o desde la perspectiva del jefe que guía a su colaborador, la premura en cerrar brechas no será la misma según el caso en cuestión.

En ciertos casos, se deberán arbitrar todos los medios para alcanzar mejores resultados. Por ejemplo, si una persona debe hacerse cargo de una posición de mayor nivel y, de acuerdo con el nuevo puesto, debe cerrar varias brechas, tanto en conocimientos como en competencias.

Planes individuales relacionados con Planes de sucesión

Un plan individual deberá –a partir de las brechas identificadas para cada participante– contener el detalle de las actividades a realizar, quién será su responsable y las fechas o plazos en que se llevarán a cabo, según corresponda.

El plan de desarrollo deberá incluir conocimientos, competencias y experiencia.

El área de Recursos Humanos/Formación deberá realizar el diseño y luego un seguimiento detallado de los planes de formación que deberán llevar a cabo todos los designados como posibles sucesores. Para ello se deberá tener en cuenta:

- La actividad a realizar. En Formación, nuestra sugerencia es a través del método Codesarrollo. Adicionalmente, el participante podrá formar parte de un programa de *Mentoring*, solo por mencionar un ejemplo.

- El responsable de la actividad; por ejemplo, el área de Recursos Humanos/ Formación en el caso de un taller, o el mismo participante del programa si se trata de acciones de autodesarrollo.

- Los plazos en los cuales estas actividades deberán llevarse a cabo.

Planificación de actividades: *Planes de sucesión*

Para todos los designados en el programa como posibles sucesores de otras personas

Apellido y nombre	CONOCIMIENTOS			COMPETENCIAS			EXPERIENCIA		
	Actividad	Responsable	Mes/Año	Actividad	Responsable	Mes/Año	Actividad	Responsable	Mes/Año
Participante 1									
	Actividad	Responsable	Mes/Año	Actividad	Responsable	Mes/Año	Actividad	Responsable	Mes/Año
Participante 2									
	Actividad	Responsable	Mes/Año	Actividad	Responsable	Mes/Año	Actividad	Responsable	Mes/Año
Participante 3									
	Actividad	Responsable	Mes/Año	Actividad	Responsable	Mes/Año	Actividad	Responsable	Mes/Año
Participante 4									
	Actividad	Responsable	Mes/Año	Actividad	Responsable	Mes/Año	Actividad	Responsable	Mes/Año
Participante 5									

El diseño expuesto tiene formato de planilla. No obstante, usualmente se emplea algún software, por ejemplo, un utilitario de alta difusión, como Excel.

En la planilla expuesta –un ejemplo de actividades relacionadas con planes de sucesión– se sugiere prestar atención a las siguientes cuestiones: los participantes deberán estar claramente definidos, así como las actividades a realizar por cada uno, los plazos, los responsables, etc. Esto permite el planeamiento y diseño de los planes individuales y, luego, su seguimiento de manera detallada, ítem por ítem.

Si un participante debe asumir un puesto en una determinada fecha, deberá cerrar brechas en un tiempo definido, que generalmente no es muy extenso. Por lo tanto, se sugiere que ese caso sea manejado por separado.

Contar con un esquema detallado permitirá realizar un diseño adecuado de los planes de formación y, además, hacer un seguimiento preciso de todo aquello que deban llevar a cabo los integrantes de los distintos programas internos para el desarrollo (*Planes de sucesión* en el ejemplo de la figura precedente).

El planeamiento y seguimiento de *Planes individuales de desarrollo para alcanzar un nivel superior* relacionados con los programas *Diagramas de reemplazo* y *Carrera gerencial y especialista*, es similar al expuesto en el ejemplo elegido para la preparación del capítulo (*Planes de sucesión*). De un modo parecido deberían considerarse las *promociones internas*, aunque teniendo en cuenta que en estos casos los plazos serán más ajustados y, con frecuencia, si la persona debe cerrar alguna brecha, esta acción deberá realizarla estando ya en funciones en su nuevo puesto.

A modo de resumen sobre el seguimiento a realizar desde el área de Recursos Humanos/Formación

La comunicación de quiénes son los participantes de cada una de las actividades deberá realizarse tanto a los interesados como a sus jefes directos. Un problema frecuente que debería evitarse se presenta cuando, por ejemplo, frente a temas urgentes, los participantes no asisten a las actividades argumentado que debieron entregar un informe crítico o circunstancias similares.

Para conocimientos y competencias, se debe definir la actividad a realizar, así como su responsable y plazos concretos de ejecución.

En adición a las actividades formativas, hay que recordar que tanto para competencias como para conocimientos el autodesarrollo podrá ser un medio efectivo, sin ser –por supuesto– la única variante posible. Nuestra recomendación es comenzar por un taller de Codesarrollo que induzca al participante al autodesarrollo. Este es el camino más adecuado.

En síntesis, la planificación a realizar podrá contemplar las opciones: 1) autodesarrollo, guías de desarrollo para competencias, *e-learning* para conocimientos; 2) Codesarrollo, que puede diseñarse tanto para conocimientos como para competencias; 3) programas adicionales de *Entrenamiento experto* y *Mentoring,* ambos orientados tanto a conocimientos como a competencias.

En el ejemplo expuesto, también se consideran actividades en relación con la experiencia. En estos casos también se consignará el nombre de la actividad a realizar, su responsable y los plazos concretos involucrados.

Si bien para el achicamiento de brechas se utilizan, fundamentalmente, las actividades mencionadas en relación con conocimientos y competencias, la planificación podrá ser complementada con otras actividades para desarrollar, además, experiencia práctica.

Planes individuales de desarrollo para crear talento

Como ya manifestamos, los programas para el desarrollo de personas originan necesidades de formación. Veamos la figura de la página siguiente.

En el gráfico se pueden apreciar en color gris los programas *Planes de carrera, Plan de jóvenes profesionales (JP)* y *Personas clave.*

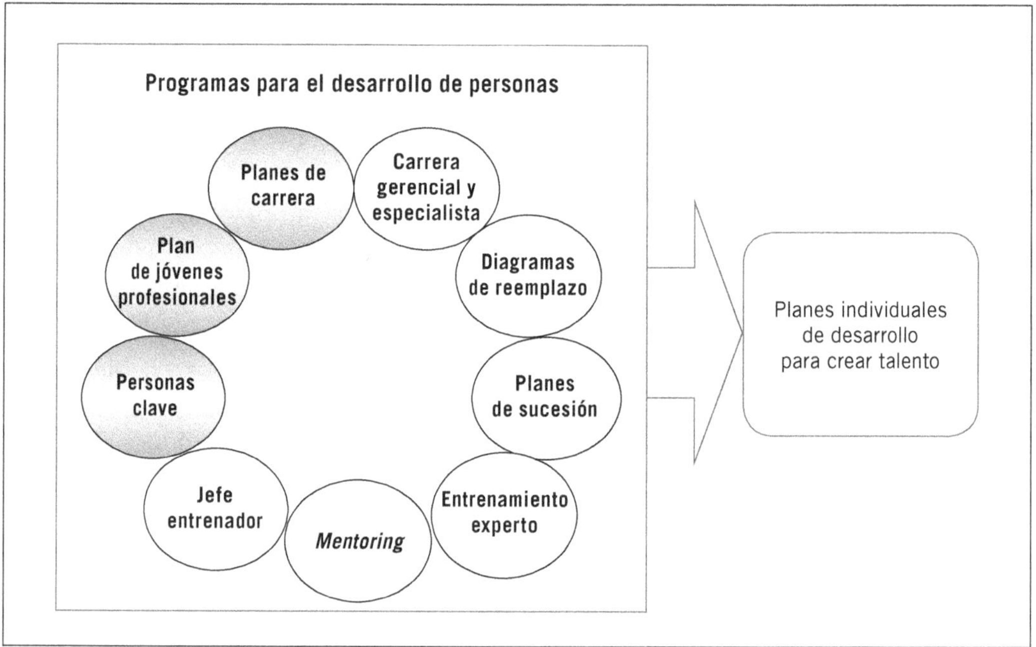

La creación de talento podrá alcanzarse a través de diferentes actividades formativas y programas organizacionales. Las acciones planeadas no se relacionan con un puesto o grupo de puestos en particular, sino que revelan un propósito de más amplio alcance: disponer de personas formadas "listas para ocupar otros puestos", ya sea dentro de su misma área o en otras. La organización persigue, de este modo, *la creación de talento.*

Los *planes individuales* podrán referirse a un programa específico para una persona en particular, o bien para un grupo de personas. Su diseño, aun grupal, se realiza considerando las necesidades particulares de cada participante. Del mismo modo, las actividades formativas o de desarrollo podrán ser llevadas a cabo de manera individual (por ejemplo, autodesarrollo) o en formato grupal (por ejemplo, Codesarrollo).

Para el diseño de los *planes de desarrollo individuales* se deberán contemplar los tres grandes tópicos siguientes, pudiendo variar el foco o intensidad de cada uno, según el caso en cuestión.

- Conocimientos

- Competencias

- Experiencia

El contenido y diseño de cada plan dependerá del colectivo con el cual se trabaje; por ejemplo, fuerza de ventas, ingenieros, auditores, jóvenes profesionales, etc.

Formar personas para crear talento se lleva a cabo a través de los programas denominados *Planes de carrera, Plan de jóvenes profesionales* y *Personas clave,* mediante los cuales la organización se propone crear talento organizacional como una forma de responder a la necesidad de contar con personas preparadas para los diversos puestos. De esta forma estaría generando una "cantera de talentos". Con este enfoque el área de Recursos Humanos diseñará las actividades.

Los programas descritos brevemente en párrafos previos y que el lector podrá ver con mayor detalle en la obra *Construyendo talento,* desarrollan a personas sobre la base de diferentes enfoques y matices; se deberá tener en cuenta cada una de estas características para alcanzar un adecuado diseño particularizado. Esta diferenciación deberá ser puntualizada desde el área de Recursos Humanos como responsable de la administración de los diferentes programas; al mismo tiempo, deberá ser adecuadamente conocida por los instructores, en el caso de una actividad de formación, y/o por los distintos responsables, y, desde ya, por los participantes de los diferentes programas (personas que reciben la acción de desarrollo y/o formación).

Las personas que deban achicar brechas (por ejemplo, en un plan de carrera –diferencial necesario para el nivel superior– o situaciones similares), podrán recibir formación a través de Codesarrollo, método de aprendizaje utilizado tanto para la adquisición de conocimientos como para el desarrollo de competencias (Capítulo 3). Las necesidades formativas que surjan integrarán el *Plan de formación* (Capítulo 2).

Cuando una persona necesite achicar brechas significativas se la deberá instar a que utilice los diferentes caminos disponibles para el desarrollo de capacidades. Si la brecha se relaciona con la experiencia, se le pueden asignar tareas adicionales a las actuales, con el propósito de generar esa experiencia que aún no posee o que deba incrementar.

Actividades sugeridas para crear talento

Las actividades de *formación y desarrollo para crear talento,* en los programas denominados *Planes de carrera, Plan de jóvenes profesionales* y *Personas clave,* deben combinar diferentes métodos. Dado su alto grado de eficacia, en especial se desea destacar el autodesarrollo, que debe ser promovido desde la organización, a través de materiales formativos, usualmente disponibles en su propia intranet.

Mediante los programas denominados *Planes de carrera, Plan de jóvenes profesionales* y *Personas clave,* la organización se propone generar nuevos talentos, como una forma de responder a su necesidad de contar en tiempo y forma con personas debidamente preparadas. De esta forma estaría generando una "cantera de talentos[7]".

En las organizaciones que implementan *Planes de carrera,* usualmente estos involucran colectivos numerosos. Por lo cual se sugiere ofrecer actividades de formación y desarrollo para ciertas temáticas básicas y por niveles. De esta manera, los participantes cuentan con un programa anual de formación para ambos aspectos (conocimientos y competencias), que se lleva a cabo a lo largo del período.

El método de formación a utilizar en *Planes de carrera* será Codesarrollo (Capítulo 3), tanto para conocimientos como para competencias. Desde allí se induce a los participantes al autodesarrollo (Capítulo 6). En ocasiones se combina con *Mentoring,* pero no es tan frecuente, y, desde ya, será ideal que la organización cuente con *jefes entrenadores.*

En síntesis, para crear talento, una buena sugerencia será realizar actividades de Codesarrollo junto con el control y seguimiento de los jefes, si estos han sido preparados para ser jefes entrenadores.

Los programas organizacionales proveen de personas capacitadas para ocupar otros puestos. Estos podrán tener relación con nuevos negocios, incremento de actividades en otros países, prepararse para contingencias futuras, para enfrentar de mejor manera la globalización, etc. De esto se desprende que los objetivos de los diferentes programas tendrán que ver con los objetivos estratégicos de cada organización y, a su vez, con el contexto nacional, regional o internacional en el cual opere. Los objetivos precisos de cada programa dependerán de la visión y los planes estratégicos de la organización. (Capítulo 1).

Esquema de un plan de carrera

Para la implementación de programas de desarrollo eficaces se deberá partir de la medición de las capacidades de las personas junto con la definición de qué niveles de esas mismas capacidades se desea alcanzar, diferenciando conocimientos, competencias y experiencia.

Para "crear talento", por ejemplo, en *Planes de carrera,* se diseñarán actividades considerando los diferenciales necesarios para ir *subiendo de nivel en una escalera imaginaria.* Es decir, considerar en cuánto hay que incrementar los conocimientos y/o

---

7 *Cantera de talentos.* Acción permanente y planificada para crear talento organizacional a través de programas de desarrollo y formación. Fuente: *Diccionario de términos de Recursos Humanos.* Ediciones Granica, Buenos Aires, 2011.

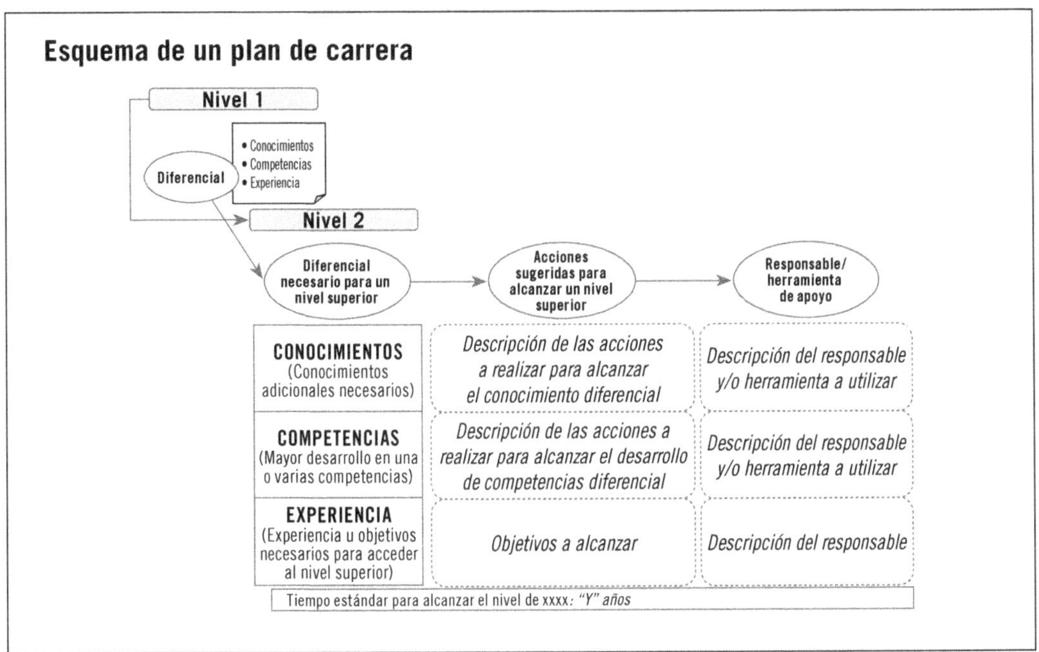

el desarrollo de una competencia (o de varias) para acceder al nivel superior al que se aspira. Se expone la idea en el gráfico precedente.

Se observan en la dicha figura:

- Conocimientos adicionales necesarios para alcanzar el nivel superior.

- Competencias. Mayor desarrollo de una o varias competencias, con el propósito de alcanzar ese nivel más elevado.

- Experiencia. Experiencia requerida u objetivos a alcanzar para acceder al nivel superior.

- Tiempo estándar para lograr cada uno de los puntos anteriores.

De este modo, se desagrega el talento en partes: cada una de las categorías identificadas requerirá acciones diferentes y específicas para su desarrollo.

Dentro de cada uno de los puntos mencionados anteriormente se deberá definir el responsable y la herramienta a utilizar.

Por lo tanto, crear talento significa accionar sobre cada uno de los ítems consignados más arriba; no alcanza con trabajar solo sobre uno de ellos, y siempre habrá que tener en cuenta que las competencias determinan el nivel superior de una persona (no obstante, no se deben desatender los conocimientos y la experiencia).

Planeamiento y seguimiento por parte del área de Recursos Humanos / Formación

Para crear talento se deberá hacer un planeamiento detallado que permita, luego, un adecuado control y seguimiento. La idea se expresa en el gráfico al pie.

Debe confeccionarse un plan detallado para cada programa en particular, es decir, un plan específico para formación y desarrollo dedicado a cada colectivo de personas. En la figura de la página siguiente se observa un plan de carrera para vendedores.

Si la organización cuenta con más de un programa de *Planes de carrera*, por ejemplo, para las áreas de Ventas y Producción por separado, el contenido de estos será diferente, contemplando las particularidades de cada área o especialidad profesional.

Crear talento *paso a paso*

Plan de actividades

Apellido y nombre	CONOCIMIENTOS			COMPETENCIAS			EXPERIENCIA		
	Actividad	Responsable	Mes/Año	Actividad	Responsable	Mes/Año	Actividad	Responsable	Mes/Año
Participante 1									
	Actividad	Responsable	Mes/Año	Actividad	Responsable	Mes/Año	Actividad	Responsable	Mes/Año
Participante 2									
	Actividad	Responsable	Mes/Año	Actividad	Responsable	Mes/Año	Actividad	Responsable	Mes/Año
Participante 3									
	Actividad	Responsable	Mes/Año	Actividad	Responsable	Mes/Año	Actividad	Responsable	Mes/Año
Participante 4									
	Actividad	Responsable	Mes/Año	Actividad	Responsable	Mes/Año	Actividad	Responsable	Mes/Año
Participante 5									

Plan de carrera. Plan de actividades para vendedores *junior*

Apellido y nombre	CONOCIMIENTOS			COMPETENCIAS			EXPERIENCIA		
	Actividad	Responsable	Mes/Año	Actividad	Responsable	Mes/Año	Actividad	Responsable	Mes/Año
Participante 1									
	Actividad	Responsable	Mes/Año	Actividad	Responsable	Mes/Año	Actividad	Responsable	Mes/Año
Participante 2									
	Actividad	Responsable	Mes/Año	Actividad	Responsable	Mes/Año	Actividad	Responsable	Mes/Año
Participante 3									

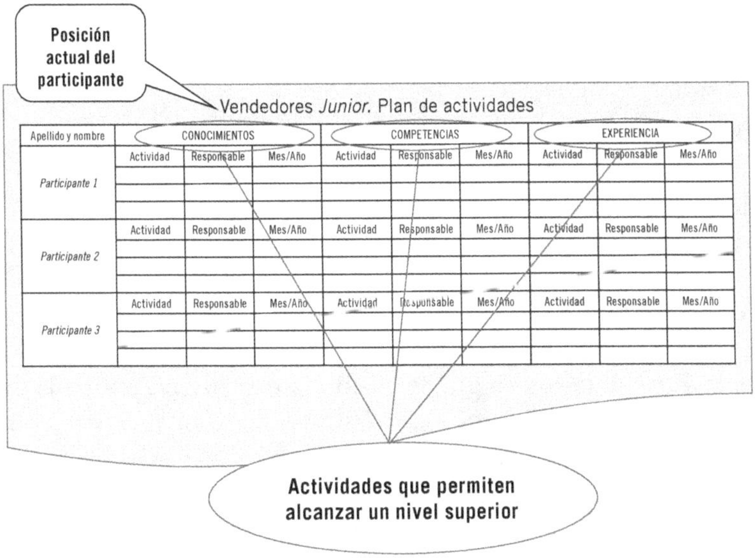

En el ejemplo precedente se expone un *Plan de carrera* para vendedores *junior* del área de Ventas. Allí puede verse el plan de actividades para todos los vendedores de esa categoría (*junior*) de la organización. Por lo tanto, en la columna de *Apellido y nombre* figurarán todos los colaboradores que pertenezcan a esa categoría.

En el referido plan se consignan las actividades tanto para conocimientos como para competencias relacionadas con ese nivel. que les permitirán alcanzar un nivel superior. En las últimas columnas –a la derecha en el gráfico– se consignan las actividades que deberán realizar en relación con la experiencia laboral. Como el ejemplo atañe a vendedores, allí podría indicarse: *Presentar 3 nuevos clientes a la compañía en el período de un año.*

En el caso de un programa para *Jóvenes profesionales (JP)*, el plan de actividades para todos los integrantes de ese programa podría relacionarse con el año de ingreso (JP año 1, JP año 2). Por lo tanto, en la columna de *Apellido y nombre* figurarán todos los colaboradores que pertenezcan a esa categoría.

Luego, se consignan las actividades tanto para conocimientos como para competencias relacionadas con el programa, para que los participantes puedan alcanzar el nivel deseado al finalizar el proceso. En las últimas columnas –a la derecha en el gráfico– se consignan las actividades que deberán realizar en relación con la experiencia laboral. Como el caso atañe a JP, un ejemplo para esta sección podría ser *presentar un proyecto* con ciertas características, por ejemplo, para un ingeniero, *presentar un proyecto sobre retorno de la inversión de una nueva maquinaria para la fábrica.*

Síntesis del capítulo

✓ Se denomina *mapa y ruta de talentos* a un proceso interno organizacional dividido en dos partes que implican dos conceptos diferentes entre sí: mapa por un lado y ruta por otro. *Mapa:* registro del inventario de las capacidades de todos los colaboradores de la organización: conocimientos, experiencia y competencias. *Ruta:* elección de los programas organizacionales más adecuados según la visión y estrategia, sobre la base de tres ejes: para el resguardo del capital intelectual, programas como *Planes de sucesión, Diagramas de reemplazo, Carrera gerencial y especialista*; para generar talento organizacional: *Planes de carrera, Jóvenes profesionales, Personas clave*; para aprovechar la experiencia de los jefes: *Mentoring, Entrenamiento experto, Jefe entrenador.*

✓ Para cada uno de los ejes hemos elegido un programa: *Diagramas de reemplazo, Planes de carrera y Jefe entrenador,* respectivamente. Con el primero de ellos, la consigna es estar preparados frente a la necesidad de cubrir los puestos de la alta dirección, para los que por algún motivo se conozca una fecha de salida del actual ocupante, con cierta anticipación. En segundo término, en especial en organizaciones con áreas de numerosos colaboradores, el diseño de *Planes de carrera,* marcándoles un camino cierto de crecimiento. Por último, *Jefe entrenador:* la acción cotidiana y constante de los jefes en su rol de entrenador, tendiente al aprendizaje continuo.

✓ La implementación de cualquiera de los tres programas que hemos denominado *Programas para aprovechar la experiencia de los jefes –Jefe entrenador, Entrenamiento experto* y *Mentoring*– será un complemento necesario para alcanzar una mayor efectividad en todas las acciones de formación que se encaren. En especial, como se ha remarcado, *Jefe entrenador.*

✓ La expresión "promociones internas" hace referencia a las acciones mediante las cuales los colaboradores de la organización son elevados a un nivel superior al que poseían. En todos los casos, las promociones internas deberían realizarse analizando y evaluando los conocimientos, experiencia y competencias de la persona en relación con el puesto a ocupar.

✓ Para el diseño de los planes de desarrollo individuales se debe tener en cuenta que el foco puede ser diferente según el tipo de programa, aunque –en todos los casos– el planeamiento individual deberá contemplar los tres grandes tópicos siguientes: 1) conocimientos, 2) competencias y 3) experiencia. El foco sobre cada uno de ellos dependerá de, por ejemplo, si el participante deberá asumir un nuevo puesto gerencial en pocos meses (*Diagramas de reemplazo*) o se lo está preparando para una posición futura que aún no tiene fecha concreta de materialización.

✓ Para todos los participantes –de cualquiera de los programas internos para el desarrollo– se confeccionan planes de formación que coordina el área de Recursos Humanos. Los mismos incluyen actividades sobre conocimientos, competencias y experiencia. La planificación debe ser detallada, indicando por cada participante: actividad, responsable, fechas concretas de realización de cada actividad. Una planificación detallada permitirá hacer luego un control de lo actuado.

✓ Formar personas para crear talento es el objetivo de los programas denominados *Planes de carrera*, *Plan de jóvenes profesionales* y *Personas clave*. Mediante ellos la organización se propone generar talento organizacional como una forma de responder a la necesidad de contar con personas preparadas para los distintos puestos. De esta forma se estará generando una "cantera de talentos". Con este enfoque, el área de Recursos Humanos diseñará las actividades de formación para ir logrando ese objetivo paso a paso.

✓ De cualquiera de los programas organizacionales para el desarrollo de personas –*Planes de sucesión*, *Diagramas de reemplazo*, *Jefe entrenador*, *Personas clave*, *Planes de carrera*, *Carrera gerencial y especialista*, *Plan de jóvenes profesionales* (*JP*), *Mentoring* y *Entrenamiento experto*– podrán surgir necesidades formativas.

Para continuar leyendo sobre los temas del capítulo 8

Sugerimos leer, en la obra *Formación. En la práctica*, los siguientes apartados.

* Apartado 1. De ayer a mañana. Difícil y posible a la vez.

* Apartado 2. Estrellas fugaces ¿sí o no? After office, outdoors, convivios y demás

* Apartado 3. Felicidad en el trabajo. ¿Es posible? ¿O es un mito?

- Apartado 4. Diversidad, discriminación y otras cuestiones

- Apartado 5. Nuevas generaciones, inmediatez, lenguaje y otras cuestiones en relación con formación

- Apartado 8. Continuando con las buenas prácticas: Herramientas y Formación

- Apartado 9. Reconocer necesidades y priorizarlas

- Apartado 10. Factores a tener en cuenta para alcanzar alta efectividad y eficacia

- Apartado 19. Formación después de mediciones específicas

- Apartado 22. Formación combinando medición de capacidades y codesarrollo

- Apartado 23. Formación para la alta gerencia

- Apartado 24. Formación para todos los niveles de conducción

- Apartado 26. Motivar a otros, ¿un rol que deben asumir los jefes?

- Apartado 28. Programas para jefes. Distintas temáticas

PARA PROFESORES

CASOS

Para la preparación de "casos prácticos" a ser utilizados en la impartición de clases relacionadas con este capítulo, sugerimos emplear los apartados mencionados más arriba bajo el título "Para continuar leyendo". El material allí disponible podrá servir de base para actividades complementarias, casos de discusión, disparadores para la preparación de otros casos, etc.

CLASES

Para cada uno de los capítulos de esta obra hemos preparado: Material de apoyo para el dictado de clases.
Los profesores que hayan adoptado esta obra para sus cursos tanto de grado como de posgrado pueden solicitar de manera gratuita:

– *Formación. CLASES*

Únicamente disponibles en formato digital, en nuestro sitio: **www.marthaalles.com**, en la exclusiva *Sala de profesores*, o bien escribiendo a: **profesores@marthaalles.com**

Anexo I
Aprendizaje de adultos. Principales referentes

Para dar inicio a los anexos, nos referiremos primero al aprendizaje de adultos, para luego hacer un recorrido por una gama amplia de aspectos relacionados con formación, en el Anexo II.

Según una cita en la obra de Silberman[1], hace más de 2.000 años Confucio dijo:

Lo que oigo, olvido.
Lo que veo, recuerdo.
Lo que hago, comprendo.

A partir de estas afirmaciones, Silberman ha ampliado y expandido los dichos de Confucio de la siguiente manera:

Cuando solo oigo, olvido.
Cuando oigo y veo, recuerdo un poco.
Cuando oigo, veo y formulo preguntas y discuto con otros, comienzo a comprender.
Cuando oigo, veo, me cuestiono, discuto y hago, adquiero conocimientos y habilidades.
Cuando enseño a otro, puedo mostrar que soy un maestro y comprendo.

Con estas palabras, que parecen "casi" un juego, se expresa un concepto profundo en relación con el aprendizaje.

David A. Kolb presentó el *Proceso del aprendizaje experimental* en su obra *Experience as the source of learning and development*[2], del año 1984. Este autor es ampliamente reconocido y citado por muchos otros por su método de aprendizaje. A continuación, una breve explicación de sus aportes al respecto.

Como puede apreciarse en el gráfico de la página siguiente, el proceso de aprendizaje experimental puede ser descrito como cuatro partes de un ciclo, que representan diferentes modos de aprendizaje: experiencia concreta, observación reflexiva, conceptualización abstracta y experimentación activa.

Otros autores citan el trabajo de Kolb. En su obra *Personnel Management*[3], Cole toma los aportes de Kolb –al igual que Spencer & Spencer[4] y Levy-Leboyer[5]– y dice

---

1 Silberman, Mel. *Active Training. A Handbook of Techniques, Designs, Case Examples, and Tips.* Pfeiffer, John Wiley & Sons, San Francisco, 2006.

2 Kolb, David A. *Experience as the source of learning and development.* Prentice Hall, New Jersey, 1984.

3 Cole, Gerald. *Personnel Management.* Letts Educational Aldine Place, London, 1997.

4 Spencer, Lyle M.; Spencer, Signe M. *Competence at work, models for superior performance.* John Wiley & Sons, New York, 1993.

5 Levy-Leboyer, Claude. *La gestion des compétences.* Les éditions d´organisation, Paris, 1992.

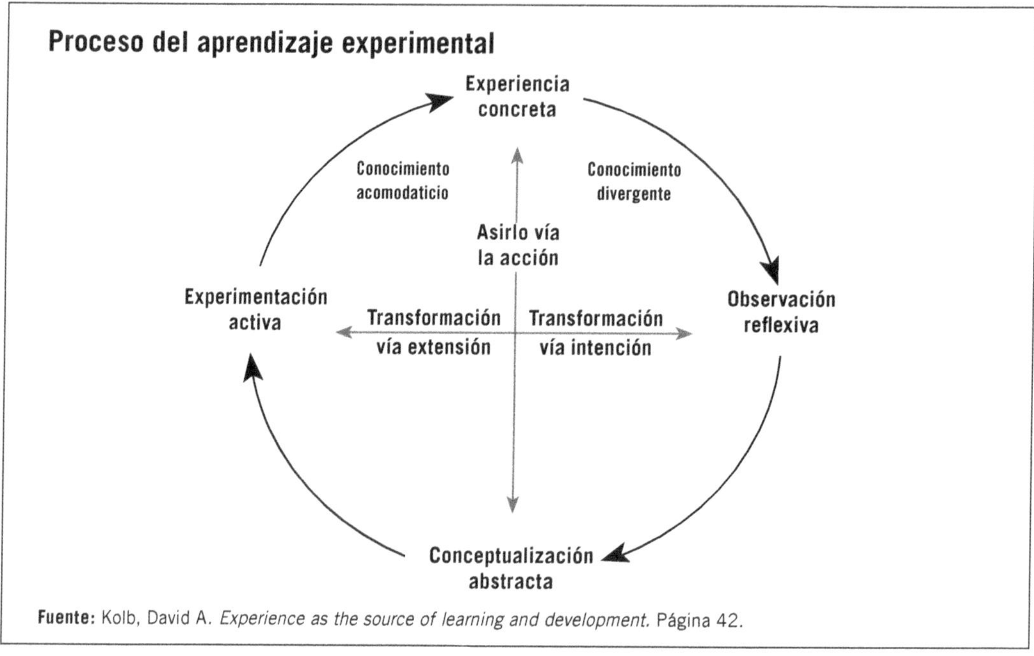

Fuente: Kolb, David A. *Experience as the source of learning and development.* Página 42.

que el aprendizaje experimental o la capacitación con base en la experiencia se presenta en etapas.

El participante inicia el proceso de aprendizaje con una experiencia concreta, usualmente previa. Durante la actividad, el aprendizaje comienza ya en forma inducida por el instructor; podríamos decir que es esta una segunda instancia o etapa del proceso.

A partir de allí, el aprendizaje continúa con una etapa de formación abstracta de conocimientos; finalizando con una etapa deductiva que se relaciona con la experiencia concreta del participante, aportada por él mismo, al inicio de la actividad (ver el gráfico de la página siguiente).

Los modernos métodos de capacitación incluyen desde participación activa hasta experimentación del conocimiento. A su vez, los programas deben ser flexibles, acordes a la disponibilidad del trabajador y de la organización.

La capacitación puramente teórica está en desuso y las nuevas generaciones quieren una rápida experimentación práctica. De los instructores se espera "la fórmula" para solucionar los problemas *bien y rápido*. La habilidad de combinar teoría con práctica mediante *recetas* pero sin descuidar la teoría, requiere cada vez más de la capacitación y de sus responsables (capacitadores). El desafío es creciente.

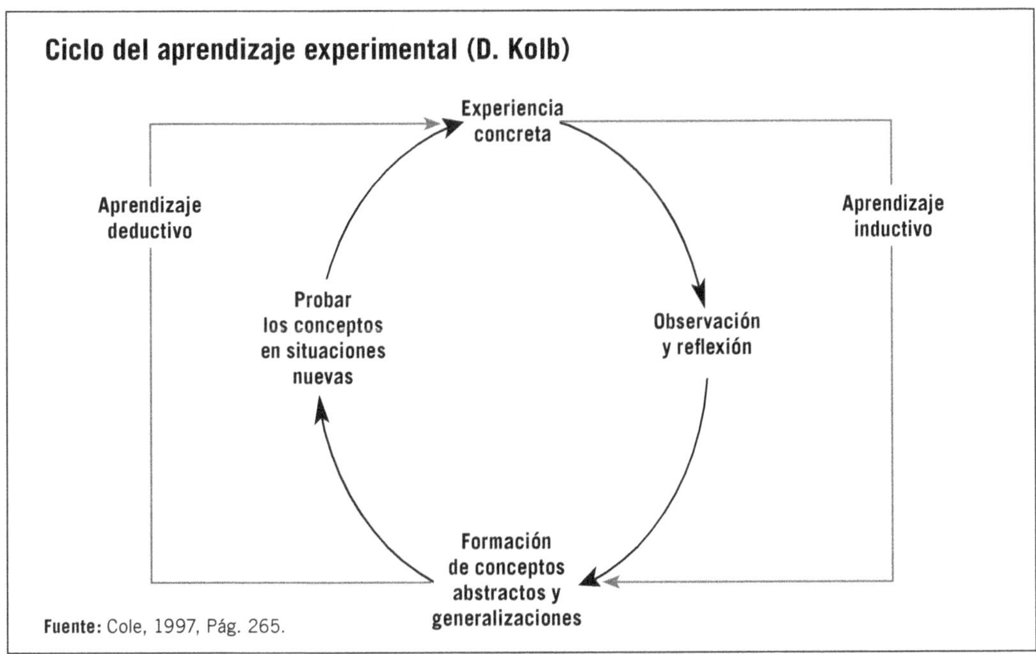

Teoría de educación experimental para adultos

Los enfoques de educación experimental sostienen que los adultos aprenden mejor si se los expone a las cuatro acciones referidas en el gráfico de la página siguiente.

- Conceptualización abstracta: una nueva teoría, idea o serie de instrucciones *"how to"* (cómo hacer para...).

- Experimentación activa: poner en práctica una teoría abstracta, ideas o instrucciones para hacer algo.

- Experiencia concreta: retroalimentación sobre los efectos de los comportamientos de una experiencia en particular.

- Observación reflexiva: pensar acerca de lo sucedido, llegando –quizá– a modificar teorías personales o ideas sobre cómo comportarse en el futuro.

Si bien los participantes prefieren generalmente uno o dos de los aspectos mencionados, para un mejor aprendizaje sería ideal que se siguieran todos los puntos citados en el gráfico precedente.

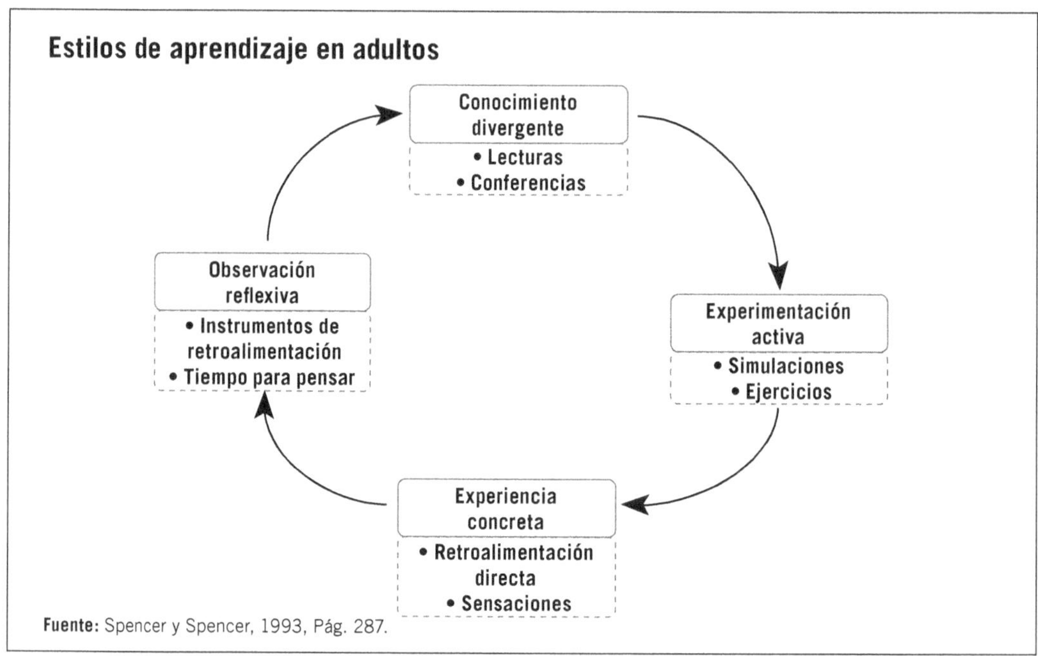

Fuente: Spencer y Spencer, 1993, Pág. 287.

El método Codesarrollo expuesto en el capítulo 3, une de algún modo y en una sola actividad los cuatro modos de aprendizaje. Unas personas serán más susceptibles a aprender mediante uno de ellos, y otras por uno diferente, sin embargo, todas las modalidades, en su conjunto, coadyuvan al aprendizaje.

Levy-Leboyer[6] plantea: *¿Por qué interesarse por los estilos cognitivos? Porque cada uno aprende mejor cuando la actividad pedagógica corresponde a su propio estilo de aprendizaje.* Esta autora francesa cita en su obra el trabajo de D. A. Kolb titulado *Experiential learning: Experience as a source of learning and development* (Englewood Cliffs, Prentice-Hall, 1984), que se refiere a la manera como cada individuo percibe y procesa las informaciones. Kolb distingue cuatro estilos de aprendizaje, cada uno de los cuales corresponde a un tipo de aprendizaje que es, a la vez, el preferido y el más eficaz para el individuo en cuestión.

---

6 Levy-Leboyer, Claude. *Gestión de las competencias.* Gestión 2000, Barcelona, 1997.

Estilos de aprendizaje	Ejemplos
Los divergentes: asocian una percepción concreta de las experiencias y una preferencia por transformarlas mediante la reflexión.	Los divergentes son capaces de asimilar observaciones inconexas e integrarlas en un marco conceptual coherente; valoran la posibilidad de disponer de tiempo suficiente para reunir informaciones y reflexionar sobre ellas.
Los asimiladores: se ponen en contacto con la realidad de manera abstracta y la tratan mediante la reflexión.	Los asimiladores aprenden mucho cuando disponen de un sistema o de un modelo abstracto que les permite ver los hechos en perspectiva; valoran poder reunir información y tomarse a continuación el tiempo necesario para reflexionar sobre ella; pero sacan bastante menos partido de experiencias en las que deben actuar con rapidez, sin tener tiempo de hacer planes.
Los convergentes: combinan comprensión abstracta y experimentación activa.	Los convergentes tienen la necesidad de establecer un vínculo evidente entre los problemas que se les plantean en su trabajo y el tema sobre el que construyen una competencia; así, valoran las experiencias cuyas enseñanzas son susceptibles de ser aplicadas inmediatamente.
Los acomodadores: caracterizados por el contacto abstracto y la elaboración activa.	Los acomodadores obtienen provecho principalmente de cometidos cortos, orientados hacia la acción y a los que se deba hacer frente enseguida; pero no valoran ni las reuniones ni las lecturas, situaciones en las que desempeñan forzosamente un papel pasivo.

Sobre este aspecto Levy-Leboyer hace el siguiente comentario: *Aunque todavía sean necesarias investigaciones para validar esta tipología y para señalar con más fiabilidad los estilos de aprendizaje propios de cada uno, el hecho de tratar la adquisición de competencias a partir de experiencias concretas como un proceso permite distinguir perfectamente la fase que consiste en reunir informaciones y la que consiste en tratarlas. Ello ayuda a comprender por qué la experiencia misma no basta para construir competencias y a justificar el papel de las condiciones empresariales y de las diferencias individuales.*

En mi opinión, los autores mencionados representan, en especial Kolb, los principales referentes en materia de aprendizaje. No obstante, otros autores importantes se han referido a la temática.

En el Anexo II, *Cómo tratan la temática de Formación otros autores,* se hará referencia a un conjunto de ellos, incluyendo a algunos de los aquí mencionados.

Anexo II
Cómo tratan la temática de formación otros autores

Libros y tratados sobre Recursos Humanos

Con el propósito de brindar al lector el estado del arte en materia de formación se expondrá a continuación una síntesis de los aportes realizados por diversos autores que han tratado la temática.

Libros y tratados sobre Recursos Humanos

Sherman y otros[1], en una sección que denominan *Desarrollo de la eficacia en Recursos Humanos,* agrupan temas relacionados con capacitación, desarrollo y desempeño. Sobre capacitación, al igual que otros autores, diferencian el desarrollo de ejecutivos del de los otros colaboradores y presentan algunas experiencias exitosas al respecto.

Gary Dessler[2], bajo el nombre de *Capacitación y desarrollo* se refiere tanto a formación sobre conocimientos como al desarrollo de competencias. También, establece una diferenciación entre la formación para niveles gerenciales y otros niveles dentro de la organización.

Peretti[3] bajo el título de *El desarrollo humano y social* da a la temática de formación un encuadre remunerativo dentro –a su vez– del marco reglamentario en su país y como un derecho del trabajador. Si bien vincula la formación a las necesidades del puesto, se percibe dicha formación más como una obligación por parte de la organización que como una forma adecuada de gestión. La formación definida como continua (al menos al momento que el autor publicó la obra mencionada) deriva de una ley que fija un determinado porcentaje de la remuneración destinado a tales efectos.

Mathis y otros[4] abordan una serie de temas relacionados, bajo el título global de *Formación y desarrollo de Recursos Humanos.* En cuanto a formación, diferencian la modificación de comportamientos (desarrollo de competencias) de la transmisión de conocimientos. Asimismo, distinguen la formación para nuevos colaboradores del desarrollo de las personas que integran la organización. Mencionan, entre otras posibilidades, cursos, resolución de casos de estudio, *role playing,* juegos de negocios

---

1 Sherman, Arthur; Bohlander, George; Snell, Scott. *Administración de Recursos Humanos.* Thomson Internacional, México, 1999.

2 Dessler, Gary. *Administración de Personal.* Prentice-Hall Hispanoamericana, México, 1994.

3 Peretti, Jean-Marie. *Gestion des ressources humaines.* Librairie Vuibert, Paris, 1998.

4 Mathis, Robert L. y Jackson, John H. *Human Resource Management.* South-Western College Publishing, a division of Thompson Learning; Cincinatti, Ohio; 2000.

y ejercicios de simulación, entre otros. En cuanto a los métodos, destacan la utilización de medios audiovisuales y la asistencia a través del ordenador.

El profesor Okumbe, de la Universidad de Nairobi,[5] reconoce la existencia de dos métodos de formación: dentro y fuera del trabajo. Menciona como métodos dentro del trabajo, entre otros, el aprendizaje con la guía de un profesor y el mismo jefe para los nuevos empleados, rotación de puestos, *mentoring*, y, como métodos fuera del trabajo, cursos o clases, *role playing*, simulaciones, etc.

Además, señala la necesidad de medir las reales necesidades de formación de los empleados en el presente, y cuáles de estos aspectos que son necesarios desean adquirir.

Mathis y otros[6] incluyen las licencias sabáticas entre los métodos de desarrollo. *Las ausencias sabáticas son un tiempo pago en el que la persona se rejuvenece y desarrolla ella misma.* Fue una práctica por muchos años popular en los ambientes académicos. En el presente esta práctica ha sido incorporada por la comunidad de negocios. Según estos autores, más del 10% de las corporaciones en los Estados Unidos la han adoptado. Sin embargo, esto no presupone que estas mismas corporaciones con filiales en países hispanoparlantes las aplican fuera de sus casas matrices.

Sobre las actividades *outdoor* dice Jac Fitz-enz[7]: *Una de las últimas y muy costosas modas del desarrollo son los cursillos de consolidación de equipos en el exterior. O de supervivencia. La suposición es que la gente aprende a trabajar en equipo construyendo balsas y escalando montañas juntos. Es probable que sea así. Me imagino que resultará muy divertido para el que esté en forma, y agónico para el que no lo esté, pero en cualquier forma los vendedores de este tipo de cursillos están obteniendo buenos ingresos.* Y continúa luego: *Si se desea medir resultados,* (la actividad) *debe proporcionar formación de aptitudes en el contexto del puesto de trabajo. La razón para esto es que la construcción de balsas no tiene ninguno de los factores de riesgo que tiene la actuación en la empresa. En resumen* –dice Fitz-enz– *es divertido, pero tanto si la balsa flota como si se hunde, las personas siguen manteniendo su empleo cuando vuelven a la empresa.*

Gómez-Mejía y otros[8], en el capítulo *Formación de la fuerza laboral*, también plantean la necesidad de determinar las necesidades de formación. Asimismo, se refieren a los medios de enseñanza, entre ellos los audiovisuales, los ordenadores e Internet, y a los métodos disponibles. Estos autores plantean un tema interesante.

---

5 Okumbe, Joshua Abong´o. *Human Resources Management an Educational Perspective.* Educational Development and Research Bureau, Nairobi, Kenya, 2001.

6 Mathis, Robert L. y Jackson John H. *Human Resource Management.* Obra citada. Página 361.

7 Fitz-enz, Jac. *Cómo medir la gestión de Recursos Humanos.* Ediciones Deusto, Bilbao, 1999. Página 291.

8 Gómez-Mejía, Luis R.; Balkin, David B.; Cardy, Robert L. *Gestión de Recursos Humanos.* Prentice Hall, Madrid, 1998.

Se preguntan si las empresas son éticamente responsables de proporcionar cursos de alfabetización a los trabajadores que carecen de habilidades básicas.

Renckly[9], en *Human Resources,* trata el tema de formación como un beneficio más a los empleados, no como una de las funciones del área de Recursos Humanos y/o como uno de los caminos para alcanzar la estrategia.

Elliot Jaques[10], en *La organización requerida,* sostiene que los cambios organizacionales se logran a través de diseñar la estructura adecuada, primero hay que comprender cuál es la organización existente para luego diseñar la organización requerida. En varias partes de la obra se refiere al desarrollo de personas sin mencionar, de manera específica, el concepto de *formación*.

En un libro diferente a los anteriores, destinado a orientar a un jefe, gerente o dueño de empresa sobre cómo manejar al personal de manera directa, es decir, sin la ayuda de un especialista de Recursos Humanos, su autor[11] menciona temas de interés. Se trata de la obra *El supervisor como un entrenador,* que en los apartados titulados *La capacitación es un trabajo en equipo* y *Programar la capacitación,* entre otros, plantea consejos muy simples para los jefes, en especial en aquellas empresas donde no existe un área de Recursos Humanos y un jefe no experto en el tema debe resolver sobre la capacitación de sus empleados y los problemas relacionados.

Por último, Okumbe[12] también menciona esta cuestión en un capítulo destinado a la temática de formación y desarrollo de personas.

Obras destinadas exclusivamente a temas de formación

Sobre los orígenes de la formación y desarrollo de personas

Werner y DeSimone[13], en las primeras páginas de la obra citada, presentan una referencia muy interesante sobre los orígenes del *desarrollo de los Recursos Humanos* (Human Resource Development - HRD).

Los autores pueden rastrear el desarrollo hasta los programas de entrenamiento de aprendices en el siglo XVIII. En aquella época, pequeños negocios operados

9 Renckly, Richard G. *Human Resources.* Barron's Educational Series, Nueva York, Estados Unidos, 1997.

10 Jaques, Elliott. *La organización requerida.* Ediciones Granica, Buenos Aires, 2000

11 Pell, Arthur R. *¡Administre su personal fácil!* Prentince Hall Hispanoamericana, México, 1996.

12 Okumbe, Joshua Abong´o. *Human Resources Management an Educational Perspective.* Obra citada.

13 Werner, Jon M.M.; DeSimone, Randy L. *Human Resource Development.* Thomson Higher Education, Mason, Ohio, 2006.

por artesanos habilidosos producían virtualmente todo lo que podríamos denominar bienes del hogar, muebles, ropa, zapatos.

Para satisfacer la creciente demanda de sus productos, los propietarios de negocios artesanales debían emplear trabajadores adicionales. Sin escuelas técnicas, tenían que educar y entrenar ellos mismos a sus propios trabajadores.

Sin pagarles salario o con un pago muy escaso, los nuevos colaboradores aprendían el arte de sus maestros, trabajando por varios años hasta que adquirían la capacidad suficiente.

Los aprendices que dominaban todas las habilidades necesarias podían dejar a su maestro para emprender su propio negocio. Sin embargo, la mayoría permanecía con el maestro, porque no podían comprar herramientas y/o equipos para independizarse.

En 1809 se fundó la primera escuela vocacional, fundada privadamente, también conocida como Escuela Manual, en la ciudad de Nueva York. El propósito era proveer entrenamiento ocupacional a jóvenes desempleados, entre otros.

Este modelo de aprendizaje fue seguido, también, en el entrenamiento de médicos, educadores y abogados.

En tiempos más cercanos, por ejemplo, en 1920, una persona que hubiese estudiado para abogado, después de aprobar un examen supervisado por el Estado, debía someterse a una práctica en una oficina legal.

La Segunda Guerra Mundial provocó que el sector industrial fuese nuevamente requerido para rediseñar sus fábricas, para soportar los esfuerzos de la guerra. Esta necesidad llevó al establecimiento de nuevos programas de entrenamiento en un mayor número de organizaciones y sindicatos. El Gobierno Federal estableció el Training Within Industry (TWI - Entrenamiento dentro de la empresa) para coordinar los programas formativos en todas las industrias relacionadas con la defensa.

Nacimiento del formador de formadores

La TWI también entrenó instructores para enseñar sus programas en cada planta.

Para el final de la guerra, el TWI había entrenado más de 23 mil instructores y había emitido más de 2 millones de certificados a supervisores en 16 mil plantas y sindicatos.

Muchas compañías relacionadas con la defensa establecieron sus propios departamentos de entrenamiento, con los instructores entrenados por TWI. Estos departamentos diseñaron, organizaron y coordinaron entrenamientos a lo largo del país en un gran número de organizaciones.

En 1942 se creó la American Society for Training and Directors - ASTD (Asociación americana de directores de entrenamiento) con el propósito de establecer estándares dentro de una profesión emergente.

Luego, en 1960 y 1970, los entrenadores profesionales reconocieron que su rol debía extenderse más allá de las aulas. El movimiento hacia el involucramiento de los empleados, en muchas organizaciones, requirió a los entrenadores asumir otros roles: *coach* y *counseling*. A partir de allí se sumó el desarrollo de habilidades y competencias.

Por esta época, ASTD mantuvo sus iniciales y pasó a llamarse American Society for Training and Development (Asociación americana para el entrenamiento y desarrollo), y hoy es líder en la materia.

Desarrollo con una mirada actual

David A. Kolb, mencionado en el Anexo I, es ampliamente reconocido y citado por muchos otros autores por su método de aprendizaje *Proceso del aprendizaje experimental,* presentado en 1984 en la obra *Experience as the source of learning and development*[14].

En ese trabajo plantea interesantes enfoques sobre las distintas formas de adquirir conocimientos y experiencias vitales. Solo a modo de ejemplo: la forma de asimilar conocimientos (citado como conocimiento asimilativo en su proceso de aprendizaje) permite asimilar información, construir modelos conceptuales, contrastar teorías e ideas, diseñar experimentos y analizar datos cuantitativos.

Kolb, junto con otros autores, ha publicado *Innovation in Professional Education*[15], donde se relata una experiencia sobre educación formal superior en management. Los resultados obtenidos fueron altamente beneficiosos tanto en conocimientos como en competencias gerenciales.

Kolb también ha publicado, junto con otros autores, *Conversational Learning. An Experiential Approach to Knowledge Creation*[16]. Allí desarrollan conceptos adicionales a la teoría del aprendizaje presentada por Kolb en 1984 (obra citada precedentemente), incorporando nuevos conceptos tales como grupos multiculturales y el ciberespacio.

Silberman[17] expone sobre todos los aspectos a tener en cuenta para la formación de personas, desde la necesidad de evaluar las necesidades, las distintas formas

---

14 Kolb, David A. *Experience as the source of learning and development.* Prentice Hall, New Jersey, 1984.

15 Boyatzis, Richard E.; Cowen, Scott S.; Kolb, David A. *Innovation in Professional Education.* Jossey-Bass Publishers, San Francisco, 1995.

16 Baker Ann C.; Jensen, Patricia J.; Kolb, David A. *Conversational Learning. An Experiential Approach to Knowledge Creation.* Quorum Books, Westport, 2002.

17 Silberman, Mel. *Active Training. A Handbook of Techniques, Designs, Case Examples, and Tips.* Pfeiffer - John Wiley & Sons, San Francisco, 2006.

de impartir formación, cómo planearlas, el uso de la tecnología, hasta cómo evaluar las actividades de formación.

The Trainer's handbook[18] brinda una completa guía sobre los diferentes aspectos que debe tener en cuenta un instructor o capacitador: cómo sentar a las personas en una actividad –por ejemplo, en función de las temáticas y otras variables–, cómo usar medios audiovisuales y otras formas de captar la atención para brindar una mejor enseñanza.

Hay publicaciones destinadas a ofrecer ejercicios para actividades de formación, tales como dos tratados de Nilson[19,20] sobre la temática de trabajo en equipo.

Los autores Werner y DeSimone[21], ya mencionados, han publicado un libro de texto destinado al desarrollo de los Recursos Humanos, abarcando diversas temáticas relacionadas. Desde una perspectiva amplia, la obra recorre diferentes temas: la medición de capacidades, en especial competencias, la formación y el entrenamiento, *mentoring* y otras buenas prácticas organizacionales vinculadas con el desarrollo de personas. Específicamente respecto de la formación, enfatiza la importancia de la evaluación de las necesidades y de priorizarlas, definir los objetivos, los métodos, los materiales, la selección del instructor, la planificación de las actividades y del programa en su conjunto. Sobre la evaluación, menciona que se deben seleccionar los criterios de medición e interpretar –luego– sus resultados.

Según Gore[22], el ambiente organizativo no es educativamente "neutro", y lo que la gente aprende en las empresas se origina sobre todo en el mero "estar" dentro de ellas, en trabajar, convivir e interactuar. También dice este autor que una organización que aprende y enseña debe aprender a capturar y procesar información del contexto para crecer y sobrevivir.

Para Blake[23] el aprendizaje es una tarea, un trabajo, y como tal requiere el uso de energía, de esfuerzo. Nada podrá sustituir el ahínco personal del que aprende. Ni la tecnología, con todos sus medios y recursos, ni el propio coordinador de la actividad podrán suplantar el esfuerzo del participante.

En un libro dedicado a las diversas formas de medir las acciones de capacitación, Abraham Pain[24] aporta ideas –además– para mejorar la eficacia de la formación misma. Para este autor es importante ponerse en contacto con los futuros

---

18 Lawson, Karen. *The trainer's Handbook.* Pfeiffer, San Francisco, 2006.

19 Nilson, Carolyn. *Teams Games for Trainers.* McGraw-Hill, New York, 1993.

20 Nilson, Carolyn. *More teams games for trainers.* McGraw-Hill, New York, 1998.

21 Werner, Jon M.; DeSimone, Randy L. *Human Resource Development.* Thomson Higher Education, Mason, Ohio, 2006.

22 Gore, Ernesto. *La educación en la empresa.* Ediciones Granica, Buenos Aires, 1996.

23 Blake, Oscar J. *La capacitación.* Ediciones Macchi, Buenos Aires, 1997, Capítulo 4.

24 Pain, Abraham. *Cómo evaluar las acciones de capacitación.* Ediciones Granica, Barcelona, 1993.

participantes unas semanas antes del comienzo de la actividad de formación. El objetivo de este contacto es ubicar la práctica en un determinado contexto y conocer las expectativas existentes. Estos encuentros son valorados por los participantes, y resultan interesantes y fructíferos para ambas partes, capacitados e instructores.

El rol que debe asumir el instructor

Lawson[25], en la obra *The trainer's Handbook,* se refiere a los distintos tipos de instructores: *vendedor, entrenador, profesor y entretenedor.* Me pareció interesante esta clasificación, en especial la apertura de las categorías.

Formación y aprendizaje

Peter Senge[26] hace un juego de palabras: *aprender contra entrenar y enseñar,* para decir, en relación a esta frase: *El aprendizaje siempre ocurre en el tiempo y en la vida real, no en el salón de clase ni en sesiones de entrenamiento... La clave está en ver el aprendizaje como inseparable del trabajo cotidiano.* El autor, al afirmar estos conceptos, está pensando en cómo desarrollar (y desarrollarse a uno mismo) a través de la experiencia.

En una obra titulada *Administre el conocimiento*[27], sus autores diferencian el significado de los vocablos *datos, información* y *conocimiento.*

La tendencia a confundir estos términos –dicen Probst y otros– *es la causa de múltiples malos entendidos en cuanto a la administración del conocimiento.* Luego, agregan: *Debemos considerar diferencias entre el conocimiento de los individuos y el de los grupos.*

En la obra de Senge *La Quinta Disciplina*[28], el autor se pregunta: *¿Cómo es posible que un grupo de talentosos managers con un coeficiente individual promedio de 120 puedan tener como colectivo un coeficiente intelectual de 63?*

La disciplina del aprendizaje en equipo comienza con el "diálogo", la capacidad de sus miembros para "suspender sus supuestos" e ingresar en un auténtico "pensamiento conjunto". A su vez, la disciplina del diálogo también implica aprender a reconocer los patrones de interacción que erosionan el aprendizaje. Los patrones de defensa a menudo están profundamente enraizados en el funcionamiento de un

---

25 Lawson, Karen. *The trainer's Handbook.* Pfeiffer, San Francisco, 2006.

26 Senge, Peter (*et al.*). *La Danza del Cambio.* Grupo Editorial Norma, Bogotá, 2000.

27 Probst, Gilbert; Raub, Steffen; Romhardt, Kay. *Administre el conocimiento.* Pearson Educación, México, 2001.

28 Senge, Peter M. *La quinta disciplina.* Ediciones Granica, Barcelona, 1998.

grupo humano. Si no se los detecta, atentan contra el aprendizaje. Si se los detecta y se los hace aflorar creativamente, pueden acelerarlo.

Para este autor, la disciplina del aprendizaje aborda esta paradoja: *Cuando los equipos aprenden de veras, no solo generan resultados extraordinarios, sino que sus integrantes crecen con mayor rapidez.* Y luego asegura que las organizaciones solo aprenden a través de individuos que aprenden. El aprendizaje individual no garantiza el aprendizaje organizacional, pero no hay aprendizaje organizacional sin aprendizaje individual, observa.

El aprendizaje grupal es vital porque la unidad fundamental de aprendizaje en las organizaciones modernas no es el individuo, sino el equipo. Si los equipos no aprenden, la organización no puede aprender, sintetiza Senge, y agrega: *El aprendizaje en equipo es el proceso de alinearse y desarrollar la capacidad de un equipo para crear los resultados que sus miembros realmente desean. Se construye sobre la disciplina de desarrollar una visión compartida. También se construye sobre el dominio personal, pues los equipos talentosos están constituidos por individuos talentosos.*

Sin embargo, dice Senge, *la visión compartida y el talento no son suficientes para aprender.* Y agrega más adelante: *El aprendizaje individual, en cierto nivel, es irrelevante para el aprendizaje organizacional. Los individuos aprenden todo el tiempo y sin embargo no hay aprendizaje organizacional.*

El autor asegura que el aprendizaje en las organizaciones tiene tres dimensiones críticas:

1. La necesidad de resolver problemas complejos. Los equipos deben aprender a utilizar las mentes brillantes y no fijar el nivel del equipo por debajo del de una persona en particular. El equipo debe aprovechar las mentes brillantes.

2. La necesidad de una acción innovadora y coordinada.

3. El rol que los miembros de un equipo puedan tener en otros equipos.

Si bien el aprendizaje en equipo supone aptitudes y conocimientos individuales, es una disciplina colectiva, que implica dominar las prácticas del diálogo y la discusión (las dos maneras en que "conversan" los miembros de un equipo). En el diálogo existe la exploración de asuntos complejos donde se "escucha" a los demás. En cambio, en la discusión se presentan y defienden diferentes perspectivas y se busca la mejor, para respaldar decisiones que se deban tomar.

Para Senge es vital que las cinco disciplinas que dan origen al título de su obra, *La quinta disciplina,* se desarrollen como un conjunto. Esto representa un desafío, porque es mucho más difícil integrar herramientas nuevas que aplicarlas por separado. Pero los beneficios de dicha integración son inmensos. Por eso, el pensamiento sistémico es la quinta disciplina. Es la que integra a las demás, fusionándolas en un cuerpo coherente de teoría y práctica. Por ejemplo, la visión sin pensamiento sistémico termina pintando seductoras imágenes del futuro sin proveer un conocimiento profundo de las fuerzas que se deben combinar para llegar a concretar el objetivo. Por ello, no alcanza con definir la visión, que es algo que muchas empresas realizan sin lograr un resultado tangible, ya que lo único que hacen al respecto es redactarla.

El pensamiento sistémico requiere de las otras disciplinas concernientes a la visión compartida, los modelos mentales, el aprendizaje en equipo y el dominio personal para realizar su potencial. La construcción de una visión compartida alienta un compromiso a largo plazo.

En síntesis, para Senge la disciplina del aprendizaje en equipo comienza con el "diálogo", la capacidad de sus miembros para "suspender sus supuestos" e ingresar en un auténtico "pensamiento conjunto".

Formación en obras específicas sobre competencias

Los autores que tratan la temática de Gestión por competencias de manera integral, es decir, analizando cómo la definición de competencias se relaciona con los distintos subsistemas de Recursos Humanos, también se refieren a formación y desarrollo.

Antonio Carretta[29], en un libro que compendia varios artículos y enfocado en competencias, plantea la necesidad de su medición y desarrollo; sin embargo, para este último aspecto no indica el camino a seguir.

Boccalari y otros[30] analizan el tema de la formación solo considerando el desarrollo de competencias, y señalan que estas primero deben medirse, asignándole un rol importante a la autoevaluación, para luego afirmar que en materia de competencias el interesado será el protagonista de su propio desarrollo. A continuación, relacionan el *knowledge management* con el desarrollo de competencias, tema tratado en la obra *Desarrollo del talento humano. Basado en competencias*[31].

---

29 Carretta, Antonio; Dalziel, Murray M.; Mitrani, Alain. *Dalle Risorse Umanealle Competenze.* Franco Angeli Azienda Moderna, Milano, 1992.
30 Boccalari, R.; Caroni, L.; Oggioni, E.; Piccolo, A.; Rullani, E.; Vergeat, M. *Competenze. Leva di eccellenza delle persone e delle organizzazioni.* Franco Angeli Azienda Moderna, Milano, 2004.
31 Alles, Martha A. *Desarrollo del talento humano. Basado en competencias.* Ediciones Granica, Buenos Aires, 2017.

Spencer[32] dedica un capítulo al desarrollo de competencias y, al igual que Levy-Leboyer, también cita a D. A. Kolb.

El tema del desarrollo de competencias posee un tratamiento diverso en la bibliografía consultada, siendo la obra de Spencer & Spencer la que ofrece métodos más prácticos para llevar a cabo dicho desarrollo.

Para la autora francesa Levy-Leboyer[33], el cambio más rápido que las empresas deben afrontar en el presente se relaciona con el desarrollo de competencias. *La iniciativa dejada a cada uno para organizar su desarrollo personal coincide también con la manera como los individuos intentan actualmente administrar ellos mismos su carrera profesional, incluso aunque deban hacerlo teniendo en cuenta necesidades y evoluciones previsibles del mercado.*

Por último, Levy-Leboyer enfatiza que cada persona tiene un estilo particular de aprendizaje. Estos "estilos cognitivos" son esencialmente formas de tratar la información disponible, incluidos los retornos de información. El ciclo de aprendizaje refuerza los conceptos abstractos sobre cómo desarrollar la habilidad de otra persona para llevar a cabo una tarea y las habilidades interpersonales prácticas para lograrlo.

Las personas cambian solo si están realmente interesadas en hacerlo. En lo que respecta a sus competencias, los adultos no pueden cambiar sin un proceso que los haga sentir personalmente insatisfechos con las que tienen. Pero esto no alcanza: deben sentirse, además, seguros y confiados respecto de cómo utilizar las nuevas conductas. Los participantes deben reconocer las brechas existentes de cada competencia, entre su actual nivel y el deseado. Reconocer la brecha provee la energía y dirección para el cambio. En síntesis, no se puede cambiar en contra de la voluntad de las personas.

Para los autores italianos Carretta, Dalziel y Mitrani, ya mencionados, la valuación de individuos en relación con el desarrollo de carreras puede hacerse con numerosos métodos: la entrevista por incidentes críticos (BEI, por su nombre en inglés), diversos tests, simulaciones en un *assessment center,* informes sobre la evaluación del desempeño, o evaluación de superiores, colegas y subordinados (*feedback 360°* o evaluación de 360°).

La mayoría de los autores mencionados hacen referencia a la necesidad de evaluar a las personas mediante técnicas como los *assessment center* (ACM) y, en algunos casos, la evaluación de 360 grados. En ningún caso se menciona una herramienta

---

32 Spencer, Lyle M.; Spencer, Signe M. *Competence at work, models for superior performance.* John Wiley & Sons, Inc., New York, 1993.

33 Levy-Leboyer, Claude. *Gestión de las competencias.* Gestión 2000, Barcelona, 1997.

específica para medir conocimientos o valores. Quizá pueda interpretarse que son medidos en las evaluaciones de desempeño.

Adicionalmente plantean la necesidad de tener en claro los objetivos, conocer sobre las necesidades de capacitación, etc., pero ninguno de ellos plantea el enfoque estratégico, que, en mi opinión, es determinante.

Para Levy-Leboyer[34], *sea cual sea su nivel de partida, su empleo actual y su cualificación inicial, los empleados, los mandos, así como los técnicos, están obligados a aprender constantemente "cosas nuevas".* La autora agrega que el desarrollo de competencias y la formación tradicional no parten de una misma idea.

Refiriéndose a su país, Francia, dice *que la formación continua o formación de adultos desempeña un papel importante, pero siempre con la misma mentalidad, que consiste en satisfacer las necesidades inmediatas del empleo, y no en colocarse en una perspectiva de desarrollo de las competencias individuales.* Para agregar más adelante que *el desarrollo de las competencias no puede ser objeto de manuales pedagógicos y no es una actividad de formación colocada bajo la autoridad de un responsable. Es la voluntad de uno mismo de intentar concretar sus posibilidades de desarrollo y encontrar los medios que favorecerán este desarrollo, incluso aunque este esfuerzo deba hacerse en contacto con los responsables de la gestión de los recursos humanos de la empresa. Además, necesidades y medios varían según las empresas; por ello, los objetivos y las experiencias de formación variarán igualmente y no puede hacerse un plan de desarrollo ómnibus.* Con este comentario la autora se propone enfatizar que no es posible el diseño de actividades de desarrollo de competencias para colectivos de personas sin analizar, previamente, la situación de cada uno de los integrantes del grupo en cuestión.

A continuación, Levy-Leboyer cita a Wood (1994), quien asegura que *el desarrollo de competencias representa una nueva etapa en la historia de la formación.*

Continuando con el análisis de la obra de esta autora, observamos que afirma: *lo ideal sería poseer una lista de competencias y a su lado una lista de las experiencias que permiten su desarrollo.* Se podría realizar, por cada posición, un listado de aquellas experiencias que permitirían el desarrollo de las competencias necesarias (guías de desarrollo). Un listado de esta naturaleza dista de ser sencillo y solo podrá ser una guía, ya que las experiencias vividas no tienen los mismos resultados en todas las personas.

La autora dice, más adelante, que la *organización puede desempeñar un rol importante en la creación de condiciones favorables para el desarrollo personal del conjunto de individuos que constituyen sus recursos humanos.* Y advierte: *La experiencia es una condición* sine qua non *de la adquisición de las competencias, pero no siempre es útil.* Para luego agregar: *Adquirir competencias puede parecer una actividad espontánea; de*

---

34 Levy-Leboyer, Claude. Obra citada.

no hay datos de este autor en todo el texto

hecho, requiere una actitud favorable: antes de la nueva experiencia, preparándose para considerarla a la vez como un reto y como una ocasión de desarrollo propio; después de la experiencia, tomándose un tiempo para reflexionar sobre lo que ha sucedido y para extraer conclusiones necesarias.

Levy-Leboyer[35] dice que *no se aprende a aprender escuchando las lecciones de un maestro; se hace reflexionando, uno mismo o con ayuda de un interlocutor competente, sobre las ocasiones en que uno ha adquirido competencias, sobre lo que ha aprendido y la manera como lo ha aprendido.*

Los estilos cognitivos tienen rasgos individuales que determinan la forma en que cada uno de nosotros trata la información, organiza nuevos datos y, por este hecho, construye nuevas competencias. Son determinados, a la vez, por las características intelectuales y por los procesos cognitivos propios de cada uno. Hay que distinguir entre *estilo* y *aptitud*: las aptitudes corresponden a las posibilidades máximas de cada uno; los estilos, a la manera personal de tratar la información.

La autora francesa asegura que *la formación ya no está destinada a personas que hay que integrar a la empresa, sino a aquellas que están ya ocupando un puesto en ella con el objetivo de hacerlas más eficaces. De ahí la concepción de una formación que consiste en la adquisición de las competencias que no habían conferido ni la formación inicial ni la formación dada por la empresa al principio de la carrera profesional. En otras palabras, la formación ya no precede al trabajo, lo acompaña.* Levy-Leboyer agrega a continuación que *adquirir nuevas competencias no es, por tanto, una actividad anterior al trabajo o que se efectúa aparte del trabajo; se realiza en el transcurso mismo del trabajo y mediante este.*

En *La quinta disciplina en la práctica*[36], en la sección *Aprendizaje en equipo* se relata una anécdota muy interesante en relación con un equipo de baloncesto norteamericano, Boston Celtics. *El aprendizaje en equipo estaba incorporado a la práctica cotidiana de los Celtics* –describe el libro–, *por medio de diversas maneras de concentrarse en el potencial colectivo. Los jugadores que se jubilaban llevaban aparte a los novatos para informarles qué podrían esperar de sus oponentes. Russell, un jugador retirado, decía: "Yo jugaba bien cuando permitía que mis compañeros jugaran bien".*

En este punto es importante recordar que la *quinta disciplina* se relaciona con las organizaciones que aprenden en un proceso conjunto. Con esta perspectiva, es importante destacar el rol que los jugadores veteranos tenían respecto de los novatos: servían de guía para ellos, se constituían en un referente para su desarrollo.

---

35 Levy-Leboyer, Claude. Obra citada.
36 Senge, Peter y otros. *La quinta disciplina en la práctica*. Ediciones Granica, Barcelona, 1998.

Otro aspecto importante que marca el relato de Russell: *cada jugador sabía que se quedaría en el equipo mientras contribuyera a la victoria*. Esta frase encierra dos conceptos muy fuertes: confianza y reto. Confianza en que *no seré removido de mi puesto si hago las cosas bien*, y reto porque *debo hacerlas bien para no perder mi puesto*.

Spencer & Spencer[37] plantean que las actividades para el entrenamiento y desarrollo de competencias incluyen programas de capacitación formales, retroalimentación sobre desarrollo, guías para el autodesarrollo, instrucción específica en base a videos de computación e interactivos, asignaciones laborales específicas, programas de *mentoring* y una cultura organizacional que permita que las personas incrementen, desarrollen sus capacidades.

Capacitación y desarrollo basados en competencias

Las competencias pueden "enseñarse". Varios estudios indican que incluso aquellas basadas en la motivación, como *Orientación al logro*, y otras como *Confianza en uno mismo*, pueden modificarse.

En esta obra, en especial a través del método Codesarrollo, el diseño para el desarrollo de competencias se basa en las cuatro teorías referidas acerca de cómo las personas aprenden y cambian: 1) educación experimental para adultos, 2) adquisición de motivación, 3) aprendizaje social, y 4) cambio dirigido por uno mismo.

Por ejemplo, para enseñar la competencia *Capacidad para desarrollar a otras personas*, el instructor puede dar una clase o una lectura sobre cómo debe realizarse el entrenamiento gerencial (conceptualización abstracta). Luego, puede hacer que los participantes utilicen estas prácticas, es decir, que actúen ciertas conductas en situaciones de entrenamiento donde una persona deba dirigir a otra para que haga algo: por ejemplo, construir una torre utilizando ladrillos o cubos (experimentación activa). La experiencia como gerente o conductor y como empleado o conducido produce efectos en las conductas gerenciales que ayudan o impiden completar una tarea (experiencia concreta). Después de la simulación, los participantes deberán reflexionar sobre aquello que funcionó y lo que no (observación reflexiva), y cómo pueden mejorar su desempeño en el puesto (conceptualización abstracta).

El ciclo de aprendizaje refuerza los conceptos abstractos sobre cómo desarrollar la habilidad de otra persona para llevar a cabo una tarea y las habilidades interpersonales prácticas para lograrlo.

---

37 Spencer, Lyle M.; Spencer, Signe M. Obra citada.

Más adelante, y en el mismo Capítulo 21 de su obra, Spencer & Spencer presentan la "teoría de aprendizaje social".

La teoría de aprendizaje social sostiene que las personas aprenden habilidades interpersonales mediante un "modelo de conducta", observando e imitando a otras personas que demuestran una conducta eficaz en una situación. Estos modelos muestran a los participantes muchos ejemplos en vivo, filmados o grabados sobre una persona que utiliza las competencias específicas en una situación real.

Los participantes deben imitar el modelo: por ejemplo, deben formular las mismas preguntas, con la misma entonación, que el actor formuló en el papel de un gerente que conduce una evaluación de desempeño.

Los gerentes que están aprendiendo a dar un discurso en público podrían escuchar grabaciones de oradores importantes: por ejemplo, un discurso de Winston Churchill dirigido a los británicos durante la Segunda Guerra Mundial, el discurso denominado "Tengo un sueño", de Martin Luther King, o el discurso ofrecido al asumir la presidencia por John F. Kennedy.

Luego, los participantes tratarán de brindar un discurso o hacer una presentación con otro contenido imitando o incluso exagerando el estilo de Churchill, King o Kennedy. La exageración ayuda a romper el temor a asumir nuevas conductas. Luego, los participantes elaboran un estilo propio, más natural, que aplicarán en sus diversas actividades laborales y en sus puestos de trabajo. Varios estudios han demostrado que el modelo de conducta resulta eficaz para enseñar habilidades interpersonales, como los ejemplos dados, aun en situaciones difíciles.

Spencer & Spencer plantean también la "teoría de cambio autodirigido", que sostiene que los adultos cambian su conducta cuando se presentan las siguientes tres condiciones:

- Insatisfacción con una condición existente (actual).

- Claridad sobre una condición deseada (ideal u objetivo).

- Claridad sobre qué hacer para cambiar de la condición actual a la ideal (pasos para la acción).

La teoría del cambio autodirigido dice que no se puede cambiar en contra de la voluntad de las personas. Los esfuerzos pasados para promover la motivación por el logro, con el objeto de estimular el desarrollo económico después de la Segunda Guerra Mundial, fueron considerados como un "lavado de cerebro". Los críticos sintieron que los psicólogos no tenían derecho a "jugar con las mentes de las personas" enseñando la *orientación al logro* como una forma de alcanzar la subsistencia. En el lenguaje ideológico de ese entonces, "motivación por el logro" era sinónimo de "capitalismo despiadado". Estos críticos estaban seguros de que no se puede cambiar la motivación de una persona a menos que esta realmente quiera cambiar. El *lavado de cerebro* no funciona: los participantes deben querer desarrollar nuevas competencias.

Continuando con el análisis de la obra *Competence at work*, observamos que se presentan allí los seis pasos para el diseño de un programa de aprendizaje de competencias, que son: reconocimiento, comprensión, autoevaluación, puesta en práctica de la competencia, aplicación a la tarea, apoyo y seguimiento. Veamos cada uno de ellos.

Reconocimiento. Los participantes deben convencerse (ellos mismos) de que las competencias son requeridas e importantes para su buen desempeño en el puesto de trabajo.

Existen dos formas para conducir a los participantes a este reconocimiento: casos para "comparar y contrastar", y simulaciones. Los casos para comparar y contrastar consisten en ubicar al participante en las situaciones críticas de un empleado con desempeño superior y otro con desempeño promedio, en el mismo puesto de la persona que participa. Se pregunta al participante: ¿Cuál es la diferencia entre estas dos personas? ¿Quién es el mejor y quién es el empleado promedio? ¿Por qué? ¿Qué hace el mejor que no hace el empleado promedio? Luego se le solicita que haga un análisis detallado de las situaciones observadas.

Una segunda forma para estimular el reconocimiento es involucrar a los participantes en una simulación. Esta debe representar una situación o un problema similar a los habituales en los puestos de trabajo y que pueda solucionarse en un tiempo razonable. La respuesta del participante debería ser: "Sí, este es el tipo de situación que enfrento en mi puesto, y no, no sé como manejarlo adecuadamente... (por lo tanto) *tengo algo que aprender*".

Los casos para comparar y contrastar y las simulaciones deben permitir establecer con claridad las competencias y marcar la brecha entre el nivel que se posee y el ideal o deseado, a fin de que la actividad constituya un espacio de aprendizaje para los participantes y los conduzca a la situación de "querer aprender".

Comprensión. En este paso y a continuación de los anteriores, se debe explicar el concepto de la nueva competencia. Su definición y cómo aplicarla. Las lecturas y conferencias preentan el modelo conceptual para la competencia. Las demostraciones en vivo o en video proveen ejemplos de la competencia, en uso, en una situación laboral.

Autoevaluación. Los participantes deben tomar conciencia del nivel que poseen de la competencia, y su relación con lo requerido para el puesto (nivel que predice un desempeño superior).

Puesta en práctica de la competencia. Una vez que las personas se han autoevaluado, se las invita a que utilicen la competencia. Con ese fin se practican las conductas relacionadas con la competencia en simulaciones realistas, para que de ese modo comparen su desempeño con el estándar requerido para un desempeño superior, y obtengan retroalimentación con el propósito de mejorar. Los participantes realizan las prácticas en repetidas ocasiones, tantas veces como sea necesario para alcanzar un desempeño superior.

Aplicación a la tarea o en el puesto, y establecimiento de objetivos. Por último, los participantes establecen objetivos y desarrollan planes de acción para definir cómo utilizarán la nueva competencia en sus puestos de trabajo. La investigación indica que establecer objetivos aumenta la probabilidad de alcanzarlos desde un 5 y 20 por ciento hasta un 60 y 70 por ciento. La fijación de objetivos produce un aumento en productividad de aproximadamente 19 por ciento. Los objetivos deben ser específicos, medibles, desafiantes, pero con riesgo moderado y en etapas.

Apoyo y seguimiento. Las actividades de seguimiento y de apoyo incluyen compartir objetivos y planes de competencias con supervisores, y comprometerse para obtener *feedback* y asistencia de dirección en la aplicación de las nuevas conductas.

Spencer & Spencer plantean un concepto a destacar: las guías para el autodesarrollo. Estas guías proponen al interesado una serie de recursos utilizables para el desarrollo de competencias: libros, cursos, ciertas actividades, buscar o proponerse para asignaciones especiales, rotación de puestos para el desarrollo, programas de *mentoring* para el desarrollo de competencias específicas, etc.

Por lo general, estas guías se preparan, en una organización, en relación con las ofertas de capacitación de la institución, las oportunidades de carrera, y datos sobre actividades de formación disponibles en las entidades educativas de la zona.

En su obra *Gestión de las competencias,* Levy-Leboyer asegura que *las competencias no son cualidades innatas que la experiencia no hace más que desarrollar. Ya no se enseñan como si tuviera lugar un simple paso de saberes del maestro al alumno; son el fruto de una experiencia buscada y explotada activamente por aquel que participa en ella, experiencia que permite la integración con éxito de los conocimientos y del* savoir-faire *a fin de construir competencias inéditas.* Más adelante agrega que un *plan de desarrollo de competencias no puede ser organizado de una manera sistemática como si fuese un plan de formación tradicional* (conocimientos). *El desarrollo activo de competencias permite a cada uno controlar su adquisición y conseguir así la confianza en sí mismo que resulta de la experiencia directa de las competencias puestas en práctica.*

¿Cómo desarrollar las competencias?

Levy-Leboyer dice que *se trata esencialmente de saber sacar partido de las propias experiencias adoptando una actitud crítica en relación con la manera como se perciben y se resuelven los problemas y siendo capaz de analizar el propio comportamiento, identificar las fuentes de posibles problemas y, finalmente, saber aprovechar activamente las observaciones.*

¿Qué experiencias? Lo ideal sería contar con una lista de competencias, junto con un listado de aquellas experiencias que permitirían desarrollarlas (Levy-Leboyer).

En resumen, la mayoría de los autores plantean la necesidad de esclarecer los objetivos y conocer sobre las necesidades de capacitación.

Las diversas generaciones y su relación con Internet

El criterio de apertura en generaciones puede ser diverso y existen varias divisiones y definiciones al respecto. Uno de los criterios posibles para definir las generaciones es relacionándolas con la utilización de Internet, correlacionando la fecha de nacimiento con los distintos avances tecnológicos.

En la obra *The 2020 workplace*[38] sus autores proponen la siguiente clasificación:

1. Tradicionalistas

2. *Baby boomers*

3. Generación X

4. *Millennials*

5. Generación 2020 (también denominados *centennials*).

Las categorías mencionadas precedentemente y sus principales características se detallan en la tabla siguiente.

---

38 Meister, Jeanne C.; Willyerd, Karie. *The 2020 workplace.* Harper Business, HarpersCollins Publishers, New York, 2010.

Nombre asignado a la generación	Fechas involucradas	Principales características
Tradicionalistas	Nacidos antes de 1946	Esta generación se caracteriza por basar su accionar en valores tales como lealtad, sacrificio, disciplina, respeto por la autoridad.
Baby boomers	Nacidos entre 1946 y 1964	Esta generación se caracteriza por basar su accionar en valores tales como competitividad (ser competitivos), trabajo duro y dedicación extensa (muchas horas de labor). Se utiliza la denominación en inglés (*baby boomers*) dado que es de uso frecuente y así se la menciona en muchas obras sobre Recursos Humanos y desarrollo, en diferentes lenguas.
Generación X	Nacidos entre 1965 y 1976	Esta generación se caracteriza por basar su accionar en valores tales como comportamiento ecléctico, independencia, balance entre vida personal y trabajo.
Millennials	Nacidos entre 1977 y 1997	Esta generación se caracteriza por basar su accionar en valores tales como inmediatez en las comunicaciones (lectura e interacción en medios digitales), enfoque comunitario, tolerancia, diversidad, confianza en los otros. Se utilizan otros nombres para denominar a esta categoría, tales como: nativos digitales, Generación Y, entre otras.
Generación 2020	Nacidos después de 1997	Esta generación se caracteriza por basar su accionar en valores y situaciones tales como hiperconectividad permanente, haber accedido a dicha conectividad antes de comenzar la escolaridad formal (escuela primaria), lectura de libros y medios electrónicos. Se estima que ingresarán al mercado laboral una vez graduados, en los años 2020, de allí el nombre dado a esta categoría.

En el Anexo III, *Glosario de términos,* se mencionan otros nombres posibles para las generaciones aquí descritas. A su vez, según la fuente consultada, pueden existir diferencias no significativas en la asignación de años de nacimiento para cada generación.

Universidad corporativa

En la obra *Universidades corporativas: forjando personas para ganar el futuro* (2016), elaborado por la Universidad Abierta de Cataluña bajo la dirección del profesor Toni Ramos, se expone un decálogo de pasos a seguir para la constitución de una universidad corporativa:

1. Implicar a la dirección de la empresa en el cuadro directivo de la universidad corporativa.

2. Elaborar la visión o plan estratégico de la universidad corporativa. Su origen determinará los objetivos de la organización.

3. Plantear la estrategia de financiación. Habitualmente las universidades corporativas son financiadas a la vez por asignaciones corporativas y por las unidades de negocio a las que prestará servicio, las cuales deben tener un presupuesto asignado para la formación de sus miembros.

4. Determinar el público objetivo, aquellos grupos interesados en utilizar los servicios de la universidad corporativa.

5. Relacionar, a la vez, las necesidades de la audiencia con los objetivos estratégicos de la compañía, para que vayan alineados.

6. Desarrollar un modelo que explique cómo se van a conseguir los objetivos de la universidad corporativa a través de los servicios de formación: qué productos y servicios se van a ofrecer, así como la metodología.

7. Seleccionar proveedores y consultores, alcanzar acuerdos de colaboración con escuelas de negocios y con universidades tradicionales, e incluso con otras universidades corporativas (será más fácil si no comparten el sector de actividad).

8. Determinar los recursos necesarios y la tecnología que se va a utilizar (cada vez toma más relevancia el uso de plataformas de formación on-line, de relación social y su conexión con los sistemas de gestión de personal).

9. Diseñar el sistema de evaluación, de medición del rendimiento. Será fundamental monitorear el progreso para comprobar que se alcancen los objetivos estratégicos propuestos.

10. Comunicar periódicamente la visión de la universidad corporativa y la consecución de sus logros. Los *stakeholders* deben ser conscientes de la misión, los productos y programas ofrecidos desde la entidad.

Las universidades ofrecen servicios de universidad corporativa

El TEC[39] (Tecnológico Monterrey) define la universidad corporativa como resultado de la estrategia que permite a la empresa gestionar el aprendizaje organizacional, para alinearlo con los objetivos estratégicos y lograr las metas organizacionales. Por ejemplo, en un modelo por competencias, a partir de la definición de los recursos de aprendizaje requeridos para cada competencia, se desarrollan los contenidos considerando diferentes herramientas (manuales, casos, artículos, ejercicios, situaciones, simuladores, *e-books*, videoconferencias y redes sociales), modalidades (presencial, distancia, híbrido, *e-learning*, etc.) y niveles gráficos (básico, intermedio, avanzado, multimedia y plus).

A través de la creación de una universidad corporativa se pretende evolucionar a un modelo de capacitación y desarrollo de alto impacto que cubra a todos los empleados de la institución para:

a) Crear cultura

b) Crear identidad

c) Cubrir necesidades de capacitación

d) Evaluar la efectividad de los programas

e) Identificar y promover valor

También la institución de referencia menciona algunos de los beneficios para la empresa, tales como bajar costos y, además, en especial para las empresas transnacionales, proveer una educación uniforme. Adicionalmente, los métodos de aprendizaje colaborativo permiten a las organizaciones crear espíritu de grupo, al unir de algún modo a personas dispersas geográficamente alrededor del mundo.

Esto último posibilita difundir la cultura organizacional, esa cultura que todas las organizaciones buscan tener uniforme en todas partes.

A modo cierre del Anexo II

Los autores mencionados en ambos Anexos, I y II, no representan la totalidad de los materiales disponibles sobre la temática; solo mencionamos algunos de los que hemos consultado de manera previa a la confección de esta obra. Elaborar el estado del arte sobre una temática como la que presentamos es una tarea que *nunca puede ser completa,* ya que se limita a las lenguas que maneja quien la lleva a cabo y a la limitación física de leer y disponer de obras de tipo bibliográfico.

---

39 https://tec.mx/es

Anexo III
Resultado de una investigación realizada en Argentina

El tema elegido para mi tesis de doctorado fue *Influencia de las características de personalidad (competencias) en la empleabilidad de profesionales*. Realicé una investigación basada en Argentina, para fundamentar ese trabajo, y creo interesante compartir algunas de las conclusiones a las que pude arribar, en relación con la temática de esta obra.

Si bien el propósito central de la investigación era la empleabilidad, se agregaron a la encuesta realizada una serie de temas complementarios que arrojaron información sumamente interesante que permitió –de alguna manera– demostrar que ciertas impresiones, producto de la experiencia, se confirmaban en un trabajo de investigación realizado de acuerdo a las pautas de una tesis doctoral.

Para poner en contexto las conclusiones, comparto a continuación algunos datos sobre el trabajo de investigación realizado.

METODOLOGÍA DE INVESTIGACIÓN

Prueba piloto sobre ocho empresas

Trabajo de campo:

- 160 organizaciones, de las cuales solo 64 aceptaron participar.
- Cuestionario administrado por Internet.
- Se analizaron las respuestas y se formularon repreguntas cuando fue necesario.
- Las empresas participantes representaron un universo de 23.884 a 36.737 profesionales.

Las organizaciones participantes fueron 64 y representaban, en su conjunto, un número significativo de empleados y de profesionales, estos últimos objeto de nuestro estudio. De las respuestas recibidas se ha realizado el siguiente análisis (ver gráfico superior de la página siguiente).

Respecto del objetivo principal de la investigación (la incidencia de las competencias en la empleabilidad), el resultado fue el siguiente (ver gráfico inferior de la página siguiente).

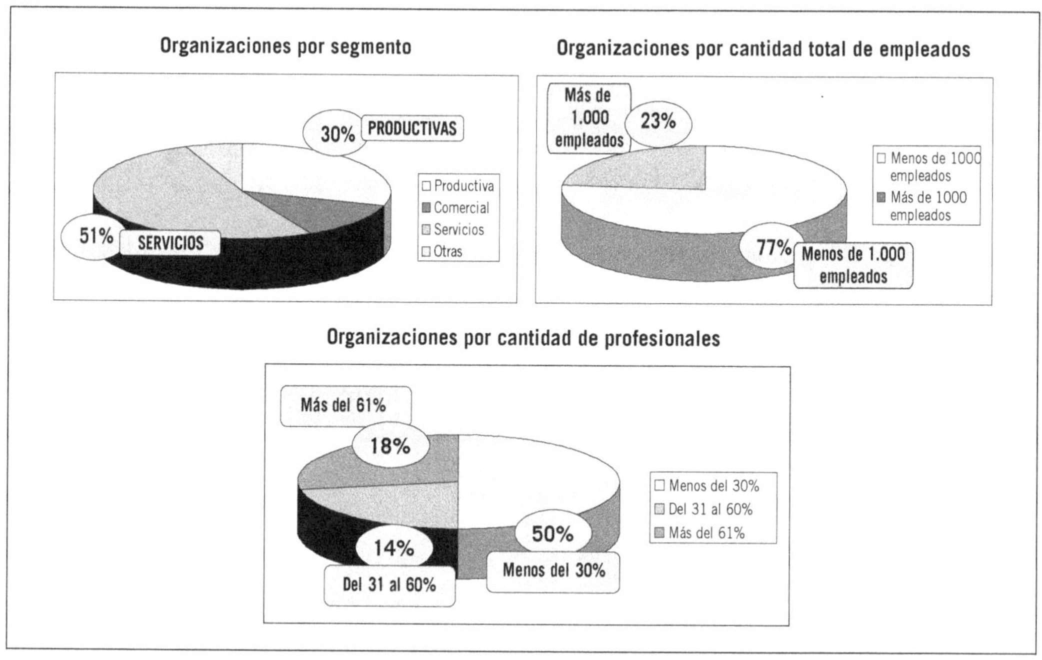
Organizaciones por segmento
30% PRODUCTIVAS
Productiva
Comercial
Servicios
Otras
51% SERVICIOS
Organizaciones por cantidad total de empleados
Más de 1.000 empleados
23%
Menos de 1000 empleados
Más de 1000 empleados
77% Menos de 1.000 empleados
Organizaciones por cantidad de profesionales
Más del 61%
18%
Menos del 30%
Del 31 al 60%
Más del 61%
50%
14%
Del 31 al 60%
Menos del 30%

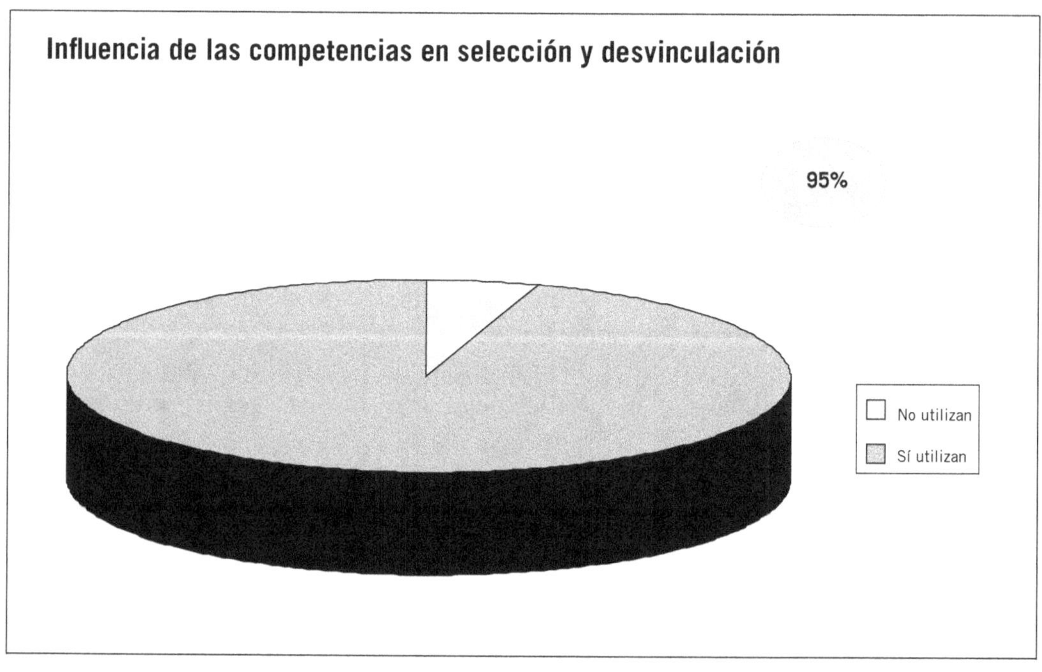
Influencia de las competencias en selección y desvinculación
95%
No utilizan
Sí utilizan

Los resultados específicos sobre formación fueron los siguientes:

En el último año (previo a la encuesta) el 95% de las empresas llevaron a cabo acciones de capacitación. De este 95%, un 66% realizó acciones de formación en ambas temáticas, conocimientos y competencias. En cambio, el 44% restante, solo en conocimientos.

El análisis realizado hasta aquí indica que las empresas consultadas, mayoritariamente, llevan a cabo acciones de capacitación.

Un grupo relevante de las empresas participantes (44%) no toman en cuenta las competencias. Este indicador se considera relevante dado que las competencias son las que permiten un desempeño superior. Por lo tanto, no deberían quedar fuera de un presupuesto de formación.

Continuando con la investigación realizada, se preguntó sobre los receptores de la formación en competencias. El resultado fue que dicha formación se impartía según la siguiente distribución: 40% a mandos medios, 34% a niveles gerenciales y 26% para jóvenes profesionales.

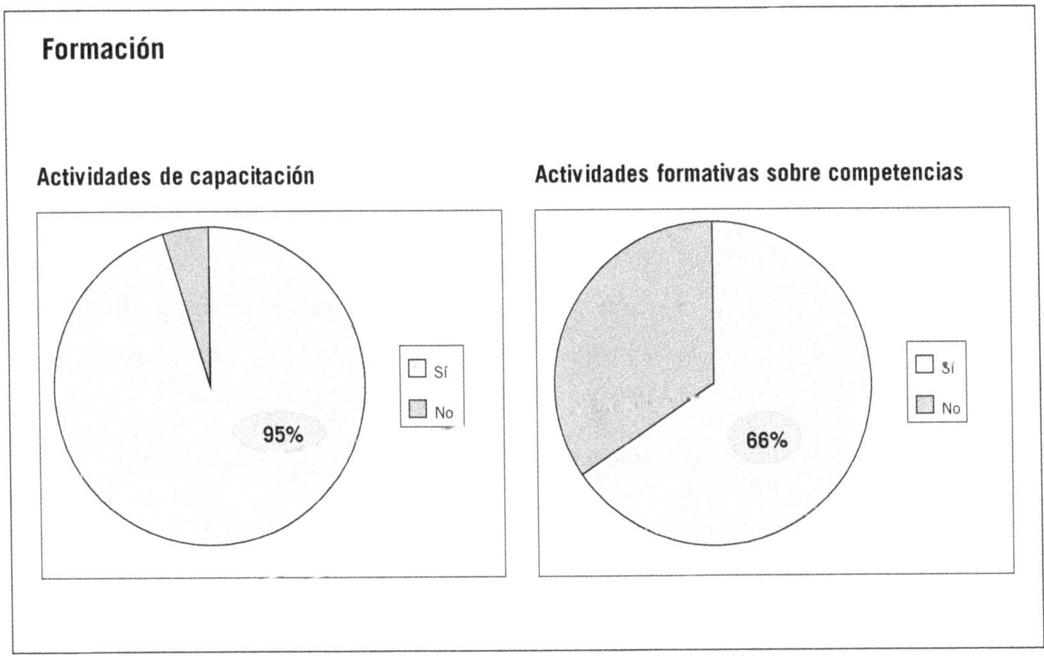

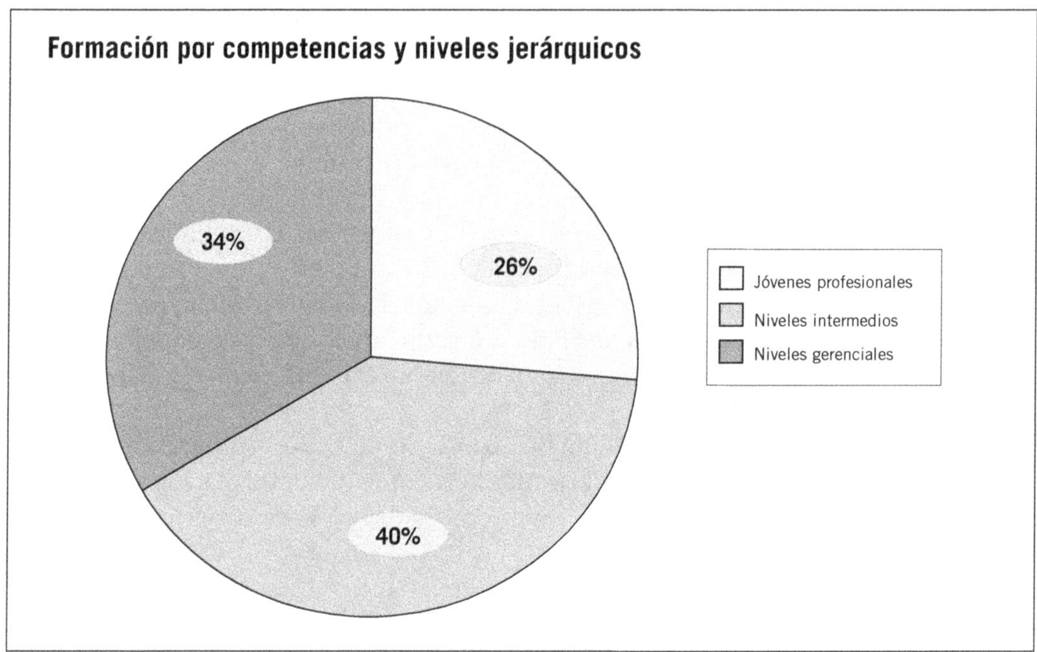

Algunas hipótesis sobre las razones por las cuales se realizaría esta asignación de recursos:

- Jefes de niveles intermedios, también llamados "mandos medios", atrapados en su nivel, y que cuando las cosas no funcionan de acuerdo a lo esperado son los primeros señalados por su bajo desempeño.

- Métodos de designación de jefes no satisfactorios (promociones internas) y por ello requieren formación especial.

- Los gerentes no necesitarían "tanta" formación porque ya son gerentes.

- Los jóvenes profesionales ingresan a la organización con las competencias requeridas, por lo cual precisarían menor formación.

Para completar la información en relación con la investigación realizada, nos parece interesante compartir los siguientes cuadros que comparan el ajuste entre las competencias utilizadas en los tres principales subsistemas organizacionales.

Para la confección de estos cuadros se comparó las competencias más solicitadas en los procesos de selección, evaluación de desempeño y formación.

Competencias más utilizadas en selección	Competencias más utilizadas en desvinculación
Ética e integridad	Ética e integridad
Orientación a los resultados	Orientación a los resultados
Trabajo en equipo	Trabajo en equipo
Orientación al cliente interno y externo	Calidad de trabajo
Liderazgo	Orientación al cliente interno y externo

Ajuste 80%

Del cuadro precedente surge un ajuste del 80% entre las competencias más solicitadas en el momento de la selección de personas (ingreso) y las consideradas en la evaluación de desempeño, utilizadas –a su vez– cuando hay que tomar una decisión de desvinculación.

Del análisis del segundo cuadro, a su vez dividido en dos, surge que el ajuste es –en ambos– del 40%. Es decir, cuando se comparan las competencias sobre las cuales se ofrece formación con las requeridas en los procesos de selección y desvinculación en conjunto, o bien con solo estas últimas, el ajuste es el mencionado (40%).

Otra conclusión interesante surge al analizar las temáticas que se abordan con mayor frecuencia en formación: *liderazgo* y *trabajo en equipo*.

Pero ¿realmente todas las organizaciones tienen problemas sobre esas temáticas, o estas son las más ofrecidas por los que imparten cursos, usualmente diseños de tipo estándar que no contemplan ni la estrategia ni las capacidades necesarias para alcanzarla?

A partir de los resultados de la investigación se puede observar que las actividades de formación que realizan las organizaciones no responden a sus respectivos modelos de competencias, ya que el índice de ajuste entre las competencias que utilizan en selección y desvinculación, por un lado, y las competencias que eligen para los planes de formación, por el otro, es solo del 40%.

Competencias más utilizadas en selección y desvinculación (las cinco más mencionadas)	Competencias más utilizadas en formación (las cinco más mencionadas)
Ética e integridad	Liderazgo
Orientación a los resultados	Trabajo en equipo
Trabajo en equipo	Ética e integridad
Orientación al cliente interno y externo	Dirección de personas
Calidad de trabajo	Comunicación

Ajuste 40%

Competencias más utilizadas en desvinculación	Competencias más utilizadas en formación
Ética e integridad	Liderazgo
Orientación a los resultados	Trabajo en equipo
Trabajo en equipo	Ética e integridad
Calidad de trabajo	Dirección de personas
Orientación al cliente interno y externo	Comunicación

Ajuste 40%

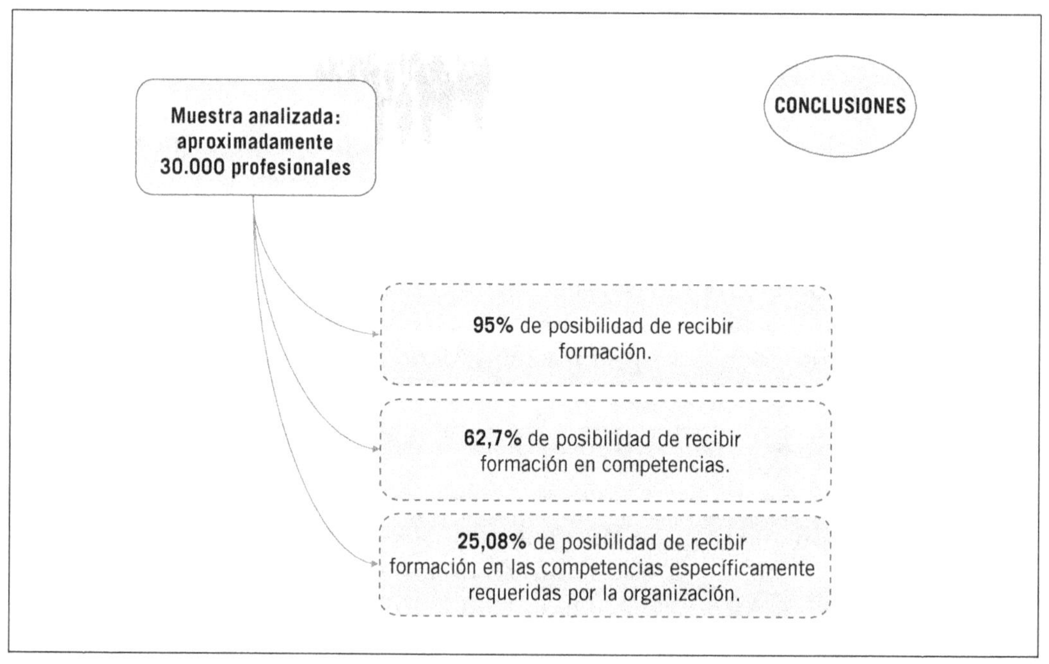

A su vez, los profesionales involucrados en el trabajo de campo tienen 25% de posibilidad o chance de recibir formación en competencias que se relacione con los requisitos que las mismas organizaciones consideran en sus subsistemas de selección y evaluación del desempeño.

El 66% de las organizaciones que realizan formación de profesionales lo hacen en relación con competencias. Siendo mayor la incidencia de estas actividades en los niveles intermedios.

La explicación más plausible para este desfase entre los subsistemas es que los modelos de competencias no se han diseñado en función de la misión, visión y planes estratégicos de cada organización, y es por esta razón que ante las necesidades diferentes de cada área o sector interno y de los objetivos que se manejan, se plantean necesidades distintas en materia de competencias.

La síntesis de las conclusiones, en relación con formación, puede apreciarse en el gráfico precedente. La muestra fue relevante, dado que el marco de referencia es de alrededor de 30.000 profesionales y estos, mayoritariamente, reciben formación (95%).

La investigación se focalizó en competencias dado que estas son las que permiten un desempeño superior. Tal es la razón de la segunda variable analizada. Frente a esta cuestión, la posibilidad de recibir formación baja de 95% a 63%.

Cuando el análisis se realiza aplicando criterios más precisos y se correlaciona con las temáticas impartidas, el resultado es ciertamente preocupante. Los participantes de esa muestra –como se dijo, alrededor de 30.000 profesionales– solo tienen una posibilidad de 25% de recibir formación adecuada. Entendiendo por "adecuada" aquella relacionada con los otros subsistemas de la organización.

Sintetizando, podemos decir que, como consecuencia de los ajustes (o desajustes) entre los subsistemas de Recursos Humanos, cada profesional que trabaja en las organizaciones de la muestra consultada tiene muy bajas posibilidades de recibir formación en relación con aquello que los subsistemas o métodos de trabajo de su propia organización requieren (25%).

Reflexiones sobre la función Formación en las organizaciones

Se han expuesto, de manera muy sintética, los resultados de una investigación realizada en Argentina; sin embargo, creo que resultados similares podrían obtenerse en otras regiones o países.

La pregunta que vale formularse es acerca de cómo se están utilizando los recursos disponibles para formación, en el ámbito de las organizaciones. No es suficiente que un tema sea interesante, que el director del área piense: "siempre hace falta un poco más de xxx"; que los empleados dijeron en la última encuesta de clima que quieren aprender inglés porque el mundo moderno así lo reclama, y otros argumentos usuales. El aspecto central es cómo se utiliza la inversión disponible para formación.

Recorriendo el mundo de las empresas, como usualmente hace un consultor, se pueden ver situaciones tales como: organizaciones que dictan cursos de inglés a personas que no lo necesitan para sus puestos de trabajo; cursos de Excel a personas que no lo usan; capacitación sobre *trabajo en equipo* para "todo el mundo", sin importar si las personas deben mejorar su capacidad de trabajar en equipo o no; y otras similares.

Frente a esta situación sumamente frecuente cabe la pregunta: ¿cómo se invierten recursos disponibles para capacitación? Los recursos siempre son, de alguna manera, escasos en relación con las necesidades, aun en las organizaciones que destinan presupuestos cuantiosos a la temática. Si además estos recursos se invierten de manera inadecuada, la situación se torna preocupante.

Comenzando por el principio: el primer aspecto a tener en cuenta es que todas las acciones que lleve a cabo el área de Recursos Humanos, entre ellas las actividades de formación, como se vio en el Capítulo 1, deberían estar dirigidas a alcanzar la estrategia y objetivos organizacionales. Para que esto se verifique los puestos de trabajo (el documento que los refleja son los *descriptivos de puestos*) deberían estar diseñados en función de la estrategia y, en consecuencia, la capacitación que su ocupante recibe debería tener relación con el puesto que ocupa o, eventualmente, que se espera que ocupe más adelante. Este círculo virtuoso constituye la esencia de la función del área de Formación. Pueden existir otros aspectos, como los proyectos relacionados con cambio organizacional o reforzamiento de valores, sin embargo, siempre debe considerarse lo expuesto en primer término.

En síntesis, los planes de formación deberían confeccionarse ligados a la estrategia, de modo de permitir que los integrantes de una organización, en su conjunto, trabajen para alcanzar los objetivos organizacionales.

Anexo IV
Glosario de términos

Autodesarrollo	Acciones que realiza una persona, por su propia iniciativa, para mejorar.
Aprendiz	Persona sujeto del aprendizaje.
Aprendizaje	Proceso mediante el cual se adquieren (nuevos) conocimientos.
Assessment Center Method (ACM)	Método o herramienta situacional para evaluar competencias mediante el cual, a través de la administración de casos y ejercicios, se plantea a los participantes la resolución práctica de situaciones conflictivas similares a las que deberán enfrentar en sus puestos de trabajo.
Autodesarrollo dentro del trabajo	Acciones que realiza una persona, por su propia iniciativa, para mejorar dentro del ámbito laboral y en relación con su puesto de trabajo.
Autodesarrollo dirigido	La organización ofrece a su personal una serie de "ideas" para el autodesarrollo de competencias y/o conocimientos. Usualmente se realiza a través de las guías de desarrollo que se difunden en la intranet de la organización.
Autodesarrollo fuera del trabajo	Acciones que realiza una persona, por su propia iniciativa, para mejorar fuera del ámbito laboral y sin relación alguna ni con su puesto de trabajo ni con actividades laborales.
Baby boomers **(Generación de)**	Esta generación de personas nacidas entre 1946 y 1964 se caracteriza por basar su accionar en valores tales como la competitividad (ser competitivos), el trabajo duro y la extensa dedicación. Se utiliza su denominación en inglés dado que es de uso frecuente y así se menciona a esta generación en muchas obras sobre, por ejemplo, Recursos Humanos y desarrollo, en diferentes lenguas. Ver *Generaciones (en relación con la utilización de Internet)*.
Brecha	Distancia entre lo requerido y la evaluación de la persona. El término se aplica en relación con los diferentes tipos de capacidades.
Buenas prácticas	La expresión hace referencia a aquellas prácticas que son consideradas un parámetro o estándar a alcanzar según la opinión de un experto. Si bien en diversos ámbitos, como los académicos, se diferencia adecuadamente la teoría de la práctica, para en la primera de ellas brindar conceptos y definiciones, y ejercitación en la segunda; en la materia que nos convoca (Recursos Humanos) es más adecuado explicar y referirse a las buenas prácticas que a la teoría, dado que este último término, en algunos casos, hace referencia a *conceptos no probados* y las organizaciones desean conocer acerca de conceptos debidamente probados y con alta eficacia en cada uno de los aspectos a los que se refieren.
Cantera de talentos	Acción permanente y planificada para crear talento organizacional a través de programas de desarrollo y formación.

Capacidades	El término incluye conocimientos, competencias y experiencia.
Capacitación	Actividades estructuradas, generalmente bajo la forma de un curso, con fechas y horarios conocidos y objetivos predeterminados.
Capacitación *on line*	Actividades estructuradas para la transmisión de conocimientos, utilizando la tecnología informática, con plazos y objetivos predeterminados.
Cargo	Ver *Puesto.*
Carrera	Camino que una persona recorre en el ámbito de una organización y que contempla los intereses de ambas partes, empleado-empleador, en una relación ganar-ganar.
Carrera como especialista	Documento organizacional que describe esta modalidad de carrera organizacional, sus diferentes niveles o estratos, sus relaciones con otros niveles de la misma organización, así como sus principales responsabilidades y funciones. Señala y destaca la importancia de los especialistas en el ámbito de una organización ofreciendo a éstos oportunidades de crecimiento a través de la profundización de sus puestos de trabajo. Los distintos niveles o estratos de la carrera como especialista se relacionan con la escala de remuneraciones de la organización.
Carrera gerencial	Documento organizacional que describe los distintos niveles o estratos organizacionales, sus relaciones, principales responsabilidades y funciones. Señala un camino a seguir y permite que una persona vaya recorriéndolo ascendiendo hacia la Dirección de la organización. Los distintos niveles o estratos de la carrera gerencial se relacionan con la escala de remuneraciones de la organización.
Centennials	Ver *Generación 2020.*
Centro de formación	Ámbito dentro de la organización para la impartición de actividades de formación, usualmente equipado a tal efecto.
Clase magistral	Ver *Conferencia.*
Cliente externo	Organización o personas que adquiere/n los productos o servicios de la organización oferente. Por extensión se utiliza a aquellos que reciben un determinado servicio brindado por una ONG, una entidad de bien público de cualquier tipo, un organismo del Estado, etc.
Cliente interno	Áreas o personas de la misma organización que interactúan con la propia, puede ser en rol de cliente interno estrictamente dicho, recibiendo un producto o servicio, o bien ser un proveedor.
Coach	Ver *Entrenador.*
Coaching	Ver *Entrenamiento.*

Codesarrollo	Acciones concretas que de manera conjunta realiza el sujeto que asiste a una actividad de formación guiado por un instructor para el desarrollo de sus competencias y/o conocimientos. El codesarrollo implica un ciclo: 1) taller de Codesarrollo; 2) seguimiento; 3) segundo taller de Codesarrollo.
Codesarrollo. Taller de	Ver *Taller de Codesarrollo.*
Competencia	Hace referencia a las características de personalidad, devenidas en comportamientos, que generan un desempeño exitoso en un puesto de trabajo.
Competencia cardinal	Competencia aplicable a todos los integrantes de la organización. Representan su esencia y permiten alcanzar la visión organizacional.
Competencia específica	Competencia aplicable a colectivos específicos, por ejemplo, un área de la organización o un cierto nivel, como el gerencial.
Comportamiento	Aquello que una persona hace (acción física) o dice (discurso). Sinónimo: conducta.
Comportamiento observable	Ver *Comportamiento.* Aquel comportamiento que puede ser visto (acción física) u oído (en un discurso).
Concepto	Construcción lógica basada en percepciones observables a partir de la experiencia. Es una abstracción realizada alrededor de aspectos de la realidad que poseen elementos en común entre sí.
Conducta	Ver *Comportamiento.*
Conducta observable	Ver *Comportamiento observable.*
Conferencia o clase magistral	Disertación, usualmente a cargo de un experto, sobre un tema específico.
Conocimiento	Conjunto de saberes ordenados sobre un tema en particular, materia o disciplina.
Cultura	Conjunto de supuestos, convicciones, valores y normas que comparten los miembros de una organización.
Curso	Actividad de formación estructurada para la transmisión de conocimientos.
Delegación	Dar a otra persona autoridad para ejecutar una tarea y/o para actuar en representación de otra.
Desarrollo	Acción de hacer crecer algo, por ejemplo, una competencia o un conocimiento.
Desarrollo de competencias	Acciones tendientes a alcanzar el grado de madurez o perfección deseado en función del puesto de trabajo que la persona ocupa en el presente o se prevé que ocupará más adelante.

Desarrollo de conocimientos	Acciones tendientes a acrecentar un conocimiento, usualmente a través de su utilización (puesta en práctica).
Descripción de puestos	Acción de analizar y describir los diferentes puestos de la organización.
Descriptivo del cargo	Ver *Descriptivo del puesto.*
Descriptivo del puesto	Documento interno donde se consignan las principales responsabilidades y tareas de un puesto de trabajo. Adicionalmente se registran los requisitos necesarios para desempeñarlo con éxito: conocimientos, experiencia y competencias.
Desempeño	Concepto integrador del conjunto de comportamientos y resultados obtenidos por un colaborador en un determinado período de tiempo.
Diagramas de reemplazo	Programa organizacional por el cual se reconocen puestos clave, luego se identifican posibles participantes del programa y se los evalúa para, a continuación, designar posibles reemplazo (sucesores), pero solo para aquellas personas que ocupando puestos claves tienen una fecha cierta de retiro, usualmente por la edad avanzada del ocupante del puesto. Pueden darse por otras razones (por ejemplo, traslado a otro país). Para asegurar la eficacia del programa se realiza un seguimiento de los participantes y se les provee asistencia y ayuda para la reducción de brechas entre el puesto actual y el que se prevé ocupar.
Diccionario de competencias	Documento interno organizacional en el cual se presentan las competencias definidas en función de la estrategia.
Diccionario de comportamientos	Documento interno en el cual se consignan ejemplos de los comportamientos observables asociados o relacionados con las competencias del modelo organizacional.
Diccionario de preguntas	Documento interno de la organización en el cual se consignan ejemplos de preguntas que permiten evaluar las competencias del modelo en una entrevista.
E-learning	Método de aprendizaje utilizando la tecnología, usualmente la intranet de la organización.
Encuesta de clima (laboral)	Ver *Encuesta de satisfacción laboral.*
Encuesta de satisfacción laboral	Medición interna del grado de satisfacción de los empleados en base a una serie de ítems preestablecidos.
Encuesta sobre valores y proyectos personales	Medición interna para conocer los proyectos personales de los colaboradores y el grado de adherencia de estos a los valores organizacionales.
Entrenador	Experto en un determinado tema o competencia que ayuda a otros a desarrollar un conocimiento o competencia.

Entrenamiento	Proceso de aprendizaje mediante el cual los participantes adquieren competencias y conocimientos necesarios para alcanzar objetivos definidos.
Entrenamiento experto	Programa organizacional para el aprendizaje mediante el cual, a través de una relación interpersonal, un individuo con mayor conocimiento o experiencia en un determinado tema, lo transmite a otro. Cada uno de los participantes del programa cumple un rol: entrenador o aprendiz. Un entrenador podrá tener a su cargo varios aprendices; sin embargo, en todos los casos brindará su entrenamiento de manera personalizada e individualmente. Para que el entrenamiento experto se verifique es necesario que el entrenador sea un experto en la temática o que posea un alto grado de desarrollo de la competencia en cuestión, según corresponda. Los objetivos son específicos y el plazo, acotado (usualmente, unos pocos meses).
Entrevista estructurada	Conjunto de preguntas e indicaciones para realizar una entrevista de selección. Usualmente se diseña por niveles y en función del modelo de competencias.
Entrevista por competencias	Entrevista estructurada que permite evaluar a un candidato que participa en un proceso de selección considerando, especialmente, sus competencias, a través de preguntas específicas.
Espiral creciente	Es un proceso mediante el cual una persona adquiere y/o perfecciona de manera progresiva sus competencias y conocimientos para tener éxito en sus puestos de trabajo.
Estado del arte	Recopilación ordenada y sistemática de todo lo que se sabe de un tema determinado.
Evaluación de 360°	Proceso estructurado para medir las competencias de los colaboradores de una organización, con un propósito de desarrollo, en el cual participan múltiples evaluadores. Toma el nombre de 360° en alusión a que una persona es evaluada por sus superiores, pares y subordinados, además de por ella misma (autoevaluación). En ocasiones la evaluación incluye la opinión de clientes internos y/o externos.
Evaluación de 180°	Similar a *Evaluación de 360°;* su propósito es el desarrollo. Toma el nombre de 180° en alusión a que una persona es evaluada por sus superiores y pares, además de realizar su propia autoevaluación. En ocasiones puede incluir la opinión de clientes internos y/o externos.
Evaluación del desempeño	Proceso estructurado para medir el desempeño de los colaboradores.
Evaluación vertical (del desempeño)	Medición del desempeño realizada por el jefe o superior, que se complementa con la autoevaluación del propio colaborador y la revisión del nivel superior al jefe directo ("jefe del jefe").

Experiencia	Práctica prolongada de una actividad (laboral, deportiva, etc.) que permite incorporar nuevos conocimientos e incrementar la eficacia en la aplicación de los conocimientos y las competencias existentes, todo lo cual redunda en la optimización de los resultados de dicha actividad.
Experto	Se trata de la persona que domina un tema en toda su gama y profundidad; tiene experiencia junto con el conocimiento teórico que la sustenta.
Experto reconocido	Persona que domina un tema en toda su gama, extensión y profundidad, y posee experiencia, junto con el conocimiento teórico que la sustenta. Es considerado un referente en la materia debido a sus publicaciones, investigaciones, trayectoria profesional y/o sus aportes originales a la especialidad.
Facilitador	Se trata de una persona con nivel y experiencia cuyo rol es conducir una reunión de trabajo donde los participantes deben producir un determinado resultado. Ejemplos: un plan estratégico, la visión y misión de la organización, o su modelo de valores y/o competencias.
Familia de puestos	Conjunto de puestos dentro de una misma especialidad.
Feedback	Ver *Retroalimentación*.
***Feedback* 360°**	Ver *Evaluación de 360°*.
Ficha de evaluación	Documento de medición de comportamientos/conocimientos estructurado y basado en el modelo de competencias/valores/conocimientos de la organización.
Ficha de evaluación reducida	Documento de medición de comportamientos/conocimientos estructurado y basado en el modelo de competencias/valores/conocimientos de la organización. Se diferencia de la *Ficha de evaluación* en su extensión. Al ser más breve, su administración y procesamiento se realiza en un tiempo más corto.
Formación	Acción de educar y/o instruir a una persona con el propósito de perfeccionar sus facultades intelectuales a través de la explicación de conceptos, ejercicios, ejemplos, etc. Incluye conceptos tales como codesarrollo y capacitación.
Formador de formadores	Instructor que imparte una actividad a otros instructores para que éstos puedan –a su vez– impartir una determinada actividad de acuerdo a materiales e instructivos especí-ficos.
Gap	Ver *Brecha*.
Generación	Conjunto de personas que por haber nacido en fechas próximas y recibido educación e influjos culturales y sociales semejantes se comportan de manera afín o comparable en algunos sentidos.

Generación 2020	Nacidos después de 1997. Esta generación se caracteriza por basar su accionar en valores tales como la hiperconectividad permanente, por haber accedido a dicha conectividad antes de comenzar la escolaridad formal (escuela primaria), y por ser intensivos usuarios de medios digitales (libros electrónicos o *e-books*, entre ellos). Se estima que ingresarán al mercado laboral una vez graduados, en el 2020, de allí el nombre dado a esta categoría generacional. Ver *Generaciones (en relación con la utilización de Internet)*.
Generación X	Nacidos entre 1965 y 1976. Esta generación se caracteriza por basar su accionar en valores tales comportamiento ecléctico, independencia, balance vida-trabajo. Ver *Generaciones (en relación con la utilización de Internet)*.
Generación Y	Ver *Millennials*.
Generaciones (en relación con la utilización de Internet)	Según la obra *The 2020 workplace*[1]: Tradicionalistas. *Baby boomers.* Generación X *Millennials.* Generación 2020. Ver *Generación*.
Gestión por Competencias	Modelo de gestión que permite alinear a las personas que integran una organización (directivos y demás niveles organizacionales) en pos de los objetivos estratégicos.
Guías de desarrollo dentro del trabajo	Acciones que se sugiere incorporar en la actividad cotidiana, a fin de alcanzar comportamientos más altos en relación con la competencia a desarrollar.
Guías de desarrollo fuera del trabajo	Ideas que permiten desarrollar las competencias del modelo organizacional en otras actividades no relacionadas con el ámbito laboral, poniendo en juego la competencia.
Herramientas	Cuestionarios, manuales, guías y otros materiales de apoyo de probada eficacia para la resolución práctica de un determinado problema o situación.
High potencial	Ver *Programa de personas clave*.
Indicadores sobre comportamientos	Indicadores o ejemplos de conductas que permiten a una persona determinar el comportamiento de otra (o de sí misma).
Industria 3.0	Tercera Revolución Industrial, también llamada Revolución Científico-Técnica o Revolución de la Inteligencia, es un concepto y una visión esbozada por Jeremy Rifkin. Se basa en la conjunción de la tecnología de comunicación de Internet y las energías renovables en el siglo XXI.

Industria 4.0	El concepto, también referenciado como Industria inteligente (*Smart Factories*) o ciberindustria, representa una nueva manera de organizar los medios de producción. Aún no es una realidad ya consolidada y experimentada, sino un nuevo hito en el desarrollo industrial que podría marcar importantes cambios sociales en los próximos años, haciendo un uso intensivo de Internet y de las tecnologías de punta, con el fin primordial de desarrollar plantas industriales y generadores de energía más inteligentes y más respetuosos con el medio ambiente, y con cadenas de producción mucho mejor comunicadas entre sí y con los mercados de oferta y demanda.
Instructor	Al igual que el *experto*, es un conocedor del tema, pero sin llegar a su nivel. Imparte una actividad en base a un diseño propio o no; por ejemplo, puede basarse en una metodología que no ha diseñado personalmente o en un libro escrito por otro.
Jefe	Persona que tiene a otras a su cargo dentro de una estructura jerárquica. Un jefe, a su vez, puede tener diferentes niveles, desde el número uno de la organización hasta otro con pocos colaboradores a su cargo.
Jefe entrenador	El concepto *jefe entrenador* implica que el *jefe* es una persona que al mismo tiempo que cumple el *rol de jefe* lleva adelante otra función respecto de sus colaboradores: ser guía y consejero en una relación orientada al aprendizaje. Lo hace de manera deliberada, lo desea hacer y está convencido de los resultados a obtener.
Juegos gerenciales	Actividad formativa diseñada por un experto para la cual se utilizan accesorios tales como tarjetas, fichas y otros elementos similares a través de los cuales se le brinda al "jugador" información sobre una organización, no siempre estructurada o veraz, e implica la toma de decisiones. Para su resolución es necesario poner en juego una serie de conocimientos sobre una disciplina específica. Los juegos gerenciales pueden ser, también, utilizando un ordenador.
Key people	Ver *Programa de personas clave*.
Licencias sabáticas	Período de tiempo pagado por la organización que el participante destina a un fin formativo específico. Tanto la fecha de finalización como sus objetivos son definidos y acordados entre las partes de manera previa.
Manual de *Assessment* (ACM)	Conjunto de teoría, casos, ejercicios y formularios que permiten la aplicación práctica de la herramienta *Assessment Center Method* (ACM). Puede ser diseñado a medida de la organización.

Manual para *Formador de forma-dores*	Documentos e instructivos específicos y detallados que permiten a una persona (instructor) la impartición de un determinado taller o curso.
Manuales para *Formador de forma-dores* Metodología MAI	Documentos e instructivos específicos y detallados que permiten a una persona (instructor) la impartición de un determinado taller de Codesarrollo. El mismo incluye: 1) Material para proyección. 2) Cuadernillo del participante. 3) Manual del instructor.
Marca empleadora / Marca del empleador	Lograr esta "marca" implica construir una imagen positiva en el mercado, conseguir una reputación como buen empleador tanto para los colaboradores actuales como para los futuros. Implica proponer y llevar a cabo una serie de acciones tendientes a lograr una percepción, por parte del mercado, altamente positiva como ámbito laboral, de manera que las personas deseen trabajar en la organización. Sin embargo, esta imagen positiva no debe basarse solo en consignas publicitarias sino que, por el contrario, debe estar construida sobre la base de acciones concretas en materia de Recursos Humanos. En la actualidad es un concepto muy difundido, conocido también por la expresión inglesa *employer branding*. Relacionar con Marca *de Recursos Humanos*.
Marca de Recursos Humanos	Concepto que identifica la valoración positiva que dentro de una organización posee el área de Recursos Humanos, producto de la eficacia de su gestión. Trabajar sobre el concepto interno de *marca* tiene múltiples aplicaciones prácticas y con diferentes perspectivas: *Mirada interna.* Cuando el área de Recursos Humanos alcanza un valor de marca alto, se facilita la implementación de cualquier programa, método o proyecto que proponga, dado que tanto los directivos como los colaboradores en general tienen confianza en su gestión. *Mirada externa.* El valor de marca alto produce buena imagen entre directivos y colaboradores, y todos ellos, de manera consciente o no, la transmiten fuera de la organización. Como consecuencia, otras personas desean formar parte de ella. Esto implica obtener una respuesta altamente satisfactoria cuando se realizan acciones de atracción. Se logra atraer al mejor talento disponible para la posición ofertada. Esta mirada externa se relaciona, además, con la valoración que los colaboradores poseen del rol de sus propios jefes. Relacionar este aspecto con *Rol del jefe, Programas para jefes*.
Mentor	Consejero o guía. Persona de mayor experiencia que ayuda y aconseja a otros, con menos experiencia, por un período de tiempo.
Método	Conjunto de procedimientos ordenados y sistemáticos en relación con un determinado tema.

Método de casos	Ejercicio práctico diseñado por un experto, el cual proporciona una serie de datos e información relacionados con una organización real o ficticia y que, usualmente, no posee una única solución y para su resolución es necesario poner en juego una serie de conocimientos sobre una disciplina específica.
Metodología	Conjunto de métodos que se siguen en una determinada disciplina.
Millennials **(Generación de)**	Nacidos entre 1977 y 1997. Esta generación se caracteriza por basar su accionar en valores tales como inmediatez en las comunicaciones, enfoque comunitario, lectura en medios digitales, tolerancia, diversidad, confianza en los otros. Se utilizan otros nombres para denominar a esta categoría, tales como: nativos digitales, Generación Y, entre otros.
Misión	El porqué de lo que la empresa hace, la razón de ser de la organización, su propósito. Dice aquello por lo cual, en última instancia, la organización quiere ser recordada.
Modelo	Conjunto de relaciones basadas en términos lógicos.
Modelo de competencias	Conjunto de procesos relacionados con las personas que integran la organización y que tienen como propósito alinearlas en pos de los objetivos organizacionales o empresariales.
Modelo de conocimientos	Conjunto de procesos relacionados con las personas que integran la organización y que permiten definir los conocimientos necesarios para los diferentes puestos.
Modelo de formación / Modelo organizacional de formación	Conjunto de pasos y actividades estructuradas que permiten asegurar que las actividades a impartirse se relacionen con los planes estratégicos de la organización. En el mismo se pueden identificar las siguientes etapas: 1) necesidades, 2) diseño, 3) implementación, 4) evaluación de resultados, 5) auditoría.
Modelo de valores	Conjunto de procesos relacionados con las personas que integran la organización y que permiten incorporar a los subsistemas de Recursos Humanos los valores organizacionales.
Outdoor, **Actividades**	Actividades que se realizan fuera del ámbito laboral y que, usualmente, proponen prácticas deportivas y/o recreativas al aire libre con el propósito de lograr una mejor integración y coordinación entre los participantes.
Performance	Ver *Desempeño.*
Persona bajo tutoría	Individuo que adhiere a un programa de *mentoring,* para desarrollarse..
Plan de capacitación	Ver *Plan de formación.*
Plan de formación	Actividades formativas que conforman un plan orgánico con fines y propósitos específicos.

Plan de jóvenes profesionales (JP)	Implica el diseño de un esquema teórico sobre cuál sería el crecimiento esperado de un JP en un lapso definido, usualmente uno o dos años. Para ello se establecen los diferenciales deseados tanto en conocimientos como en competencias y las acciones concretas a realizar para alcanzarlos, conformando de este modo los pasos a seguir por todos los participantes del programa. Estos programas abastecen de personas formadas para ocupar nuevos puestos y asumir nuevas responsabilidades para otros programas organizacionales, por ejemplo, Carrera gerencial, Planes de sucesión o Diagramas de reemplazo.
Plan de capacitación	Ver *Plan de formación*.
Planes de carrera	Implica el diseño de un esquema teórico sobre cuál sería la carrera dentro de un área determinada para una persona que ingresa a ella, usualmente desde la posición inicial. Para ello se definen los requisitos para ir pasando de un nivel a otro, instancias que conformarán los pasos a seguir por todos los participantes del programa.
Plan de formación	Actividades formativas que conforman un plan orgánico con fines y propósitos específicos.
Planes de sucesión	Programa organizacional por el cual se reconocen puestos clave, luego se identifican posibles participantes del programa y se los evalúa para, a continuación, designar posibles sucesores de otras personas que ocupan los mencionados puestos clave, sin una fecha cierta de asunción de las nuevas funciones. Para asegurar la eficacia del programa se realiza un seguimiento de los participantes y se les provee asistencia y ayuda para la reducción de brechas entre el puesto actual y el que eventualmente ocupará.
Pool de talentos	Ver *Programa de personas clave*.
Programa de personas clave	Programa organizacional donde primero se elige –en base a ciertos parámetros definidos por cada organización– un grupo de personas a las cuales se considerará relevantes para la organización. Luego, a estas se ofrecerán oportunidades de formación diferenciales.
Programa *Jefe entrenador*	Programa mediante el cual se desarrolla en todos los jefes la competencia *Entrenador*. De este modo, todos los jefes, en su contacto cotidiano con sus colaboradores, ayudan a estos en su crecimiento, tanto en competencias como en conocimientos.
Programas de desarrollo	Conjunto de programas relacionados con las personas que una organización lleva a cabo con el objetivo principal de formar a sus integrantes para luego, si la situación lo requiere, ofrecerles otra posición –usualmente, de un nivel superior–.

Programas de *mentoring*	Programa organizacional estructurado, de varios años de duración, mediante el cual un ejecutivo de mayor nivel y experiencia ayuda a otro en su crecimiento.
Programa ejecutivo	Actividad formativa que por su enfoque y temática está destinada a altos ejecutivos.
Programas para jefes	Conjunto de programas dirigidos a todos los jefes, usualmente a partir del número 1 de la organización, con el propósito de fortalecer sus competencias y difundir las obligaciones adicionales que todo jefe debe asumir, inherentes a su rol específico de conductor de colaboradores.
Promoción	Conjunto de acciones, planeadas o no, mediante las cuales una persona es elevada a un nivel superior al que poseía.
Promociones internas	Acciones mediante las cuales los colaboradores de la organización son elevado a un nivel superior al que poseían. Por extensión, la herramienta se utiliza en el caso de desplazamientos laterales o de otro tipo, dentro de la organización.
Puesto	Lugar que una persona ocupa en una organización. Implica cumplir responsabilidades y tareas claramente definidas.
Puestos clave	Conjunto de puestos dentro de una organización que ésta considera relevantes o importantes por algún factor claramente definido, usualmente en función de sus niveles de responsabilidad y decisión.
Reclutamiento	Es un conjunto de procedimientos para atraer e identificar a candidatos potencialmente calificados y capaces para ocupar el puesto ofrecido, a fin de seleccionar a alguno/s de ellos para que reciba/n el ofrecimiento de empleo.
Recursos Humanos	Disciplina que estudia todo lo atinente a la actuación de las personas en el marco de una organización.
Recursos Humanos, Área de	Dirección, gerencia o división responsable de todas las funciones organizacionales relacionadas con las personas.
Requisito	Característica o condición necesaria para desempeñar un determinado puesto con eficacia y que será tomado como un criterio para evaluar y luego seleccionar personas.
Restricción	Elemento a tomar en cuenta como una limitación, por el cual se deja fuera de un proceso de selección a ciertos candidatos o postulantes que presenten ese factor limitante. Ejemplos: salario, lugar de residencia (si esto fuese un elemento a tomar en cuenta), y aun otros que, si bien pueden ser considerados como discriminatorios, en algunas organizaciones o circunstancias específicas pueden ser tenidos en cuenta, como el sexo.
Retroalimentación	Acción por la cual se le comunica a otro sobre aquello que hace bien y aquello que debe mejorar.

Reunión de retroalimentación	Es uno de los pasos de la evaluación de desempeño, en el cual un jefe o superior le comunica al colaborador el resultado de dicha evaluación.
Rol del jefe	Concepto integrador de las diversas facetas de la actividad de todo jefe. Enfoca su papel dentro de la organización, agregando a sus funciones tradicionales las responsabilidades y tareas inherentes a esta condición, por ejemplo: seleccionar colaboradores, evaluar su desempeño y entrenarlos, solo por nombrar algunas.
Role playing	Situación simulada de la vida laboral en la cual los participantes juegan un determinado papel asignado previamente. Se utiliza tanto para fines formativos como para la evaluación de personas.
Selección	Es un conjunto de procedimientos para evaluar y medir las capacidades de los candidatos a fin de, luego, elegir en base a criterios preestablecidos (perfil de la búsqueda) a aquellos que presentan mayor posibilidad de adaptarse al puesto disponible, de acuerdo con las necesidades de la organización.
Seminario	Actividad de formación estructurada para la transmisión de conocimientos. La utilización de este término usualmente hace referencia a actividades que se enfocan temas complejos o sofisticados. Ver similitudes y diferencias con *Curso* y *Taller.*
Stakeholders	El término hace referencia a los distintos sectores de interés en torno de una organización: accionistas, ejecutivos, colaboradores, clientes, proveedores, gobierno, bancos, organismos de control, etc. La idea se expresa en la figura siguiente. Se utiliza la denominación en inglés dado que es de uso frecuente y se la menciona en muchas obras sobre, por ejemplo, Recursos Humanos y management, en diferentes lenguas.
Talento	Conjunto de competencias y conocimientos.
Taller	Actividad de formación estructurada para la transmisión de conocimientos. La utilización de este término –usualmente– hace referencia a actividades que se enfocan en temas complejos o sofisticados.
Taller de Codesarrollo	Actividad estructurada donde el participante realiza acciones concretas de manera conjunta con su instructor para el desarrollo de sus competencias y/o conocimientos. Un taller de Codesarrollo consta de los siguientes pasos: 1) Presentar el tema. 2) Poner en juego la competencia o en práctica un conocimiento. 3) Reflexión y autoevaluación. 4) Plan de acción. El paso 5), Seguimiento, se realiza con posterioridad al taller de Codesarrollo.

Universidad corporativa	Unidad o sistema para el desarrollo de las personas de una organización, estructurada a través de un currículo que integra los distintos requerimientos de conocimientos y competencias de los diferentes niveles del ente, directamente conectados con sus objetivos estratégicos. Esta unidad podrá consistir en un sector interno de la organización y/o apoyarse en instituciones externas especializadas.
Valores	Aquellos principios que representan el sentir de la organización, sus objetivos y prioridades estratégicas.
Visión	La imagen del futuro deseado por la organización.

Bibliografía

Ariely, Dan. *Payoff. The hidden logic that shapes our motivations.* Ted books. Simon & Schuster. New York. 2016.

Bacal, Robert. *Performance Management.* McGraw-Hill, New York, 1999.

Baker Ann C.; Jensen, Patricia J.; Kolb, David A. *Conversational Learning. An Experiential Approach to Knowledge Creation.* Quorum Books, Westport, 2002.

Becker, Brian E.; Huselid, Mark A.; Ulrich, Dave. *El cuadro de mando de Recursos Humanos.* Gestión 2000, Barcelona, 2002.

Bell, Chip R. *Managers as mentors.* Berrett-Koehler Publishers, San Francisco, 1998.

Blanchard, Ken; Carlos, John P.; Randolph, Alan. *El empowerment.* Deusto, Bilbao, 1996.

Boccalari, R.; Caroni, L.; Oggioni, E.; Piccolo, A.; Rullani, E.; Vergeat, M. *Competenze. Leva di eccellenza delle persone e delle organizzazioni.* Franco Angeli, Milano, 2004.

Bonani, Gian Paolo. *La sfida del capitale intellettuale. Principi e strumenti di knowledge Management per organizzazioni intelligenti.* Franco Angeli, Milano, 2002.

Boulding, Kenneth E. *Las tres caras del poder.* Paidós, Barcelona, 1993.

Boyatzis, Richard E.; Cowen, Scott S.; Kolb, David A. *Innovation in Professional Education.* Jossey-Bass Publishers, San Francisco. 1995.

Brogan, Chris. *Social Media 101. Tactis and Tips to Develop Your Business Online.* John Wiley & Son, New Jersey, 2010.

Brooking, Annie. *El capital intelectual.* Paidós, Buenos Aires, 1997.

Butteriss, Margaret. *Re – Inventing HR.* John Wiley & Sons, Ontario, 1998.

Carbó Ponce, Esteve. *Manual de psicología aplicada a la empresa.* Fdiciones Granica, Barcelona, 2000.

Carew, Jack. *The mentor.* Donald I, Finc Books, New York, 1998.

Carretta, Antonio; Dalziel, Murray M.; Mitrani, Alain. *Dalle Risorse Umanealle Competenze.* Franco Angeli Azienda Moderna, Milano, 1992.

Chapman, Elwood N. *Human Relations in Small Business.* Crips Publications, USA, 1994.

Colardyn, Danielle. *La gestion des compétences. Perspectives internationales.* Presses Universitaires de France, Paris, 1996.

Cole, Gerald. *Organisational Behaviour.* DP Publications, London, 1995.

Cole, Gerald. *Personnel Management.* Letts Educational Aldine Place, London, 1997.

Corominas, Joan. *Breve diccionario etimológico de la lengua castellana.* Gredos, Madrid, 1998.

Dalio, Ray. *Principles.* Simon & Schuster, New York, 2017.

Debordes, Pascal. *Coaching. Entrenamiento eficaz de los comerciales. Cómo motivar y hacer progresar a la fuerza de ventas.* Gestión 2000, Barcelona, 1998.

Deprose, Donna. *The Team Coach.* Amacon, American Management Association, New York, 1995.

Dessler, Gary. *Administración de Personal.* Prentice-Hall Hispanoamericana, México, 1994.

Diccionario de la Lengua Española. Real Academia Española (www.rae.es).

Diccionario Latino-Español Sopena. Editorial Ramón Sopena, Barcelona, 1999.

Diccionario Moderno Océano. Langenscheidt, Barcelona, 1999.

Drucker, Peter F. *Las nuevas realidades.* Editorial Sudamericana, Buenos Aires, 1995.

Edvinsson, Leif; Malone, Michael. *El capital intelectual.* Norma, Bogotá, 1998.

Evans, Liana. *Social Media Marketing. Strategies for Engaging in Facebook, Twitter & Other Social Media.* Que Publishing, Indianapolis, 2010.

Evans, Nancie J. *Executive Leadership Development.* Artículo publicado en la obra compilada por Butteriss, Margaret, *Re – Inventing HR.* John Wiley & Sons, Ontario, 1998.

Evans, Norman. *Experiential learning around the world. Employability and the Global Economy.* Jessica Kingsley Publishers, Londres, 2000.

Fernández Loureiro de Pérez, Emma. *Estadística no paramétrica. A modo de introducción.* Ediciones Cooperativas, Buenos Aires, 2000.

Ferrater Mora, José. *Diccionario de Filosofía.* Ariel Filosofía, Barcelona, 1999.

Ferrazzi, Keith; Raz, Tahl, *Never Eat Alone: And Other Secrets to Success, One Relationship at a Time,* Crown Publishing Group, Division of Random House Inc; Edición Expanded, New York, 2014.

Fitz-enz, Jac. *Cómo medir la gestión de Recursos Humanos.* Ediciones Deusto, Bilbao, 1999.

Fulmer, Robert M.; Conger, Jay A. *Growing your company´s leaders.* Amacom, New York, 2004.

Gautier, Bénédicte; Vervisch, Marie-Odile. *Coaching directivo para el desarrollo profesional de personas y equipos.* Oberon, Madrid, 2001.

Gil Aluja, Jaime. *La gestión interactiva de los Recursos Humanos en la incertidumbre.* Editorial Centro de Estudios Ramón Aredes, Madrid, 1996.

Gómez-Mejía, Luis R.; Balkin, David B.; Cardy, Robert L. *Gestión de Recursos Humanos.* Prentice-Hall, Madrid, 1998.

Harrison, Michael I.; Shiron, Arie. *Organizational diagnosis and assessment.* Sage Publications, Thousand Oaks (California), 1999.

Hax, Arnoldo; Majluf, Nicolás. *Estrategias para el liderazgo competitivo. De la visión a los resultados.* Ediciones Granica, Buenos Aires, 1997.

Heene, Aimé; Sanchez, Ron (editores). *Competence Based. Strategic Management.* John Wiley & Sons, London, 1997.

Heller, Robert. *Guia do Gerente Completo.* Editora Futura, São Paulo, 2002.

Holiday, Ryan. *Ego is the enemy.* Penguin Random House, New York. 2016.

Jaques, Elliott. *La organización requerida.* Ediciones Granica, Buenos Aires, 2000.

Jolis, Nadine. *Compétences et Compétitivité.* Les éditions d´organisation, Paris, 1998.

Kaplan, Robert S.; Norton, David P. *Cuadro de Mando Integral (The Balanced Scorecard).* Gestión 2000, Barcelona, 1997.

Kaplan, Robert S.; Norton, David P. *Mapas estratégicos.* Gestión 2000, Barcelona, 2004.

Kelly, Charles M. *The interrelationship of ethics and power in today´s organizations.* Organizational Dynamics, 1987, 16, Summer, 5:18.

Kets de Vries, Manfred F.R.; Florent-Treacy, Elizabeth. *Los nuevos líderes globales.* Grupo Editorial Norma, Bogotá, 1999.

Kolb, David A. *Experience as the source of learning and development.* Prentice Hall, New Jersey, 1984.

Lawson, Karen. *The trainer´s Handbook.* Pfeiffer, San Francisco, 2006.

Lazzari, Luisa L.; Machado, Emilio A.M.; Pérez, Rodolfo H. *Teoría de la Decisión Fuzzy.* Ediciones Macchi, Buenos Aires, 1998.

Lea, James W. *La sucesión del management en la empresa familiar.* Ediciones Granica, Barcelona, 1993.

Levy-Leboyer, Claude. *Gestión de las competencias.* Gestión 2000, Barcelona, 1997.

Levy-Leboyer, Claude. *La gestion des compétences.* Les éditions d´organisation, Paris, 1992.

Li, Charlene. *Open Leadership. How Social Media Technology can Transform the Way You Lead.* Jossey-Bass, San Francisco, 2010.

Lucia, Anntoinette; Lepsinger, Richard. *The art and science of Competency models.* Jossey-Bass / Pfeiffer, San Francisco, 1999.

Majchrzak, Ann; Wang, Qianwei. "Romper la mentalidad funcional en las organizaciones orientadas a los procesos". En: David Ulrich (Comp.), *Evaluación de resultados,* Ediciones Granica, Barcelona, 2000.

Malone, Thomas W. *The Future of Work.* Harvard Business School Press, Boston, 2004.

Maslow, Abraham H. *El management según Maslow.* Paidós Empresa, Barcelona, 2005.

Mathis, Robert L.; Jackson, John H. *Human Resource Management.* South-Western College Publishing, a division of Thompson Learning; Cincinatti, Ohio; 2000.

McClelland, David C.; Boyatzis, Richard E. *Opportunities for counselors from the Competency Assessment Movement.* The Personnel and Guidance Journal, 1980, Jan, 368:72.

McClelland, David C.; Burnham, David H. *Power is the great motivator.* Harvard Business Review, 1976, March-April, 100-110 (Reimp. 1995, Jan-Feb, 126:39).

McClelland, David C.; Franz Carol E. *Motivational and other sources of work accomplishments in mid-life: a longitudinal study.* Journal of Personality, 1992, 60(4), 679:707.

McClelland, David C.; Teague, Gregory. *Predicting risk preferences among power-related tasks.* Journal of Personality, 1975, 43, 266:85.

McClelland, David C.; Watson, Robert Jr. *Power motivation and risk-taking behavior.* Journal of Personality, 1973, 41(1) 121:39.

McClelland, David C. *How motives, skills, and values determine what people do?* American Psychologist, 1985, 40(7), 812:25.

McClelland, David C. *Human Motivation.* Cambridge University Press, Cambridge, England, 1999. (Obra original de 1987.)

McClelland, David C. *Motivational factors in health and disease.* American Psychologist, 1989, 44(4), 675:83.

McClelland, David C. *The knowledge – testing – educational complex strikes back.* American Psychologist, 1994, 49(1), 66:9.

McClelland, David C., Koestner, Richard & Weinberger, Joel. *How do self-attributed and implicit motives differ?* Psychological Review, 1989, 96(4), 690:702.

McKee, Annie. *How to be happy at work.* Harvard Business School Publishing. Boston, 2017.

McLagan, Patricia. *Competencies.* Training & Development, 1997, May, 40:7.

Meister, Jeanne C.; Willyerd, Karie. *The 2020 Workplace.* HarperCollins Publishers, New York, 2010.

Merrill, Douglas C.; Martin, James A. *Getting Organized in the Google Era.* Broadway Books, New York, 2010.

Michaels, Ed; Handfield-Jones, Helen; Axelrod, Beth. *The war for talent.* Harvard Business School Press, Boston, 2001.

Milkovich, George T.; Boudreau, John W. *Dirección y Administración de Recursos Humanos.* Addison-Wesley Iberoamericana, México, 1994.

Mintzberg, Henry; Ahlstrand, Bruce; Joseph, Lampel. *Safari a la estrategia.* Ediciones Granica, Barcelona, 1999.

Montironi, Marina. *Capitale Umano e Imprese di Servizi.* Il Sole 24 Ore Media e Impresa, Milano, 1997.

New Oxford Advanced Learner´s Dictionary. University Press, New York, 2000.

Nilson, Carolyn. *More teams games for trainers.* McGraw-Hill, New York, 1998.

Nilson, Carolyn. *Teams Games for Trainers.* McGraw-Hill, New York, 1993.

Okumbe, Joshua Abong´o. *Human Resources Management an Educational Perspective.* Educational development and Research Bureau; Nairobi, Kenya, 2001.

Ordóñez Ordóñez, Miguel. *La nueva gestión de los recursos humanos.* Gestión 2000, Barcelona, 1995.

Orpen, Christopher. *Patterned behavior description interviews versus unstructured interviews: A comparative validity study.* Journal of Applied Psychology, 70(4), 774:6.

Orr, John M.; Sackett, Paul R.; Mercer, Michael. *The role of prescribed and nonprescribed behaviors in estimating the dollar value of performance.* Journal of Applied Psychology, 1989, 74(1), 34:40.

Pain, Abraham. *Cómo evaluar las acciones de capacitación.* Ediciones Granica, Barcelona, 1993.

Pain, Abraham. *Cómo realizar un proyecto de capacitación.* Ediciones Granica, Barcelona, 1989.

Pascale, Richard Tanner; Millermann, Mark; Gioja, Linda. "Cambiar la forma en que cambiamos". En: David Ulrich (Comp.), *Evaluación de resultados,* Ediciones Granica, Barcelona, 2000.

Pell, Arthur R. *¡Administre su personal fácil!* Prentice-Hall Hispanoamericana, México, 1996.

Pereda Marín, Santiago; Berrocal Berrocal, Francisca; Alonso Garcia, Miguel A. *Técnicas de gestión de recursos humanos por competencias* (Manuales). Editorial Universitaria Ramón Areces, Madrid, 2011.

Perctti, Jean-Marie. *Gestion des ressources humaines.* Librairie Vuibert, Paris, 1998.

Peter, Laurence J.; Hull, Raymond. *El principio de Peter.* Biblioteca de la empresa. Ediciones Orbis, Madrid, 1985.

Peter, Laurence J. *Por qué las cosas salen mal o retorno al Principio de Peter.* Plaza & Janes Editores, Barcelona, 1985.

Prince, Dennis, L. *Get Rich with twitter.* McGraw-Hill, New York, 2010.

Probst, Gilbert; Raub, Steffen; Romhardt, Kai. *Administre el conocimiento.* Pearson Educación, México, 2001.

Realin, Joseph A. *From generic to organic competencies.* Human Resource Planning, 24:33, 1996, Spring, 24:33.

Renckly, Richard G. *Human Resources,* Barron's Educational Series, New York, 1997.

Rothwell, William J. *Effective Succession Planning.* Amacom, New York, 2005.

Rothwell, William J.; Jackson, Robert D.; Knight Shaun C.; Lindholm John E. *Career Planning and Succession Management.* Praeger Publishers, Westport, 2005.

Rutledge, Patrice-Anne. *Sams Teach Yourself LinkedIn in 10 Minutes.* Sams Publishing, Indianapolis, 2010.

Schein, Edgar H. *Organizational culture and Leadership.* Jossey-Bass Publishers, San Francisco, 1992.

Schein, Edgar H. *Psicología de la Organización.* Prentice-Hall Hispanoamericana, México, 1982.

Seco Reymundo, Manuel; Andrés Puente, Olimpia; Ramos González, Gabino. *Diccionario del Español Actual.* Aguilar - Grupo Santillana de Ediciones, Madrid, 1999.

Seco, Manuel. *Diccionario de dudas de la Real Academia Española.* Espasa Plus, Editorial Espasa, Madrid, 1998.

Senge, Peter (*et al.*). *La Danza del Cambio.* Grupo Editorial Norma, Bogotá, 2000.

Senge, Peter M. *La quinta disciplina.* Ediciones Granica, Barcelona, 1998.

Senge, Peter y otros. *La quinta disciplina en la práctica*. Ediciones Granica, Barcelona, 1998.

Shah, Rawn. *Social Networking for Business*. Pearson Education, Inc. Wharton School Publishing, New Jersey, 2010.

Sherman, Arthur; Bohlander, George; Snell, Scott. *Administración de Recursos Humanos*. Thomson Internacional, México, 1999.

Shih, Clara. *The Facebook Era*. Pearson Education, Inc. Prentice Hall, 2010.

Silberman, Mel. *Active Training. A Handbook of Techniques, Designs, Case Examples, and Tips*. Pfeiffer - John Wiley & Sons, San Francisco, 2006.

Sirkin, Harold; Stalk, George (hijo). "Arregle el proceso, no el problema". En: David Ulrich (Comp.), *Evaluación de resultados*, Ediciones Granica, Barcelona, 2000.

Smtih, Nick; Wollan, Robert. *The Social Media Management Handbook*. John Wiley & Son, New Jersey, 2011.

Soundering, Stephen. *Management 101*. Adams Media. Simon & Schuster, New York, 2017.

Spangler, William D. *Validity of questionnaire and TAT Measures of need for achievement: two Meta-Analyses*. Psychological Bulletin, 1992, 112(1), 140:54.

Sparrow, John. *Knowledge in organizations*. Sage Publications, London, 1998.

Spencer, Lyle M.; Spencer, Signe M. *Competence at work, models for superior performance*. John Wiley & Sons, New York, 1993.

Stemmer, Paul; Brown, Bill; Smith, Catherine. *The employability skills portfolio*. Educational Leadership, 1992, March, 32:5.

Sterne, Jim. *Social Media Metrics*. John Wiley & Son, New Jersey, 2010.

Stewart, Thomas A. *Intellectual Capital*. Doubleday, New York, 1997.

Stewart, Thomas A. *La nueva riqueza de las organizaciones: el capital intelectual*. Ediciones Granica, Buenos Aires, 1998.

Tapscott, Don; Williams, Anthony D. *Wikinomics. How Mass Collaboration Changes Everything*. Penguin Group, Penguin Group, New York, 2010.

Teal, Tomas. *The human side of management*. Harvard Business Review, 1996, Nov-Dec, 35:44.

The Economist (2006, 10: 7).

Tissen, René; Andriessen, Daniel; Lekanne Deprez, Frank. *El valor del conocimiento. Para aumentar el rendimiento en las empresas*. Prentice-Hall, Madrid, 2000.

Tomasi, Chuck; Steppe, Kreg. *Sams Teach Yuorself WordPress in 10 minutes*. Pearson Education, Inc., New Jersey, 2010.

Ulrich, Dave. *Recursos Humanos Champions*. Ediciones Granica, Buenos Aires, 1997.

Ulrich, Dave; Becker, Brian E.; Huselid, Mark A. *The HR Scorecard. Linking People, Strategy, and Performance*. Harvard Business School Press, USA, 2001.

Ulrich, Dave; Brockbank, Wayne. *The HR Value proposition*. Harvard Business School Press, Boston, 2005.

Ulrich, Dave. *Evaluación de resultados.* Ediciones Granica, Madrid, 2000.

Verna, Michele Angelo. *Fare la differenza con le risorse umane.* Franco Angeli, Milano, 2006.

Wakeman, Cy. *No ego.* St Martin's Press, New York, 2017.

Werner, Jon M.; DeSimone, Randy L. *Human Resource Development.* Thomson Higher Education, Mason, Ohio, 2006.

Wilson, Terry. *Manual del Empowerment.* Gestión 2000, Barcelona, 2000.

BIBLIOGRAFÍA DE MARTHA ALLES

12 pasos para conciliar vida profesional y personal. Desde la mirada individual. Ediciones Granica, Buenos Aires, 2013.

12 pasos para ser un buen jefe. Ediciones Granica, Buenos Aires, 2014. Título anterior de esta obra: *Cómo ser un buen jefe en 12 pasos* (2008).

12 Pasos para transformarse en un jefe entrenador en 12 pasos. Ediciones Granica, Buenos Aires, 2019.

5 pasos para transformar una oficina de personal en un área de Recursos Humanos. Ediciones Granica, Buenos Aires, 2018.

Cómo delegar efectivamente en 12 pasos. Ediciones Granica, Buenos Aires, 2010.

Comportamiento organizacional. Ediciones Granica, Buenos Aires, 2017.

Conciliar vida profesional y personal. Dos miradas: organizacional e individual. Ediciones Granica, Buenos Aires, 2016.

Construyendo talento. Ediciones Granica, Buenos Aires, 2016.

Cuestiones sobre gestión de personas. Qué hacer para resolverlas. Ediciones Granica, Buenos Aires, 2015.

Desarrollo del talento humano. Basado en competencias. Ediciones Granica, Buenos Aires, 2017.

Desempeño por competencias. Estrategia. Desarrollo de personas. Evaluación de 360°. Ediciones Granica, Buenos Aires, 2017.

Diccionario de competencias. La trilogía. Tomo 1. Ediciones Granica, Buenos Aires, 2015.

Diccionario de comportamientos. La trilogía. Tomo 2. Ediciones Granica, Buenos Aires, 2015.

Diccionario de preguntas. La trilogía. Tomo 3. Ediciones Granica, Buenos Aires, 2015.

Diccionario de términos de Recursos Humanos. Ediciones Granica, Buenos Aires, 2011.

Dirección estratégica de Recursos Humanos. Volumen 1. Gestión por competencias. Ediciones Granica, Buenos Aires. Nueva edición, 2015.

Dirección estratégica de Recursos Humanos. Volumen 2. Casos. Nueva edición. Ediciones Granica, Buenos Aires, 2016.

Elija al mejor. Ediciones Granica, Buenos Aires, 2003. Nueva edición, 2017.

Formación. En la práctica. Ediciones Granica, Buenos Aires, 2020.

Incidencia de las competencias en la empleabilidad de profesionales. Empleabilidad y Competencias. EAE - Editorial Académica Española; Saarbrücken, Alemania, 2011.

La Marca Recursos Humanos. Ediciones Granica, Buenos Aires, 2014.

Las 50 herramientas de Recursos Humanos que todo profesional debe conocer. Ediciones Granica, Buenos Aires, 2017.

Rol del jefe. Nueva edición. Ediciones Granica, Buenos Aires, 2019.

Selección por competencias. Atracción y reclutamiento en las redes sociales. Entrevista y medición de competencias. Ediciones Granica, Buenos Aires, 2016.

Social media y Recursos Humanos. Ediciones Granica, Buenos Aires, 2012.

Unas palabras sobre la autora

Martha Alicia Alles es Doctora por la Universidad de Buenos Aires, área Administración. Su tesis doctoral se presentó bajo el título *La incidencia de las competencias en la empleabilidad de profesionales*. Su primer título de grado es Contadora Pública Nacional (UBA). Posee una amplia experiencia como docente universitaria, en diversos posgrados tanto de la Argentina como del exterior.

Con más de cuarenta títulos publicados hasta el presente, es la autora argentina que ha escrito la mayor cantidad de obras sobre su especialidad. Cuenta con colecciones de libros de texto sobre Recursos Humanos, Liderazgo y Management Personal, que se comercializan en toda Hispanoamérica.

De su colección sobre **Recursos Humanos** ha publicado:

Temas generales de Recursos Humanos y Comportamiento Organizacional:

- *Dirección estratégica de Recursos Humanos. Volumen 1. Gestión por competencias* (nueva edición revisada, 2015).
- *Dirección estratégica de Recursos Humanos. Volumen 2. Casos* (nueva edición revisada, 2016).
- *5 pasos para transformar una oficina de personal en un área de Recursos Humanos.* Nuevo libro (2018).
- *Comportamiento organizacional* (2017).

Específicos sobre modelos de competencias:

- *Gestión por competencias. El diccionario* (2002, y 2ª edición revisada, 2005).
- *Diccionario de comportamientos. Gestión por competencias* (2004).
- *Diccionario de preguntas. Gestión por competencias* (2005).

Nuevas obras preparadas sobre la base de un enfoque diferente de la metodología de Gestión por competencias:

- *Diccionario de competencias. La trilogía. Tomo 1* (2015).
- *Diccionario de comportamientos. La trilogía. Tomo 2* (2015).
- *Diccionario de preguntas. La trilogía. Tomo 3* (2015).

Sobre selección:
- *Empleo: el proceso de selección* (1998, y nueva edición revisada, 2001).
- *Empleo: discriminación, teletrabajo y otras temáticas* (1999).
- *Elija al mejor. La entrevista en selección de personas. La entrevista por competencias.* Nuevo libro (2017).
- *Selección por competencias. Atracción y reclutamiento en las redes sociales. Entrevista y medición de competencias.* Nuevo libro (2016).

Sobre desempeño:
- *Desempeño por competencias. Estrategia. Desarrollo de personas. Evaluación de 360°.* Nuevo libro (2017).

Sobre desarrollo de personas:
- *Desarrollo del talento humano. Basado en competencias* (2005, y nueva edición revisada y ampliada, 2017).
- *Codesarrollo. Una nueva forma de aprendizaje* (2009).
- *Construyendo talento* (2016).
- *Formación. En la práctica* (2020).

Sobre Recursos Humanos, liderazgo y management:
- *Diccionario de términos de Recursos Humanos* (2011).
- *Las 50 herramientas de Recursos Humanos que todo profesional debe conocer* (2017).
- *Social media y Recursos Humanos* (2012).
- *La Marca Recursos Humanos* (2014).
- *Cuestiones sobre Gestión de Personas. Qué hacer para resolverlas* (2015).

De los siguientes títulos están disponibles solo en Internet (**www.marthaalles.com**), para profesores, una edición de *Casos* y otra edición de *Clases: Comportamiento organizacional, Codesarrollo, Construyendo talento, Dirección estratégica de Recursos Humanos* (nueva edición 2015), *Desempeño por competencias, Desarrollo del talento humano. Formación. Capacitación. Desarrollo. Selección por competencias, La trilogía (Diccionario de competencias. La trilogía. Tomo 1; Diccionario de comportamientos. La trilogía. Tomo 2; y Diccionario de preguntas. La trilogía. Tomo 3), 200 modelos de currículum, y Mitos y verdades en la búsqueda laboral.*

De la serie **Liderazgo** podemos mencionar:
- *Rol del jefe* (2019).
- *12 pasos para ser un buen jefe* (2008).
- *Conciliar vida profesional y personal* (2016).
- *12 pasos para transformarse en jefe entrenador* (2019).
- *Cómo delegar efectivamente en 12 pasos* (2010).
- *12 pasos para conciliar vida profesional y personal* (2013).

Su colección de libros destinados al **Management Personal** está compuesta por:
- *Las puertas del trabajo* (1995).
- *Mitos y verdades en la búsqueda laboral* (1997, y nueva edición revisada y ampliada, 2008).

- *200 modelos de currículum* (1997, y nueva edición revisada y ampliada, 2008).
- *Su primer currículum* (1997).
- *Cómo manejar su carrera* (1998).
- *La entrevista laboral* (1999).
- *Mujeres, trabajo y autoempleo* (2000).

En la colección de **Bolsillo** se publicaron:

- *La entrevista exitosa* (2005 y 2009).
- *La mujer y el trabajo* (2005).
- *Mi carrera* (2005 y 2009).
- *Autoempleo* (2005).
- *Mi búsqueda laboral* (2009).
- *Mi currículum* (2009).
- *Cómo llevarme bien con mi jefe y con mis compañeros de trabajo* (2009).
- *Cómo buscar trabajo a través de Internet* (2009).

Martha Alles es habitual colaboradora en revistas y periódicos de negocios, programas radiales y televisivos de la Argentina y de otros países hispanoparlantes, y conferencista invitada por diferentes organizaciones empresariales y educativas, tanto locales como internacionales. En los últimos dos años ha dictado conferencias y seminarios en Bolivia, Colombia, Costa Rica, Chile, Ecuador, El Salvador, Estados Unidos, Guatemala, México, Nicaragua, Panamá, Paraguay, Perú, República Dominicana, Uruguay, Venezuela, entre otros, además de numerosos seminarios en su país, Argentina.

Es consultora internacional en Gestión por competencias y presidenta de Martha Alles International, firma regional que opera en toda Latinoamérica y Estados Unidos, lo que le permite unir sus amplios conocimientos técnicos con su práctica profesional diaria. Cuenta con una experiencia profesional de más de veinticinco años en su especialidad.

Es casada, tiene tres hijos, dos nietas y un nieto.

Martha Alles SA
Talcahuano 833 (Talcahuano Plaza), piso 2
Buenos Aires, Argentina
Teléfono: (54-11) 4815 4852
Twitter: @marthaalles
Instagram: #marthaalles

Formación. Capacitación y desarrollo mirando un mundo por venir

ÍNDICE

Presentación

14. Cambiar a través de la acción. Diseñar una actividad que permita cambiar comportamientos. Desarrollar competencias

15. Plan anual para un colectivo de profesionales de la misma especialidad

16. Pensando en los clientes

17. Definir necesidades a través de talleres

18. Seguimiento de la evolución del desarrollo de las competencias y/o del aprendizaje de conocimientos

19. Formación después de mediciones específicas

20. Formación para alcanzar la estrategia

21. Formación y cambio cultural. Lograr la cultura deseada

22. Formación combinando medición de capacidades y Codesarrollo

23. Formación para la alta gerencia

24. Formación para todos los niveles de conducción

25. Los jefes. Seguimiento eficaz. Segundo taller de Codesarrollo sobre la misma temática

26. Motivar a otros, ¿un rol que deben asumir los jefes?

27. Problemas entre jefes y colaboradores

28. Programas para jefes. Distintas temáticas

29. Indicadores de gestión sobre formación

30. Formador de formadores. Diseño e implementación

Biblioteca Martha Alles por temas

Libro relacionado: Formación. Capacitación. Desarrollo

Libros de Martha Alles de la serie Recursos Humanos, publicados por Ediciones Granica

Guía de lecturas: secuencia sugerida

- Comportamiento organizacional

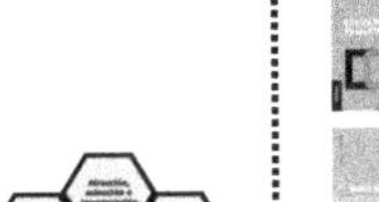

- 5 pasos para transformar una oficina de personal en un área de Recursos Humanos

- Dirección estratégica de Recursos Humanos. Volumen 1. Gestión por competencias.
- Dirección estratégica de Recursos Humanos. Volumen 2. Casos.

Trilogía:
- Diccionario de competencias. Tomo 1
- Diccionario de comportamientos. Tomo 2
- Diccionario de preguntas. Tomo 3

Libros complementarios de la **Serie Management Personal**

- Mitos y verdades en la búsqueda laboral
- 200 modelos de currículum

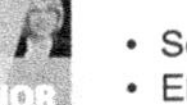

- Selección por competencias
- Elija al mejor. La entrevista en selección de personas. La entrevista por competencias

- Desempeño por competencias. Estrategia. Desarrollo de personas. Evaluación de 360°

- Desarrollo del talento humano. Basado en competencias

- Construyendo talento
- Codesarrollo: una nueva forma de aprendizaje

- Formación. Capacitación. Desarrollo.
  Diseñar, planificar e implementar actividades formativas efectivas y eficaces mirando al 2030/2040. Volumen 1
- Formación. En la práctica.
  Capacitación y desarrollo mirando un mundo por venir. Volumen 2

Libros de Martha Alles publicados por Ediciones Granica relacionados con Recursos Humanos y Liderazgo

- Diccionario de términos de Recursos Humanos
- Las 50 herramientas de Recursos Humanos que todo profesional debe conocer
- Social media y Recursos Humanos
- La Marca Recursos Humanos
- Cuestiones sobre gestión de personas. Qué hacer para resolverlas

Libros de la serie Liderazgo de Martha Alles publicados por Ediciones Granica

Guía de lecturas: secuencia sugerida

- Rol del jefe. Cómo ser un buen jefe

- 12 pasos para ser un buen jefe
- Cómo llevarme bien con mi jefe y con mis compañeros de trabajo. Serie Bolsillo

- Conciliar vida profesional y personal
- 12 pasos para transformarse en un jefe entrenador

- Cómo delegar efectivamente en 12 pasos
- 12 Pasos para conciliar vida profesional y personal

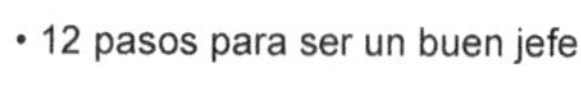